면접의 기술

면접의 기술

기본 스펙으로 뚫는 1% 합격의 비밀

정동수 · 백승우 지음

은행나무

취업전선에 흐르는 냉대 기류가 좀처럼 사그라지지 않고 있습니다. 전 세계를 강타한 경기 침체는 청년 실업을 가속화시키는 중입니다. 취업의 문은 '코끼리를 냉장고에 넣는 것' 보다 더 어려워진데다, 그나마 채용을 진행하는 기업들은 신입사원들의 연봉을 대폭 삭감하는 추세입니다. 그러니, 우리 청년들의 호흡 속에 깊은 한숨이 섞여 나오는 것을 단순한 '우울 증세' 로만 봐서는 안 되겠지요.

취업 준비생들의 노력은 정말이지 '무한도전' 이란 말을 방불케 합니다. 도서관에서 밤을 지새워가며 높은 학점을 따고, 전공과목 보다 더 열심히 공부해 높은 영어 점수를 공인 받습니다. 취업 정보들을 샅샅이 뒤져 인턴십에 지원하기도 합니다. 취업을 위한 이러한 노력의 증거들을 차곡차곡 쌓아 기업에 제출하지만, 취업의 기회는 노력만큼 쉽게 열리지 않는 것이 현실입니다.

'두드리면 열린다' 는 말은 그저 고리타분한 옛 속담에 불과한 것일까요? 뛰어난 스펙으로 중무장하고 실력을 갖추는 데도 왜 취업에 실패하는 것일까요? 조금 더 시각을 넓혀보면 탈락의 이유는 단지 노력이 모자라기 때문만은 아닙니다.

회사는 효율성을 상당히 중요하게 여기는 조직입니다. 신입사원을 채용할 때는 그 기회비용을 극복시켜줄 보다 높은 효율의 달성을 기대하게 됩니다. 보통 신입사원 선발에는 3개월이 넘는 시간이 투자됩니다. 2개월여에 걸친 채용기간과 6주간의 각종 연수를 마친 소수의 인원에게만 출근이 허락됩니다. 만일 좋은 학벌과 학점, 높은 영어 점수만으로 사람의 능력이 평가되고, 당락의 결정이 가능하다면 이렇게 오랜 시간의 트레이닝은 필요하지 않겠지요.

취업이 한 사람의 성공을 평가하는 척도인 사회이다 보니, 젊은 구직자들은 너무도 준비 없이 스스로 하고자 하는 일과 자신이 일할 회사를 선택합니다. 스스로 할 수 있는 일이 무엇인지, 자신이 진정 원하는 일은 무엇인지 진지하게 고민하지 않는 것처럼 보일 때도 있습니다. 회사에 취직하기 위한 이유 하나만으로 스펙을 만들어 이력서와 자기소개서를 채웁니다. 그런 이유 때문인지 채용 관계자의 입장에서 보면, 입사 지원자들의 이력서와 자기소개서는 대부분 비슷비슷한 경우가 많습니다.

이렇게 모두가 비슷한 조건을 가지고 있는 상황에서 눈여겨보는 것은 바로 개개인이 가진 가능성과 열정입니다. 그리고 이를 통해 점쳐볼 수 있는 '창조의 에너지' 입니다. 취업을 위해 많은 경험과 노력을 했다면, 단순히 그것들을 나열하는데 그치는 것은 의미가 없습니다. 내가 가진 다양한 경험들을 교류시켜 새로운 아이디어를 만들어 창조해낼 수 있어야 하고, 이를 보여주어야 합니다.

그래서 채용에는 면접이라는 장치를 마련해 둔 것입니다. 불과 몇 십 분 정도인 짧은 시간 동안 한 인격체의 내면까지 파악한다는 것은 불가능한 일입니다만, 아무래도 형식에 맞춰 제출한 몇 장의 서류를 통한 것보다는 더 많은 것을 알 수 있습니다. 면접 현장에서 미래의 가능성을 보여주어야 하는데, 대부분의 사람들은 창의성을 배제한 채로 과거의 경험을 그저 늘어놓기만 하기 때문에 취업에 실패하는 것입니다.

취업에 대해 이야기하며, 결론에 도달해 '창조', '창의성'을 강조하는 이유는 제가 'CJ 인터넷'이라는 온라인 게임 기업의 대표로 '창의성'을 가진 인재에 대한 욕심이 남다르기 때문입니다. 신입사원의 채용에서뿐만 아니라, 회사의 임직원들에게도 늘 '창조'라는 새로운 에너지를 강조하고 있습니다. 다양한 사고와 사람, 경험들이 교류하며 만들어내는 에너지는 흐르는 강물을 막을 수 있을 정도의 힘을 가지고 있습니다. 취업을 간절히 원하고 있는 당신에게 필요한 것은 이력서를 채울 높은 스펙이 아니라 바로 이러한 창조의 에너지입니다.

제가 지금껏 지면을 빌려 했던 이야기의 핵심이 바로 정동수 팀장(우리 회사의 마케팅 팀장입니다)이 집필한 《면접의 기술》에 담겨 있습니다. 이 책을 읽으면서 저는 수많은 대목에서 고개를 끄덕였습니다. 기업의 CEO로서, 인생의 선배로서, 그리고 하나의 인격체로서 공감되는 부분이 무척 많더군요. 그동안 제가 회사를 운영해 나가며 신입사원과 임직원들에게 하고 싶었던 이야기를 아주 시원하고 재미있게 풀어내고 있었습니다.

이 책을 읽게 될 젊은 도전자 여러분, 취업의 현실이 각박하더라도 패기를 잃지 말고 당당히 도전을 지속해 나가길 바랍니다. 여러분에게는 끝없는 기회가 있습니다. 다만 주어진 기회를 내 것으로 만드는 방법만은 잊지 말기를 바랍니다. 회사는 남들과 다른 창조적인 인재를 원합니다. 창조, 창의성을 가지기가 어렵다고요? 천만의 말씀입니다. 누구에게나 창조의 에너지는 내재되어 있습니다. 그러나 만일 방향을 잃고 헤매고 있다면 이 책이 당신의 길잡이가 되어줄 수 있으리라 생각합니다.

군계일학이 될, 어디서든 누구보다 반짝이고 있을 당신의 모습을 기대합니다.

정영종 CJ 인터넷 대표이사

심리학 교수가 말하는 이 책

취업을 위해 지원서를 100군데 이상 넣었지만, 여전히 취업을 하지 못했다는 이야기를 흔히 듣습니다. 심지어 취업에 실패한 이유가 학벌이 나빠, 또는 얼굴이 안 받쳐줘서라고 생각해 편입이나 대학원 진학을 하기도 하고, 얼굴을 성형하는 일마저 감행한다는 이야기도 난무합니다. 취업에 목을 매는 젊은이들의 심정이 한편으로는 이해가 되면서도 정말 안타까운 것은, '자신이 왜 그 회사에 지원하는지, 아니 왜 취업을 하려고 하는지 단 한번이라도 제대로 생각을 했더라면 같은 실수를 되풀이하는 어리석은 일은 없었을 것을…' 하는 사실입니다.

핑계 없는 무덤이 없다고 했지만, 취업을 하고 못하는 것에는 반드시 이유가 있기 마련입니다. 정말 재미있는 사실은 취업을 못한 대다수의 젊은이들이 자신의 실패 이유를 제대로 알지 못하고, 또 알려고 하지 않는다는 것입니다. 어느 누구도 실패를 바라고 사는 사람은 없겠지만, 정작 인간을 잘 살펴보면 실패를 위해 용을 씁니다. 이것이 바로 인간의 모습이기에 때로는 너무도 단순한 취업 성공의 비결을 알지 못하고 지낼 수 있다는 사실이 신기하기만 합니다.

하지만, 때로 이런 성공의 비법을 너무 잘 알고 실천하는 사람을 만날 때가 있습니다. 이 책의 저자인 정동수 팀장이 바로 그런 사람입니다. 보통 사람들이 내세우는 기준으로 친다면 전혀 취업할 수 있는 가능성이 없는 상황에서도 이 친구는 거뜬히 자신이 원하는 일을 찾아냈습니다. 이런 그의 특별한 능력은 그를 처음 만나는 순간에 알아챌 수 있었습니다.

자신이 원하는 일이 무엇인지, 원하는 것을 위해 어떻게 사람들을 감동시켜야 하는지, 그 일을 위해 무엇을 준비해야 하는지를 정확히 아는 이 젊은이(?)는 20년 전 무작정 공부를 하고 싶다는 마음만으로 남들이 불가능하다고 생각하는 일을 시도했던 나의 모습을 떠올리게 합니다. 사실 공부하겠다는 사람은 항상 학점도 좋고 머리도 좋고 집안의 지원도 든든해야 한다고 믿는 사람들의 기준에서 본다면, 이 사람 또한 어느 것 하나 걸리는 것이 없었습니다.

순수한 열정은 영혼을 감동시킵니다. 단순한 열정이 아닌 구체적인 행동으로 연결될 때에는 현실의 결실로 이어집니다. 우연이나 대박을 꿈꾸는 수많은 구직자들은 이제 막연히 잘되는 일은 없다는 사실을 알아야 할 것입니다. 대신 자신이 찾고 만들어 가는 삶의 비법이 취업성공의 열쇠라는 평범한 진리를 이 책을 통해 찾을 수 있을 것입니다.

　‘프리에이전트’가 유행하는 1인 비즈니스맨 시대에 취업전략
에 관한 이 책은 그 자체로 역설적일 수 있습니다. 조직의 일부가
되는 것이 삶을 담보로 삼아 급전을 구하는 불쌍한 사람처럼 느끼
는 미래의 창업자들에게 이 책이 어쩌면 우스워 보일지도 모릅니
다. 하지만, 가까이는 대학입시 면접에서부터 취업면접 그리고 인
생 면접의 모든 순간은 나를 누구에게 파는 것이 아니라 나를 누
군가에게 각인시키는 힘든 작업입니다. 이런 중요한 순간의 비법
을 심리학을 공부한 이가 마케터의 입장에서 정리했다는 사실은
심리학자로서는 꽤나 갈등적인 경험입니다.

　인간의 배움과 행동 사이는 항상 모순의 연속입니다. 심리학 공
부하는 사람이 비교적 인간심리에 무지하고, 경영학 교수 치고 제
대로 무엇을 경영하는 사람이 없으며, 정치학 한다는 사람 치고
정치 제대로 하는 경우 못 보았다고 한탄하는 경우가 이 같은 예
일 겁니다. 대학에서 제대로 공부시키지 못한 심리학의 다양한 비
법들이 사회에서 마케팅을 담당한 사람의 현장 경험에서 생생하
게 드러나는 것은 심리학 교수에게 또 다른 충격입니다.

　이는 대학교육의 효용성을 의심하게 만들며, 교수라는 사람의
직업 전선에 위기가 닥쳐왔음을 확연하게 느끼도록 만드는 일입
니다. 심리학을 전혀 모르는 사람에게 적어도 인생 역전의 인간
심리가 무엇인지를, 또한 이것이 어떻게 적용되는지를 고답한 심

리학 이론이 아니라 마케팅 현장에서 작동하는 인간 심리의 생생한 사례를 통해 생동감 있게 알려주고 있기 때문입니다. 이런 이유로 이 책은 대학 강의실이 현실과 너무 떨어져 있을지도 모른다는 아픈 추억을 다시금 되살리게 합니다. 그러기에 책에 있는 어쭙잖은 이론만 아는 교수들을 두 번 죽이기에 충분합니다. 적어도 나는 그 학살의 현장에 있고 싶지 않기에, 이 책을 적극 추천하려고 합니다. 현장, 아니 현실세계 속에서 작동하는 인간 심리의 핵심을 많은 이들에게 알리는데 기여하고 싶기에.

어떤 대학의 심리학 연구실에서,
황상민 심리학 교수(swhang@yonsei.ac.kr)

CONTENTS

꼭 합격할 이유 딱 한가지면 충분하다
– 미스터 정의 파란만장 면접 성공기

합격하고 싶으면 지금 당장 움직여라
- 일곱 가지 면접공식 따라하기

"(나는) 그 사람됨이 배움을 좋아해서,
분발하여 먹는 것도 잊으며,
배움을 즐겨서 근심을 잊고
늙는 것도 알지 못하는 사람이다."

— 공자(중국. 기원전 552년~?)의 자기소개

왜 떨어지고, 왜 합격하는가?

> 면접관이 어떤 질문을 던지더라도 그는 자신이 하고 싶은 말을 할
> 수 있다는 것을 안다. 또한 그의 대답은 면접관의 다음 질문이 자
> 연스럽게 이어져 나오도록 잘 계산된 것이다. 이미 예상하고 있던
> 질문에 잘 준비된 답변이 꼬리에 꼬리를 물고 이어진다. 이렇게 되
> 면 떨어지고 싶어도 떨어질 수가 없다.

도대체 면접이 뭐기에?

최근 몇 년 사이 기업의 채용과정에서 면접이 차지하는 비중이 점차 커지고 있다. 당신이 면접을 목숨 걸고 준비하는 이유도 다 이 때문이다. 도대체 면접이 뭐기에 날 이렇게 힘들게 하는가?

면접은 기업에 필요한 인재를 선발하기 위해 실시하는, 높은 타당도를 가진 테스트이다. 사실 면접은 지원자보다 면접관에게 더 중요하다. 기업은 높은 성과를 달성해야 한다. 일을 척척 잘해내는 똘똘한 사람을 뽑아야 높은 성과를 올릴 수 있다. 면접장에 인사담당자들이 아니라 각 팀의 우두머리가 면접관으로 등장하는 이유도 다 이것 때문이다.

 면접의 진짜 목적은 지원자를 합격시키고 탈락시키는 단순한 것이 아니라, '한 사람의 미래 직무 수행력'을 예측하는데 있다. 주체는 나보다, 면접관이다. 면접관의 입장에서 생각해야 한다. 이것이 바로 당신이 알아야 할 면접의 비밀이다.

 '아니, 오늘 처음 본 사람이 어떻게 내 미래를 예측한단 말인가' 라며 역정을 낼 수도 있다. 하지만 면접은 딱딱 공식이 떨어지는 자연과학이 아니다. 면접자의 지식, 경험, 배경, 즉 과거 퍼포먼스에 따라 사람이 해석, 추론하는 사회과학의 분야다. 불완전한 사람이 하는 일이기 때문에 마음에 안 들어서 떨어질 수도 있고, 강력한 경쟁자의 등장에 밀려서 떨어질 수도 있고, 어디서 굴러온 낙하산이 있어서 떨어질 수도 있고, 하필 컨디션이 좋지 않아 떨어질 수도 있는 것이다.

 우리가 면접에서 만날 면접관은 단 한 명이 아니라 100명 가까이 된다. 다들 취향과 성향이 다르다. 사람 보는 눈도 다르고, 좋아하는 것, 싫어하는 것 모두 각양각색이다. 이 버라이어티한 기준을 다 맞출 수는 없다. 따라서 면접에 떨어졌다고 해서 좌절할 필요는 없다. 또 도전하면 되는 것이다. 면접은 승리를 위한 전제다. 자꾸 떨어지는데 무슨 승리를 운운하냐고? 승리는 몇 번을 떨어졌는가가 아니라, 단 한번 붙는 것을 의미한다. 100번을 떨어져도 한 번만 붙으면 되는 것이다.

면접관이 궁금해 하는 것은 따로 있다

우리는 흔히 면접관은 질문을 하고, 지원자는 면접관의 질문에 성실히 대답하는 것이 면접이라고 생각하고 있다. 우리 후배들 역시 이렇게 생각하고 있을 것이다. 그러나 이것은 틀린 생각이다.

그것은 경찰서 취조실에서 형사와 피의자가 하는 일이지, 면접관과 지원자가 하는 일이 아니다. 그래서 면접관이 질문할 때 눈을 맞추고, 질문 요지를 잘 파악해서 성실하게 또박또박 대답하라는 충고 역시 그냥 할 수 있는 말일 뿐이지 전략이라고 보기는 어렵다. 전략이란 것은 거듭 말하지만 이런 현상 뒤에 숨겨진 어떤 것을 찾아내는 일이다.

예를 들어보자. "최근에 당신은 무슨 책을 읽으셨습니까?"라는 질문은 면접 시험장에 자주 등장하는 단골 메뉴다. 자, 당신은, 우리 후배님은 뭐라고 대답할 것인가? 고지식하게 최근에 읽은 책의 제목을 얘기할 것인가?

조금만 잘 생각해 보면 이 질문은 사실 최근에 당신이 무슨 책을 읽었는지 궁금해서 던진 질문이 아니라는 것을 금방 알 수 있다. 출판사 영업부 직원이라면 모를까, 지원자를 평가해야 하는 면접관이 수백 명이나 되는 지원자들이 최근에 무슨 책을 읽었는지 궁금해 할 이유가 하나도 없다. 면접관이 궁금해 하는 것은 당신이 무슨 책을 읽었는가가 아니다. 그렇지 않은가?

면접관이 궁금해 하는 것은 따로 있다. 예컨대 이 사람은 어떤 일을 맡겨도 적극적인 의지로 잘 해낼 수 있는 능력을 가진 인물인가, 조직 속에서 여러 사람들과 잘 조화를 이루며 좋은 성과를 낼 수 있는 인물인가, 회사에 들여 놨다가 괜히 사고나 칠 그런 인간은 혹시 아닌가, 같은 것들 아니겠는가? 그러니까 무슨 책을 읽었느냐고 묻는 것은 괜히 그렇게 말을 시켜보는 것일 뿐이다. 진짜 궁금해서 묻는 것이 아니다. 다른 어떤 질문도 마찬가지다.

어떤 사람은 고지식하게 면접관이 괜히 물어 보는 말에 순수한 열정을 가지고 '졸졸졸' 따라가며 열심히 대답만 하다가 나온다. 그리고 떨어지면, 분위기 좋았는데 자기가 도대체 왜 떨어졌는지 모르겠다며 울분을 토로한다. 그리고 계속 울분만 토로하고 있어야 한다. 그 친구는 자기가 떨어진 이유를 아마도 영원히 모를 것이다.

이 사람이 이렇게 울분을 토로하고 있는 동안, 어떤 친구들은 면접관이 괜히 한 번 묻는 말을 확실한 기회 삼아 면접관이 진짜 듣고 싶어 하는 얘기를 곧바로 들려주고는 쉽게 바늘구멍을 통과해 오아시스로 간다.

그 친구는 이제까지 자신이 해온 일에 얼마만큼의 열정을 가지고 임해 왔으며, 열정이 자연스럽게 능력을 키우는 데 얼마나 중요한 역할을 했는지, 또 이제까지 살아오는 동안 여러 경험에서

깨우친 지혜는 무엇인지, 그리고 그것이 자기가 앞으로 회사에 입사했을 경우 어떤 식으로 힘을 발휘하게 될 것인지에 대해 직설적으로, 때로는 암시적으로 짜릿짜릿하고 생동감 넘치게 말하는 것이다.

면접관이 어떤 질문을 던지더라도 그는 자신이 하고 싶은 말을 할 수 있다는 것을 안다. 또한 그의 대답은 면접관의 다음 질문이 자연스럽게 이어져 나오도록 잘 계산된 것이다. 이미 예상하고 있던 질문에 잘 준비된 답변이 꼬리에 꼬리를 물고 이어진다. 이렇게 되면 떨어지고 싶어도 떨어질 수가 없다.

면접을 통과하고 싶다면 면접관이 진짜 듣고 싶어 하는 얘기를 충분히 준비했다가 알아듣기 쉽게 들려주고 나와야 한다. 고개를 끄덕끄덕 하며 충분히 공감하고, 시간이 없어서 나머지 얘기를 다 들을 수 없는 점을 아쉬워하도록.

이것이 바로 우리가 얘기하는 면접전략이다. 결코 거짓이나 과장해서 말하라는 것이 아니다. 똑같은 삶이라도 말하는 방식에 따라 높게 평가될 수도 있고, 하찮게 평가될 수도 있다. 비록 아주 짧은 시간이긴 하지만 5분 정도의 시간이면, 누구나 자신이 누구인지, 그러니까 그 동안 어떻게 살아왔고, 지금은 어떤 준비를 하고 있고, 앞으로 어떻게 살 것인지에 대해 말할 수 있는 충분한 시간이다. 이 귀하디 귀한 시간, 금쪽같은 시간을 헛되이 흘려보내고 눈물 흘리는 일이 없기를 바란다.

묻는 말에 순순히 대답하는 형태로는, 그러니까 면접을 무슨 단답형 퀴즈 정도로 생각해서는 합격할 가망이 없다.

그렇다면 과연 면접전략이란 무엇인가?

당락을 결정하는 30분. 이 순간을 위해 무엇을 준비하고 어떻게 실행해야 가볍게 면접을 통과할 수 있는지에 대해 우리는 이 책에서 자세히 설명할 것이다.

평범한 재능과 능력을 가진 후배들, 대한민국 사회에서 극히 평범하게 학교생활을 마치고 이제 막 사회에 첫발을 내딛는 우리의 후배들에게 면접에 대한 좀 더 친절하고 전략적인 조언이 필요하다는 생각에서 이 책을 쓰게 되었다.

나는 우리 후배들이 이 책을 통해 면접에 대해 널리 퍼져있는 오해와 쓸 데 없는 정보들을 머릿속에서 빨리 떨쳐 버리고 맑은 눈으로 면접의 본질을 볼 수 있길 바란다. 면접이 제대로 준비하면 쉽게 합격할 수 있는 간단한 시험이라는 것을 깨닫게 될 것이다.

《면접의 기술》을 보다 잘 이해하기 위한 귀띔

1. 1부는 워밍업이라고 보면 된다. 1부를 읽어 나가다가 '그렇다면 대체 나보고 어쩌란 말이냐?' 싶으면 바로 2부나 3부로 넘어가도 된다. 하지만 반드시 돌아와서 다 읽기를 권한다. 분명히 얘기하는데, 안 읽는 것은 자유지만 역시 자기한테 손해다. 이렇게 하고 혹시 떨어져도 책임 안 진다.

2. 어떤 부분에서는 필자를 '나'라 하고 어떤 곳에서는 '우리'라고 했는데, 전혀 신경 쓸 것 없다. 이 책에 담긴 대부분의 아이디어는 정동수에게서 나왔고, 글로 옮기는 과정에서 백승우가 살을 붙였다.

이 책에는 광고 얘기가 많이 나온다. 거기에는 다 이유가 있다. 정동수와 백승우는 광고대행사 오리콤 입사 동기이다. 처음 회사에 들어갈 무렵부터 이들 두 사람은 죽이 잘 맞았다. 광고업계에서 제법 그 실력을 인정받은, 타고난 기획가 정동수는 광고에 적용되고 있는 많은 전략들을 면접에 응용할 경우, 상상하지 못했던 엄청난 힘을 발휘한다는 사실을 경험을 통해 알아냈다.

사실, 학벌도 별로고, 학점도 별로고, 어학 실력도 별로고, 생긴 것도 별로고, '빽'도 없고, 돈도 별로 없고, 내세울 것 하나 없는, 객관적으로 봤을 때 아무것도 가진 것 없는 정동수가 140대 1에 가까운 경쟁을 뚫고 오리콤에 입사한 것은 기적에 가까운 일이었다.
그 후 정동수는 광고업종을 벗어나 몇 차례 회사를 옮기면서, 옮길 때마다 "면접 성적이 이렇게 좋은 사람은 처음 본다!"라는 인사관리부서 직원들의 탄성을 듣곤 했다. 정동수는 자신의 경험을 통해 효과를 입증한 면접전략을, 면접 때문에 고민하고 방황하는 후배들에게 들려주고 싶어 했다.

백승우는 카피라이터였다. 자기 손에 연필 한 자루만 들려져 있다면 모든 것을 잃어도 먹고 살 수 있을 것이라고 흰소리 펑펑 치며 떠벌리고 다니던 백승우가 정동수에게서 이 책에 대한 기획서와 아이디어를 넘겨받은 것은 1999년 2월이었다. 그리고 10년의 세월이 흘렀고, 우리 후배들의 취업 현실은 더욱 더 힘겨워졌다.
'국내 최초로, 갓 입사한 선배가 후배들에게 들려주는 면접 노하우'라는 콘셉트로 시작한 책이었는데, 그 동안 정동수는 경력 16년차의 중견 마케터가 되어 이제 면접관으로 자리를 옮겨 앉았다. 무상한 세월이여! 그러나 이 책은 덕분에 좀 더 정교한 시각과 풍부함을 얻었다.

사실, 《면접의 기술》은 전설이 될 '뻔' 했다. 2004년에 출간된 후 절판되어, 구하기가 '바늘구멍에 낙타 들어가기' 만큼이나 어려웠던 이 책은 면접을 준비하고 있는 많은 후배님들의 '간절한(?)' 요청에 의해 다시 이 세상으로 나올 수 있었다. 은행나무 출판사 식구들과 다른 여러분들의 도움으로 필자들의 창고에서 고이 잠들어 있던 이 책이 5년 만에 다시 빛을 볼 수 있게 되었다. 깊은 감사의 인사를 전한다.

Part 1

떨어지고 싶으면 묻는 말에 순순히 대답하라

- 꼭꼭 숨어있는 열 가지 면접전략 찾아내기

어떤 사람은 고지식하게 면접관이 괜히 물어보는 말에 순수한 열정을 가지고 '졸졸졸' 따라가며 열심히 대답만 하다가 나온다. 그리고 떨어지면, 분위기 좋았는데 자기가 도대체 왜 떨어졌는지 모르겠다며 울분을 토로한다. 그리고 계속 울분만 토로하고 있어야 한다. 그 친구는 자기가 왜 떨어졌는지 그 이유를 아마 영원히 모를 것이다.

이 사람이 이렇게 울분을 토로하고 있는 동안, 어떤 친구들은 면접관이 괜히 한 번 묻는 말을 확실한 기회 삼아 면접관이 진짜 듣고 싶어 하는 얘기를 곧바로 들려주고는 쉽게 바늘구멍을 통과해 오아시스로 간다.

'신상' 보다 '빈티지'
옷부터 길들여라

면접 시즌이 되면, 어떤 색 양복이 무난하고 어떤 셔츠에 어떤 넥타이를 매는 것이 좋다는 등의 얘기들을 참 많이 듣게 된다. 그러나 대체로 이러한 이야기들은 단순히 '팁'으로 머물고 말 뿐이다. 이런 충고들이 패션 감각을 살리는데 도움이 될지 모르겠지만, 전략적으로 옷을 입는 것과는 사실상 거리가 멀다.

'옷차림도 전략이다'를 내세우는 광고가 있었다. 맞는 말이다. 그러나 단순히 옷을 잘 차려 입는 것만으로는 전혀 전략이 되지 못한다. 이것은 전략이 아니다. 전략을 세우는 것과 단순히 이런 저런 충고를 종합해서 따라 하는 것은 하늘과 땅만큼이나 차이가 난다. 옷차림이 정말 전략이 되려면 어떻게 해야 하는가?

질문을 하나 해보자. 42.195km를 달려야 하는 마라톤 선수에게 가장 중요한 것은 무엇일까? 이 질문에 '운동화'라고 대답을 하는 사람은 아마 아무도 없을 것이다. 일반적으로 사람들은 뛰어난 심폐기능, 강인한 정신력, 지칠 줄 모르는 체력 같은 요소들을 말할 것이다. 일반적으로는 그렇다.

그러나 뛰어난 심폐기능, 강인한 정신력, 지칠 줄 모르는 체력은 마라톤 선수라면, 그것도 일급 마라톤 선수라면 누구나 갖추고 있는 조건이다. 이런 전제 하에서 "그렇다면 무엇이 중요하냐?"라고 다시 물을 수 있어야 한다. 면접의 조건이란 일차 서류심사 과정을 통과한 비슷비슷한 사람들끼리의 경쟁이라는 점을 잊지 말자. 이런 의미를 가지고 따져보면 마라톤 선수에게 운동화는 매우 중요하다.

기타 등등의 여건들을 다 갖추고 있는 좋은 마라톤 선수, 그리고 훈련도 열심히 해왔고 경험도 많은 노련한 선수들, 예컨대 이봉주나 황영조 같은 선수라 할지라도 공장에서 막 나온 새 운동화를 신고 뛴다면 좋은 성적은커녕 완주조차도 힘들 것이다.

이쯤 했으면 무슨 말을 하려는 것인지 눈치를 채고도 남아야 한다. 옷차림이 정말 전략이 되려면 '마라톤 선수에게 운동화가 왜 중요한가'에 대해 잘 알아야 한다. 당신은 면접 때 입을 옷을 평소에도 자주 입어야 한다. '면접 전용'으로 몇 벌의 옷을 정한 후, 자주 입어보고 익숙하게 만들어야 한다. 마라톤 선수가 운동화를 길들이듯이 옷을 길들여야 하는 것이다. 그렇게 길들인 옷 중 주변 사람들에게 최고로 좋은 반응을 얻는 옷을 고르는 것이 가장 중요한 포인트이다. 이것이 바로 내가 말하는 '전략'이다.

학창 시절 늘 청바지에 티셔츠 같은 캐주얼 스타일에 젖어 있던 사람이 어느 날 갑자기 양복을 입게 되면 스스로 부자연스럽다는 생각에 더욱 긴장하게 된다. 처음 매는 넥타이는 춘향이의 칼처럼 목을 옥죄어 오고, 처음 입는 정장은 자꾸 남의 옷을 빌려 입은 듯 사지의 관절과 근육을 압박한다. 숨 쉬는 것, 고개를 돌리는 아주 기본적인 행동조차 거북하다. 익숙하지 않은 것에서 자연스러움이 나올 수는 없다. 이것은 전략이 없을 때 마주쳐야 하는 상황이다.

나는 '옷차림도 전략' 이라는 광고 카피를 빌려서 다음과 같이 충고하고 싶다. 마라톤 선수가 시합에 대비해 운동화를 길들이듯, 면접을 대비해서 옷을 충분히 길들여라. 자주 입어보고 몸에 익숙해지게 만들면서 주위 사람들의 반응도 살펴보고, 의견을 들어봐라. 또한 스스로 자신을 관찰해 가며 와이셔츠, 넥타이, 벨트 등과 같은 아이템에 자신의 개성을 가미한 변화를 조금씩 시도하라.

면접에 갈 때는 잘 길들여 놓은 여러 가지 선택지 중에서 제일 잘 어울린다고 생각하는 것, 그 날의 날씨나 기분, 정치 사회적 상황, 회사의 이미지 등 제반 여건에 가장 잘 어울리는 옷을 골라 입어라. 그리고 스스로 가장 잘 어울린다고 생각하는 스타일을 연출하면 된다. 잘 길들인 편안한 옷차림이 마음을 편안하게 한다. 자신감은 바로 편안함에서 나온다.

이런 것이 바로 전략이다. 단순히 면접장에 가장 잘 어울리는 것으로 추정되는 '가설' 같은 코디네이션을 하라고 말하는 것은 전략이 아니다. 어떤 색깔의 어떤 양복이 좋다고 추천하는 것은 백화점 세일즈맨이 할 일이지, 면접에 대해 전문적으로 조언하겠다는 사람이 할 소리는 아니다.

전략을 세우는 일은 눈에 보이는 것들의 뒤에 숨어 있는 좀 더 본질적인 어떤 것을 찾아내서 활용하는 일이다. 이 장에서 놓치지 말아야 하는 것은 편안함의 힘이다. 이봉주 선수의 잘 길들여진, 때에 절고 적당히 닳은 운동화를 잊어서는 안 된다. 내가 편안해야 나를 보는 사람도 편안하다.

스토킹도 전략이다
면접 볼 회사의 스토커가 되어라

면접을 앞두고 할 수 있는 한 최선을 다하는 것과, 면접에 떨어지고 난 후 다음 입사기회를 얻기 위해 절치부심하며 많은 시간을 보내는 것 중 어떤 것이 더 어려울까?

평생을 좌우할지 모를 짧은 순간을 앞두고 대부분의 사람들은 긴장한다. 긴장은 말문을 막아 버린다. 연습할 때는 그렇게 잘했는데 실전에서는 엉망이다. 면접관이 이런 당신을 향해 '그래, 긴장해서 그렇겠지'라며 너그럽게 이해해 줄까? Never, 현실은 냉정하다. 안절부절 못하고 다리와 손을 떨어대며 숨까지 가빠하는 사람을 보고 편안함을 느낄 사람은 아무도 없다.

극도의 긴장을 가라앉히는 방법을 설파하는 사람들도 많다. '심호흡을 하라' '면접관을 이웃집 아저씨처럼 생각하라' '긴장을 풀어라' 등등. 이 또한 전략과 아무 상관 없이 그냥 하는 소리다. 말처럼 되면 긴장은 왜 한단 말인가? 이런 영양가 없는 조언

보다 차라리 손가락에 침을 묻혀서 코에 세 번 바르라고 말하는 편이 낫다. 단언컨대, 이러한 조언들을 따르는 것은 밑천도 없이 도박에 끼어드는 것에 불과하다. 도박판에 아무리 좋은 패가 떠도 그건 '그림의 떡' 일 뿐이다.

그렇다면 우리가 제시하는 전략은 무엇인가? 단순하다. 편해지려면 친해져야 한다. 길들여야 한다. 모든 동물은 새끼를 낳을 때, 자기가 알고 있는 가장 편안한 곳으로 찾아간다. 일부러라도 출산을 늦추고 그곳에 도착해서야 비로소 몸을 푼다.

본능적으로 편안함은 생산의 가장 큰 동력이다. 불안한 닭은 알을 낳지 못한다. 그러니까 친해져야 한다. 어디 면접에서만 그렇겠는가? 이건 모든 인간관계에 적용되는 논리다. 생텍쥐페리의 《어린왕자》에서 왕자가 여우에게 한 말을 예로 들 수 있겠다.

"우리는 우리가 길들인 것만을 이해할 수 있다. 내가 길들였기 때문에 그(녀)가 세상에 오직 한 사람처럼 느껴지는 것이고, 그(녀)를 위해 마음 쏟는 그 귀중한 시간 때문에 우리는 숱한 사람들 속에서 오직 한 사람, 그(녀)를 선택하게 된다."

자, 바로 지금 면접 볼 회사에 찾아가라. 얼굴에 철판을 깔고 그 회사 사람들을 만나보라. 사람들이 귀찮아해도 자꾸 찾아가고 자꾸 만나라. 그러다 운이 좋으면 그들에게 술까지 얻어먹게 될지도 모른다. 그 자리에서 채용과 관련된 회사 사정을 들을 지도 모르고, 최상의 경우 술을 사준 그 사람을 면접관으로 만나게 될지도 모른다. 그러나 그것까지는 너무 기대하지 않는 게 좋겠다.

발 빠르게 움직여 면접을 보게 될 지역, 면접을 보러 가는 길, 그 근처 건물들, 식당들, 술집들, 면접할 건물, 실내 구조, 그 안에 있는 사람들, 심지어 그 건물의 화장실까지 회사의 모든 것을 알아 두자. 또한 면접 볼 회사에 대한 기사를 검색하라. CEO의 경영철학이나 역사, 경영실적, 회사가 속한 업종의 전망 등을 파악하라. 이 모든 것을 다 마스터하기엔 시간이 많지 않다. 온몸으로 움직여 회사의 각종 정보들과 재빨리 친해져라. 그런 노력을 기울인 당신은 면접을 앞두고 내 방에 누워있는 것처럼 편해질 수 있을 것이다. 친해진 만큼 편해지고, 편해진 만큼 강해진다!

이것이 어렵다고? 이렇게까지 꼭 해야 하냐고? 자, 뭐가 진짜 어려운 지 한 번 생각해보자. 면접을 앞둔 상황에서 앞서 조언한 일들을 실천하는 것과, 면접에 떨어지고 난 후 다음 입사 기회를 얻기 위해 절치부심하며 많은 시간을 허비하는 것, 어느 편이 더 어려울까? 아마 당신이 현명한 사람이라면, 지금 내가 한 말을 '엄마의 잔소리'처럼 흘려듣지는 않을 것임이 분명하다. 결심했다면 그대로 실행하라. 물론 선택은 당신에게 달려 있다.

면접 시,
극도의 긴장은

말문을 닫아버리게 합니다.

이런 상황을 면접관이
이해해줄 거라고 생각한다면

그렇다면
방법은,
편해지려면
친해져야 한다!

면접 볼 회사의
스토커가 되세요!

회사의 모든 정보와
친해지는 것은 물론,

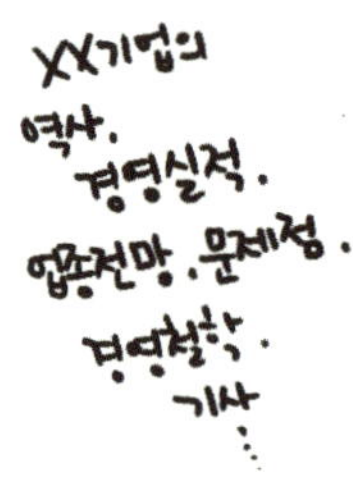

철판을 깔고 회사에 찾아가서
회사 사람들을
자꾸 만나보는 겁니다.

채용설명회라던가…

← 이런건 아주아주 드문 경우 이오.
너무기대는 말것.

채용정보를 접하거나
운 좋으면
술이라도 얻어먹을
기회가 생길지 누가 압니까?

면접 장소까지
가는 길,
근처 건물들…

식당, 술집들,
면접 장소의 건물
실내구조까지…
모든 것을 알아둡시다.

친해진 만큼 편해지고

편해진 만큼 강해지니까요.

아까와 비교했을때
어떤쪽을 선택하시겠습니까?

불법 선거운동의 벤치마킹
한 박자 빠르게 움직여라

자기소개서에 적힌 내용과 면접 현장에서의 답변이 다르면, 면접관들은 혼란스러울 것이다. 어떤 것이 진짜인지를 알아내기 위해 깊게 생각하는 것 또한 몹시 귀찮은 일. 이 경우 면접관들이 그냥 골치 아플 것 없이 지원자를 낙방시킬 것이 뻔하지 않은가?

선거철이 가까워지면, 후보들은 어떻게든 자신을 알리기 위해 발버둥을 친다. '사랑방 좌담회'다 뭐다 하며 여기저기 얼굴을 내밀고, 후원회도 열며 바쁘게 돌아다닌다. 그리고는 하나같이 빼먹지 않고 책을 낸다. 책이 출간되면 신문 하단에 큼지막하게 광고를 낸다. 이건 단순한 광고가 아니라, 법망을 교묘하게 빠져나가는 선거운동 전략이다. 꼼수를 부린 '잔머리 성' 불법 선거운동이지만, 면접을 보려는 자에게는 여기서도 배울 게 많다. 과연 무엇을 배워야 할까?

대부분의 전략이 그러하듯 우리가 추구하는 것은 동일한 돈과 시간과 노력을 들여서 최대의 효과를 창출하는 것이다. 남보다 한 발 먼저 나서서 홍보 운동을 시작하는 것이 선거에서는 불법이지만, 면접에서는 아주 훌륭한 전략이다. 불법 선거운동 방식을 면접에 도입하면 안 된다는 법은 어디에도 없다.

무슨 소리인고 하니, 회사에서 제공하는 지원 서류, 이력서, 자기소개서, 각종 증명서 등의 서류를 작성해 회사에 제출하는 시점을 면접의 출발점으로 삼아야 한다는 말이다. 물론 더 광범위하게 기간을 잡을 수도 있지만, 바로 코앞에 면접시험을 앞두고 있는 우리 후배들에게는 별로 의미 없는 설정일 것이다. 따라서 모든 면접전략의 출발점을 이 시점으로 리셋(reset)하겠다. 이것은 서류 전형을 통과하고 여러 차례에 걸친 시험에 합격한 후, 면접에 참여하라는 통지서를 받은 직후로 면접의 시작 시점을 잡는 것보다 훨씬 유리하다.

이력서와 자기소개서를 통해 '나'의 이미지를 구축해 놓아야 면접이 편하다. 이력서와 자기소개서에 작성해 놓은 내용과 면접관의 질문에 대한 슬기로운 답변이 유기적으로 결합해 채용의 시너지 효과를 발휘한다는 것을 알아야 한다. 즉, 하나의 일관된 이미지를 설정한 후, 그것을 제대로 표현하고 전달하는 일련의 과정을 면접과정으로 보아야 한다. 그러니 여기에 보다 세심하게 신경을 쓰자.

가령, 누구도 이렇게 심한 착각에 빠지지는 않겠지만, 자기소개서에서는 자신을 마치 임꺽정처럼 단순 무식 과격하며 '무대뽀' 정신과 '헝그리' 정신으로 똘똘 뭉친 저돌적인 사람으로 묘사했다고 하자. 그런데 실제 면접에서는 자기소개서에 그렇게 적어 놓은 것을 까맣게 잊고, 대범하고 자신감 있는 모습 대신 치밀하고 꼼꼼하며 세심한 성격을 가진 사람처럼 행동한다면, 면접관들은 혼란스러울 것이다. 도대체 어떤 모습이 진짜인지 깊이 생각하는 것 또한 몹시 귀찮은 일이니 그냥 맘 편하게 낙방시킬 것이 뻔하지 않은가?

이력서나 자기소개서의 글씨체까지도 자신을 표현하고 있다는 점 또한 놓치지 말자. 그리고 회사에서 제공해 주는 일관된 소개서 양식이 있다고 하더라도, 그것을 '나'의 이미지를 구축하는데 도움이 되도록 새롭게 디자인하는 방법을 궁리해 볼 일이다. 자필 이력서와 자기소개서를 원하는 회사에 지원한다면 글씨를 쓰는 펜을 선택하는 데도 신중을 기하라.

잊지 마시라. 면접은 지원하는 회사에 서류를 쓰는 순간부터 시작이다. 이력서와 자기소개서는 반드시 따로 한 부를 보관하고 있다가 면접 전에 꼭 숙지하며, 당일에 가지고 가야 한다. 이 사항을 깜빡 하는 것은 흔한 말로 '군인이 전쟁터에 총을 들고 가지 않는 것'에 다름없다.

전략적 자기소개서 훔쳐보기

✔ 대한민국 아줌마, 1331대 1의 경쟁률을 뚫다!

붐비는 전철, 한 노인이 구걸 중이었다. '저는 장님입니다'라고 적힌 종이를 목에 걸었지만, 하루에도 몇 번을 목격하게 되는 흔한 풍경에 승객 누구도 눈 하나 깜빡하지 않는 상황. 그 때 노인에게로 다가가는 한 사람이 있었다. 노인과 한동안 이야기를 나누던 그녀는 그 자리에서 펜을 꺼내 새로운 쪽지를 쓰더니, 노인의 목에 걸린 쪽지와 바꿔달았다. '해마다 봄은 오건만, 저는 그 봄을 보지 못합니다.'

그로부터 한두 해 뒤, 그녀는 전철 안에서 다시 노인과 마주치게 되었다. 노인은 그녀의 목소리를 기억하고 있었다. 그녀가 노인에게 물었다. "요즘 어떠세요?" 대뜸 손가락 세 개를 쫙 펴 보이는 노인. 수입이 세 배로 늘었다는 뜻이었다. 그러나 복더위에 봄 타령이 영 마음에 걸렸던 그녀, 다시 새 쪽지를 적어 노인의 목에 걸어드렸다. 사계절용 카피 '사랑하는 두 딸이 있지만, 저는 그 얼굴을 보지 못합니다.'

복고적인 단발머리에, 걸걸한 목소리가 돋보이는 '행복학 박사' 최윤희 씨가 바로 이 이야기의 주인공. 죽어도 꽃일 수 없는 여자, 기어이 꽃이라고 우긴다면 수박 꽃이라 자신을 소개하는 이가 바로 그녀다.

카피라이터 출신의 최윤희는 전국을 누비며 사람들에게 행복 바이러스를 전파하는 인기 강사이자 베스트셀러 작가이다. 강연은 일주일에 5회 내외이며, 청와대, 벤처기업 CEO부터 룸살롱 종업원까지 대상도 매우 다양하다.

그녀는 사실 평범한 주부였다. 이화여대 국문과를 졸업한 뒤 서른여덟까지 줄곧 전업주부로 지내다 돌연 카피라이터로 사회생활 새내기가 되었다. 남편의 사업이 쫄딱 망해 알거지가 되었다는 것이 그 계기이다. 맥없이 앉아 쫄쫄 굶을 판에 모 광고회사의 모집 공고를 보고 지원해 카피라이터가 되었다. 당시의 경쟁률은 1331대 1이었다. 그녀가 그 높은 경쟁률을 뚫고 입사할 수 있었던 것은 정말이지 기발했던 자기소개서 때문이었다. 아래는 그 기발한 자기소개서에 관한 그녀의 변이다.

"뜬금없이 애꾸눈 임금 얘기를 썼다. 옛날에 멋진 초상화를 남기려는 애꾸 임금이 있었다. 그런데 아첨쟁이 화가는 눈을 멀쩡하게 만들었고, 고지식한 이는 애꾸 그대로 그렸다. 그 때마다 핏대만 세우던 임금이 한 무지렁이 화가의 마지막 작품에 꽂혀버렸다. 그는 성한 눈 쪽의 옆모습을 정성껏 그려낸 것이다. 나의 멘트가 이랬다. '삶에도 희망과 절망이 공존한다. 나는 좋은 쪽만 보고 살련다.'"

그녀 이력서의 취미, 특기 난도 히트였다. '특기 : 멍하니 하늘 쳐다보기 / 취미 : 인상 쓰는 사람 간지럼 태우기 / 희망 연봉 : 물질은 완전 초월'.

✔ 모 잡지 인턴채용에 합격한 지원자의 두 가지 버전 자기소개서

A는 패션잡지의 기자가 되고 싶었다. 지방에서 상경해 잡지판의 정보에 상대적으로 취약하던 그녀는 살아있는 정보를 구하기 위해 얼굴에 철판을 깔고 수소문해 잡지 관계자들에 접근했다. 온라인상에서 쪽지며, 이메일을 일일이 보내며 '헬프 미'를 외쳤지만, 돌아오는 건 냉랭한 반응 뿐. 다행히도 A에게 호의적으로 답변해 준 사람이 있었고, 당시 잡지 에디터였던 B는 A에게 자기소개서 한 통을 보내줄 것을 요청했다. 그렇게 A는 아래의 자기소개서를 이메일로 송부했다.

1. 성장과정

"난 할 수 있어!"를 입에 달고 살았습니다. 당당한 자신감과 뚜렷한 비전은 이 말을 뱉을 수 있는 근거였습니다. 이는 부모님께서 제가 하고자 하는 일에 전폭적인 지지를 아끼지 않으셨기에 가능한 일이었습니다. 대학 1학년 때 큰 사기를 당하고도, 적성에 맞지 않는 전공으로 힘들어 할 때에도 저는 무너지지 않았습니다. 오히려 축제 모델과 같은 새로운 도전으로 끊임없이 자신에게 자극을 주었습니다. 저는 학창시절 중국학교와의 교류대회와 대학 페스티벌, 타 학교 축제 객원 보컬로 활동한 바 있으며, 지역방송에 출연해 학교 대표 응원단장으로 춤 공연을 선보이기도 하였습니다. 또 ○○일보 학생 명예기자, 중등 연극대회 연출가, 전교부회장과 캠프 리더를 맡으며 대내외적으로 활발한 학창시절을 보냈습니다. 특히 항상 먼저 인사하고 다가갈 만큼 사교적인 성격에 선생님과 친구들에게 인기가 많은 학생이었습니다. 저의 이런 성격과 경험들은 에디터가 되어 해나갈 업무에 큰 도움이 될 것입니다.

2. 가치관과 장단점

'A가 하면 뭔가 다르다'를 보여주는 것이 저의 가치관입니다. 저만의 개성과 콘텐츠를 구축해 에디터로서 나만의 브랜드를 만들고 싶습니다. 같은 소재의 기사를 쓰더라도 독특한 시각과 시도로 인해 그 에디터의 다음 기사가 궁금해지도록 할 것입니다.

저는 저만의 위기관리 능력이 있습니다. 새로운 도전을 통해 끊임없이 자신을 쇄신하는 능력을 가지게 되었습니다. 또 아무리 힘든 일이 있어도 맛있는 음식 앞에서 다시 행복해질 정도로 단순하고 낙천적인 성격의 소유자입니다. 또 ○○일보 인턴 시절, 강남 교육을 취재하기 위해 헬스클럽에서 몇 주를 잠복 취재할 정도의 열정을 가진 사람입니다. 반면 욕심이 많아 한꺼번에 많은 일을 감당하는 경향이 있는데 이는 일의 우선순위를 정함으로써 단점을 극복하고 있습니다. 특히 시간관리법 강의를 듣고 프랭클린 플래너를 사용하면서 저의 단점을 크게 개선하고 있습니다.

3. 지원동기

"〈매거진 E〉! 공개 채용으로 만난 피처 에디터 지망생 A와 열애!"
그 이름도 찬란히 빛나는 패션 잡지계의 리더! 〈매거진 E〉와 피처 에디터 지망생인 A와의 핑크빛 만남이 감지되고 있습니다. 이번 만남은 A의 적극적인 구애에 〈매거진 E〉가 호감과 신뢰를 얻게 되면서 이루어졌다고 전해졌습니다. 도발적이고 참신한 이번 프러포즈에 대해 A는 "〈매거진 E〉는 독자의 가려운 부분을 긁어주는 기발한 콘텐츠로 유명하고 능력 있는 현직 선배들에게서 배우는 기회를 얻는 큰 영광을 누릴 수 있기에 매력을 느꼈고 가슴이 떨린다" 라며 행복해했습니다. 또 "고급 여성지답게 문화계 명사에서부터 트렌드 전반을 아우르는 피처 기사들이 내가 지향하는 바와 일치하고 기사를 융통성 있게 제작할 수 있다는 점에서 타 잡지와의 차별성을 느꼈다"라고 밝혔습니다. 앞으로 이들의 열정적이고 멋진 러브 스토리를 기대해보겠습니다.

4. 지원하신 직무에 대한 경험 또는 자기계발

2006년 가을, 저는 한 통의 전화를 받았습니다. "○○일보입니다. 공모전에 당선되셨습니다!" ○○일보에서 주최한 대학생탐사기사 공모전에서 두 달여 정도 진행한 프로젝트가 수상하게 되었습니다. 인턴기자로 활동하며 인디밴드를 인터뷰한 경험이 있습니다. 그리고 한국언론재단에서 주최하는 '지역예비언론인 양성과정'에 선발되어 기사작성과 인터뷰 기법 등에 대해 현직에 계신 언론인들을 통해 깊이 있게 배웠습니다. 여기서 생긴 에피소드 한 가지. 공청회 시간에 저는 패션지나 영화잡지 등 잡지에 관한 수업이 미흡하고 기회가 없어 건의를 하게 되었고, 적극적으로 검토해 지망생을 양성하게 만들겠다는 확답을 얻어낼 수 있었습니다. 또한 웹진에서 8개월 간 명예기자로 활동하며 주로 인물 인터뷰를 했는데, 문화계에서 교육계, 소외계층까지 다양한 층의 인물들을 인터뷰했습니다. 또 에디터로서의 시간 관리와 리더십 배양을 위해 한국리더십센터에서 7HABITS와 FOCUS, PM교육 등을 수료하였습니다.

뻔한 구성과 식상한 내용의 자기소개서는 결국 퇴짜를 맞았다.
"이렇게 해서는 서류전형에 통과하기도 어려워요. 내가 면접관이라고 가정한다면, 이 자기소개서에는 전혀 흥미를 느끼지 못해요. 일단 잡지기자가 왜 되고 싶어 하는지에 대한 부분이 상당히 부족해요. 잡지기자와 전혀 상관이 없는 스펙들도 쓸데없이 나열되어 있고요. 내가 어떤 것들을 이뤘다는 내용을 열거하는 것도 중요하지만, 본인을 뽑으면 어떤 점이 좋을지에 대한 어필이 부족합니다. 한 가지 힌트를 줄게요. 잡지 기자에 지원하는 자기소개서이니 인터뷰 기사처럼 자기소개서를 만들어보는 것도 좋을 것이라 생각해요. 기회를 한 번 더 줄 테니, 다시 한 번 작성해보기를 권합니다."
A가 보낸 메일에는 냉랭한 답장이 돌아왔고, 기회를 놓칠 수 없다고 생각한 A는 새로운 버전의 자기소개서를 작성해 다시 B에게 보냈다. 곧 다시 A에게 B로부터 답장이 도착했다.

1. 성장과정 – 그녀는 마치 깔때기 같다

그녀는 마치 깔때기 같다. 모든 내용물이 다 들어가도 결국 엑기스만 걸러져 나오는…. 198*년 ○월의 어느 날, 한 허름한 아파트에서 태어난 여자애는 '비 내리는 영동교'를 기가 막히게 불러 재꼈다. 어르신들 사이를 평정하면서 나중에 커서 가수하라는 소리, 귀에 딱지 앉도록 들었다. 나중에 여성 밴드를 결성해 활동한 것도 어린 시절 영향이 큰 것 같다. 거기서 그치지 않았다. 그녀의 관심영역은 머리가 굵어질수록 다양하고 적극적이 되었다. 연극 연출, 댄스 자격증까지 손을 댔다가 사기도 당해봤다. 하지만 엑기스는 그때 뽑았다. 방대한 관심영역을 글로써 풀어내는 동안만큼은 그녀, 그 어느 때보다도 진지했다. 일기를 가장 재미있게 쓰는 학생에게 주는 상으로 시작해 신문사의 학생기자로 선발되기까지 쉼 없이 골라내고 골라냈다. 결국 피처 에디터라는 엑기스가 남았다.

2. 가치관과 장단점 – 그녀는 참 단순하다

그녀는 참 단순하다. 떡볶이랑 순대만 사주면 온갖 잡일 다 시켜먹을 수 있는 돌쇠형이다. 그녀의 친구들, 많이 부려먹었다. 그녀는 누구 하나 죽일 듯이 싸워놓고도 먹는 것 앞에 무너져버린다. 먹고 나면 마음이 풀린다고 고백하는 그녀는 때로 상상을 초월할 정도로 감정이 단순해 스스로에게 화를 낼 때도 있고, 주변으로부터 밸도 없냐는 소리도 듣는다. 미안하지만 이건 그녀가 언제나 행복한 이유다. 어쨌든 맛있는 게 좋단다, 화내는 것보다 백만 배는 더. 들이대는 거 또한 장난 아니다.

○○일보 인턴하며 깐깐한 강남 엄마들 취재하려고 헬스장에서 살았다. 깐깐함의 레벨이 다른 그 아줌마들 꾀려고 장미란을 능가하는 운동량을 소화해냈다. 대체 뭐하는 인간이냐고 묻는 엄마들하고 자식자랑 맞장구치면서 결국 취재 성공! 선배 왈, "너 굶어 죽진 않겠다." 필요하면 그녀는 그냥 무쇠처럼 돌진한다. 뭐든지 답은 현장에 있다고 생각하니까. MBTI 성격 유형 검사에 따른 그녀의 유연성은 최대수치다. A는 유연한 삶이 좋다. 그래서 마치 물처럼 어느 상황이든 자연스레 흡수되는 유연한 태도와 사고를 가진 에디터가 되고 싶어 한다. 왜? 억지로 노력 안 해도 될 정도로 타고났으니까.

3. 지원동기 - A와의 3문3답

Q : 이곳에 왜 지원했나?

A : 시원시원한 소재와 질문들이 마음에 든다. 가령 〈매거진 E〉의 돌아온 싱글에 관한 기사는 관심분야가 아닌데도 눈길이 갔다. 글이 감추거나 에두르지 않아 속이 시원하다. 〈매거진 P〉의 모 감독 인터뷰도 역시 그랬다. 그런 기사를 쓰고 싶어 지원하게 되었다.

Q : 다른 매체에서도 가능한 일 아닌가?

A : 물론 가능할 수 있다. 하지만 평소 존경하는 선배들이 있는 곳에서 일하고 싶은 건 당연한 거 아닌가. 난 창의적이고 새로운 시도만이 발전을 가져다 줄 수 있다고 생각한다. 결국 나와 지향점이 같다.

Q : 지원 이유는 그것이 전부인가?

A : 미래지향적이다. 단지 잡지에서 그치는 것이 아니라 문화의 콘텐츠를 다양하게 두고 사업을 시도하는 회사라는 것을 느꼈다. 이 회사에서 트렌드를 주도하고 소개하는 에디터로서 더 큰 영향력을 발휘할 수 있을 것이라는 믿음이 간다.

4. 지원한 업무에 대한 경험 또는 자기계발 - 그녀에게 걸려온 한 통의 전화

"○○일보입니다. 공모전에 당선되셨습니다." 2006년 가을, 한 통의 전화를 받았다. A는 감격했다. 대학에 입학하며 드림리스트에 올린 소원 하나가 드디어 이루어진 것이다. 참 고생스러웠다. '학과 내 기자학회에서도 작년에 고배를 마신 공모전에 편입한 지 6개월도 채 안 된 네가 무얼 하겠냐?'는 뉘앙스를 눈치껏 알아채라는 학회장의 말을 살포시 무시해주고 사방팔방 뛰어다녔다. 새벽에 닭다리 뜯어가며 한 달 가까이 기획회의를 했다. 좋은 사진을 찍기 위해 위장까지 마다하지 않았다. 결과물은 아마추어이지만 그녀의 열정은 이미 에디터였다. 기획에서 출판까지 내 손이 안 간 곳이 없었다. 그렇게 인턴기자가 되었다.

기자가 된 그녀는 무작정 홍대로 갔다. 한창 잘나가던 인디밴드를 인터뷰했다. 또 소설가 구보 박태원의 주변 인물들을 만나 문학 거장의 자취를 더듬었다. 도전하지 않는 자, 기적은 바라지도 말라고 했다. 그렇게 A는 최선을 다했다.

5. 10년 후 나의 모습 – 에필로그 : A를 인터뷰한 신입에디터의 사적인 고백

놀랍다. TV에서 보던 연예인을 처음 인터뷰하던 날처럼 에디터계의 워너비가 내 눈앞에 앉아있다니, 오 마이 갓! 그녀의 첫인상은 눈이 부셨다. 외모에서 풍겨져 나오는 당당함이 내면의 자신감을 감추지 않았다. 나에게 에디터의 꿈을 심어준 그녀, A가 바로 내 앞에 앉아있다. 에디터가 되고자 하는 많은 여대생들도 그녀처럼 되기를 원한다. 곧 폐점될 위기에 처한 보석 같은 맛집을 찾아내 운명을 바꿔주는 일에서부터 도도하기로 소문난 마돈나의 강렬한 색채를 무색무취하게 만든 화보 진행하며, 늙어버린 올리비아 핫세를 젊은 시절보다 더 우아하게 이끌어낸 인터뷰 등, 항상 파격적인 시도와 놀라운 섭외능력으로 그녀에게 열광할 수밖에 없도록 만들어버렸다. 내가 첫 인터뷰로 10년차 선배 에디터를 만난 건, 그녀처럼 되고 싶은 바람 때문이었다. 2018년 11월 끝자락, 난 신입에디터의 신분으로 당돌하게 인간 대 인간으로 그녀와 인터뷰를 할 수 있었다.

A는 한 편의 인터뷰 기사 같은 구성의 자기소개서를 작성해 보냈다. 지원서 양식의 틀을 벗어나지 않는 범위에서 최고의 창의성을 가미했다. 자기소개서에서 요구하는 다섯 가지 사항의 내용을 정리하며 헤드라인을 뽑아내 첫 머리에 달았다. 이렇게 남들과 다른, 게다가 재미있기까지 한 자기소개서를 만들었고, 그녀의 뻔뻔하고 끈질

긴 구애에 도움을 자청한 전문가 B로부터 '이 정도면 OK'라는 사인을 얻어냈다.
며칠 뒤, A에게는 한 통의 전화가 걸려왔다.
'공개 인턴 채용 서류전형에 합격하셨습니다.'
만일 첫 번째 버전의 자기소개서로 지원했다면, 그 전화는 걸려오지 않았을 지도 모
를 일이다.

Like teaser AD.
자기소개서를 지뢰밭으로 만들어라

'쇼(Show)'는 얼마 전 방영된 성공한 티저 광고다. 광고 중에는 보는 사람들에게 "저게 무슨 광고야?" "뭐야, 이거?" 하는 느낌을 주는 광고 같지 않은 광고들이 가끔 등장한다. 이른바 티저(teaser) 광고다. '감질나게 하다'라는 뜻을 가진 영어 단어 'tease'를 따다 붙인 광고의 한 기법이다. 이것은 온갖 협박에도 굴하지 않고 판도라의 상자를 끝내 열어 재낀 인간의 호기심을 광고에 이용한 것이다.

이런 유형의 광고는 궁금증을 유발시키는 것을 목표로 하며, 독자나 시청자가 "이게 뭐야?"라고 마음속으로 한 마디만이라도 해준다면 성공이다. 그러니, 앞서 얘기한 광고 '쇼'는 성공 중에도 대성공이라 할 수 있다.

자기소개서를 제대로 쓰려면 이렇게 써야 한다. 일종의 티저 광고처럼 말이다. '나'에 대한 모든 것을 소개하고 자랑하는 것이 자기소개서의 역할이라고 생각하는 것은 좋은 일이긴 하지만, 전략적인 접근은 아니다.

누구나 그렇듯이 소개서에 자신의 실력과 그 실력을 갖추기 위해 쉬지 않고 노력해온 삶의 파노라마를 구구절절 늘어놓는 것이 어쩌면 어리석은 일일 지도 모른다는 생각을 해야 한다.

다시 광고 얘기로 돌아가 보자. 몇 천만 원에서 몇 십억 원의 돈을 들여 하나의 TV-CM이 완성된다. 그러나 이것이 바로 방영되는 것은 아니다. 엄격하지만 때로는 황당한 광고 심의를 거쳐야 비로소 방송을 통해 내보낼 수 있다. 심의에서 문제가 제기되면 수정하든지, 다시 촬영해야 한다. 이것은 돈과 직결되는 문제다. 그래서 심의를 통과하는 것이 때로는 '광고쟁이'들이 사활을 걸고 덤벼야 하는 핵심 문제로 부각되기도 한다.

요즘은 그렇게 안 되지만, 옛날 선배들은 그래서 꼭 필요할 때 약간의 트릭을 쓰기도 했다고 한다. 심의에서 문제가 될 수도 있는 부분을 감추기 위해, 반드시 문제로 지적될 부분을 슬쩍 끼워 넣는 것이다. 모두가 그 문제를 알아보고 지적하게끔 유도하기.

그 틈에 문제가 될 수도 있고 안 될 수도 있는, 실제로 '광고쟁이'들이 사활을 걸고 있는 아슬아슬한 쟁점은 살짝 감춰져서 눈에 안 띄고 지나갈 수 있게 하기. 이렇게 해서 성공한 사례가 가끔 있다.

광고 심의를 통과하기 위해 선배들이 썼던 방법은, 우리가 자기소개서를 어떻게 써야 하는지에 대해 약간의 힌트를 준다. 자기소개서는 평가자가 읽고 서류전형의 기준으로 삼을 뿐만 아니라, 면접의 기초자료로도 활용된다는 점을 잘 기억해야 한다. 종종 서류전형에서 자기소개서의 역할이 끝난다고 생각하고 논리적으로, 평범하게, 모든 것을 알리는 도구로만 생각하는 친구들이 있는데 결코 그렇지 않다.

입장을 바꿔 당신이 면접관이라고 가정해보자. 장소는 면접장, 당신 앞에 합격을 향한 의욕에 불타는 서너 명의 젊은이가 앉아 있다. 당신은 뭔가 질문을 던지고 그들이 보이는 반응을 평가해야 할 것이다. 그것도 짧은 시간에 말이다. 그러나 당신은 그들을 처음 본다. 그들에 대해서 아는 게 아무 것도 없는 상태에서 면접을 치르는 건 참으로 난감한 일일 것이다. 그래서 면접관들은 그들에 대해 조금의 단서가 되는 이력서와 자기소개서를 기초자료로 삼아 면접에 임하게 되는 것이다.

회사 업무도 만만치 않은데 면접까지 봐야 하는 이들의 고단한 처지를 헤아려 보라. 시간에 쫓기며 아주 짧은 시간에 '슥슥' 이력서와 자기소개서를 검토하고 질문거리를 찾아내야 한다는 말이다. 이들의 입장에서 봤을 때, 질문거리가 눈에 잘 띄는 곳에 여기저기 놓여 있으면 얼마나 덜 수고스럽고 기분이 좋겠는가?

따라서 우리는 장미꽃밭에 호박꽃을 몇 개 슬쩍슬쩍 끼워 넣는 전략을 세워야 한다. "왜 호박꽃이 여기 있는 거야?"라는 질문이 나오는 게 당연한 것 아닌가?

자기소개서를 지뢰밭으로 만들어 놓아라. 면접관들이 밟기만 하면 즉시 터지는 것이다. 지루한 면접에 폭소를 터뜨려라. 세 번 같이 웃고도 실패하는 협상은 없다고 한다. 면접관들이 지뢰를 안 밟고 지나갈 수 없도록, 그러니까 알릴 것은 다 알리면서도 좀 더 세부적인 것이 궁금해지도록 만드는 것이 포인트다. 물론 거기에 대한 답은 반드시 미리 준비되어 있어야 한다. 대답이 준비된 질문을 받는 것은 면접을 아주 유리하게 끌어 나가는 데 결정적인 역할을 하게 될 것이다.

이력서의 역할은
단지 서류통과를 위한 것에서
끝나는 것이 아니죠.

면접의 무기,
바로 이력서입니다.

서류를 쓰는 순간부터
면접은 이미 시작되었다고
생각해야 합니다.

자기소개서 내용과
면접에서의 답변이
다르다면

더 생각할 것도
없이 낙방입니다.

그렇기 때문에
자기소개서와
이력서는 머릿속에
단단히 입력하고
면접 당일에도
꼭 가져가야 할
필수 아이템이라는 것!

짧은 시간에
이력서를 검토하고
질문거리를 찾아내야 하는
면접관의 입장에서

군침 도는 질문거리가
눈에 잘 띄는 곳에
뿌려져 있다면 어떨까요?

"어이쿠, 이게 웬 호박?"

장미꽃밭 속의 호박처럼
면접관들이 궁금해 할 수밖에 없도록
자기소개서를 써봅시다.

자신의 강점을
드러낼 수 있는 지뢰를
자기소개서 여기저기에
묻어둘 것!

진짜 폭탄은 자기소개서 위에 전부
쓰지 않고 아꼈다가 현장에서 쓰는 센스!

이후로는 면접관의 다음 질문까지
계산된 여러분의 시나리오대로
면접의 주도권을 잡으세요.

답변이 준비된 질문을 받는 것은
면접을 자신 있고
유리하게 끌어나가는
결정적 포인트랍니다.

하나의 이미지로 압축하기
단순함으로 승부하라

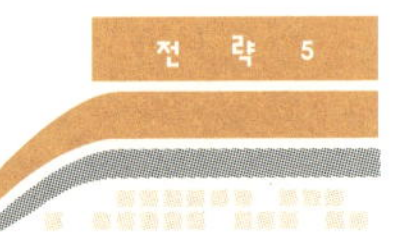

어디서 태어났고, 어떻게 자랐고, 어떤 학교, 어떤 학과를 나왔고, 꿈이 무엇이고, 어쩌고저쩌고, 이런 천편일률적인 소개서로는 어떤 문도 열지 못한다.

신문광고를 한 100개쯤 연속해서 보다 보면 무슨 생각이 들까? 지금 당장 아무 신문이나 집어 들고 1면에 실린 광고를 유심히 살펴보라. 그것이 1면 5단 광고인데, 신문에 따라 약간 다르긴 하지만 광고비용이 대략 7천만 원을 호가한다.

금을 얇게 펴서 이 정도의 넓이만큼 깐들 이보다 비쌀까? 이 정도의 돈을 내고 '나'를 알리기 위한 광고를 낸다고 생각해 보라. 당신이 취업을 위해 회사에 제출하는 이력서와 자기소개서도 일종의 광고라고 볼 수 있다. 따라서 광고를 제작하는 것처럼 몇 천만 원의 돈의 가치와 맞먹는 노력과 정성을 다해 만들 필요가 있다. 그렇다면 당신은 어떻게 '자신을 알리는' 광고를 만들겠는가?

자기소개서를 광고라고 가정할 때 앞의 취업노트 1에서 제시한 두 가지 버전의 자기소개서를 평가하면 첫 번째는 '아웃', 두 번째는 '패스'다. 첫 번째 사례는 너무나 뻔한, 그러니까 누구나 다 쓸 수 있는 '주절주절' 일대기 나열식의 뻔한 자기소개서이고, 두 번째는 지원직종과 지원회사의 특성에 부합해 아이디어를 가미해 소비자, 그러니까 면접관들의 시선을 끌 수 있게 만든 세상에서 하나뿐인 자기소개서다.

하나의 새로운 상품이 세상에 나오기까지의 그 모든 노력을 모르는 바 아니다. 이력서와 자기소개서를 작성할 때도 마찬가지 노력이 들어갈 것이다. 노력만큼이나 자랑하고 싶은 것도 한두 가지가 아닐 것이다. 더욱이 비싼 광고비까지 지불한 상태라면 상품의 수없이 많은 장점과 뛰어난 효과에 대해 주절주절 늘어놓고 싶은 마음에 공감이 갈 법도 하다.

그러나 대체 누가 이런 광고를 꼼꼼히 읽고 이 정보에 대해 감탄해 주겠는가? 소비자는 광고에 별로, 아니 거의 관심이 없다는 점을 제발 알아야 한다. 휴지통을 가득 채우고도 모자라 넘쳐나는 것이 광고 아닌가? 매일매일 쏟아져 나오는 온갖 광고에 소비자는 아무런 관심이 없다.

부분적으로 다양한 차이가 있긴 하지만 세계의 뛰어난 광고쟁이들이 이구동성으로 말하는 전략이 바로 '잠재고객의 뒤통수치기' 이다. 이러한 기법의 광고를 구사하는 광고쟁이들의 도움을 받는 기업들은 늙지 않는 젊음을 유지하며 승승장구하고 있다. 우리는 바로 이 점을 놓치지 말아야 한다. 배울 건 배워야 한다. 돈이 드는 일도 아니다.

광고는 이렇게 단 한마디, 단 하나의 이미지를 머릿속에 인지시키는 데서 출발한다. 이렇게 출발해 점차 단계를 밟아 가는 것이다. 글과 그림으로만 이루어진 2차원적인 매체의 특성을 잘 살릴 수 있어야 한다.

자기소개서도 2차원적인 평면에 글로 자신을 효과적으로 표현하고자 한다는 점에서 신문 광고와 다를 게 없다. 쓰는 사람 입장에서는 몇날 며칠을 투자해 심혈을 기울여 한 장을 빼곡히 채운다. 하지만 읽는 사람의 입장은 어떨까?

면접관은 불과 몇 시간 동안 100여장 이상의 자기소개서를 검토해야 한다는 것을 명심하자. 당신이 몇 시간 동안 쉬지 않고 100개가 넘는 광고를 보고, 그것에 대해 얘기하고 또 평가까지 해야 하는 입장이 되었다고 생각하라. 자기소개서를 어떻게 써야 할지 답이 나오지 않는가? 이것이 핵심이다.

하나의 이미지, 단순함으로 승부해야 한다. 면접관들의 머릿속이나 마음속 어디 한 군데에다 자신과 관련된 하나의 이미지 혹은 하나의 단어를 슬쩍 끼워 넣어야 한다. 복잡하게 여러 가지를 한 꺼번에 다 말하려고 하지 말고, 딱 한 가지만 말하는 편이 훨씬 좋은 효과를 낸다. 이것은 쉬워 보이지만 정말 어려운 일이다. 단순하게 말하는 것이 장황하게 말하는 것보다 훨씬 어렵다는 것은 여러분들 자신도 잘 알고 있으리라 생각한다. 그래서 준비가 필요한 것이다. 면접관의 입장에서도 마찬가지다. 일목요연한 대답보다 장황한 대답을 듣는 쪽이 훨씬 지루하고 재미없다.

그러나 제발 단순하게 말하기와 단답형으로 말하기를 혼돈하지 말기를! 단순하게 말한다는 것은 말하려는 바를 분명하고 정확하게 말한다는 것이지 결코 짧게 대답해야 한다는 말이 아니라는 것을 알아차리기를!

인사담당자들이 말하는 취업전략의 세 가지 법칙

✔ 자신의 존재를 각인시켜라

인사담당자들이 좋은 인재를 확보하기 위해 존재하는 만큼, 그들은 취업 희망자들의 다양한 문의나 자기 홍보에 의외로 관대하다. 예의를 갖추고 업무에 방해를 주지 않는 범위 안에서라면 구직자들이 이메일과 전화로 진지하게 문의하는 것이나 개인 포트폴리오를 제출하는 등의 행위는 튀는 행위가 아니라 자신의 일생을 바꾸는 기회가 될 수도 있다. 영어점수나 자격증 등 회사가 요구하는 조건은 기준만 넘으면 면접 등에서 동일하게 고려되므로, 조건을 충족시킨 뒤에는 잊어버리는 것이 현명하다고 인사담당자들은 조언한다.

✔ 한 기업을 파고들어라

한 회사를 '찍어 놓고' 그 회사와 담당하고 싶은 업무에 대해 전문 지식을 섭렵해 나가는 것이 의외로 효율적이라고 인사담당자들은 말한다. 그것이 당장 그 회사의 취업으로 이어지지는 않더라도, 한 분야에 천착하고 관심을 갖는 것은 다른 회사의 취업을 위해서도 큰 도움이 된다는 것이다. 취직 후에도 그러한 관심을 계속해서 이어가면 원래 목표로 하던 회사에 취직할 가능성도 높다.

✔ 돌고 도는 '취업 족보'는 버려라

가중되는 취업난으로 점점 더 준비된 구직자들이 기업으로 몰리는 요즘, 인사담당자들은 구직자들이 취업정보 업체 등을 통해 얻은 도움이 도리어 해가 되는 경우가 있다고 전한다. 답하기 까다롭거나 정치적인 질문을 던지면, 어디서 듣고 왔는지 다들 똑같이 재치 있는 대답을 늘어놓고, 하나같이 똑같은 손짓에 상대방 눈을 뚫어지게 쳐다보며 토론에 임하는 것이 요즘의 면접 현장 모습이다. 이력서도 마찬가지다. 세련되긴 하지만 모두 취업정보 업체에서 얻은 통일된 형식이다. 이런 상황에서 남들과 다른 창의력을 발휘하거나 약간의 파격을 가미한 이력서와 답은 수백 대 일의 경쟁률에서 자신을 더 빛나게 해줄 수 있다고 인사담당자들은 조언한다.

소귀에 원샷으로 경 읽기
임팩트 있는 한 마디를 던져라

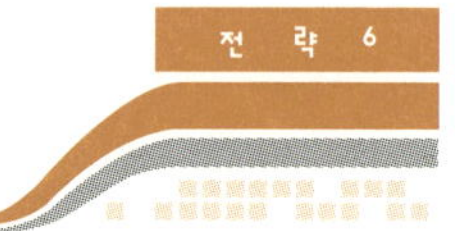

면접장에서 당신은 소 앞에 앉아 있다. 소귀에 경을 읽는 중이 될 것인가? 고삐를 쥐고 끌고 가는 주인이 될 것인가?

'바나나는 원래 하얗다.' 매일유업이 하얀 바나나우유를 출시했다. 통통한 단지 모양의 노란 바나나우유, '바나나우유'의 대명사가 되어버린 빙그레 '바나나맛 우유'에 도전장을 내민 것이다. 호소성 짙은 '바나나는 원래 하얗다'라는 이름 한 마디로 매일유업은 유제품 시장을 한판 거세게 흔들 수 있었다. 소비자들은 충격을 받았다. '그렇지… 바나나는 원래 하얗지, 그럼 노란 바나나우유는 뭐지? 인공색소를 쏟아 부은 건 아닐까?' 바나나우유 시장에서는 오랫동안 빙그레가 1위를 독점해온 상황에서 매일유업은 2006년 12월 '바나나는 원래 하얗다'를 출시했다. 기존의 틀을 넘는 기발한 아이디어를 통해 소비자의 욕구를 자극, 출시 몇

달 만에 큰 판매고를 올리며 결국 바나나우유 시장에서 2위를 차지하는 쾌거를 이루게 되었다.

'자일리톨 껌'은 '자기 전에 씹는 껌'임을 선언했다. 이를 썩게 하는 주범 중 하나인 껌을 자기 전에 씹는다는 건 말도 안 되는 소리였다. 하지만 이 말도 안 되는 발상이 사람들을 '훅' 하고 끌어들였다. 사람들은 껌을 통째로 침대 밑에, 운전석 옆에, 사무실 책상위에 쟁여놓기 시작했다. 롯데껌 삼총사의 시대는 가고 '자일리톨'의 시대가 열렸다. 롯데가 시작해 해태와 오리온까지 뛰어든 자일리톨 껌 시장은 연간 3000억 원대의 수익을 올리는 황금어장이다. 가장 적합하고 창조적이며 심플한 이미지가 갖는 힘은 이처럼 막강하다. 왜 그럴까?

단지 몇 차례 잠깐 만났을 뿐인 사람에 대해 우리가 기억하는 방식을 한번 살펴보자. 세밀하게 긴 묘사인가? 간단한 단어인가?

'A는 멍청해' 'B는 냉정해' 'C는 잘났어' '아? D? 그 재미있는 친구?'처럼 간단하게 자신의 입장에서 정의내리지 않는가? 반대의 입장에서 나에 대해서 잘 모르는 사람도 나를 몇 개의 간단한 단어로 기억할 것이다. 물론 그다지 가깝게 사귀지 않는 제삼자들의 평가에 우리가 연연해할 필요는 없다.

그러나 면접관이 우리를 그렇게 간단히 평가해 버린다면 문제가 아니겠는가? 자신에 대해서 정말 최선을 다해 설명하더라도 면접관은 단지 몇 개의 간편한 단어로 우리에 대해 판단할 것이다. 화가 나고 억울할 수도 있지만 어떻게 할 도리가 없는 게 현실이다. 아쉬운 쪽은 면접관이 아닌 지원자이기 때문이다.

면접관이 왕인데 별 수 있나. 뭐라고? 면접관이 왕이라고? 맞는 얘기다. 시장에서 소비자를 왕으로 모시듯 면접장에서는 면접관이 왕이다. 그리고 이 '왕'들에게는 공통된 특징이 있다. 그건 바로, 선택권을 가진 자가 느끼는 식상함과 무관심이다.

매일매일 TV, 신문은 물론 소비자의 눈길이 잠시라도 머물 수 있는 곳에는 어디나 빠짐없이 광고가 걸려 있다. 지하철 패스, 공중전화 카드, 그것도 모자라 영수증 뒷면까지 빼곡하게 채우고 있는 수많은 광고 쪼가리와 영상들.

안 보고 안 들어도 뻔하다. 전부 저 잘났다는 얘기다. 이건 정말 좋은 제품이고, 이건 정말 살아가는데 도움이 될 거라는 소리다. 그 뻔하디 뻔한 이야기에 소비자는 귀를 막고 마음을 닫아 버린다.

그러니까 소비자의 '소'는 '소(牛)'로 보면 된다. 광고쟁이들은 '소귀에 경 읽는' 상태가 되지 않기 위해 몸부림친다. 갓 이가 난 아이에게 음식을 먹이는 것처럼, 알리고자 하는 바를 잘 으깨고 뭉개서, 융통성 있게 뭉친 한 마디로 조리해 떠먹여 줘야만 한다. "당신은 소중하니까요" 한마디에 사람들이 로레알 샴푸로 머리를 감기 시작한 것처럼. 간결하고 임팩트 있는 한 마디는 비로소 '경'을 알아듣는 소를 만날 수 있게 한다.

면접장에서 당신은 소 앞에 앉아 있다. 소귀에 경을 읽는 중이 될 것인가? 고삐를 쥐고 끌고 가는 주인이 될 것인가? 선택은 당신 몫이다.

소귀에 경 읽는 중이 되지 않기 위해서는 '나는 ○○○이다' 이 한 마디로 끝내라. 이 한 마디 속에 당신이 살아온 삶의 파노라마를 담아라. 그 노력에는 마침내 "왜?"라는 질문이 돌아올 것이다. 그때 우리는 속으로 '야호!'를 외치며 잘 준비된 비장의 카드를 꺼내면 된다.

토익점수 좀 더 받아보겠다고 1년을 도서관에서 투자하는 게 정말 옳은 선택일까요?

이럴 시간에 차라리 면접관의 마음을 알려고 노력합시다.

단시간 내에 수많은 이력서를 훑어봐야 하는 면접관의 입장에서 과연 어떤 이력서가 좋은 이력서일까요?

면접관은 떨어뜨릴 이력서를 찾기 때문에 꼼꼼하게 지원 자격에 맞춰 작성하는 것은 기본!

일단 최소 가이드라인을 통과해서
100장의 이력서 안에
남겨진다면,

최종으로 남겨질 10장을 추릴 때는
스펙은 의미를 잃고
동일선상에서 다시 스타트한다고
생각하면 됩니다.

같은 의미로
기본적인 스펙을 갖췄다면
이제는 면접이
당락을 좌우하는 것입니다.

면접관의 입장에서
면접을 바라보면
새로운 면접전략이
보입니다.

나만의 강점을 팍팍!
남들이 다 가위 낼 때 주먹을 내라

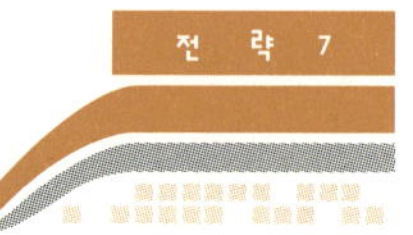

잊지 말아야 할 것은 남들이 다 가위를 낼 때, 나도 가위를 내서는 이길 수 없다는 사실이다. 남들이 다 내는 가위가 아닌 주먹을 내야, 이길 수 있다.

모난 돌이 정 맞는 시대는 갔다. 모난 돌이 아니고서는 어디 고개 내밀어 볼 틈도 없는 시대가 되었다.

"우리는 균등화된 상품 관념 시대에 살고 있다. 상품의 우열을 나누기 힘들고 모든 상품이 비슷한 포장을 하고 있다. 남보다 상품을 하나라도 더 팔기가 어렵고 남보다 더 눈에 잘 띄게 하기가 힘들다."

— 서범석, 〈광고기획론〉(나남) 188쪽 내용 중 발췌

물건들이 다 그게 그거라는 소리다. 물건들만 비슷비슷한 게 아

니고 사람도 그렇다. 여러 가지 면에서 사람들은 대체로 비슷하다. 비슷한 조건에서 비슷한 교육을 받고 비슷한 상황에 비슷한 방식으로 대응하도록 교육 받아 왔으니까 당연히 비슷할 수밖에 없다.

이 사회가 경쟁보다 협력을 요구하는 시스템이라면 얼마나 좋을까마는 현실은 그렇지 못하다. 특히나 면접이라는 상황은 어차피 현재로서는 피할 수 없는 비슷한 인간들끼리의 한 판 경쟁이다. 좀 더 효과적으로 이 치열한 경쟁을 돌파하기 위해서 어떻게 해야 할까?

자신에 대해서 성찰하고, 남들과 다른 강점을 찾아내야 한다. 만일 한 가지도 찾을 수 없다면, 하나의 강점을 만들겠다고 생각하라. 그것은 실제의 것이기도 하고, 이미지이기도 하다. 머릿속에 그려진 이미지는 실제의 나를 이끌어 가기도 한다.

강점이 여러 가지라면, 그런 경우에는 그 중 가장 좋아 보이는 것 딱 하나로 승부를 걸어야 한다. 주저리주저리 늘어놓는 것을 피하라.

아마 경쟁에 참여하는 다른 사람들도 비슷한 강점을 가지고 있거나 찾고 있을 것이다. 따라서 강점을 찾아내는 것에서 멈춰버리면 안 된다. 자신의 강점을 효과적으로 표현하는 방법을 찾고, 검토해야 한다.

다시 매일유업의 '바나나는 원래 하얗다'를 놓고 살펴보자. 빙그레 바나나맛 우유는 하루에 40만 개가 팔린다. 지난 30년 동안 한 번도 판매 1위를 놓친 적이 없다. 당시 다른 업체에서도 물론 '바나나우유'는 나오고 있었다. 특수하게 가공한 우유를 원료로 하기도 하고, 새로운 병 모양으로 출시해보기도 했지만, 시장은 꿈쩍도 하지 않았다.

소비자들이 '바나나우유'가 가진 특정한 이미지를 바꾸려 하지 않았기 때문이다. 바나나우유는 껍질처럼 노란 내용물이 훤히 보이는 '단지' 모양의 통에 들어있는 것이라고 떠올렸다. 아마도 그건 1971년 바나나맛 우유가 출시되었을 당시 바나나란 과일이 병원에 입원해야나 먹을 수 있는 엄청난 고급 과일이었기 때문일 것이다. 바나나를 직접 먹어본 사람은 적었을 것이다. '바나나는 노란색, 맛은 모르지만 노란색이야.' 그 당시의 빙그레는 이 점을 공략했고, 그렇게 30년을 독식해온 것이다.

때문에 방법을 바꿔야 했다. 특정 제품이 '대명사'가 되어 시장을 독식한다면, 우리는 기본으로 돌아가자. 음식물임을 강조해, 인체에 무해한 정직한 우유라는 이미지를 소비자에게 심어주자. 매일유업은 이렇게 '바나나는 원래 하얗다'라는 호소력 짙은 문구를 창조해냈다.

뭔가 다르다는 이미지, 다를 것 같은 느낌, 이것은 기대감이다.

그래도 뭔가 다르지 않을까? 이것만으로도 충분하다. 비슷비슷한 주장 속에 묻히지 않고 뾰족하게 고개를 내밀 수 있다는 것. 이것이 차별화의 첫 번째 혜택이다.

그렇다면, 이러한 차별화된 한 마디는 어디에서 나오는 것일까? 그것은 말할 것도 없이 치밀한 분석이다. 분석의 가장 기본적인 틀은 대체로 다음과 같다.

첫째, 나와 내가 처한 상황을 분석한다.

나의 강점은 무엇인가? 나의 약점은 무엇인가? 바깥 상황이 내게 기회로 작용할 만한 것에는 무엇이 있을까? 내게 위협적인 요소는 무엇인가?

둘째, 이슈를 정하고 이를 한 문장으로 표현한다.

가령, 이런 것이다. "내가 가진 장점은 무척 많지만 무엇보다 가장 큰 장점은 물이 좋다는 것이다. 아직까지 아무도 물에 대해 말하지 않았다. 모든 사람들이 물은 매우 중요하다고 생각한다. 그렇다면, '나는 지하 150미터에서 끌어올린 천연암반수로 만든 물 좋은 맥주' 다."

셋째, 한 문장으로 표현한 이슈를 가장 효과적으로 표현할 수 있는 방법을 찾는다.

신문이나 잡지 기사의 형식, 광고 카피의 전개 등 다양한 매체를 분석해 보고 가장 효과적이라고 생각되는 형식을 빌려 면접관에게 임팩트 있게 내용을 전달할 수 있도록 고민해 본다. 일대기 형식의 자기소개서는 누가 봐도 지루하다.

소비자에게 심플한 하나의 이미지를 각인시키는 것을 목표로 (정확하게 말하면 이것저것 잡다하게 늘어놔 봤자 누군가 그것을 주목하게 하거나 기억하게 할 수 없으니까 딱 한 가지만이라도 기억할 수 있게 하기 위해서) 하나의 광고가 이 세상에 모습을 드러내기까지는 수도 없는 수정을 거친다.

면접도 다를 바가 없다. 사회생활을 처음 시작하면서 자신에 대한 최소한의 분석이나 준비도 없이 쉽게 뛰어든다면 오히려 그것이 더 큰 문제일 수도 있다.

이제 질문을 던져 보자. 당신은 누구인가? 당신은 무엇인가? 심오하면서도 아주 쉽게 생각해 보라. 친구들이 붙여준 별명을 생각해 보라. TV나 영화에 등장했던 배우들에 견주어 생각해 보라. 어떤 캐릭터에 가까운가? 가수에 견주어 보라. 발라드? 락? 메탈? 동물에 견주어 보라. 곤충이라면? 물건이라면 당신은 무엇이겠는가? 브레인스토밍 하듯 자유롭게 생각하고 또 생각해 보라. 과일이라면? 스포츠라면? 채소라면? 자동차라면?

수없이 많은 인간들을 짧은 시간에 대해야 하는 면접관에게 "너는 또 뭐야?" 라는 반응을 끌어낼 수 있어야 한다. 내 앞에 보이는 이 물건이 도대체 뭐지? 마치 소비자들이 상품에 대해 보이는 반응과 같다. 면접관이 관심을 가지고 흥미롭게 질문을 던질 수 있도록, 짧고 간결하고 명확하게 당신의 이미지를 정하라!

가위바위보 게임에서 남들이 다 가위를 낼 때, 나도 가위를 내서는 이길 수 없다는 사실은 코흘리개 유치원생도 안다. 당신이 면접에 붙기 위해서는 수없이 쏟아지는 가위 속의 주먹이어야 한다.

면접상황 #1

대답은 다 했을지 몰라도
당연 뭔가 이상할 것입니다—.—;

이런 식으로 질문에만
졸졸 따라가서는
자기를 보여줄 수 있는
시간을 낭비할 뿐이죠.

솔직히
무슨 책을 읽었나가
뭐 그리 궁금하겠습니까?

즉석에서 순발력을
발휘하는 답변이 아닌
철저히 준비된
대답이 필요합니다.

또 하나,

면접관은 잘 교육받은
뛰어난 연기자라는 점을
잊어선 안 됩니다.

면접관과 마음이 맞는 듯하여
이것저것 말할 필요도 없던
이야기들을 털어놓고 나면,

영문도 모르고
탈락으로 직행하기
십상이죠.

중요한 것은
내가 입사해야 할
명확한 이유를
제시했는가?

어떤 질문이 나오더라도
이 이야기만은 꼭 하겠다는
준비된 자세입니다.

면접에는 요런 자세가 필요한 것입니다

평범함은 No!
주인공이 될 수 있는 강력한 펀치를 준비하라

누군가에게 "너는 개○○야" 라고 소리를 지르면 어김없이 욕이나 주먹이 날아온다. 그렇다면 주어를 바꿔 "나는 개○○야" 라고 외치면 어떨까? 주먹이 아닌 "왜? 그게 무슨 소리야?"라는 호기심이 돌아올 것이다. 면접에서는 어떻게든 "왜?" 라는 질문을 면접관으로부터 이끌어내야 한다.

면접에서 자신을 압축해 놓은 하나의 이미지로 펼치는 승부는 무림 고수들이 벌이는 칼싸움 같은 것이다. '도 아니면 모', 말 그대로 단칼 승부다. 'To be or not to Be!(차마 죽니 사니 이런 소리 쓰기 뭐해서 그냥 영어로 썼다. 이해해 주시길)'

광고 한 편을 만들고 집행하는데 들어가는 돈은 적게는 수억에서 많게는 수백억에 이른다. 그렇게들 목숨 걸고 신중에 신중을 기하는 이유가 여기에 있다. 자칫 어긋나면 돈 날리고, 시장 날리고, 심하면 회사까지 날린다. 때문에 위기에서 보호해줄 안전판이 필요하다.

면접 한 번 보러 가기까지 들인 공을 생각해 보라. 멀리는 진자리 마른자리 갈아 뉘시며 애쓰신 부모님 은혜부터, 취업 하나만을 바라보고 이리 뛰고 저리 뛰며 절치부심, 동분서주한 그 모든 노력이 자칫하면 물거품이 돼버릴 수 있다. 역시 광고처럼 안전판이 필요하다.

위험부담을 최소화하기 위해 광고판에서는 지난 백여 년의 역사적인 경험을 토대로 좋은 기준을 마련해 놓았다. 어떻게 하면 승률을 최고로 높일 수 있는지 정해 놓은 기준이 있다. 이 기준은 좋은 아이디어를 얻는 방법이기도 하고, 내가 내놓은 아이디어가 좋은 것인지 나쁜 것인지 판단하는 기준이기도 하다.

그 기준의 첫 번째, 내가 주인공이 되어야 한다. 이미지나 단어가 아닌 제품이 주인공이어야 한다는 평범한 얘기가 왜 중요한지 알려주는 대표적인 사례가 '선영아, 사랑해' 이다.

'삑사리' 광고 '선영아, 사랑해' 를 기억하는가? 대한민국의 수많은 선영이란 이름을 가진 여성들의 가슴을 설레게 했던 광고이다. 2002년 2월 경, 서울 등 대도시의 육교와 지하철역에 걸린 '선영아, 사랑해' 라는 여섯 글자의 현수막 광고는 총선 선거용, 혹은 선영이라는 여성을 쫓아다니는 스토커의 소행 등으로 오인돼 한바탕 소동을 일으켰다. 결국 이 현수막의 정체는 한 달 후 오픈을 앞둔 여성 포털사이트 '마이클럽' 의 광고로 밝혀졌다. 마이클럽은 50억이 채 되지 않는 예산으로 800억 이상의 광고 효과를 보았지만, 선영이들은 '마이클럽'을 외면했다. 인상적인 광고에 비해 사이트 자체는 그다지 인상적이지 못했기 때문이다. 온 국민이 선영이를 사랑하지만, 그 애정을 마이클럽에 쏟아 붓지는 않는 어처구니없는 일이 일어나 버린 것이다. 선영이는 주인공이 되어 버리고, 마이클럽은 그 화려한 휘장 뒤편에서 눈물을 흘려야 했다.

면접에서 필요한 나에 대한 한 마디, 나를 대표하는 하나의 이미지를 만들었다고 치자. 그 표현이 정말 좋고 기발한 것이라 하더라도, 그것이 당신의 것이 되지 않으면 미안하지만, 그건 말짱 꽝이 되어버릴 수도 있다.

두 번째는 독창성이다. 다른 사람 흉내는 그만 내고, 자기의 색깔을 드러내라는 평범하면서도 중요한 얘기다. 똑같은 것을 소재로 사용하더라도 그것을 어떻게 쓰는가에 따라 결과는 아주 달라진다.

1960년대 반공영화와 2000년대의 〈쉬리〉, 〈간첩 리철진〉, 〈공동경비구역 JSA〉가 보이는 다양한 스펙트럼을 생각해 보라. 분단의 상황이라는 배경을 기본으로 각 영화마다 다양한 소재와 스토리가 전개되었다. 사실 인간도 그렇다. 우리는 모두 다 비슷비슷하다. 비슷한 환경에서 살아가는 우리 중 누구라 해서 뾰족하게 다를 건 없지 않은가? 그러나 다만, 자신을 표현하는 방식에 따라 약간의 편차가 있을 뿐이다. 그러니까 자신만의 독특한 스펙트럼을 표출할 수 있도록 고민하고 연구해야 한다. 자신에 대해 말하려는 것들이 흔하고 진부한 것인지, 아니면 독창적인 것인지 진지하게 생각해 보고 주변 사람들에게 평가를 받아가며 검증을 해봐야 한다. 남들 따라할 생각은 당장 쓰레기 매립지에 영구 매장시켜야 한다.

세 번째는 전달하려는 메시지나 이미지의 강렬함이다. 강렬한가, 그저 그런가, 그 느낌을 검토해 보자는 것이다.

"임팩트가 없어, 임팩트가!" 영화 〈반칙왕〉에 나오는 대사이다. 레슬러가 되겠다고 떼를 쓰던 송강호가 시골 초등학교에서 열리고 있는 김빠진 맥주 같은 프로레슬링 시합을 보면서 '임팩트 있게' 뱉은 말이다. 배우 송강호 특유의 억양과 강렬한 톤으로 말이다. 임팩트가 없다! 톡 쏘는 짜릿한 맛이 없다는 말일 거다.

임팩트, 즉 강렬함이 있는가, 없는가는 쉽게 판정 난다. "너는 개○○야!" 이러면 대번 욕이나 주먹이 날아온다. 그렇다면 "나는 개○○야!" 라고 말하면 어떨까? 사람들은 눈이 휘둥그레 져서 "왜? 그게 무슨 소리야?"라고 되물을 것이다. 핵심은 이거다. 면접관들로부터 반드시 "왜?"라는 질문을 이끌어내야 한다.

그들이 "왜?"라고 물어준 이후엔, 그 동안 잘 준비해 놓은 한편의 감동적인 드라마를 펼쳐놓는 것이다. 수백, 수천 명에게 던진 똑같은 질문에 단합대회라도 한 듯 돌아오는 똑같은 대답. 그 기계적인 시스템에 식상해 있을 면접관들에게 임팩트 있는 대답을 준비했다가 한 방 먹여주고 나와야 한다. 당신이 면접을 마치고 나오는 등 뒤로 면접관들의 흐뭇한 웃음과 의미심장한 끄덕거림이 있어야 한다. "저런 사람이 그래도 가끔이라도 있으니 면접할 맛이 나지? 그렇지 않아?" "그래, 그래." "맞아, 맞아."

'내가 주인공인가?' '독특한가?' '센가?' 이 세 가지 덕목은 15초나 20초짜리 광고 한 편에 수백억을 투자해야 하는 치열한 싸움터, 광고의 세계에서 그나마 희미한 등대 역할이라도 해주는 기준들이다.

하지만 돈을 대는 광고주의 욕심 때문에 흔히 이 세 가지 계율은 무시된다. 이것도 말해야 하고, 저것도 말해야 하고…, 한 마디라도 더 하고 싶어 하는 욕심. 그렇게 하지 않으면 뭔가 허전하고 아쉬운 것이 돈 쓰는 사람의 마음이다. 세 가지 계율이 잘 반영된 광고는 광고주들에게 헛돈 쓰는 것 같은 불안감을 떨쳐버리기 힘들게 만든다.

많은 말을 해서, 평범하기 짝이 없는 말을 해서, 남들이 하는 것처럼 똑같이 따라해서 결국 아무것도 남기지 못하는, 헛돈 쓰는 광고가 성행하는 이유는 바로 이 때문이다. 그래서 광고쟁이들은 아주 가끔, 정말 드물게 설득하고 또 설득하고, 고집 피우고, 우기고 우겨서 빛나는 승리를 거머쥐기도 한다.

당신은 어떤가? 하나의 이미지로 승부하기 위해서는 나를 주인공이 되게 하는 독특하고 강렬한 펀치를 준비해야 한다. 늘 하던 대로 하고 싶은 욕망, 평범해지고 싶은 뿌리치기 힘든 욕망을 과감히 던져버려야 한다.

면접 준비 가이드라인

✔ 나로부터 준비하기

지금까지 살아온 일대기를 정리한다. 처음엔 A4 10장으로 구구절절하게, 다음엔 간략하게 다섯 장으로, 그리고 다시 두 장으로. 그 다음엔 제목을 붙이고 부분 부분 떼어내서 다시 정리한다. 한 장으로, 열 문장으로, 세 문장으로, 마침내 한 마디로. 이렇게 정리를 해가면서, 임팩트 있게 자신의 이야기를 재구성한다. 그 중 면접에 들어가서 꼭 해야 할 얘기를 정한다. 그 다음으로 이력서를 쓴다. 이력서를 쓸 때, 구석구석 지뢰를 묻는다는 심정으로 작성해야 한다. 구체적인 숫자나, 색상이 들어가면 눈에 잘 띈다. 큰 글씨도 마찬가지. 하지만 붉은 색이나 큰 글씨가 많다고 해서 좋은 것은 아니다. 모든 것을 다 보여줄 필요는 없다. 진짜 폭탄은 아꼈다가 현장에서 쓴다. 지뢰를 밟았을 때 나올 수 있는 기대반응을 정리해 본다. 면접관이 보일 그 반응을 내 방식의 대화로 이끌 수 있게 준비한다.

✔ 상대로부터 준비하기

면접에 나올 수 있는 모든 질문에 대해 검토한다. 각각의 질문에 대해서 어떻게 하면 자연스럽게 내가 하고 싶은 얘기로 넘어갈 수 있는지 방법을 연구한다. 이 작업에는 이름도 붙어 있다. 소위 '브릿지를 거는' 작업이다.

✔ 종합하기

아래의 질문에 대한 대답을 철저하게 준비하는 것은 필수다. 이 질문들을 곱씹어보고 하나로 종합해 면접을 준비하면, 큰 도움이 될 것이다. 남들이 다 하는 식상한 대답은 피할 것, 자신의 강점을 드러낼 수 있는 '지뢰'를 준비해야 한다.

1. 지망회사, 지망부서에서 요구하는 인재상은?

2. 나의 지원동기는?

3. 내가 하고 싶은 일은? 내가 그 일을 하고 싶은 이유는? (구체적인 사례와 함께)

4. 그 일을 하기 위해 현재 어떤 노력을 하고 있는가? (무엇을 했는지 구체적인
   사례를 중심으로)

5. 위의 내용을 중심으로 한 나의 인생 스토리

6. 하나의 완성된 드라마

7. 나의 인생 드라마에 제목을 붙인다면? (헤드카피를 쓴다는 느낌으로)

8. 나를 한 마디로 정의한다면?

9. 10년 뒤 신문에 나에 관한 기사가 나온다면 기사의 내용은? (나와 비슷한 길
   을 가는 선배들의 기사를 스크랩해서 모방해 보라.)

과거는 과거일 뿐
경험을 비전으로 승화시켜라

> 연애를 하면서 자연스럽게 핑크빛 꿈에 부풀게 되는 것처럼, 지향
> 점이 분명해질 때 '나'라고 칭해지는 한 작은 인간의 잠재력은 폭
> 발적으로 분출된다.

스웨덴을 대표하는 자동차 회사 볼보(Volvo). 1926년 회사를 설립한 이래 이들의 일관된 이미지는 '안전한 차, 볼보'다. '안전함'을 이미지로 내세우는 그들이 세계최초로 빙판길 안전을 위한 스노 체인을 개발했고, 그 이후에도 '안전 분야의 최초'라 칭해지는 기술들을 꾸준히 개발해 왔다. 앞 유리창의 오염 때문에 나는 사고를 막기 위해 윈도우 브러시, 현재 상용화된 삼각 안전벨트, 사이드 에어백과 측면 보호시스템, 모두 볼보가 세계 최초로 개발한 기술들이다. 덕분에 볼보는 미국 고속도로 안전협회가 평가하는 '안전도 테스트 중대형 부문'에서 오랜 기간 1위를 고수하고 있다.

차별화된 한마디의 힘은 이런 것이다. 똑 부러지게 제시된 하나의 이미지는 지금까지 살아온 과거에 힘을 부여하고, 현재의 내가 어디에 힘을 집중할 것인지에 대한 방향을 일깨워 준다.

한 가지 물어보자. 사랑에 빠진 경험이 있는가? 여기에 대한 답이 'YES'라면, 그때 당신에게 온 세상, 당신이 경험한 세상은 어떤 것이었는가? 그때 당신이 그린 앞으로의 삶에 대한 그림은 어떤 것이었나? 당신이 그동안 살아온 삶, 경험은 어떻게 재해석되었나?

사랑을 해본 사람은 알 것이다. 한 사람을 진심으로 사랑하는 순간, 앞으로 살아갈 날들에 대한 그림이 마치 영화 〈시네마천국〉 엔딩에 끝없이 이어지는 키스신처럼 머릿속에서 쉼 없이 돌아가고, 지나온 날들이 아무리 고달팠다 하더라도 아름답게 빛을 발한다는 것을.

비전은 빛이다. 지나온 삶을 새롭게 비추는 빛이다. 앞서 얘기했던 매일유업의 '바나나는 원래 하얗다'의 경우에도 비전을 중심으로 과거와 현재가 한 점으로 모이고, 이렇게 모아진 한 점, 바로 비전은 거대한 조직도 바꾸어 놓을 만큼 놀라운 힘을 발휘한다.

비전을 명확히 하라. 나의 비전, 즉 목표를 명확하게 잡는 순간 과거의 경험이 새로운 의미를 가지게 되는 것은 물론 현재 어디에 노력을 집중해야 하는지 알게 된다.

예를 들어 연극이나 영화를 보러 가겠다고 마음을 먹었다면, 그 결심의 순간부터 행동이 달라지는 원리와 마찬가지다. 예전에는 그냥 지나쳤던 영화 광고에 시선이 머물고, 극장 옆을 지날 때도 간판을 유심히 쳐다보게 되며, 사람을 만날 때도 최근 연극이나 영화에 대한 얘기를 나누게 된다. 평소에는 전혀 관심도 없던 것인데 말이다. 심리학에서는 이러한 현상을 '선택적 지각'이라고 하는데, 사람의 정보처리 양은 한계가 있기 때문에 필요한(관심 있는) 정보만을 골라 습득하게 된다는 이론이다.

목표, 즉 비전이 뚜렷해지면 하루가 다르게 행동이 바뀌는 이유도 바로 이 '선택적 지각' 때문이다. 어떤 한 가지 일에 관심을 갖고, 그에 빠져든다면 단 일주일 사이에도 전문가 못지않은 지식을 습득할 수 있는 것이다.

누구나 이렇게 한 가지에 몰두해본 경험이 있을 것이다. 한 가지 일에 관심을 가지기 시작하면 여기저기서 기다렸다는 듯이 그와 관련된 정보들이 내 앞에 모습을 드러내지 않는가? 세상이 갑자기 바뀌기라도 했다는 말인가? 이 부분에 대해 나는 "그렇다!"라고 대답하고 싶다. 연애를 하면서 자연스럽게 핑크빛 꿈에 부풀게 되는 것처럼, 지향점이 분명해질 때 '나'라고 하는 한 작은 인간의 잠재력은 폭발적으로 분출된다.

대부분의 사람들이 면접을 준비하면서 자신의 관심분야, 지금까지 해온 활동, 업적 등을 마치 생의 마감을 앞둔 사람처럼 정리한다. 한 장의 이력서를 앞에 두고 매우 비장하게.

면접에 임하는 누구나 20년 이상 되는 삶의 풍부한 경험을 가지고 있다. 한 권의 자서전을 쓰기에 충분할 만큼 많은 경험을 쌓았을 것이다. 그러나 20여 년의 삶이 아무리 찬란한들 정지된 모습으로는 아무런 힘도 박진감도 전달할 수 없다.

과거의 경험이 빛을 발하려면 그것들이 강력하게 현재의 나에게 영향을 미치고 있음이 밝혀져야 한다. 과거를 통해 현재의 나를 말하고, 그것이 미래의 내 모습까지 보여줄 수 있어야 한다. 이렇게 했을 때에 비로소 나의 경험들은 '정지된 과거'로 머물러 있지 않고 지금의 나와 앞으로의 나를 말해주는 살아 움직이는 현재가 되는 것이다.

예를 들어 보자. 당신이 다양한 아르바이트를 하며 대학 생활을 했다고 치자. 그러나 과연 아르바이트를 많이 했다는 것이 면접에서 당신의 강점으로 작용할 수 있을까?

대부분의 사람들이 구구절절한 사연을 늘어놓는다. 다양한 아르바이트를 통해 사회 경험을 쌓았으며, 인생 경험의 폭을 넓혔고, 스스로 학비를 벌어가며 생활했다고 말한다. 하지만 이건 그야말로 정지된, 과거 경험 그 자체를 말하는 데 그칠 뿐인 매우 안타까운 일이다.

라디오 프로그램에 보낼 사연처럼 구구절절 말해서 면접관에게 바랄 수 있는 반응은 무엇인가? "그래? 정말 열심히 살았군. 어려운 환경에서도 굴하지 않고 말이야…" 정도의 '과거'에 대한 인정이나 동정 정도가 아니겠는가.

면접관의 최대 관심사는 지원자가 가진 창조성, 도전정신, 리더십, 협동성, 지원동기 같은 것들이다. 당신의 과거 경험이 면접관이 최대의 관심을 기울이고 평가하는 각 항목들을 대변해줄 단서가 되는가? 그렇지 않다. 이건 그야말로 속 빈 강정이 되겠다는 것을 자처하는 일이다. 그렇다면, 조금 다르게 대화를 이끌어 가는 것은 어떨까?

"아르바이트 경험이 참 많군요!"

"예, 그러다 보니 한 번은 아주 못된 선배를 만난 적이 있는데요…"

"못된 선배?"

대화는 이렇게 이끌어 가야 한다. 예컨대 그 사람과의 만남을 통해 얻었거나 혹은 잃어버린 것, 시간이 지났음에도 여전히 남아 있고 앞으로도 삶에 계속해서 영향력을 행사할 어떤 것을 드러내는 것이 더 바람직하지 않을까?

한마디로 말하면 면접에 있어서는 자신이 가진 과거의 경험 자체가 아니라 경험에 대한 해석이 더 중요하다는 것이다. 비전으로 새롭게 해석된 경험, 당신을 차별화하는 것은 바로 이것이다. 새롭게 해석된 경험은 무엇과도 바꿀 수 없는 자기만의 경험이며 다른 말로 하면 체득된 노하우다.

또 다른 예를 들어 보자. 베테랑 청소부가 청소하는 화장실의 휴지 끝부분은 삼각으로 깔끔하게 접혀 있는 것을 볼 수 있다. 왜 그럴까? 이것은 화장지를 사용했는지 안 했는지, 그러니까 그 화장실을 청소해야 하는지 안 해도 되는지를 알려주는 표식이다. 삼각으로 접혀 있지 않은 화장실만을 골라 청소하면 된다. 이것이 지속되면, 사용하는 사람들로 하여금 삼각으로 접힌 화장실이 청소 후 아무도 사용하지 않은 깨끗한 화장실이라는 인상까지도 심어줄 수 있다.

화장실 청소를 해보았다는 경험을 말하는 것은 정지된 것이다. 그저 색다른 경험을 했다는 정도일 뿐이다. 그러나 단순히 화장실 청소만 한 것이 아니라 화장실 청소를 하면서도 색다른 노하우를 익힐 수 있었다고 말하는 것, 이것은 어떠한 상황에서도 일에 몰두하는 열정이나, 하고 있는 일 혹은 앞으로 하게 될 일에 접근하는 태도, 그리고 일을 처리하는 데 있어 최고의 합리성을 추구하는 자세 등을 한꺼번에 포괄적으로 보여준다.

또 다른 예로, 대학시절 용돈을 벌기 위해 흔히 하게 되는 과외도 있다. "전 여러 아이들을 가르치면서 많은 것을 배웠습니다"라고 말하는 것은 "아무 짓도 하지 않았습니다"라고 말하는 것과 별로 차이가 없다. 무얼 배웠다는 말인가?

무엇인가를 했다는 경험이 아니라, 그것을 통해서 무엇을 배웠는지를 눈에 띄게 맨 먼저, 큰 소리로 분명하게 말하라. 이력서에는 이런 글들이 적혀 있어야 한다. 빨간 밑줄도 그어져 있다. '과외를 한 45명 학생 중 37명이 성적 10등 이상 급등!'

면접관의 질문은 삐딱하다.

"당신이 무슨 족집게 과외교사야?"

"이를테면 그렇습니다. 과외는 속성상 두 가지 타깃을 동시에 만족시켜야 하는 일입니다. 부모와 학생. 서로 상반된 욕구를 가지고 있는 두 타깃입니다. 성적이 오르는 것은 단기간에 되지 않습니다. 습관을 바꾸는 작업이기 때문입니다. 우선 부모와 학생 모두의 신뢰를 얻어야 그게 가능합니다. 부모에게서 신뢰를 얻으려면 성적 이전에 성실성과 애정을 보이는 것입니다. 처음 과외를 시작할 때는 매일 단 20분이라도 시간을 내어 학생의 집에 들렀습니다. 그리고 부모와 자주 상담하는 시간을 가졌습니다."

"호오, 그래서?"

"학생과는 가장 큰 관심사를 공유하는 시간을 자주 가졌습니다. 아이가 좋아하는 배우에 같이 호감을 갖고 각종 기사들을 스크랩해서 주고, 함께 장기를 두고, 빙고 게임까지 하면서 친해지는 데 역점을 두었습니다."

"애들이 좋아했겠구먼."

"예, 이렇게 부모와 학생 모두의 신뢰를 얻는 게 중요합니다. 그러면 1년이라는 시간을 버는 것입니다. 이렇게 제가 가르치는 학생에 대한 애정이 바탕이 돼서 학습효과가 올라가고 자연스럽게 학생의 성적은 올라갔습니다. 그것이 저의 비결이었다면 비결이었고, 만족한 학부모들의 소개로 제 주변엔 우리 아이도 가르쳐 달라는 아우성이 그치지 않았습니다."

"이 친구, 우리 애도 좀 가르쳐주면 좋겠구먼!"

이쯤 되면, 결과는 눈에 보이지 않는가?

과외 경험이야 누구에게나 있다. 물론 없는 사람도 있다. 그러나 경험 그 자체는 별 힘이 없다. 그 경험이 당신에게 가르쳐준 것은 무엇이고, 그것이 당신이 앞으로 원하는 회사에 들어가서 어떤 식으로 힘을 발휘하게 될 지 생각해 보라.

경험을 새롭게 해석하는 길잡이는 '비전'이다. 비전은 빛이다. 당신의 삶에 비전을 세워라. 이것은 먼지가 하얗게 쌓인 '과거의 기억' '과거의 경험'이라는 어두운 창고에 밝은 한 줄기 빛처럼 스며들어갈 것이다. 그 빛으로 인해 맥없이 누워 있던 경험과 기억들이 먼지를 툭툭 털고 일어나 심장박동에 시동을 켜고 다이내믹하게 움직이게 될 것이다. 그리고 이것은 결국 남들과 당신을 차별화시키는 포인트가 될 것이다.

면접에서 자신의 이야기를 할 때
그 성향은 두 가지로 나뉩니다.

면접은 경험 자체보다는

비전을 통해 새롭게 해석된 경험과,
경험이 자신의 비전에 영향을 끼치는 것이 중요합니다.

경험을
새롭게 해석하는
길잡이는
바로 비전입니다.
나는 이런것을 배워서
경험
VISION
꿈에 한발짝 다가간다

비전,
즉 목표가
명확해지는 순간
VISION
과거의 경험이
새로운 의미를 가지게 되고
앗
현재 어디에
노력을 집중해야 하는지
보여줍니다.

면접에서 가장 중요한 것은
지금까지 이뤄놓은 것보다
앞으로의 발전 가능성을
높이 산다는 겐
면접에서는
자신의 가능성을
마음껏 보여주세요!
성큼
성큼

R U Hungry?
열정과 헝그리 정신으로 어필하라

당신의 열망이 지극하다면 그것을 외면할 면접관은 아무도 없다.
한두 해 하는 장사가 아닌 것이다. 다른 것은 몰라도 이 점만은 면
접관을 신뢰하는 것이 좋다.

월드컵 사상 최초로 한국 국가대표팀이 8강에 진출하던 날, 히
딩크 감독이 그랬다. "나는 아직도 배가 고프다." 당신은 어떤가?
아직 아무 것도 먹은 것이 없는데 얼마나 배가 고프겠는가.

나는 이 책 앞머리에서부터 당신에게 얼른 회사로 찾아가서 부
딪치고, 친해지고, 편해지라고 주문했다. 왜 그런가? 결국 당신이
회사에 들어가면 해야 할 일들이기 때문이다. 때문에 면접관은 내
앞에 앉은 이 친구가 막무가내 정신과 헝그리 정신을 가졌나, 안
가졌나를 가장 중요하게 보는 것이다. 자, 내 말이 맞는지 그른지
한 번 살펴보자.

한 일본 심리학자가 정말 할 일이 없었는지 개미를 가지고 장난

을 쳤다. 개미들을 대상으로 한 관찰 실험, 관찰 당하는 개미들은 어쩌면 엄청 짜증났을지도 모른다. 어쨌거나, 쉬지 않고 일하는 개미는 우리에게 성실함의 상징 같은 존재이다. 그런데 실제로도 개미는 그렇게 열심히 일했을까?

관찰 결과는 매우 흥미롭다. 빈 수레가 요란한 법. 그 할 일 없는 일본 심리학자에 따르면, 일 열심히 하기로 소문난 개미들이 겨우 20퍼센트만 열심히 일하고, 나머지 80퍼센트는 빈둥빈둥 놀고 있더라는 것이다. 20퍼센트의 일 열심히 하는 개미가 나머지 식구들을 모두 먹여 살리고 있다는 것이다.

자, 이 사실이 시사해주는 것은 무엇일까? 만일 기업체에서 이런 일이 일어나고 있고, 당신이 기업 대표라면 이런 현상을 쉽게 받아들일 수 있을까? 이건 대표의 입장에서 미치고 환장할 노릇이다. 그래서 그는 입만 열면 효율성 향상, 생산성 향상을 부르짖게 되는 것이다. 그러나 여기, 한 술 더 뜨는 또 하나의 재미있는 실험결과가 있다.

일본 심리학자는 정말 할 일이 없었는지 일 열심히 하는 20퍼센트의 개미들을 따로 떼어 냈다. 과연 이 녀석들끼리만 모아 놓으면 어떤 일이 벌어질지 궁금했던 것이다. 그 결과는?

선별된 20퍼센트의 개미들은 저희들끼리 모였을 때도 대견스럽게 계속 모두 열심히 일했을까? 아, 안타깝게도 그렇지 않았다.

기업의 대표님들께는 매우 유감스러운 일이겠지만, 새로 집단을 형성한 개미들 역시 겨우 20퍼센트만 계속 열심히 일을 하고, 나머지 놈들은 또 게을러터지게 먹고 놀기만 하더라는 얘기다. 이것이 소위 말하는 '8:2 법칙'의 시조다. 이 8:2 법칙이 당신을 평가할 면접관에게 시사하는 바는 무엇일까? 진지하게 생각해볼 필요가 있다.

미국의 유능한 인재들이 모이기로 소문난 IBM의 인사담당자는 이렇게 말했다.

"우리가 뽑은 사람들은 모두 매우 뛰어난 인재들이었습니다. 이것은 틀림없는 사실입니다. 그러나 그 사람들이 IBM 직원이 되고나서는 다른 회사의 직원들과 특별히 다를 바 없는 그저 그런 직원이 돼버리는 겁니다. 늘 있는 일입니다. 모든 사람들이 하나같이 특별히 뛰어난 모습을 보여주지는 않습니다. 결국 뛰어난 사람만 뽑아도, 상위 20%의 사람들이 조직을 끌어나가게 되는 것이라면, 열정이 최고의 가치라고 생각합니다."

왜 그럴까? 어차피 조직의 효율성에는 한계가 있다. 아무리 뛰어난 사람들을 모아놓아도 그들 모두가 뛰어난 능력을 발휘할 수는 없다. 그렇다고 80퍼센트가 놀고, 겨우 20퍼센트만 일하는 조직이란 생각만 해도 끔찍한 일이다. (이를 해결할 좋은 처방이 있다면, 제시해 보라. 아마 IBM에서 당신을 채용하려 들지도 모른다.)

이런 법칙이 지배적인 상황에서 면접관들은 성공에 대한 열망이 강한 사람을 우선적으로 채용할 것이다. 성공이라는 것에 대해 각자 생각이 다르겠지만, 여기에서는 그냥 직장에서 뒤쳐지지 않고 앞서가는 것을 성공이라고 정의해두자. 그러니까 업무 능력이 뛰어나다는 인정을 받고, 동료 및 선후배들에게 깊은 신뢰감과 존경심을 주며, 조직개편이나 기업 합리화 등을 단행할 때 상사들이 이 사람만큼은 꼭 내가 데리고 일했으면 좋겠다는 평가를 받는 것 따위를 성공이라고 해두자.

면접관들은 이렇게 '성공하고자 하는 열망을 가지고 있는가' '헝그리 정신이 있는가' 등을 가장 먼저 살필 것이다. 다른 면에서는 좀 부족한 점이 있더라도 열망이 강한 사람, 배가 고픈 사람은 그것을 뛰어넘게 되어 있다. 성공에 대한 열망, 이걸 다른 말로 표현하면 일에 대한 적극성이고, 또 더 쉬운 말로 하면 무대뽀 정신과 헝그리 정신이다.

성공하고자 하는 사람은 빈둥거릴 틈이 없다. 이런 사람의 경우 자신의 길을 개척해 나가는 과정이 바로 기업이 커가는 과정이 될 것이다. 당신의 열망이 지극하다면 그것을 외면할 면접관은 아무도 없다. 한두 해 하는 장사가 아닌 것이다. 다른 것은 몰라도 이 점만은 면접관을 신뢰하는 것이 좋다.

당신이 할 일은 열정을 키우고, 직접 보여주고, 할 말을 잘 다듬고 준비하는 것이다. 일과 성공에 대한 열정도 없이 전략만 세우는 것은 흔히 말하는 잔대가리에 불과하다.

할 만큼 해 봤는데도 안 된다면, 그 책임은 자신이 아닌 다른 쪽에 있다. 아무런 미련 없이 떠나면 된다. 그러나 할 수 있는 것을 해보지도 않고 끝낸다면 오직 후회와 아쉬움과 자책, 그리고 '백수'라는 딱지만이 남을 것이다.

취업전략 가이드 - 서류전형과 면접전형 사이

취업을 위한 과정에 서류전형과 면접전형만 있는 것은 아니다. 대부분의 대기업들은 자체적으로 '필기고사'를 실시한다. 산 넘어 산, 강 건너 강이다. 취업의 문은 그만큼 멀고도 멀다. 하지만 이 '필기고사'는 적성이나 직무수행 능력을 평가하기 위한 아주 단순한 시험이므로 크게 겁먹지 않아도 된다. 발바리처럼 돌아다닐 필요도, 머리 쥐어짜며 고민할 필요도 없다. 어려운 문제를 풀어야 하는 것이 아니라, 시중에 나와 있는 관련 문제집을 구해서 성의껏 풀고, 최근 신문 기사들을 정성껏 검색해서 나만의 상식으로 만들면 된다. 자기소개서 쓰기나, 면접 준비와는 달리 '최소한의 노력'이면 가능하다는 말이다. 고득점을 받았다고 덜컥 합격하거나, 낮은 점수 받았다고 떨어지는 시험이 아니다. 정해진 통과선이 있고 그 점수만 넘으면 OK다. 운전면허 필기시험 보듯 평소의 상식에 약간의 전문적인 지식을 덤으로 공부해 필기시험에서 가볍게 응하라. 생각보다 부담 없고, 생각보다 쉽다. 별거 아닌 것 때문에 공들인 탑을 무너뜨리지는 말자.

✔ 국내 대표 필기시험 염탐하기

삼성직무적성검사(SSAT)

학력 또는 단편적인 지식보다는 폭넓은 지식으로 주어진 상황에 유연하게 대처하고 해결할 수 있는 종합적인 능력을 평가하는 시스템. 기초능력으로 언어력, 수리력, 추리력, 지각력 등을 평가하고, 직무능력 부문에서는 업무능력, 대인관계능력, 상식능력 등을 평가한다.

SK에서 요구하는 기초자질인 패기(적극적 사고, 진취적 행동, 빈틈없고 야무진 일 처리),
경영 지식, 사교 능력 및 직무수행 능력 등을 평가하기 위한 검사로 직장생활에 요
구되는 사교성, 대인관계 능력, 사회성 등을 종합적으로 판단해 인성을 평가하고, 어
휘력, 수리력, 판단력, 추리력, 창의력, 분석력 등 8개 영역의 시험을 통해 직무능력
을 평가한다.

두산종합적성검사(DCAT)

지원자의 성격특성, 기초적성, 대인관계, 리더십 및 두산 가치 적합도를 심층적으로
평가하는 두산그룹 자체 개발 종합적성검사. 상경계 지원자의 경우 2개 유형으로
구성된 언어능력과 수리능력 시험을 치르고, 이공계 지원자의 경우 상경계 언어, 수
리능력과 같은 시험에 공간 지각력, 기계이해능력을 검사한다. 적성검사가 끝나면
인성검사를 치르는데 인성검사는 정서역량검사와 인성검사로 구성되어 있다. 참고
로 DCAT가 모두 끝나면 한자시험을 치르는데, 상공회의소 중급 정도의 수준으로
출제된다. 두산의 경우 서류전형이 거의 없으므로 여기에서 좋은 점수를 얻는 것이
중요한 변수로 작용한다.

현대기아차그룹 직무적성검사(HKAT)

도전, 창의, 열정, 협력, 글로벌마인드 인재상에 맞는 현대기아자동차 인재를 선발하
기 위해 실시하는 검사다. 지각정확성, 언어유추력, 언어추리력, 공간지각력, 판단력,
응용 계산력, 수 추리력, 창의력, 상황판단력 등 총 9개의 영역으로 구성되며 인성검
사가 포함된다.

한화그룹 직무적성검사(HAT)

한화그룹 지원자를 대상으로 한화 인재상 적합도를 측정하는 인성검사와 직무상 발

생하는 다양한 상황의 대처방식을 측정하는 문항으로 구성된 상황판단력 검사와 언어, 수리, 공간지각 등 기본 인지능력을 측정하는 적성검사가 실시된다. 특히 적성검사에서 상경계는 언어, 수리를 실시하고, 이공계는 언어, 수리, 공간지각영역을 실시한다.

CJ그룹 인지능력평가(CAT)

지원자의 학습능력, 지시이해력, 문제해결력을 측정하는 검사로 직무 및 과제에 관계없이 직무 퍼포먼스를 예측하는 검사이다. 구체적인 문항들은 어휘 및 문장이해, Non-formal 추론, Formal Syllogism, 산술추론, 계산, 공간지각, 수리패턴, 복합문장 등의 형식을 이용해 선택형 또는 단답형으로 묻는다. BJI TEST(비즈니스 상황에서의 가치판단)도 실시한다. 이는 지원자의 개인적 가치가 기업의 가치에 얼마나 부합되는지 알아보기 위한 테스트로 창의, 도전, 정직, 팀워크, 고객존중 등이 행동으로 나타나는 업무 상황들을 제시하고 지원자의 판단을 4지선다로 묻는 형태다.

✔ 필기시험 잘 보려면 이 정도만 기억하라

시간 관리를 철저히 하라

보통 직무적성검사, 인성검사는 300~500개의 문항을 주어진 시간(2시간 30분~3시간)내에 풀어야 하는데, 상당히 시간이 촉박하다. 철저한 시간관리가 당락에 중요한 요인으로 작용한다.

모르는 문제는 그냥 넘어가라

모르는 문제가 나왔다고 전전긍긍할 필요는 없다. 섣불리 찍지 말고 과감하게 패스하라. 직무적성검사는 일종의 아이큐테스트다. 아이큐테스트를 찍어서 푸는 바람에

두 자리 수로 나온 친구의 사례를 기억하라. 최선을 다해 풀되, 모르는 문제는 그냥 남겨두는 것이 좋다.

기출문제나 모의테스트를 십분 활용하라

기회가 된다면 모의테스트나 기출문제 등으로 문제유형에 적응하는 것이 도움이 된다. 삼성 SSAT가 대표적인 샘플이 될 수 있을 것이다. 서점이나 온라인 취업관련 사이트에서 유료로 문제를 풀어볼 수 있다.

Part 2

꼭 합격할 이유 딱 한가지면 충분하다

- 미스터 정의 파란만장 면접 성공기

면접에 떨어지는 사람들이 다 토익점수가 나쁠까? 면접에 떨어지는 사람들이 다 학점이 나쁠까?
면접에 떨어지는 사람들이 다 지명도 낮은 학교를 나온 것일까?
면접에 떨어지는 사람들이 다 자격증이 없기 때문일까? 그렇지 않다.
떨어지는 데에는 특별한 이유가 없다. 다만 꼭 합격해야 할 딱 하나의 이유, 그것을 갖지 못했기 때문이다.
로또 추첨에 떨어진 이유가 꼭 당첨될 숫자, 그것을 들고 있지 못했기 때문인 것과 마찬가지다.

면접관이 당신을 꼭 합격시켜야 할 이유를 만들어야 한다. 꼭 합격할 딱 한 가지 이유를 만드는 방법은 어
떤 것인가?

떨어질 확률 99.9%, 그러나 Pass!

학창시절 정동수는 디자이너였다. 심리학과를 다니고 있었지만 일찌감치 2학년 때 광고 일을 하겠다고 마음먹었다. 조금이라도 이 바닥에 대해 관심이 있는 사람은 알겠지만 학교 동아리에서는 디자이너가 왕이다. 매킨토시 컴퓨터를 다룰 줄 안다는 건 큰 무기다. 의견을 내는 건 아무나 할 수 있지만 그걸 그림으로, 완성품으로 만들어내는 사람은 결국 디자이너이다. 어떤 아이디어를 완성품으로 만들지를 결정하는 것은 디자이너 맘이다. 그래서 정동수는 디자이너가 되고 싶었다.

심리학과 나와서 웬 디자이너?

디자인을 할 줄 안다는 건 이렇게 강력한 무기여서, 대학 다니는 동안 숱한 아르바이트를 할 수 있었다. 아파트에 들어가는 각종 광고물들을 직접 제작하면서 짭짤한 수익도 올렸다. 학생 신분이지만 거의 프리랜서 수준으로 일을 했다. 그러나 여기까지는 좋았는데, 막상 취직을 하려고 하니까 이게 큰 문제다. 심리학과 나온 친구가 웬 디자이너? 이렇게 되는 것이다. 우짜면 좋노?

처음에는 미술대학 편입을 생각했다. '다시 학교에 가서 정식으로 배우고, 당당하게 회사에 들어가자.' 그런데 어머니께선 "돈 쓰면서 배우는 것보다 돈 벌면서 배우는 배움이 훨씬 크다, 평생 공부할 게 아니라면, 학교에서 배우는 것보다 회사에서 배우는 것이 낫지 않겠느냐"고 조언하셨다. 어쩔 수 없이 취직을 하지 않으면 안 되게 생겼다. '좋다, 그렇다면 광고대행사에 들어가자. 들어가서 일하면서 배우리라.' 이렇게 마음을 먹었다.

O냐, Z냐? 그것이 문제로다!

이제 목표가 확실해졌다. 이왕 들어가려면 제대로 들어가야지. 광고대행사 중에서 매출 규모 1위부터 10위까지의 목록을 쭉 뽑

았다. 제일기획, 금강기획, 대홍기획, 오리콤 등. 일단 열 군데에
모두 서류를 넣었다. 결과는? 여덟 군데 낙방. 줄줄이 떨어지면서
심리적인 압박이 대단했다. 역시 안 되는 것인가? 그러나 예상을
뒤엎고 제일기획과 오리콤 두 군데에서 서류합격 통지서를 받았
다. '아싸!' 희망은 있다.

제일기획은 삼성그룹 계열사이다. 당시 삼성의 모든 계열회사
들은 '열린 인재 채용' 어쩌고 하면서 직원 채용에 획기적인 방식
을 도입하고 있었다. 학력이나 성적 등을 일체 무시하고 실력 하
나로 뽑겠다는 것이었다. 1차 서류는 운 좋게 통과하고, 2차 직무
적성 테스트를 봤다. 직무적성 테스트는 지식 테스트와는 다른,
아이큐 테스트와 비슷한 유형의 시험이었는데 또 다시 운 좋게 붙
게 되었다.

오리콤은 두산그룹 계열사다. 두산그룹은 당시 주력 제품으로
'OB맥주'와 '코카콜라'를 내세우고 있었다. 그러니, 일찍부터 외
국의 선진 광고기법들을 가장 먼저 접할 수 있었고, 30년 전통을
자랑하는 오리콤은 당연히 앞선 지식과 기술, 인력을 보유하고 있
었다. 그래서 광고업계에서 오리콤은 광고사관학교로 통했다. 고
맙게도 이 회사에서 나에게 서류심사 합격 통지서를 보내줬다.

그런데 문제가 생겼다. 제일기획 실기시험 보는 날하고, 오리콤
토익시험 보는 날하고 겹쳐 버린 것이다. 줄줄이 떨어지다가 딱
두 군데 남았는데, 이 두 곳의 시험 일자마저 겹쳐버리니까 이제

좀 더 가능성이 있는 한 군데를 선택해야 했다. 어디로 가야 하나? 밤을 새워 고민을 했다. 제일기획은 디자인 실기시험이고 오리콤은 토익시험이다.

우선 제일기획에 전화를 해서, 그림을 못 그리니까 노트북 가지고 가서 매킨토시로 그림을 그려도 되겠느냐고 물었다. 당연히 안 된단다. 그렇다면 좋다. 일단 준비를 했다. 동그라미 하나 딱 그려 놓고 '설(說)'을 풀기로 했다. 남들은 예술적 재능을 타고난 손으로 그림을 그리겠지만 정동수는 그림을 못 그리니까 동그라미 하나 그려 놓고, 논리적으로 동그라미의 철학을 펼쳐 보임으로써 차별화하는 것이다. 자, 이렇게 할 것인가? 아니면 오리콤으로 가서 당당히 제트(Z)를 그릴 것인가?

가-나-다-라-다-나-가, 토익도 어차피 안 되니까 줄줄이 찍어야 한다. O냐, Z냐? 여기서 정동수는 과감히 Z를 선택했다. 가능성이 조금 더 커보였기 때문이다.

바꿔주세요

Z를 택했다. Z형 인간 정동수는 오리콤의 토익시험을 보고, 면접시험을 기다리고 있었다. 그러나 너무너무 불안했다. 지원서를 낸 열 개의 회사 중 여덟 개 회사는 아예 서류에서 다 떨어지고,

그나마 가능성이 조금이나마 있었던 제일기획은 날라갔다. 이제 딱 하나 오리콤만 남았는데, 여기마저 떨어지면 어떻게 한단 말인가? 뭔가 하긴 해야겠는데, 그 뭔가가 뭔지조차 고민이다. 거듭되는 고민에 고민…. 고민 끝에 정동수는 무모하리만큼 과감하게 오리콤 인사담당자를 찾아가기에 이른다.

이 발걸음, 몇날며칠 고민을 거듭하다가 마침내 떼고야 말았던 이 발걸음이 정동수가 오리콤에 합격하고, 광고계에 발을 들여놓은 후, 마케팅 전문가로 성장하고, 바로 지금 이 책을 나오게 만든 결정적인 한 걸음이었다.

당시 오리콤 인사담당은 J차장이라고, 나중에 알고 보니 아주 재미있는 분이었다. J차장은 온갖 잡기에 두루 능한, 조용하고 섬세한 분이다. 사내 바둑대회는 무조건 1등이고, 고스톱이나 포커, 마작 등에 굉장한 조예를 갖고 있었다. 비결은 남다른 어린 시절에 있었다. 용돈을 따로 주지 않고, 실력껏 챙겨가라는 방침을 가진 아버지 밑에서 자랐기 때문이었다.

어쨌거나 정동수는 회사로 찾아가서 인사담당인 J차장께 사정 얘기를 했다. 그리고 물었다. "심리학과를 나와서 디자이너로 지원을 했는데, 합격할 확률이 얼마나 됩니까?"

젊은 사람이 찾아와서 정말 진실되게 묻는데 차마 0%라고는 대답하기 힘들었을 것이다. 대답은, "0.1%."

그렇다면 끝이었다. 망치로 머리를 얻어맞은 것 같았다. 정신이

번쩍 들었다. 그리고 바로, J차장 바짓가랑이를 붙들고 늘어졌다.

"도와주세요. 제가 정말 광고 일을 하고 싶어서 지난 4년 동안 이러저러하게 하고 돌아다녔고, 뭐 가진 거라고는 아무 것도 없지만 꼭 기회를 한 번 얻어 보고 싶어요" 하며 그에게 애원했다. 금방이라도 눈물이 나올 것 같은 걸 꾹 참고 제발 한 번만 도와달라고 매달렸다.

당황한 J차장님,

"그러니 나보고 어쩌란 말이냐?"

"지원 서류 잠깐만 꺼내 주세요."

"뭐하려고?"

"떨어질 것 뻔히 알면서 그냥 둘 수는 없습니다. 미친 짓이잖아요. 지원 분야를 '기획' 으로 바꾸려고요."

"선. 배. 님." 하고 붙들고 늘어졌다. 별 웃긴 놈 다 보겠다는 듯이 낄낄대며 꺼내주신 서류에 '디자이너' 라고 적혀 있는 부분을 얼른 수정액으로 싹싹 지우고 '기획' 으로 바꿔 썼다.

심리학은 광고기획의 전문 과목으로 인정받는 학과다. 그래서 수많은 광고회사에서 심리학과로 추천서를 보낸다. 그걸 공략한다면 이제 최소한 합격 확률이 50%는 된다. 합격이냐, 낙방이냐? 둘 중 하나다.

장님, 문고리 잡다

이제 잠깐 되돌아가 보자. 이미 제출해 놓은 정동수의 자기소개서는 어떻게 쓰여 있었을까? 가장 중요한 포인트가 어디에 있었을까? 당연히, '전공은 심리학을 했으나, 지금 디자이너가 피려는 이유는 무엇이냐?'를 설명하는 데 소개서의 거의 대부분을 할애하고 있었다. 상당히 중요한 대목이다. 그 부분의 요지를 간략히 추려보면 다음과 같다.

음악은 예술이다. 왜? 좋은 음악을 듣고 눈물을 줄줄 흘린 적이 정말 많으니까. 그러나 디자인은 예술이 아니라고 생각했다. 왜? 내가 좋은 디자인을 보고 울어본 적이 없으니까. 사람의 오감을 동시에 자극하는 거대한 감동을 줄 수 없다면 예술이라 볼 수 없다. 그런데 어느 날! 말 한 마디, 배경음악 하나 없는 광고 영상을 보고 눈물을 줄줄 흘렸다. 아, 이것이 진짜 광고 디자인의 세계로구나!(이 부분은 큼지막한 글씨로 쓰고 빨갛게 밑줄까지 쫙쫙 그어 놨다) 그날부터 나는 디자인을 하고 싶어졌다. 그리고 공부했다. 공부해 보니까 디자인이라는 것이 논리이고 과학이며 수학이기도 했다. 그래서 내가 심리학을 했지만 디자인을 잘할 수 있고, 반드시 디자이너가 되고 싶다.

이렇게 자기소개서는 마무리된다. '디자이너가 되고 싶습니다. 정말 정말 되고 싶습니다' 라고 당당하게 써 놨다. 두두둥, 그런데 지원 분야는 기획이다.

이제 면접관들이 어떤 질문을 하게 될까? 안 봐도 뻔한 것 아닌가?

토익이요? 900점입니다!

두 판 합쳐서요

정동수는 스스로 '열정'과 '능력'에서는 누구 못지않은 강력한 강점이 있다고 판단했다. 그러나 이건 눈에 보이지 않는다. 한편, 숫자나 문자로 되어 있는 것들은 모조리 약점이었다. 학교, 학점, 토익점수. 약점은 아무리 용을 써도 약점이다. 반드시 넘어야 할 산이었고, 어떻게든 넘어보려는 준비를 철저하게 했다. 즉석에서 순발력을 발휘한 것이 아니라, 철저하게 준비된 대답들을 한 것이다.

지뢰폭탄에 굳히기 한 판

드디어 결전의 날, 면접장에 들어섰다. 다른 친구들은 다 빈손으로 털레털레 들어왔지만, 정동수는 그동안 만들어온 제작물들을 잘 스크랩한 포트폴리오를 옆구리에 딱 끼고 들어갔다.

첫 번째 질문은 예상했던 그대로였다. 소 뒷걸음질 치다가 쥐 잡는 식으로 우연히 발견한 것이지만, 앞서 Part 1에서 이야기했던 '지뢰폭탄'은 바로 이런 것이다.

면접관으로 들어오신 아저씨 왈,

"정동수 씨는 디자이너가 되겠다고 빨간 줄까지 쫙쫙 그어 놨는데, 그러면 디자이너로 지원해야지 왜 기획을 지원한 거야?"

"(포트폴리오를 넘겨가면서) 제가 사실 디자인해 보겠다고 길길이 뛰고 난리를 쳐왔습니다. 여기 보시는 것처럼 지난 3년 동안 이런 광고물 다 제 손으로 만들었는데요. 그런데 곰곰이 생각해 보니까, 여기 이 광고물들을 디자인하는 데 걸린 시간이 500시간이라면, 제가 이 광고물들을 기획하기 위해서 쏟아 부은 시간은 5,000시간은 족히 되겠다는 생각이 '팍!' 들었습니다. 제가 해온 일이 기획이지, 어디 디자인입니까? 디자인은 좋은 디자이너, 훌륭한 디자이너 만나서 같이 일하면 나오는 것이고, 정말 진지하게 생각해 보니까 제가 해온 일, 잘할 수 있는 일은 바로 기획이라는 걸 발견한 겁니다. 저는 훌륭한 디자이너 만나서 제가 가진 이 광고에 대한 열정을 불사르고 싶습니다."

포트폴리오를 쭉 넘기다가 보면, 맨 마지막에는 미리 만들어 놓은 대형 오리콤 명함이 하나 들어 있다. 지난번 J차장님한테 받아 둔 명함을 스캔 받아 이름만 살짝 바꾸고 크기를 16절 정도로 키웠다. '오리콤 최강 AE 정동수.'

"이런 명함 하나 주시면, 오리콤에 뼈를 묻겠습니다!"

웬 900점?

"토익은 몇 점이나 나오나?"

대체 토익점수는 몇 점이나 나왔을까? 모른다. (두산 그룹 공채 1차 때 난생 처음으로 토익시험을 본 정동수는 당연히 자신의 토익점수가 몇 점인지 알 턱이 없었다. 면접관들은 정동수의 토익점수를 알고 있지만, 정동수는 모르고 있는 희한한 상황이다.) 위기라면 위기! 그렇지만 정동수는 당당하게 대답한다.

"900점입니다."

이 대답이 나가자마자 열 분의 면접관들이 보인 반응은 똑같다. 일제히 정동수의 서류를 향해 고개를 숙인다. 그리고 일제히 고개를 든다. 눈으로 묻는다. '장난해?'

따가운 눈총을 받으며, 정동수는 준비된 대답을 한다.

"두 판 합쳐서입니다. 넉 달 전에는 세 판을 합쳐야 겨우 900이었는데, 이제 두 판만 합치면 900입니다. 오리콤 들어가고 싶어서 정말 열심히 노력했습니다. 조금만 더 시간을 가지고 노력하면 한 판에 900점 만들 자신 있습니다.”

'어쭈? 진짜 웃기는 놈이네, 이거!' 이 정도면 분위기 뜬다. 그래서 마지막 남은 약점도 건드리고 싶어진다.

수석과 단 1점 차이

“자네 학점은 얼마나 되나?”

뭐라고 하는지 보겠다는 것일 뿐이다. 학점이 몇 점인가는 이미 중요한 사항이 아니다.

“저희 과 수석하고 채 1점도 차이나지 않습니다.”

4.5 만점에 학교 수석은 4.1이다. 정동수의 학과 성적은 3.12점.

“천점, 만점 차이 나는 것도 아니고요, 딱 1점 차이인데요, 잘 보세요, 남들이 그거 1점 따느라고 도서관에 박혀 있는 동안 저는요, 어쩌구저쩌구, 아싸 야부리!”

이렇게 정동수가 가진 약점들은 샅샅이 파헤쳐졌다. 그래서 결과는 어떻게 되었는가? 살벌하던 면접장 안 여기저기서 피식피식 웃음이 터져 나온다. 화기애애, 그야말로 분위기 좋~다. 이 좋은 분위기가 그냥 거저 얻어진 것일까? 아니다. 첫판에 분위기를 장악하고 들어갔기 때문이다.

나는 절름발이 새

이렇게 시작한 면접이었다. 나중에 알게 된 사실이지만, 정동수는 다른 사람은 5분 정도 하는 면접을 약 20분가량 하고 나왔다. 면접관들은 정동수의 약점뿐만 아니라, 정동수가 이력서 곳곳에 숨겨놓은 폭탄들, 지뢰밭을 샅샅이 밟아보고 싶었던 것이다. 때문에 호의적인 분위기 속에서 미리 준비한 얘기를 충분히 들려주고 나올 수 있었다. 그중 하나만 소개해 볼까?

"자네가 왜 절름발이 새야?"

"아버님이 일찍 돌아가셨습니다. 초등학교 5학년 때였습니다. 그래서 중·고등학교 다닐 때부터 공부도 하고 가족도 돌봐야 했습니다. 재수할 때도 아르바이트를 하면서 공부했으니까요. 심리학 공부도 하고, 광고동아리 활동도 하면서 디자이너 하겠다고 열을 올렸습니다. 돌아보면 늘 절룩거리면서 힘겹게 살아왔습니다.

이런 제 모습을 돌아보니 한번 날아보겠다고 절벽 끝으로 다리를 절룩거리며 달려가는 절름발이 새가 떠올랐습니다. 덤불에 긁히거나 넘어져서 깨진 수많은 생채기들은 일단 날개를 펼쳐서 하늘로 날아오르면 양쪽으로 펼친 날개, 깃털 속으로 사라져서 보이지 않을 것입니다.

　이제 절벽 막바지에 다다랐습니다. 힘차게 날아오르는 것만 남았습니다. 땅 위에서는 절룩거렸지만 일단 날개를 펴면, 힘차게 날아오를 자신 있습니다."

꼴찌, 1등 먹다!
신문팔이 청년의 노하우

면접관이 어떤 질문을 던지더라도 그는 자신이 하고 싶은 말을 할 수 있다는 것을 안다. 또한 그의 대답은 면접관의 다음 질문이 자연스럽게 이어져 나오도록 잘 계산된 것이다. 이미 예상하고 있던 질문에 잘 준비된 답변이 꼬리에 꼬리를 물고 이어진다. 이렇게 되면 떨어지고 싶어도 떨어질 수가 없다.

면접을 앞두고 정동수는 그동안 살아오면서 겪었던 여러 가지 경험들 중에 회사 입사와 관련해서 특별히 내세울 만한 것이 있는지 면밀히 검토했다. 찾고, 찾고, 또 찾아서 맨 마지막에 세 가지로 압축을 해냈다. 첫 번째는 대학 2학년부터 해온 광고 동아리

활동, 두 번째는 엄청난 과외 경력, 세 번째는 약 여섯 달 동안 전철에서 신문을 팔았던 경험이다.

동아리 활동은 많은 응시자가 공통으로 가진 것이므로 그다지 큰 강점이 아니라고 보고 제외했다. 두 번째 과외 경험담과 세 번째 신문을 팔았던 경험에 관한 얘기는 무슨 일이 있어도 하고 나오리라 마음을 먹었다.

앞서 얘기했듯이 "저는 과외를 무척 많이 했습니다. 과외를 하면서 많은 걸 얻었습니다"라는 식으로 해서는 장사 안 된다. 이렇게 대답했을 때 예상되는 반응은 뻔하다. '만날 과외만 하느라고 어디 공부를 제대로 했겠나?' 라든지 '집안 사정이 어려웠나?' 따위의 뻔한 반응이 있을 뿐이다.

그래서 정동수는 이력서에 큼지막하게 쓰고 밑줄도 긋고 진달래도 '꽁야!' 그려 넣었다. '과외를 한 45명 학생 중 37명이 성적 10등 이상 급등!' 이렇게 과외를 했던 경험은 이력서에 쓰고, 질문을 기다렸다가, 앞서 Part 1 아홉 번째 전략에 소개한 바와 같이 충실하게 준비된 답변으로 기선을 제압했다.

또 하나, 지하철에서 신문을 팔았던 경험은 일부러 이력서에 표기하지 않았다. 그리고 치밀하게 준비했다. 어떤 질문이 나와도 이 이야기만큼은 꼭 하리라 마음먹었다. 일명 '히든카드'.

예상 질문 1.

학점이나 토익 등 성적과 관련한 얘기가 나오면 약점을 살짝 타고 넘으면서, "남들이 학점 1점 따겠다고 도서관에 앉아 있을 때, 저는 꼴찌에서 1등이 되는 엄청난 경험을 했습니다"로 설을 풀어 나간다.

예상 질문 2.

"최근에 무슨 책을 읽었냐?"는 질문이 나오면, 헤르만 헤세가 쓴 《자살, 그 쓸쓸한 날의 풍경》을 읽었다고 말한다. 이 책은 달랑 두 쪽짜리 수필이지만 중요한 것은 그게 아니다. 그러면 대부분의 사람은 "자살을 꿈꾼 적이 있나?"라며 불안하고 걱정스러운 시선으로 질문할 것이다. "제가 아직 어릴 때 자살을 생각했던 때가 있었습니다. 정말 어렵고 힘들던 날을 보내다 마음을 굳게 먹고 6개월 정도 지하철에서 신문을 팔았습니다. 그런데 한 달간 일을 하면서 보니까, 저는 3만원 어치밖에 못 파는데, 다른 사람들은 다 4만원 가까이 파는 겁니다. 그래서 왜 그런가 보니까…" 이렇게 나간다.

예상 질문 3.

"꿈이 뭐냐?"고 물어도, "대학 4학년 때 6개월 동안 지하철에서 신문을 판 적이 있습니다"로 시작한다.

예상 질문 4.

"스포츠를 좋아하느냐?"고 물어도, "남들이 야구장이다, 축구장이다 몰려갈 때 저는 그 사람들을 실어 나르는 지하철에서 신문을 판 적이 있습니다"로 나간다.

이렇게 어떤 질문이 들어와도 반드시 신문을 팔았던 경험을 애기하리라 마음을 먹고 들어갔다. 예상되는 100가지 질문 하나하나에 모두 히든카드를 낼 수 있게 준비해두었다. 그러나 만약 "저는 남들과 달리 전철에서 신문을 판 경험도 있습니다" 이것만 갖고는 기대할 수 있는 최고의 반응은 고작해야 "그래? 참 어렵게 살았구나!" 정도일 것이다.

실제 면접에서는 예상 질문 1에 적중했다. 지금까지 참 어렵게 살았다는 〈인간극장〉이 아니라, 무슨 일을 시켜도 잘 해낼 것이라는 증거를 보여줄 〈성공시대〉를 만들었다.

"다른 사람들은 다 4만 원씩 매출을 올리는데, 아무리 열심히 팔고 다녀도 유독 저만 3만 원을 간신히 넘기는 거예요. 그래서 그 이유를 살펴보니까 원인은 의외로 간단했습니다. 거스름돈을 주는 데 시간이 많이 걸린 겁니다. 다른 사람들은 천 원짜리 받으면 바로 7백 원씩 척척 거슬러 주는데, 저는 서투르다보니 진도가 빨리 못 나가는 겁니다. 그래서 처음에는 집에 앉아서 백 원짜리 동전 일곱 개를 묶어서 테이프로 붙였습니다. 그래서 하나씩 척척 나눠줬는데, 이게 효율성이 떨어져요.

일하는 시간 외에 테이프 붙이느라 제 시간을 써야 되고, 또 동전이 돌지 않으니까 써버리면 그만이죠. 그래서 큰 바가지에다가 동전을 잔뜩 넣고 이틀 동안 쉬지 않고 동전 잡는 연습을 했습니다. 나중에는 손가락 끝에 피가 맺히기도 하고 그랬어요. 지금이라도 시범을 보여드릴 수 있습니다. 그렇게 이틀 동안 연습하고 나니까 이제 동전을 한 움큼 잡았다 하면 일곱 갭니다. 그래서 단숨에 4만5천 원대 매출을 돌파하면서 그 후 5개월 동안 한 번도 매출액 1위 자리를 다른 사람에게 내주지 않았습니다."

보통 큰 회사는 1차로 국장급이 참여하는 실무진 면접을 한다. 이분들이 먼저 나서서 자기들이 데리고 가르치며 함께 일할 사람을 고르는 것인데, 여기 마음에 드는 사람, 눈에 띄는 사람이 하나 있다고 치자. 그래서 실무진 최고 간부들께서 자기 마음에 쏙 든 이 사람이 다음 단계 면접도 무사히 통과해서 꼭 회사에 들어와주면 좋겠다는 생각을 했다고 하자. 그들은 어떤 선택을 할까? 정말 마음에 드는 인간이니까 괜히 다른 이유로 이 사람을 떨어뜨리지 말고, 웬만하면 합격시켜 달라고 2차 면접관 혹은 최고 경영자에게 신호를 보내야 할 것이다. 그 방법이 무엇일까? 바로 다른 경쟁자들에 비해 월등히 높은 점수를 매겨 놓으면 되는 것이다.

정동수가 유독 면접 점수가 높았던 이유는 어쩌면 면접관들의 그런 심리가 작용한 것인지도 모른다. 면접에서 정동수의 약점은 오히려 강점이었다.

취업 준비의 기본은 고정관념 깨기!
– 미스터 정의 '열린 뇌 이론'

남들과 똑같은 방법으로는 취업에 성공할 수 없다. Part 1에서 '설'을 풀어놓은 취업전략들도 고정관념을 깼기에 나올 수 있던 이야기들이다. 이 책을 읽는 독자 역시 고정관념을 깬다면, 기똥찬 취업전략으로 보란 듯이 취업에 성공하고, 과거를 회상하며 《면접의 기술》 같은 책 하나쯤 뚝딱 써낼 수 있을 지도 모른다. 여기 면접의 달인 파란만장 미스터 정이 스스로 이름 붙인 비법, '열린 뇌 이론'이 당신의 고정관념을 산산조각 부술 수 있도록 기를 불어 넣어줄 것이다.

✔ 사람의 뇌는 서서히 닫힌다

갓 태어난 아기의 머리는 함부로 만져선 안 된다고 늘 주의를 받았다. 아기의 정수리는 맥박 뛰듯 움직인다. 흔히 숨구멍이라고 불리는 그곳의 움직임은 아기의 뇌가 아직 채 닫히지 않아 발생하는 현상이다.

인간이 가진 창의성의 뇌는 언제 닫힐까? 태어나서 호기심과 함께 점점 발달하던 창의성은 9세를 정점으로 18세가 되면 닫힌다. 아인슈타인 할아버지는 이를 캐치하고 외쳤다.

"상식은 18세 이전까지 후천적으로 형성된 편견의 집합이다!"라고.

✔ 비행기는 어떻게 나는 거야? 몰라, 임마!

아이가 자라면서 호기심은 왕성하게 커진다. 조카가 끊임없이 던지는 "왜?"에 짜증을 내본 경험이 있는가? 세상을 알아가며 아이의 머릿속에는 끊임없는 물음표가 채워진다. 예를 들어 철은 공기보다 무겁다는 것을 배운다. 그리고 비행기는 하늘을 난다는 것을 배운다. 아이들의 궁금증이 발동한다.

"비행기는 공기보다 무거운 철로 만들어졌는데, 어떻게 하늘을 날 수 있는 거야?" 당연한 질문이다. 그런데 그 답을 알려줄 만한 사람이 주위에 별로 없다. 아이의 호기심은 여기에서 멈추게 된다. 그렇다면 어떻게 하지? 세상의 모든 것을 이해한다는 것은 불가능하기 때문에 우리는 '이미 그렇다고 정해진 것'들을 '암기'하는 방법을 택한다. 뇌 주름이 남다르기로 유명한 아인슈타인 할아버지는 이 대목에서 또 허를 찌른다. "외웠는가? 그렇다면 따라할 수 있을 것이다. 외우지 않았는가? 그렇다면 창조할 수 있을 것이다."

✔ '우산'이라는 고정관념 깨기

안타깝게도 우리의 뇌는 닫혀버렸다. 18세를 넘어 오랜 시간 외워서 쌓아놓은 '고정관념'을 벗어 던지기란 그렇게 쉽고 만만한 문제가 아니다. 그렇다고 포기할쏘냐. 최소한의 노력이라도 해봐야 한다.

여기 '우산'이 있다. 우산은 무엇인가? 비, 눈, 우박이 내리고 있을 때 몸이나 소지품을 젖지 않게 하기 위해서 쓰이는 물건이다. 우산은 축과 뼈대가 금속으로 이루어져 있고, 방수가 되는 옷감이 펼쳐진다. 우산의 살은 기본적으로 8개이며, 손잡이는 정중앙을 통과한다. 우리는 우산의 특징들을 하나씩 머릿속에 기억해두고, 그 모습을 반복해서 떠올린다. 그리고 그것을 우산에 대한 개념으로 고정시킨다.

모두가 이미 우산은 '이런 것'이라고 생각하기 때문에, 우산에 대한 고정관념을 깨기란 쉽지 않은 일이다. 그럴 때 가장 가벼운 처방은 '불편함'을 생각하는 것이다. 우산은 불편하다. 갑자기 비나 눈이 내릴 때처럼 막상 필요할 때 없는 경우가 더 많다. 차에 타거나 내릴 때는 물론, 접을 때도 불편하다. 비가 오다 그치면 들고 다니기가 여간 짜증나는 것이 아니다. 버스나 전철에 두고 내리기도 한다. 한평생 잃어

버린 우산 수만 해도 상당하다. 바람이 불어 비가 주행방향과 반대로 몰아치는 경우엔 앞을 보기도 힘들다.

이런 불편함이 자동 우산, 5단 우산을 등장시켰다. 앞이 잘 보이는 투명 우산도 만들어졌다. 심지어 남이 보는 것보다 내가 보는 것이 더 중요하다는 이기주의적인 발상으로 만들어진 '하늘 우산'(보통 우산 바깥쪽에 디자인을 하기 마련인데, 이 우산은 안쪽에 하늘을 그려 넣어 쓰고 다니는 사람의 기분이 더 좋아지는 우산이다. 비 오는 날에도 맑은 하늘을 볼 수 있는 우산이라니, 기발하지 않은개)도 있다.

이렇게 불편함을 해결하고자 할 때 고정관념은 깨진다. 생각보다 참, 쉽다.

✔ 고정관념을 뽀개 버리자!

고정관념을 깨는 가장 좋은 방법은 첫째, 아이들의 호기심을 배우는 것이다. 18세가 된 후 닫혀 버린 뇌를 여는 방법은 뇌가 열려 있을 때의 기억을 더듬고, 아이와 많은 대화를 해보는 것이다. 아이들에겐 빗자루, 책, 책상, 모든 것이 놀거리이다. 《해리포터 시리즈》는 빗자루가 청소도구가 아니라 날아다니는 놀거리라는 동화적 발상으로 전 세계 시장을 장악한 대표적인 예다.

둘째, 고정관념을 깨트린 사례를 많이 접하자. 앞서 설명했던 바나나우유 같은 사례들이 여기 또 있다. '껌은 이빨을 상하게 한다? 아니다! – 자일리톨껌' '요구르트는 애들이나 먹는 것이다? 아니다! – 윌' '지프는 군용차다? 아니다! – 지프 SUV' '엄마, 아빠는 게임을 싫어해? 아니다! – 닌텐도 Wii' 등. 어떤가? 이 모두 고정관념을 깬 성공사례들이다. 당신이 성공하고 싶다면, 고정관념은 반드시 깨야 하는 것이다.

✔ 아인슈타인은 젊어서 죽었다

아인슈타인은 87세의 나이로 운명을 달리했다. 아니다! 그는 젊어서 죽었다. 사람의 나이는 육체적인 나이와 정신적인 나이가 있다. 세월에 따른 육체의 변화를 거스를 수는 없지만, 정신적인 나이인 열정은 해가 가도 늙지 않을 수 있다. 아인슈타인은 87세의 육체 나이에도 20세의 치열한 열정으로 살다가 죽었다. 우리도 그럴 수 있다. 아니 반드시 그래야 한다. 취업이라는 인생의 가장 큰 전환점 앞에서 '승전'을 거두려면 뭐든 해야 한다. 창의적으로 생각하고 연구하는 것 역시 돈 드는 일 아니다. 고정관념 깨고 취업하자! '스펙이 좋지 않으면 안 될 거야' '난 학점이 3.5 밖에 되지 않아서 힘들 거야' '이번에 떨어지면 이젠 가망 없어' 라는 고정관념을 과감히 깨버리고, 미래의 가능성을 보여줄 수 있는 드라마를 만들어 감동을 선사하라.

Part 3

합격하고 싶으면 지금 당장 움직여라

- 일곱 가지 면접공식 따라하기

면접은 경쟁이다. 쉽게 '가위, 바위, 보'라고 생각하면 된다. 면접관과 내가 하는 경쟁이 아니라 면접을 보는 사람들 사이의 경쟁이다. 축구 하는데 심판만 쳐다보고 있으면 진다. 면접도 마찬가지다. 다른 선수들을 눈 여겨 봐야한다. 다른 선수들이 가위를 준비하고 있다면, 나는 주먹을 준비해야 한다.

이 사실을 모를 때는 면접에 대해 이렇게 말할 것이다. "내가 내밀 수 있는 카드는 이미 다 정해져 있다. 학교, 학점, 토익점수, 자격증 등. 이미 정해진 스펙들로 나를 평가받게 될 것이다. 이제, 면접에서 내가 해야 할 일은 그저 솔직하고 진실하게, 정말 열심히 일하고 싶은 내 열정을 전달해야 한다. 그리고 운이 좋으면 합격할 것이다."

그리고 만일 떨어지게 된다면 이렇게 생각할 것이다. "내가 내민 카드가 너무 낡고 못나서 그런 거야. 바꿀 수 있는 게 있다면 1년쯤 더 노력을 해서 바꿔 보자." 그렇다면 물어보자.

"첫 번째, 1년 후에 낡은 카드를 새 카드로 바꿀 자신이 있는가? 두 번째, 1년 후에 설령 새 카드를 쥘 수 있다고 한다면, 그러면 면접에 반드시 합격하리라는 보장이 있는가?" 토익점수를 700점에서 800점으로 만들기 위해서, 자격증을 하나 더 따기 위해서 노력하는 시간은 최소 6개월 이상일 것이다. 그러나 시간은 한정되어 있다. 1개월 정도 나의 열정을 보여주는 이야기를 만드는 것이 훨씬 더 유리한 고지를 차지한다는 것을 기억하자.

나는 말한다. 내가 들고 있는 카드가 나빠서 게임에 진 것이 아니다. 상대가 들고 있는 카드를 읽지 못해서 게임에 진 것이다. 다른 사람들이 가위 낼 때, 나도 따라서 가위를 내면 지는 게 당연하다. 다들 아우성치며 가위를 낼 때, 누군가 한 사람, 조용히 주먹을 내민 사람, 그가 승자다.

최고 = Loser, 최초 = Winner

"우리 회사에 입사한다면, 입사 후의 목표는 무엇입니까?"
"왜 영업 부문에 지원했습니까?"

면접관이 당신에게 묻는다. 여기에 당신은 "최고가 되고 싶어서"라고 답해서는 안 된다. 이 대답은 상투적이다, 누구나 할 수 있는 '신문선 성대모사' 처럼 식상해도 너무나 식상하다. 그 대답은 100명, 200명 중에 꼭 당신을 합격시켜야 할 충분한 이유가 되지 못한다. 면접관의 인식 속에서 당신은 최초의 사람, 다른 사람과는 다른 특별한 사람이 되어야 한다. 한 마디로 튀어야 산다.

의문이 들지도 모르겠다. 과연 그런가? 믿을 만한 소리인가?

정말 그렇게 튀어 보려다가 오히려 죽 쑤는 것 아닌가? 결코 그렇지 않다. 마케팅의 역사가 보증한다.

면접과 마케팅의 기본적인 속성은 '경쟁'이고, 그 둘의 공통 속성은 인식의 싸움이라는 것이다. 물건이 좋아서 잘 팔리고, 물건이 안 좋아서 안 팔리는 것이라면 물건 잘 만드는 사람이 장땡이겠지만, 현실은 결코 그렇지 않다. 왜 그런가?

첫째, 이제 사람들이 '그 물건이 그 물건'이라고 생각하는 점 때문이고, 둘째 물건의 퀄리티보다 사람들이 물건이 좋다고 생각하는가, 그렇지 않은가에 더 집착하는 시대가 되었기 때문이다.

결국 최초가 최고가 되는 현실이다. 아래의 예시들을 보라.

승합차를 보통 뭐라고 부르는가? 봉고, 봉고가 첫 번째다.

현재 우리나라 최고의 사이다 브랜드는? 칠성사이다.

미국 최초의 대학은? 하버드

최초로 일회용 면도기를 만든 회사는? 질레트

스테이플러를 최초로 만든 회사는? 호치키스

투명 접착테이프를 처음으로 만든 회사는? 스카치

지프차를 처음 만든 회사는? Jeep

우리나라 최초의 조미료는? 미원

최초로 누가 했느냐고 물었을 때, 잘 모르면 현재 최고인 브랜드를 말하면 된다. 그러면 정답률은 적어도 78%다.

최고가 되고 싶으면 과감하게 최초의 사람이 되라. 다른 모든 사람들이 그러하듯이 자동응답기처럼 똑같은 소리만 반복하지 말고, 면접관이 나를 합격시킬 이유를 던져라. 당신의 대답은 면접관이 이제까지 들어온 모든 대답들 중에서 '정말 듣도 보도 못한 대답, 유일하고 최초인 대답'이어야 한다. 왜 그럴까?

면접관이 던지는 모든 질문은 하나로 통한다. "내가 당신을 합격시켜야 하는 이유가 뭐냐?" 거기에 당신이 던져줘야 할 단 하나의 대답은 "나는 최초이고, 따라서 내가 최고입니다. 그러니 나를 냉큼 합격시키시오"이다. 더 이상 망설이지 말고, 치밀하게 준비해서 최초의 사람이 되어야 한다.

최초의 사람이 되려면 어떻게 해야 하나? 그 방법은 도대체 무엇인가? 바로, '집중'이다. 이거 저거 잡다하게 다 잘한다고 떠들지 말고 한 가지에 집중하라. 그러면 길이 나온다.

우리나라 최초의 껌은 롯데껌 삼총사다. 그렇다면, 우리나라 최초의 여성전용 껌은? 바로 아카시아껌이다. 롯데껌이 시장을 휩쓸고 있을 때, 해태제과는 여성전용 아카시아 껌을 내놓으면서 시장 점유율을 2%에서 30%로 비약적으로 상승시켰다. 시장을 잘게 쪼개면 길이 보인다.

가전제품의 왕 삼성전자가 넘보지 못하는 분야가 있다. 냉장고는 삼성이 왕이지만, 김치냉장고는 '만도'라는 우직한 이름을 가진 회사가 꽉 잡고 있다. 우리나라 최초의 '김치 냉장고'는 만도 위니아 '딤채'다.

우리나라 최초의 여성전용 카드는? "나에게 힘을 주는 카드, LG카드야!"

이처럼 '최초'의 힘은 막강하다. 그런데 사람들은 왜 최초의 인간이 되기를 두려워하는가? 그건 바로 '리스크' 때문이다.

코페르니쿠스(1473~1543)는 태양이 지구를 도는 것이 아니라, 지구가 태양을 돈다는 걸 알아낸 최초의 인간이다. 그러나 그는 1530년, 죽기 13년 전에 이미 정리가 끝난 논문을 죽을 때까지 발표하지 않았다. 죽고 나서야 제자들을 통해 논문을 발표하는 신중함을 보였다. 최초의 인간이 되는 두려움은 이처럼 크다.

최초가 되는 일은 매혹적인 만큼 두려운 일이다. 두려움을 날려 버리지 않으면 최초의 인간이 될 수 없다. 자, 이제 두려움을 날려 버리고 합격의 길로 가자.

정동수의 면접공식 첫 번째는 이것이다. 최초가 되는 방법을 연구하라. 이력서를 쓰고 면접을 준비하는 데 들이는 노력의 90%는 최초가 되는 데 쏟아야 한다.

학점은 B 〉 F지만, 면접은 B 〈 F다

First 〉 Best

Different 〉 Better

조금만 시각을 달리하면 최초가 될 수 있는 기회는 의외로 너무도 많다. 공연연출자를 뽑을 때 내가 가장 감동적으로 본 공연에 대한 감상문을 제출한다든지, 광고기획 분야에 지원하면서 디자인 포트폴리오를, 웹디자인 분야에는 조각품을, 마케팅 분야에는 인물사진집을 제출할 수도 있다. 혹은 노숙자 생활을 했던 경험을 자기소개서에 쓸 수도 있다. 자칫 엉뚱한 발상처럼 보일 수 있지만, 나의 열정을 표현할 수 있는 결과물이라면 그 어떤 것이라도 나를 최초로 만들 수 있다. '최고다', '더 좋다' 라고 얘기하는 사람에게 믿음이 가는가? 이기는 전략은 '최초다', '다르다' 라고 말하는 것이다.

취업전쟁 대한민국, 입사성공 스토리 1탄

∨ 황○○씨 (성별 : 남, 지원 분야 : 캐주얼 잡화 브랜드 쌈지 홍보실)

황○○씨는 쌈지 홍보실에 자리가 났다는 소식을 듣자마자 무작정 자기소개서를 들고 쳐들어갔다. 밤새 직접 오리고, 붙이고, 써서 만든 어설프지만 정성이 가득 담긴 아트북 스타일의 자기소개서였다. 남다른 자기소개서에 봉투까지 직접 수작업으로 만들어 대번에 임원들의 눈길을 사로잡았다. 물론, 그는 입사에 성공했다.

∨ 노○○씨 (성별 : 여, 지원 분야 : CGV 프로그래머)

노○○씨가 입사지원서를 낼 당시, CGV의 입사경쟁률은 250:1이었다. 그녀가 경쟁률 철벽을 뚫을 수 있었던 것은 예전에 잠시 몸담았던 외국계 리서치회사 업무경험이 결정적으로 작용했다. 그녀의 입사원서 역시 남달랐다. 한국영화 한 편을 골라 '영화흥행의 강약 분석'이란 제목으로 보고서를 함께 제출했던 것. 국내 영화시장 분석에서부터 시작해 분기별 흥행성적 그래프, 분기별 흥행과 영화 장르의 상관관계 분석 등 일반적인 영화리뷰를 넘는 그녀의 보고서는 비슷비슷한 다른 경쟁자들 틈에서 확실히 돋보일 수 있는 무기였다.

∨ 박○○씨 (성별 : 남, 지원 분야 : LG기공)

박○○씨는 자기소개서와 꼼꼼한 면접전략으로 취업에 성공했다. 그의 자기소개서는 독특했다. 기본형식을 벗어나 새로운 편집으로 면접관들의 시선을 끈 것. 그는 자기소개서의 단락을 나눠 '수학도가 정보보호 전문가가 되기까지'라는 제목으로 시작, 전공을 바꿔 진학한 이유를 밝혔다. 또한 '도전하지 않는 자는 미래가 없다'는 제목으로 도전적 삶의 태도를 부각시켰다. 면접을 준비하는 태도도 남달랐다. 자신만의 면접 노하우인 '단어 연상법'을 개발, 공통적인 질문인 자기소개 부분에서 제한시간에 당황하는 일 없이 자신이 기억해 둔 단어들만으로도 유창하게 자신을 표현할 수 있도록 준비했고, 그는 자신이 준비한 모든 것을 보여주는 면접을 치를 수 있었다. 결과는 역시 합격이었다.

✔ 황○○씨 (성별 : 여, 지원 분야 : 한국마약퇴치운동본부 홍보 담당)

황○○씨는 맞춤형 이력서로 입사에 성공한 케이스. 지원하는 회사마다 원하는 인재상에 맞춘 이력서로 차별화해 준비했다. 그녀는 50곳에 지원하고 25곳에 면접을 보았지만, 그 중 하나라도 똑같은 이력서는 없었다. 그녀는 주로 홍보팀을 공략했는데, 홍보 담당자의 역할에 맞춘 글재주를 선보이기 위해 자신이 쓴 다양한 글들을 추려 포트폴리오로 제출했다. 무엇보다 자신이 하고 싶은 일이 무엇인지 어필하는데 충실했다. '준비된 사람'이라는 인상을 심어준 그녀는 결국 합격의 기쁨을 맛볼 수 있었다.

y=ax+b

→ y : 합격률, a : 미래 가능성, b : 현재 위치(스펙)

∴ 중요한 건, 기울기 'a'다

"최고가 되겠습니다."

"더 잘할 수 있습니다."

"최선을 다하겠습니다."

"열심히 해보겠습니다."

"기회를 주십시오."

이런 말을 하는 사람은 최소 95%는 무조건 떨어진다. 그 대신,

"최초가 되었던 경험"

"내가 다른 사람과 다르다는 증거로서의 경험"

"최선을 다했던 경험"

"맡은 일을 120% 해낸 경험"

"스스로 기회를 만들어낸 경험"

이런 말을 하는 사람은 최소 90%는 무조건 합격한다. 왜 그럴까?

회사 입장에서 보면, 신입사원은 이미 완성된 제품이 아니고 단지 재료일 뿐이기 때문이다. 따라서 기준은 이 친구를 받아서 가르치면 쓸 만한 재목이 될 것인가 아닌가에 있다. 그러니까 면접관들은 당신이 지금까지 이루어 놓은 업적(학점, 토익점수, 학교 등)이 얼마나 되는가보다는 앞으로 이룰 업적이 얼마나 될 것인가에 더 관심이 많다. 중요한 것은 현재 어디에 있느냐가 아니고 앞으로의 가능성이다. 그렇다면 가능성을 측정하는 기준은 무엇일까? 그것은 단연 '기울기' 다.

여기 'y=ax+b' 라는 일차함수 그래프가 있다고 하자. 면접관이 관심을 갖는 것은 상수 b가 아니라 기울기 a다. 하나의 직선이 성립하기 위해서는 두 개의 점이 필요하다. 지금 현재 있는 곳, b(스펙)만으로는 부족하다. 과거 있었던 곳, 특정한 한 점 p를 잡아라. 그리고 변화를 얘기하라.

나는 전에 p(과거경험)에 있었다. 그런데 지금은 b(스펙)에 있다. 내가 p(과거경험)에서 b(스펙)로 오면서 겪은 얘기를 들려주마. 그 얘기 속에는 최고가 되겠다는 열정, 다른 사람보다 내가 훨씬 더 잘할 수 있다는 확신, 최선을 다해 살아가는 모습, 스스로 기회를 만들어가는 개척정신, 이런 것들이 다 들어 있는 것이다. 게다가 재미있기까지 하다. 이렇게 완벽하게 짜인 일종의 시나리오가 필요하다.

앞서 얘기했듯이, 여기에는 치밀한 전략이 숨어 있다. 가령, 여기 똑같이 토익점수가 920점인 두 사람, 철수와 영희가 있다고 하자. 그리고 질문을 받았다. "토익점수가 상당히 높은데, 영어는 잘하겠구먼?" 하는 질문이 들어왔을 때, 철수는 "예. 다른 건 몰라도 영어만큼은 자신 있습니다" 라고 대답했다고 하자. 그러면 그 다음 질문은 무엇일까? "한번 해봐" 아니겠는가? 신이 난 철수는 쏼라 쏼라, 열심히 영어실력을 발휘하고 나올 것이다. 그리고 자신의 강점을 충분히 보여준 것에 신이 나서 합격을 확신하며 집으로 돌아갈 게 분명하다.

한편, 정동수의 두 번째 면접공식에 충실한 영희는 영 다른 대답을 한다. 자신의 과거 얘기를 꺼내는 것이다.

"토익점수가 상당히 높은데, 영어는 잘하겠구먼?"

"지금은 그런 대로 하는 편이지만, 넉 달 전만 해도 제 토익점수는 400점 안팎이었습니다."

이렇게 대답이 나간다. 그렇다면 그 다음 질문은 무엇일까? "어, 그래? 어떻게 넉 달 만에 토익을 500점 가까이 올렸단 말이냐?" 아니겠는가?

여기서 영희는 자신의 강점을 극대화하는 동시에 무엇이든 마음만 먹으면 꼭 해낸다는 열정을, 목표를 정한 후 달성하기 위해 최선을 다한 감동의 스토리로 전달할 수 있다. 면접을 보고 있는 이 회사에 들어오기 위해 얼마나 열심히 노력했는가를 말할 수 있다. 단순히 '현재 상태'가 아닌 자신의 '기울기'를 제시하고 있는 것이다.

면접의 두 번째 공식은 다음과 같이 간단히 요약할 수 있다.
y=ax+b에서 현재의 위치 b(스펙)가 아닌 기대치, 즉 기울기 a(미래가능성)를 보여주어야 한다. 기울기 a(미래 가능성)를 보여 주는 가장 효율적인 방법은 '과정'에 대해 말하는 것이다. 그 과정은 일종의 성공 스토리 형식이 되어야 한다.
자, 이제 당신만의 성공 스토리를 개발해 보시라.

y=ax+b

현재의 위치(b)보다 미래의 가능성(a)이 중요하다. 가능성은 과거의 경험을 통해 이야기될 수 있다. 방법은 의외로 간단하다. 나의 미래 목표에 맞춰 과거의 작은 경험을 그럴듯한 드라마로 재구성해 보자. 노가다 경험, 신문 배달 등의 짧은 아르바이트 경험도 좋고, 커뮤니티, 동아리활동 등의 취미활동도 좋다. 그것 자체를 알리는 것보다 그 경험을 통해 내 가능성을 알리는 것이 목표다. 혹은 현재의 결과를 재해석하는 것도 좋은 방법 중 하나다. 똑같은 토익 900점이라도 원래 영어를 잘하는 사람과 3개월 만에 400점에서 900점을 이뤄낸 신화적 이야기와는 질적으로 다르다. 자, 당신의 기울기는 어디에 숨어 있는가?

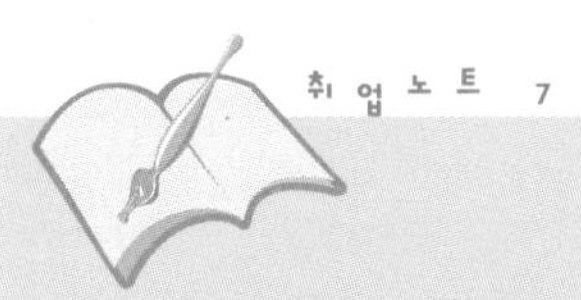

취업전쟁 대한민국, 입사성공 스토리 2탄

✔ 맹○○씨 (성별 : 남, 지원 분야 : 삼성중공업 홍보실)

맹○○씨는 입사 전 40여 가지가 넘는 아르바이트를 했다. 그는 그 경력을 입사지원서와 면접에 적극 활용함으로써 취업에 성공할 수 있었다. 그의 전공은 광고홍보학이었기 때문에 이미 스펙 면에서 유리했지만, 홍보 업무를 하는데 있어서는 전공보다 다양한 사회경험을 쌓는 것이 무엇보다 중요하다는 지론을 면접관들 앞에서 펼쳤다. 학원 강사, 택시 운전, 공장 막일 등 보잘 것 없어 보이는 다양한 사회경험을 자신을 알리는 확고한 지론 속에 대입시켜 면접에서 좋은 점수를 얻을 수 있었고, 그는 입사에 성공했다.

✔ 박○○씨 (성별 : 여, 지원 분야 : LG유통)

박○○씨는 대학에서 경영학을 전공했고, 대학시절 2년간 하루도 빠짐없이 편의점에서 아르바이트를 한 경험이 있다. 그녀가 LG유통에 지원하게 된 이유도 모두 이 두 가지 경험에 큰 영향을 받았기 때문이다. 그녀는 면접장에서 면접관에게 "세상을 살아가며 배워야 할 모든 것을 편의점에서 배웠다"고 말하며 과거 경험을 연결시켜 유통 업무에 대한 열정을 설득력 있게 설명했다. 물론, 그녀의 생생한 현장경험은 면접관들의 호감을 샀다. 운 좋게도 면접관 중 한 명은 그녀가 근무했던 편의점의 지역관리자였다. 덕분에 그녀는 면접에서 높은 점수를 받게 되었다. 특별한 자격증이나 높은 어학점수 없이도 대기업 입사가 가능했던 건 과거 경험을 자신의 가능성과 잘 연결시킨 덕분이었다.

✔ 오○○씨 (성별 : 남, 지원 분야 : 소니코리아)

오○○씨는 취업을 준비하면서 '소니 마니아'가 되어버렸다. 그는 브랜드에 대한 신문기사를 스크랩하면서 제품과 마케팅 동향을 지속적으로 파악했고, 그 결과 소니 직원보다 더 많은 지식을 쌓게 된 것이다. 뿐만 아니다. 평소 애프터서비스 센터를 이용하면서 느낀 경험을 바탕으로 소니코리아 논문 공모전에서 최우수상을 받는 쾌거를 이루기도 했다. 그는 이렇게 치밀한 계획과 실행을 통해 원하는 직장에 입사하는 데 성공한 것이다. 그의 이런 철저한 준비성은 결국 면접관들을 감동시켰고, 취업문은 그를 향해 활짝 열렸다. 당시 소니코리아 공개채용 경쟁률은 350대 1이었다.

✔ 이○○씨 (성별 : 남, 지원 분야 : 대우로지스틱스)

이○○씨는 취업시장에서 외면하는 지방대를 나왔고, 학점은 3점을 간신히 넘겼으며, 토익은 800점에 못 미쳤다. 자격증도 전무했다. 그가 취업을 준비하며 낸 이력서만 200개가 넘는다. 그러나 그는 해외 유학파를 포함한 고 스펙의 지원자들을 제치고 대기업에 합격할 수 있었다. 어학실력보다는 유연한 사고, 올바른 판단력을 갖춘 인재를 원하는 회사의 채용기준에 부합한 까닭이다. 대우로지스틱스에 지원하면서 그는 이력서, 자기소개서에 보고서 하나를 첨부했다. 회사에 대한 각종 정보를 정리하고 향후 전망과 나아갈 방향에 대해 서술한 보고서였다. 회사에 대한 남다른 관심과 업무에 대한 적극성에 면접관들은 그에게 가산점을 주었고, 그는 기적 같은 합격의 기쁨을 맛보게 되었다.

f(성공) = ∞ 성공

성공은 성공으로 통한다

"어떤 부서에서 일하고 싶습니까?"

"상사와 불화가 생기면 어떻게 하시겠습니까?"

여기 두 사람의 볼링 선수가 있다. 한 사람은 늘 스트라이크의 촉감을 음미하며 즐기는 사람이다. 가지런히 서 있는 열 개의 핀을 한방에 무너트리는 공을 던질 때의 느낌, 공이 손끝에서 떨어질 때의 그 느낌을 늘 생각하는 사람이다. 다른 한 사람은 힘껏 날린 공이 '삑사리'가 나서 고랑으로 빠질 때의 느낌에 집착해 전전 긍긍하는 사람이다. 누가 성공하는 선수가 될까?

당신은 친구를 만나 수다를 떨 때 성공담을 즐기는가, 아니면 실패담을 즐기는가? 면접에 합격하려면 앞으로는 반드시 성공담을 즐기기 바란다. 친구 만나 수다 떠는 것하고 면접하고 무슨 상관이 있냐고? 분명 상관이 있다.

면접관이 던지는 질문들은 예상 가능하며 일정한 패턴이 있다. 덕분에 대체로 통용되는 친절한 모범 답안이 여기저기 떠돌고 있을 정도다. 여기서 굳이 언급하지 않아도 아마 이런저런 통로를 통해 위의 질문에 대답하는 요령을 잘 알고 있을 것이다. 그러나 앵무새처럼 공식 답안을 말하고 나오면 결과는 '꽝'이다. 어떤 질문이 들어와도 하고 싶은 말을 해야 한다는 것이 이 책 전체의 요점이다. 면접관이 던지는 질문에 구애받지 말고 공들여 준비한 말을 해야 한다. 면접관 역시 질문에 대한 모범 답안보다 시선을 끌 수 있는 기발한 답변을 원한다. 따라서 치밀한 준비가 필요하다. 연습도 필요하다. 친구와 수다 떠는 것보다 더 좋은 연습은 없다. 연습! 바로 이것이다. 수다를 잘 떨어야 면접에 합격한다. 그렇다면 어떻게 수다를 떨어야 하는가?

"나에게는 A라는 경험이 있다. 어려움에 처했지만 해결책을 찾아냈다. 뭐였을까? 문제의 핵심이 바로 a였던 것이다. 나는 곧바로 해결했고, 일은 성사됐다.

나에게는 B라는 경험이 있다. 무척 힘들었다. 사태가 심각했다. 하지만 역시 나는 해결책을 찾아냈다. 문제의 원인이 바로 b였던 것이다. 나는 열심히 노력했고 일은 잘 풀렸다.

나는 C라는 경험이 있다. 나는 D라는 경험이 있다…. 이처럼 나는 과거에 쭉 성공해온 경험들이 있고, 현재도 어떤 문제든 풀겠다는 의지와 능력을 가지고 있으니 앞으로 어떤 힘든 문제를 만나도 해결해 나갈 것이다."

수다의 주제는 성공담으로 하자. 좋은 친구는 내 성공담을 귀기울여 들어주고, 동의해주고, 용기를 주는 사람들이다. 이런 좋은 친구들과 어울려야 한다. 내가 어떻게 말할 때 듣는 사람들이 가장 관심을 보이는지, 어떻게 말할 때 가장 재미있어 하는지 예의 주시하면서, 상황에 따라 약간의 변화를 줘가면서 성공담을 갈고닦아야 한다. 과거에 성공한 경험을 찾아내고, 성공할 수 있었던 원인을 찬찬히 분석해 이를 한 편의 드라마로 엮는 작업을 해야 한다.

정동수의 면접공식 세 번째는 바로 이것이다. "나는 꿈을 이루는 사람" "나는 그동안 쭉 꿈을 이루어왔고, 바로 그렇기 때문에 앞으로도 꿈을 이루어갈 사람"이라고 말하는 것.

어떤 질문이 들어와도 자연스럽게 들려줄 수 있는 '성공담'을 찾아내고, 그것과 전혀 관계가 없는 질문이라도 단숨에 내 '성공담'으로 이야기를 끌고 갈 수 있는 강력한 '말발'을 키우는 트레이닝을 시작해야 한다.

$f(성공) = \infty$ 성공, VR (V= Vision, R= Repeat)

바보들의 열심이 열정으로 거듭나기 위해서는 비전이 반복적으로 공유되어야 한다. 과거의 성공한 경험들을 찾아내 성공요인을 찾아보자. 아르바이트 경험, 동호회활동, 사회봉사활동 등 나의 성공담과 무용담은 내 과거 속에 무궁무진하다. 그러나 단순히 '나는 그것을 했다' 라는 과거완료형으로 소개해서는 안 된다. 내 성공담을 통해 '나는 꿈을 이루는 사람' 이라는 이미지를 부각시켜라. 나의 꿈을 10명, 100명에게 말하면 꿈이 드라마로 바뀌고, 마치 내가 불치병을 앓고 있다는 소문처럼 알려져서 나를 도와주려는 사람들이 속속 나타날 것이다. 이것이 바로 핵심이다.

취업전쟁 대한민국, 입사성공 스토리 3탄

✔ 김○○씨 (성별 : 남, 지원 분야 : 한국얀센)

화학과를 졸업한 김○○씨는 대학 동기들이 제약회사나 연구소 등에 원서를 낼 때, 전공과 무관한 영업직에 지원을 했다. 자신의 경험을 바탕으로 미래에 대한 비전을 제시하고 싶었기 때문이다. 어려운 가정형편으로 그의 대학생활은 힘겨웠다. 신문, 세탁물, 음식 배달일, 외판 업무 등을 포함한 수많은 아르바이트를 했고, 이런 경험들을 통해 영업직에 대한 나름의 가치관을 가질 수 있게 되었다. 그가 정의 내리는 영업이란 '새로운 거래처를 발굴하고 개척하는 창조적이고 역동적인 업무'였다. 면접을 보며 자신이 가진 다양한 경험과 비전을 자신 있게 내세운 것이 그의 합격에 플러스 요인으로 작용했다.

✔ 곽○○씨 (성별 : 여, 지원 분야 : 굿모닝신한증권)

곽○○씨의 대학시절 별명은 '아르바이트광'이었다. 분야도 다양했다. 업무보조, 서류정리, 광고디자인 등 기회가 주어지는 대로 모든 일을 척척 처리해 나갔다. 그렇게 아르바이트를 해서 번 돈으로 미국 연수도 다녀왔다. 그곳에서도 아르바이트는 계속되었다. 지인이 소개해준 일로, 대학 학과 홈페이지를 제작하는 일이었다. 그녀는 여러 분야의 다양한 아르바이트를 통해 사람과 잘 어울리는 노하우와 조직 문화의 중요성을 배웠으며, 사회생활의 '쓴맛'을 미리 겪으면서 사회성을 키웠다. 결국 입사 면접 때 남들보다 덜 긴장할 수 있었고, 사회생활을 통해 겪은 자신감을 기반으로 면접관을 두려움의 대상이 아니라 같이 나와 일할 사람이라는 생각으로 대하며 여유롭게 면접을 볼 수 있었다. 그녀가 안정감 있게 면접을 치를 수 있었던 가장 큰 무기는 아르바이트 경험을 통해 얻은 성공에 대한 자신감이었다.

박○○씨는 아르바이트와 인턴 경험을 통해 취업난을 뚫었다. 경제학을 전공한 그는 일찌감치 물류업계가 유망하다는 판단을 했고, 학생시절부터 물류회사의 아르바이트를 시작했다. 6개월간의 아르바이트 경험을 통해 현장 분위기를 익히고, 업계 동향을 파악했다. 그 경험을 든든한 배경으로 삼아 대기업의 인턴에 지원했다. 그는 남들 다 가는 어학연수도 간 적이 없고, 토익점수도 800점을 겨우 넘었다. 그 흔한 컴퓨터 자격증도 따지 못했다. 하지만, 그는 높은 취업의 문을 뚫었다. 관련 직종 아르바이트를 통해 얻은 경험을 통해 자신의 비전을 제시한 것이다. 그렇게 그는 100대 1의 경쟁률을 뚫고 인턴으로 선발되어 정직원으로 채용되는 쾌거를 이뤘다.

전략 : 승전 = 노력 : 성공
노력과 성공은 비례한다

당신은 어떤 전술을 가지고 있는가? 스타크래프트 한판에도 치밀한 전략이 필요하며, 바람 부는 날 라이터 하나 켜는 데도 엄청난 정성이 필요한 것처럼 당신의 취업에도 치밀하고 세세한 전략이 있어야 한다.

한국전쟁을 이야기할 때, 빼놓을 수 없는 것이 바로 '인해전술'이다. 북한 인민군과 중국 의용군을 합한 숫자는 대부분이 미군이었던 유엔군과 남한 국토방위군을 합한 숫자와 대략 80만 안팎으로 엇비슷했다. 그런데 어떻게 '인해전술'이 가능했을까?

과거 팔로군을 긴급히 재편해서 구성한 60만 의용군(정규군이 아니다)을 이끌고 한국전쟁에 참전했던 중화인민공화국 건설의 영웅, 백전노장 팽덕회 장군이 쓴 참전기가 있다. 이 책은 《검은 비(黑雨)》라는 제목으로 출간되었는데, 이 책에서 그는 지금도 사람들이 오해하고 있는 인해전술의 비밀을 설명하고 있다.

'일단 적이 포착되면 포위한다. 저녁 무렵 주변 산에서 징과 꽹과리를 울린다. 엄청나게 많은 수의 인원을 투입해서 일거에 섬멸하되, 퇴로를 열어둔다. 의도적으로 소수의 적을 수백 배의 인원으로 덮치는 방법을 택한 것이다. 가까스로 목숨을 구한 장병들은 거의 패닉 상태에서 증언을 한다. "끝도 보이지 않을 만큼 많은 수의 군대에게 당했다"라고.

이런 소문은 빠르게 확산되어 가고 장병들의 사기를 꺾어 놓는다. 이렇게 되면 단 100명으로도 5000명과 싸워 이길 수 있다. 저녁에 징과 꽹과리만 울려도 상대는 기가 꺾이고 퇴각 준비를 한다.'

그런데 사실은 어떠했는가? 중국 의용군들은 일곱에 여섯은 총도 없이 맨손으로 전쟁에 참여했다. 7인 1조로 짜인 병사들은 총을 든 사람이 쓰러지면 뒤따르던 병사가 그 총을 집어 들고 뛰고 또 뛰었다. 이것이 눈물겨운 전쟁의 실상이었다.

비행기도 없고, 탱크도 없고, 심지어 딱총도 없는 불리한 상황에서 수시로 고공폭격을 해 대는 막강한 적을 맞아 싸워 이기기 위해서 선택한 고육지책이 바로 인해전술이었던 것이다. 인해전술은 물리적 타격이 아니라, 심리적 타격을 목표로 한 고도의 심리전이었다. 몸싸움이 아니라 머리싸움이었고, 그들은 우리가 알고 있는 것과는 달리 머리싸움에서 이긴 것이다.

딱 한 마디를 하기 위해 장황하게 전쟁 얘기를 했다. 면접은 인식의 싸움이다. 싸움터는 어디인가? 다름 아닌 면접관의 머릿속이다. 면접관의 머릿속에 짱돌보다 강하고 청양고추마냥 얼얼한 충격을 주는 자가 승리한다.

좋은 학벌, 높은 학점, 토익 고득점으로 무장한 경쟁자들과 무엇으로 겨뤄야 하는지 생각하고 또 생각하라.

당신은 어떤 전술을 가지고 있는가? 스타크래프트 한판에도 치밀한 전략이 필요하며, 바람 부는 날 라이터 하나 켜는 데도 엄청난 정성이 필요한 것처럼 당신의 취업에도 치밀하고 세세한 전략이 있어야 한다.

지금 사회에 첫발을 내딛기 위해 들이는 당신의 모든 노력은 꼭 필요한 것이고 매우 소중한 것이다. '공연히 안 되는 것 붙들고 헛짓 하고 있는 것 아닌가?' 라는 의구심이 들 때마다 툴툴 털어버리고 다시 일어서야 한다. 앞으로 사회생활을 하면서 닥칠 각종 어려움에 비하면 지금 겪고 있는 어려움은 그야말로 '새 발에 피'다. 어차피 인생은 노력한 만큼 거두게 돼 있는 법. '뿌린 대로 거둔다' 는 옛말을 가슴에 새겨야 한다.

정동수의 면접공식 네 번째는 그래서 인과의 법칙이다.

Game Theory = PARTS

Players(적은 누구인가?), Added Values(자신의 부가가치를 높여라), Rules(게임의 룰은 승자가 정한다), Tactics(자신의 위치와 경쟁관계에 따른 힘을 이용하라), Scope(싸움터는 어디인가?)를 분석하라. 면접은 면접관의 머릿속에 깃발을 꽂는 인식의 싸움이다. 좋은 학벌, 높은 학점, 높은 토익점수로 무장한 경쟁자들과 나는 무엇으로 겨룰 것인가? 당신만의 전술을 구상하라.

취업전쟁 대한민국, 입사성공 스토리 4탄

✔ 도○○씨 (성별 : 남, 지원 분야 : 다음커뮤니케이션)

도○○씨는 칠전팔기의 '개구리소년 왕눈이' 정신으로 취업의 벽을 뚫었다. 다음커뮤니케이션 공채에 응시해 최종면접까지 통과했지만, 그에게는 불합격 통지가 날아들었다. 그러나 그는 낙담하지 않고 컴퓨터 앞에 앉았다. '내가 반드시 다음커뮤니케이션에 뽑혀야 하는 이유'라는 제목의 장문(長文) 이메일을 인사팀으로 전송했다. 며칠 뒤, 인사팀장이 만나자는 전화를 걸어왔다. 그렇게 인사팀장과 술자리를 겸한 면접 기회를 가졌고, 이런 뚝심이 높이 평가돼 그는 남들보다 한 달 늦긴 했지만 입사에 성공했다.

✔ 박○○씨 (성별 : 남, 지원 분야 : 대우일렉트로닉스 인사노무팀)

박○○씨는 귀여운 '뇌물'로 입사를 공략했다. 면접시험을 보기 하루 전날 아침, 회사 정문 앞에서 자리를 잡고 출근하는 직원 500여명에게 사탕을 돌렸다. 자신의 의지와 도전정신을 직접 보여주기 위해 몸으로 나선 것이다. 물론 회사의 특색에 맞춘 이력서 작성과 철저한 면접 준비는 필수사항이었다. 그러나 이력서나 자기소개서만으로는 자신의 열정을 보여주는데 한계가 있다고 판단했고, 몸으로 보여준 덕에 그는 입사에 성공할 수 있었다.

✔ 정○○씨 (성별 : 남, 지원 분야 : 국민은행 행원)

정○○씨는 졸업을 앞두고 처음으로 입사 원서를 낸 국민은행에 다이렉트로 합격했다. 전공이 상경계열도 아니었고, 학점은 겨우 3.0을 넘었으며, 토익점수는 600점대. 그러나 그의 무기는 따로 있었다. 정○○씨는 학생 때 일찌감치 국민은행 입사를 목표로 삼았다. 은행 관련 신문 기사는 모두 스크랩하고, 대학순회 채용설명회에도 여러 차례 참석했다. 심지어 다른 학교에서 열린 행사에도 참여해 실무자들이 그의 얼굴을 기억할 정도였다. 그렇게 그는 회사가 원하는 인재상을 마스터해나갔다. 그의 자기소개서를 본 인사담당자들은 당연히 '우리 회사를 위해 준비된 인재'라는 느낌을 받았고, 그는 취업전쟁에서 승리를 거둘 수 있었다. 그것도 단 한 번에!

✔ 김○○씨 (성별 : 여, 지원 분야 : 미국 시세이도 본사)

예고 1학년 때 영국 유학을 떠나 파슨스디자인스쿨과 미국 디자인 아트센터컬리지를 졸업하고 시세이도에 입사한 김○○씨. 한국 땅도 아닌 낯선 미국 땅의 유명한 회사에 입사할 수 있었던 것은 그녀의 끈질긴 노력 때문이었다. 대학 시절에 뉴욕의 큰 문구점마다 직접 디자인한 카드를 들고 돌아다니면서 조르고 설득해 판매망을 뚫었던 그녀. 취업을 위해서도 그 특유의 근성을 발휘했다. 포트폴리오를 들고 수십 군데 회사를 돌아다니며 면접 기회를 요청했고, 두꺼운 전화번호부를 펼쳐놓고 회사에 일일이 전화해 인사담당자들에게 본인을 직접 소개했다. 고생 끝에 낙은 왔다. 드디어 6개월 만에 시세이도에서 인턴으로 일해보라는 연락이 왔고, 그녀는 죽도록 일해 정식직원으로 채용되어 아트디렉터의 자리에까지 오르게 되었다.

자신감 ⊃ 상상력, 창조력, 승리
불안한 닭은 알을 낳지 못한다

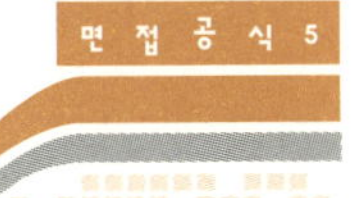

대여섯 번 사냥에 실패한 사자는 굶어 죽는다. 면접에 한 번, 두 번, 세 번 떨어지면 풀이 죽는다. 마음은 초조해지고 자신감은 사라진다. 생활 리듬이 깨지고 술에 의지하기도 한다. 그렇게 풀이 죽어 다시 면접을 보지만, 이미 말은 꼬이고, 눈빛이 흐리고, 이빨은 약해졌다. 갈수록 초조함은 더해간다. 이렇게 점차 악순환으로 빠져들고 만다.

실패의 악순환에 빠진 사람들은 자꾸만 떨어지는 이유에 집착하게 된다. 그리고 나름대로 처방전을 내놓는다. '학점이 낮고, 토익이 부족해' '어학실력이라도 있어야 하는 것 아닐까' '학교도 문제인 것 같고… 안 되겠다, 우선 좋은 간판의 대학원으로 가자' 등.

지독한 패배주의다. '내 탓이오'는 꽤나 성스러운 반성이지만, 면접에 있어서는 '내 탓이오'는 안 먹힌다. 방향을 바꿔야 한다. '네 탓이오!'가 옳다. '아, 이 회사는 내정된 합격자들이 다 있었구나. 그래, 잘 먹고 잘 살아라' '아, 이 회사는 사람 보는 눈이 없는 회사구나. 그래, 이런 회사는 안 가는 게 낫지' '아, 낙하산들만 뽑는 거였구나?'

'나한테는 지금 아무 문제가 없다. 나한테 문제가 있어서 면접에 떨어지는 것은 아니다. 나는 대한민국 표준이다. 상위 5%가 만일 내 경쟁자라면, 이놈들이 비정상이지, 내가 비정상이냐? 나는 내 모습으로, 내 방식으로 승부한다.'

끝까지 이런 자신감을 지켜내야 한다. 자신감만큼 중요한 것은 없다.

똑같이 밥을 굶어도 결과는 전혀 다르다. 어떤 사람은 일주일도 못 버티고 쓰러지는가 하면, 어떤 사람은 40일이 넘게 오직 물만 마시고도 거뜬히 살아남는다. 그 차이가 무엇이겠는가? 그건 자신감이다. 불안과 두려움은 생명력을 갉아 먹는다.

비즈니스 역사상 가장 많이 회자되고 가장 폭넓게 모방되고 있는 경영자로 잭 웰치라는 사람이 있다. 그는 뛰어난 직관력과 독특한 리더십을 통해 지난 20여 년 동안 세계에서 가장 복잡한 조직이었던 GE를 가장 단순하고 민첩한 조직으로 만들었다. 또한 그는 시장 가치가 120억 달러에 불과했던 GE를 4,500억 달러 규모의 기업으로 발전시켰다. 그는 다음과 같이 말한다.

"자신 있는 사람들만이 심플해질 수 있다. 심플하지 않으면 빨리 내달릴 수 없다. 빠르지 않으면 글로벌 경제에서 죽은 거나 마찬가지다. 그래서 우리는 직원들의 자신감을 구축시켜 줌으로써 심플하게 일하도록 한다."

불안한 닭은 알을 낳지 못한다. 자신감이야말로 모든 상상력과 창조력의 원천이며, 승리의 지름길이다.

정동수의 면접공식 다섯 번째는 이것이다. 목표를 이룰 때까지 오롯이 자신감을 가져라!

여기에서는 온갖 실패에도 굴하지 않고 자신감을 유지하는 두 가지 방법을 소개해보고자 한다.

첫 번째는 연상 훈련이다. 2002년 월드컵 당시 스페인전을 앞두고 신문에 안정환 선수의 인터뷰 기사가 실린 적이 있다. 기분이 어떠냐, 컨디션은 좋으냐 등 시시콜콜한 질문과 답변이 이어지던 와중, "내일이 시합인데, 오늘은 무얼 하며 지내는가"라는 질문이 등장했다. 그의 대답은 이러했다. "가볍게 몸을 풀고 저녁에는 연상 훈련을 한다."

골문 앞에서 발생할 여러 가지 상황을 머릿속에 하나하나 그린다는 것이다. 시원하고 통쾌하게 골문을 흔드는 상상, 온 관중의

환호 속에 화려하게 골 세레머니를 하는 상상, 머리로, 왼발로, 오른발로 골문을 흔드는 상상, 상황에 대한 상상이 구체적이면 구체적일수록 좋다.

이 방법은 면접에도 그대로 적용할 수 있다. 승리에 따르는 구체적인 상황을 머릿속에 떠올려라.

두 번째는 360도 전방위 밀착 감시에 들어가라는 것이다. 입사지원서 하나 달랑 제출해놓고 손 놓고 놀지 말라는 것이다. '지피지기면 백전불패'라고 했다. 지원한 회사에 대해 연구해야 한다. 기업 공개를 한 회사면 주가를 확인하고, 지난 분기 매출실적을 점검해보라. 그 회사와 관련한 일체의 기사를 스크랩하고, 그 회사가 속한 업종의 전망을 살펴보고, 경쟁사가 어딘지, 경쟁사가 내놓는 상품은 무엇인지 연구해야 한다.

이런 기초자료 검토를 끝냈다면, 얼굴에 철판 깔고 인사담당자를 직접 찾아가서 회사 내부사정을 들어보라고 권하고 싶다. 무모함에 가까운 이런 노력은 뜻하지 않은 행운을 안겨주기도 한다. "우리 회사는 사실 이번 공채는 들어올 사람이 다 정해져 있다. 너는 (괜찮은 인간 같아 보이니) 내가 한번 알아봐주마." 어떤 사람들은 이렇게 스스로의 노력으로 자기가 탈 낙하산을 만들어 내기도 한다.

기초자료가 풍부하면 지원회사의 스토커가 될 수도 있다. 매일

매일 수집한 자료와 코멘트를 그 회사 홈페이지에 남겨뒀다가 면접장에서 그 아이디의 주인이 바로 자신임을 밝힐 수도 있을 것이다. 상대방에 대한 연구는 나의 자신감을 키우는 좋은 방법이다. 시련과 좌절에도 오뚝이처럼 벌떡 일어날 수 있는 힘을 준다.

기왕 얘기한 김에 한 가지 더 말해두는 게 좋겠다. 면접장에 한 시간쯤 일찍 도착하라. 미리 안면을 익혀둔 분들께 인사도 드리고, 현장에서 친구를 사귀는 것도 좋은 방법이다.

이런 방법 말고도 합격에 큰 도움을 줄 더 좋은 방법이 많이 있을 것이다. 하지만, 저자의 몫은 여기까지다. 다른 방법을 찾아내는 일은 당신의 몫이다. '회사'와 친해지고 편해질 수 있는 방법을 다양하게 시도해 보기 바란다.

높은 기대와 칭찬 = 자신감, 단순함, 그리고 속도의 함수

지금은 불황의 시대다. 기업의 공개채용 지원자 중 100명 중 1명이 통과하는 안타깝고 치열한 경쟁이 우리를 고통에 빠트린다. 그러나 불황시대든 호황시대든 합격의 운은 언제나 50%다. 그러므로 우리는 이 싸움을 100번 떨어져도 1번 붙으면 성공이라고 생각하자. 적어도 면접에 있어서는 '내 탓이오' 라고 자책해서는 안 된다. 자신감을 가진 사람들만이 쿨해질 수 있고, 쿨해야만 빨리 내달릴 수 있다. 자신감이야말로 모든 상상력과 창조력의 원천이며, 승리의 지름길이다. 목표를 이루기 위해 오롯이 자신감을 지켜라! 자신감을 향상시키기 위한 두 가지 방법, 승리를 위한 연상 훈련과 치밀한 정보수집에 집중하라.

취업전쟁 대한민국, 입사성공 스토리 5탄

∨ 황○○씨 (성별 : 남, 지원 분야 : 굿모닝신한증권)

황○○씨는 높지 않은 학점에 토익점수도 없이 증권사 취업문을 뚫었다. 그가 입사한 굿모닝신한증권이 실시한 '실전투자대회'에서 입상한 경력이 취업 성공의 큰 계기가 되었다. 그는 스스로 가장 잘할 수 있는 일에 투자를 아끼지 않았다. 친구들이 모두 해외로 어학연수를 떠날 때 그는 주식 공부에 시간을 투자했다. 실제 주식 투자를 통해 현장 경험을 쌓고, 증권 관련 방송을 빠짐없이 시청했으며, 내로라하는 주식전문가들의 설명회는 아무리 먼 지방에서 열리더라도 꼭 참석했다. 자신의 적성을 찾아 아낌없이 투자한 그의 노력은 취업 성공이라는 빛을 발휘했다.

∨ 천○○씨 (성별 : 남, 지원 분야 : LG칼텍스)

천○○씨는 심각한 취업난에도 불구하고 대기업과 외국계회사를 포함한 5곳으로부터 동시에 합격 통지를 받았다. 그를 지지해준 것은 바로 인턴 경험이었다. 군 제대 후 광고회사의 인턴으로 일한 경험을 기반으로 다시 외국계 유명 컨설팅업체에서 인턴으로 3개월 동안 일했다. 그 회사의 추천으로 또 다시 외국계 생명공학 벤처기업에서 2개월, 그 기업의 추천을 받아 또 다시 LG정유의 인턴으로 지내는 등 무려 4년 동안 네 군데 기업의 인턴 경력을 쌓았다. 다양한 인턴 경력들 속에서, 경력 그 자체보다는 과정을 통해 시행착오를 거치며 자신의 적성을 깨닫는 것은 물론, 인적 네트워크도 구축했던 그는 '준비된' 지원자로서 면접관에게 높은 점수를 받을 수 있었다.

✔ 배○○씨 (성별 : 여, 지원 분야 : 부산은행)

배○○씨는 취업을 위한 '스펙'을 갖추지 못했지만, 졸업 전 경험한 인턴 기회를 활용해 날고 기는 경쟁자들을 물리치고 취업에 성공했다. 그녀는 '지역사회공헌부'에 배치 받아 발로 뛰며 봉사하는 인턴생활을 했다. 몸은 고되었지만 보람을 느끼며 즐겁게 일했다. 그녀의 적극적인 태도에 주변 선배들이 도움을 아끼지 않았고, 일을 빨리 배울 수 있어 인턴 끝 무렵에는 정직원의 업무를 절반 이상 수행할 수 있는 능력을 갖추게 될 정도였다. 인턴을 마친 후 곧바로 공채시험을 보았다. 6개월의 인턴 경험은 아무런 가산점이 없었지만, 논술시험에 '지방은행의 지역밀착과 지역공헌'이라는 주제가 나왔다. 그녀를 위한 시험이나 다름없었다. 경험을 살려 자신 있게 답안을 작성한 그녀에게 면접의 기회가 주어졌고, 면접에서 역시 업무를 통해 얻은 자신감을 기반으로 떨지 않고 편하게 응했다. 자신감 덕에 그녀는 무난히 합격에 도달할 수 있었다.

약점≠약점, 위기≠위기
약점은 강점이고, 위기는 기회다

"퇴근시간 다 됐는데 상사가 일을 맡기고 자기는 퇴근해버리면 어떻게 하시겠습니까?"

잘 알려진 얘기다. 예수님은 산상수훈에서 누가 내 왼뺨을 때리거든 오른뺨도 기꺼이 내주라고 가르치셨다. '사랑을 실천하라'는 것이다. 전통적인 규율을 내세우는 기득권자 집단인 반대파들은 호시탐탐 기회를 엿보다가 간음한 여자를 발견하고 속으로 쾌재를 불렀다. 전통적인 규율에 따르면 이 여자는 돌로 쳐 죽여야 마땅했다.

그들은 이 여자를 끌고 예수 앞으로 갔다.

"자, 이 여자를 어쩔깝쇼?"

만일 "냅두라" 그러면, 동네방네 소문을 낼 것이다.

"예수는 간음해도 괜찮다 그런다!"

만일 "돌로 쳐 죽이라" 그럴 경우엔, "예수가 말하는 사랑은 사람을 돌로 쳐 죽이는 것이더군!" 이렇게 소문이 날 것이다. 끌려온 여자 옆에 앉아 예수는 땅바닥에 뭔가를 끼적거리다가 일갈한다.

"너희 중에 죄 없는 자, 이 여자를 돌로 쳐라!"

예수님이 땅바닥에 앉아서 뭘 끼적거렸을까? 이건 별로 중요한 게 아니다, 그가 말하는 방식, 화법에 주목해야 한다.

약점은 약점이 아니며, 위기는 위기가 아니다. 약점이 강점이고, 위기가 기회(위기는 위협과 기회의 합성어)다. 지극하게 생각하고 또 생각하면 바꿀 수 있다. 발상의 전환, 이것이 정동수의 마지막 여섯 번째 면접공식이다.

예를 들면 이렇다. 숫자나 문자로 기록된 자료들, 예컨대 출신학교, 성적, 점수 등은 '능력'이라는 애매한 카테고리에 속하는 것들이다. 하지만 사람의 능력에는 지필고사 점수만 들어있는 것이 아니다. 유머, 창조성, 리더십, 도덕성, 체력, 배짱이라든가 하는 다양한 면들이 존재한다. 점수가 약점이라면 '점수는 단지 숫자일 뿐'이라는 배짱으로 밀어붙여야 한다. 이런 점에서 왜 학점이 이것밖에 안 되느냐는 질문에 유머와 센스로 응수함으로써 웃음을 일궈낸 정동수의 면접 사례는 좋은 본보기다.

단점 ÷ 다른 카테고리 = 강점

면접에서 약점은 결코 약점이 아니다. 위기는 위기가 아니다. 바로 약점이 강점이고 위기가 기회다. 발상의 전환, 단점을 다른 카테고리를 기준으로 나누면 유머, 창조성, 리더십과 같은 강점으로 부각될 수 있다. 당신의 약점을 숨기는 데 급급해 하지 마라. 그것이 바로 당신의 강점이 될 수 있다.

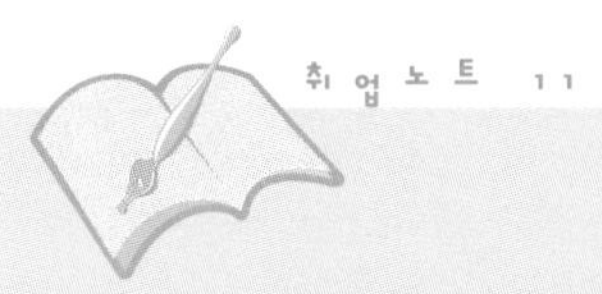

취업전쟁 대한민국, 입사성공 스토리 6탄

∨ 김○○씨 (성별 : 남, 지원 분야 : 쌍용정보통신)

늦깎이 신입사원 김○○씨, 그는 화학과에 입학한 후 1년 뒤 인도로 유학을 떠나 그곳에서 경영학과 서반아어를 전공했다. 귀국 후 한국에서 전자통상대학원에 들어갔지만, 그의 다양한 학력은 취업하는 데 도리어 약점으로 작용했다. 면접관들은 그의 학력에 태클을 걸기 일쑤였다. 그는 일관성 없는 자신의 학력이 싫증을 잘 내는 사람으로 비칠 수도 있겠다고 판단, IT 및 해외영업 능력을 강점으로 부각시키기로 했다. 인도의 IT학원 소프트웨어 개발 수료 경력과 전자통상대학원을 졸업한 이력을 바탕으로 'IT 전문성'을 입증했으며, 인도에서 해외무역 현장의 일을 배운 점과 영어와 서반아어, 인도어 등 3개 국어에 능통하다는 점을 부각시켰다. 입사전략을 바꾸고 난 뒤 얼마 지나지 않아 그는 입사에 성공했다.

∨ 한○○씨 (성별 : 여, 지원 분야 : 제일모직 디자이너)

한○○씨는 입사라는 고지에 다다르기 위해 5차례에 걸친 경쟁을 통과해야 했다. 그런 그녀에게 시련이 덤으로 주어졌으니, 바로 시험 주제를 착각해 잘못 준비해간 것이었다. 여성복을 주제로 시험을 준비했던 그녀 앞에 놓인 주제는 '남성복 디자인'. 그러나 그녀는 당황하지 않았다. 당시 남성복뿐이던 브랜드에 여성복의 새로운 시작을 당당히 제안했다. 남들과 다른 시각, 그리고 뻔뻔함에 가까운 자신감, 그녀는 그렇게 합격의 영광을 안았다.

∨ 박○○씨 (성별 : 남, 지원 분야 : SK텔레콤 콘텐츠사업팀)

박○○씨는 일류대의 경영학과를 졸업했지만, 취업 서류전형에서 10번 이상 낙방했다. 그도 그럴 것이 그의 성적은 학사경고를 받을 정도로 좋지 않았기 때문이다. 자신의 스펙에서 그것이 가장 큰 단점이라고 판단한 그는 학점 대신, 외부활동 경력을 부각시키는 것으로 전략을 바꿨다. 학창시절 모 벤처기업의 투자를 받아 창업한 경력과 국내 최대의 뮤직비즈니스 동호회 결성, 독서토론 커뮤니티를 통한 활발한 학업 외 활동의 소개로 입사에 성공한 그의 배포도 일품이었다. 임원 면접을 마치며 그는 "만일 제가 떨어지면 어떻게든 사장님을 만나 뵙고 제가 왜 이 회사에 입사해야 하는지에 대해 프레젠테이션을 하겠다"고 자신 있게 말했던 것이다.

Part 4

니들이 면접관을 알아?

– 면접관의 입장에서 본 면접의 비밀 여섯 가지

사람은 항상 자기부터 생각하는 엄청나게 이기적인 동물이다. 상대의 입장에 대해서는 크게 관심 없는 경우가 많다. 그렇게 20년 이상을 살아오다 보니, 이제는 고치기 힘든 습관이 되어버렸다.

취업을 희망하는 당신 역시 '이기적인 동물'이라는 평가에서 벗어날 수 없다. 사람을 뽑는 회사의 입장, 사람을 평가하는 면접관의 입장을 고려하기보다는 어떻게 하면 자신의 스펙을 더 올려볼까, 나를 어떻게 하면 더 '뽀대' 나게 포장할 수 있을까에 온갖 관심이 몰려있다.

애인에게 생일 선물을 할 때 가장 중요하게 고려하는 점은 무엇인가. 선물의 내용, 선물의 포장 모두 애인이 뭘 좋아하는지의 기준에 맞춰야 한다.

면접도 바로 이 원리에 대입해야 한다. 내키지 않더라도 면접관을 애인으로 삼자. 영어 성적을 더 올리기 위해서, 자격증을 하나라도 더 따기 위해 노력하는 대신, 면접관이 뭘 원하고 있는지에 더 집중하라는 것이 이제는 '베테랑 면접관'이 된 저자가 비밀스럽게 풀어놓을 마지막 요점이다.

면접관은
떨어트릴 이력서를 찾는다

면접관 입장에서 어떻게 면접을 바라보는지에 대해 지원자들은 관심을 갖지 않는다. 이 부분에 한번 관심을 기울여보면 당신의 면접 전략은 깔끔하게 세팅될 것이다. 취업을 위해 토익시험, 자격증 공부, 편입까지도 불사하는 당신. 안타깝게도 그건 한참 헛다리 짚고 있는 것이다. 도서관 앉은뱅이가 되어서 토익 900점 이상 맞아보겠다고 1년을 투자한다. 그것도 쓸데없는 시간 낭비일 뿐이다. 토익점수 700점이나 900점이나 다 똑같이 통과된다. 점수 올릴 시간이면 차라리 면접관의 마음을 알려고 노력해보라.

면접관 앞에 100장의 이력서가 쌓여있다. 이걸 보는데 정해진 시간은 100분이다. 산술적으로 계산해보자면 1분에 한 장씩 보라는 얘기다. 당신이 며칠을 투자해서 정성스럽게 정리한 이력서가 평가되는 시간이 단 1분이라니! 허탈할 것이다. 그러나 더 놀라운 건 1분에 한 장씩 이력서를 보는 면접관은 일 못하는 사람이다. 3초 안에 이력서 하나는 거뜬히 치워버려야 일 좀 잘한다는 소리를 들을 수 있다.

이력서 검토에 주어지는 100분 중 30분 만에 80장이 추려져 쓰레기통으로 직행한다. 면접에 붙일 이력서를 찾는 것이 아니라, 떨어뜨릴 이유가 있는 이력서를 찾는다는 말이다. 그리고 남은 70분

동안 20장의 이력서를 꼼꼼히 검토하여 최종 10장의 이력서를 가려내는 일에 집중한다.

과연 내 이력서가 면접관 손에 최종으로 남겨질 10장에 들어갈 수 있는 이력서일까? 이 잔혹한 현실 앞에서 한 가지 오해가 발생한다.

'스펙이 좋으면 붙을 확률이 높다.'

그러나 현실은 절대로 그렇지 않다.

S대 출신에 토익은 900점, 자격증만 서너 개. 물론 이런 사람이 서류전형에 붙을 확률이 높은 것은 사실이다. 면접관의 입장에서 쉽게 버릴 수 없는 알찬 이력서이기 때문이다.

그렇다면, 반대로 생각해보자. 100장의 이력서 중 불행하게도 10명이 S대를 나오고, 그들의 토익점수는 짜맞춘 것처럼 모두 900점대이다. 그럴 경우 대부분의 면접관들은 앞뒤 보지 않고 그 10명을 서류전형에 합격시킬 것인가? 만일 그런 식이라면 면접은 존재할 필요도 없다. 그런 기준을 적용할 거면 애초부터 이렇게 이력서를 구분하지도 않을 것이다. 20년 전 그랬던 것처럼 SKY 순으로 줄 세워서 앞에서부터 자르면 그만이다.

요즘 서류전형의 추세는 사전 스크리닝이 크게 줄었다. 지원 자격으로 주어지는 최소한의 가이드라인만 갖추면 다 받아준다. 따라서 100장에서 10장을 추려내는 건 스펙 순이 아니다. 결격사유가 없으면 100장 안에 들어올 수 있고 그렇게 선발된 이력서들 안에서 스펙은 의미를 잃게 된다. 그러니 스펙에 목숨 걸 필요 없다. 이력서 100장 안에 들어왔다면, 이후부터는 토익이 700점이든 800점이든 별 상관이 없어지게 되는 것이다.

도대체 이게 뭔 소리란 말인가? 오랜 시간의 경험과 연구를 통해 회사는 '뽑고 나서 보니 스펙은 중요한 것이 아니다' 라는 진실을 알아버렸다. '공부하는 머리' 와 '일 잘하는 머리' 가 따로 있다는 것을 과거의 경험을 통해 깨닫게 된 것이다. 그래서 면접에 큰 비중을 두기 시작했다. 지원자를 직접 만나보고 이 사람에게 얼마나 열정이 있는가, 얼마나 발전가능성이 있는가, 얼마나 우리 회사 일을 잘 해낼 수 있는가를 눈여겨보기로 했다.

20년 전 기업들이 사원채용에서 실시했던 면접이 대학 면접시험처럼 의미가 크지 않은 일종의 확인 절차였다면, 현재는 취업 당락을 결정하는 가장 중요한 과정이 되어버린 것이다. 그러니까 기본적인 스펙을 갖췄다면, 그걸 업그레이드 시키는 것보다 면접관의 머릿속을 들여다보기 위해 더 큰 노력을 기울여야 한다.

이런 상황을 이해했다면, 이제 어떻게 이력서와 자기소개서를 쓸 것인지 고민해야 할 차례다. 꼭 닥쳐서 이력서를 쓰는 사람들 많다. 휴지통에 던지기 정말 좋은 이력서다. 사실 면접관의 입장에서 이런 사람은 정말 고마운 사람이다.

자기소개서는 눈에 띄게 쓰면 좋다. 그런데 디지털세상의 도래로 한계가 생겼다. 형광펜으로 밑줄 그을 수도 없고, 글자 크기를 키울 수도 없다. 이제는 내실이 더 중요해졌다. 특히 헤드라인이나 소제목들을 붙이는 데 심혈을 기울여야한다. 또 규격화된 틀 안에서 차별화 시킬 수 있는 방법도 고민해야 한다. 면접관의 입장에서 이력서를 검토하다가 자신의 각오와 비전을 쭉 나열해서 크게 보면 회사 로고가 나오도록 만든 이력서를 발견하게 된다면? 이런 이력서는 3초 안에 버릴 수 없다.

만일 당신이 S대 출신의 최고 스펙을 가지고 있는 사람이라 하더라도 강조해야 할 점은 있다. S대 출신 사람들은 항상 똑똑하다는 말을 듣고 커온 사람들이 많다. '너무 잘나서' 겪게 되는 딜레마가 있다. 사람들은 보통 S대 출신에 대해 '독단적일 것이다' '혼자 모든 걸 해결할 수 있기 때문에 협동성은 떨어질 것이다' '너무 잘나서 윗사람 이야기를 잘 안 들을 것이다' 따위의 시기반 부러움 반의 선입견을 가진다. 기업의 입장에서는 이런 이미지를 가진 사람을 원하지 않는다. 그러니까 S대라면 이 '불편한 점 (Part 2의 '열린 뇌 이론'에서 언급한 말이다)'을 뒤집어 자신을 강조해야 한다. 협동을 통해 얻은 경험, 실패를 극복한 사례를 강조하는 것이다. '오, 애는 S대 출신치고는 뭔가 다른데?' 라는 생각이 들게 만들어야 하는 것이다.

만일 당신이 중하위권 대학 출신이라면, S대 출신의 지원자를 뛰어넘는 열정의 증거를 구체적으로 알리는 것이 중요하다. 아무래도 상위권 대학보다 합격 확률이 적다는 현실을 직시하고 어떻게든 자기소개서에 더 주의를 기울여야 한다. 남들이 이뤄내지 못한 성공의 사례를 스펙 대신 채워 넣는 것은 어떨까? 떨어질 이유를 잘 숨기고, 붙어야 할 이유를 강조하자. 모든 면접관은 눈에 불을 켜고 떨어트릴 이유를 찾는 사람들이니 말이다. 지금까지 살아온 시간이 중요한 게 아니라 지금까지의 모든 경험들을 승화시켜 회사에 기여하고, 자아실현도 하겠다는 의지를 보여주는 게 중요하다.

면접관이 3초 동안 보는 것들
– 고 스펙보다 기본 스펙

100장의 이력서 중 10장을 추려내기 위해 면접관은 1장에 3초의 시간을 투자한다. 말 그대로 눈 깜짝할 사이, 그 3초 동안 면접관은 무엇을 보는가를 미리 알고 이력서를 작성하면, 상위 10% 안에 드는 건 식은 죽 먹기다.

1. 남자의 경우라면 제일 먼저 병역사항을 검토한다. 병역 미필자는 전형 전 탈락한다.

2. 지원 자격 공고에 난 졸업년도에 지원자의 졸업년도를 대조한다. 이 기준을 무시하면 무조건 탈락이다.

3. 학력을 검토한다. 해당 직무에 필요한 최소 학력에 미달하면 즉시 탈락.

4. 자기소개서를 불성실하게 기입하거나 아예 기입하지 않았을 경우는 가차 없이 탈락이다. 입사지원서 중 가중 중요한 항목인 자기소개서는 해당 직무에 대한 이해와 역량 및 열정을 판단할 수 있는 가장 큰 단서이기 때문이다. 내용이 좋은가를 보는 건 나중 일, 먼저 형식에 맞춰 기입했는지를 살핀다.

5. 어학점수가 몇 점인지는 중요하지 않다. 토익을 기준으로 950점 이상이면 우대한다. 하지만 점수가 낮다고 해서 불리하지는 않다. 600점 이하를 '가급적 배제'하기는 하지만, 점수 자체로 선별하지는 않는다. (회사마다 기준은 다르므로 회사의 채용 가이드라인은 꼭 확인해야 한다.)

6. 전공, 복수전공과 부전공도 합격을 크게 좌우하는 스펙은 아니다. 해당 직무와 전혀 무관하다고 해서 탈락하지는 않는다.

7. 학점은 최소한의 기준만 넘으면 된다. 4.5점 만점에 3.0점, 4.3점 만점에 2.7점만 넘으면 통과다. 당락의 절대기준으로 작용하지는 않는다.

8. 자격증이 많다고 높은 점수를 받는 건 아니다. 지원 직무와 관련 있는 자격증의 경우만 우대받을 수 있다.

9. 인턴경력 및 수상실적도 자격증과 마찬가지로 지원 직무와 관련한 경험만 인정 받는다.

※ 지원서만 꼼꼼하게 작성해도, 10% 안에 들 수 있다. 희망을 가지시길!

면접관은
능력보다 가능성에 편을 든다

면접에 성공하려면, 과거에 집착해서는 안 된다. 현재 진행 중인,
가능성이 돋보이는 '-ing'형 인간으로 전환하라.

면접관은 당신을 앞선다. 백지 상태의 새내기들을 평가하는 건 최소 10년에서 20년차의 경력을 가진 선배들이다. 수많은 지원자를 평가하라고 그들에게 주어진 시간은 서해바다 염전의 소금만큼이나 엄청 짜다. 1시간도 안 되는 시간 동안 100여명의 사람들을 평가해야 한다는 건 지원자 입장에서는 물론 면접관 입장에서도 어렵고 안타까워 죽겠는 상황이다.

도대체 그 짧은 시간에 면접관들이 무엇을 중점적으로 볼 것인지, 궁금해 미치겠는가?

그럼 한번 입장을 바꿔놓고 생각해보라. 당신은 대학시절로 다시 돌아간다. 동아리에 들겠다고 갓 고등학교를 졸업한 새파란 신입생들이 찾아왔다. 대학생활에 이미 능통한 당신의 눈에 촌티도 안 벗은 신입생들은 너무나 미약하고 미숙해 보인다. 아무리 날고 기었다고 잘난 척을 해도 그냥 다 그놈이 그놈이다. 당신은 이 도토리들 중에서 어떤 사람을 후배로 받아들이겠는가? 앞으로 잘할 것 같은 사람, 발전 가능성이 있는 사람에게 배팅하게 되는 건 인간사의 자연스러운 이치다.

면접관의 입장도 별 다를 것이 없다. 직장생활 20년차의 선수 앞에 선 지원자들은 다 똑같다. 여기도 역시 도토리 키 재기다. 100명 중 서류를 통해 가려낸 10%는 다 비슷비슷하다. 역시나 이 상황에서도 좀 더 가능성 있는 사람을 선택하게 된다.

실제 면접 시 '당신 열정의 증거를 대봐라' '분석적 사례의 증거를 대봐라' 라고 질문하면, 돌아오는 답변은 뻔하다. 학부시절 교수님이 내준 과제에서 A+ 받은 이야기, 해외여행 가서 가방 도둑맞은 이야기, 어학연수 가서 사귄 외국 친구 이야기, 아르바이트하느라 고생했던 경험, 자격증 따느라 똥줄 탄 이야기, 심지어 어떤 사람은 사적인 연애담까지 늘어놓는다. 그런데 이걸 어쩌나, 이미 선배들은 오래 전 다 겪어봤던 일이고, 작년, 재작년 면접 보러온 사람들도 이미 늘어놓은 얘기다.

면접은 지금 내가 서있는 자리, 내가 이룬 업적을 알리는 자리가 아니다. 면접을 앞두고 사람들은 크게 두 부류로 나뉜다. 대다수의 '-ed' 형 인간들과 극소수의 '-ing' 형 인간이다.

〈-ed형 인간 : 결과나 실적에 집중하는 사람〉

- 나는 일류 대학을 나왔다.
- 내 영어 점수는 우수하다.
- 나는 사회 경험이 많다.
- 나는 아는 것이 많다.

〈-ing형 인간 : 자기가 가진 가능성에 집중하는 사람〉

- 나는 '성공한 경험' 이 많다.
- 나는 작은 일에도 '성공의 열쇠' 를 찾아낸다.
- 나는 어떤 일을 해도 잘 배운다.
- 나는 늘 배울 준비가 되어 있다.

면접관이 보는 것은 과거형 혹은 완료형이 아니다. 현재형이며 가능성이다. 바꾸어 말하면, 능력 있는 사람에 대한 기대는 예상과 달리 적다는 것이다. 신입사원이 회사에 입사하면, 기업에서는 처음 3년간은 그를 인재로 성장시키는 시간으로 투자한다. 따라서 능력은 출중한데 발전이 더딘 사람보다, 열정을 기반으로 빠릿빠릿하게 성장할 수 있는 사람이 회사입장에서는 더 필요하다. 면접에 성공하려면 지금 즉시 'ing' 형 인간으로 전환하라.

면접관 마음 훔치기 1
– 귀담아 들어야 할 인사·채용 담당자들의 말! 말! 말!

1. 해외 어학연수나 자원봉사 등에 치우쳐 채워진 자기소개서는 더 이상 인사담당자에게 매력이 없다. – P 그룹 채용팀장, 김○○

2. 문장이 길고 장황한 이력서, 파워포인트를 써가며 화려하게만 장식한 이력서는 대부분 탈락, 자서전을 읽고 있는 듯한 느낌을 주는 자기소개서도 마찬가지다.
   – 헤드헌터업체 대표, 신○○

3. 이력서를 제출하기 전 가까운 친구에게 3초 동안 읽게 하고, 가장 기억에 남는 단어 세 가지를 꼽게 하라. 그의 대답이 당신의 핵심 키워드가 아니라면 다시 써라. – 〈회사가 당신을 채용하지 않는 44가지 이유〉의 저자, 신시아 샤피로

4. 자격증 따기에 열중한 지원자에게 감점을 주라. – M 금융 회장, 박○○

5. IMF 직후에는 대부분의 기업이 '필터링'이라는 이력서 선별 작업을 했지만, 요즘은 필터링이 거의 없어졌다. 토익점수 등 수치화된 스펙을 따지기보다 적성과 성실도 등을 중점적으로 평가한다. – C 그룹 인사팀 관계자

6. 면접을 볼 때 "~라고 생각합니다" 보다는 "~을 경험해 성공한 적이 있습니다" "~을 실천에 옮긴 적이 있습니다"라는 표현이 행동 지향적이어서 훨씬 유리하다. – S 은행 인사부장, 정○○

7. 남들이 뭐라 하던 내가 관심이 있는 것, 밤잠을 설칠 정도로 가슴 뛰는 일을 찾는 것이 직업 선택과 성공 취업의 핵심이다. – 취업정보 사이트 대표, 이○○

구체적이면 아부도 통한다

"미인에게 아름답다고 말하는 사람은 바보다." – 카사노바

아름다운 미녀가 앞에 서있다. 그녀를 보고 반한 사람이 '당신은 정말 아름답군요!' 라고 말하면 그녀가 좋아할까? "아, 식상해. 그런 소리 너무 많이 들어서요. 안녕, 당신은 별로예요"하고 대번에 퇴짜를 맞을 것이다.

이 논리를 면접관에게 적용해보자. 면접관은 지루하다. 모두가 그에게 "열심히 하겠습니다, 잘할 자신 있습니다"라고 말한다. 면접관 입장에서 하루 10명씩 면접을 해도 모두가 똑같은 말을 반복하기 때문에 별 감흥을 못 느낀다. '이 사람은 무슨 일이 있어도 뽑아야겠다' 는 느낌이 드는 사람을 만난다는 것이 쉽지 않다는 얘기다. 다시 말해 10명 중 눈에 번쩍 뜨이는 사람이 있어서 '딱

걸렸어!' 라는 쾌재를 부르며 뽑는 것이 아니라, 그냥저냥 그중에 제일 괜찮다 싶은 사람을 뽑는 경우가 대부분이다.

이 세상 전략의 90%는 실패한다고 마케팅의 대가 필립 코틀러가 말했다. 당신이 남자고, 어느 날 우연히 한예슬을 만났다고 가정하자. 이때 90%는 한예슬에게 "와, TV에서 보던 것보다 실물이 훨씬 아름다우십니다"라고 이야기한다. 한예슬이 콧방귀를 뀔, 뻔한 아부다.

면접에 임하는 90%의 사람에게 "왜 우리 회사에 지원했는가"라고 질문하면 누구나 다 똑같이 대답한다. "저는 창의적이고, 열정적인 사람으로 이 회사가 원하는 인재에 부합합니다. 최선을 다하겠습니다." 누구나 할 수 있는 말이다. 그러니 믿음이 가지 않는다. 면접관들로부터 믿음을 얻으려면 어떻게 해야 할까?

아부를 해야 한다. 사탕 발린 말이 아닌 '구체적' 인 아부로 면접관의 마음을 흔들어 놓아야 한다.

내 애인의 눈은 조금도 태양 같지 않아라.

산호는 그녀의 입술이 붉은 것보다 더 빨갛고,

눈이 희다면 그 가슴은 검은 편이며,

머리털이 금줄이라면 그녀의 머리털은 검은 실 줄이다.

나는 붉고도 흰 장미를 보았지만,

그녀의 뺨에서는 그런 장미를 볼 수 없어라.

어떤 향수에는 그녀의 입김보다도 더 좋은 냄새가 있어라.

그 음성을 사랑하지만

음악만은 못한 것을 아노라.

여신이 걷는 것을 나는 못 보았거니

나의 여신은 언제나 대지를 밟도다.

그러나 맹세코 나의 애인은

거짓으로 장식된 누구보다 더 진귀하여라.

– 셰익스피어 소네트 130번

이 시는 아부의 절정을 달리고 있다. 자신의 애인에 대해 '모두다 별로'라고 이야기하다 마지막에 결정타를 날린다. 아부는 이렇게 하는 것이다.

먹히는 아부를 하려면 내 입으로 "창의적이다, 열정적이다"라고만 얘기하지 말고 구체적인 창의성의 증거, 열정적으로 무엇인가를 했던 경험을 말해야 한다. 면접관의 입에서 "창의적이고, 열정적이군"이라는 말이 나오게 하면 성공이다.

실제 면접장에서 지원자들에게 자신의 창의성에 대한 질문을 던지는 경우가 많다.

"당신은 아이디어를 많이 가지고 있습니까?"

"예, 주변에서 그런 이야기를 많이 듣고 있습니다. (끝)"

"… 그럼 최근에 낸 아이디어에 대해 이야기해보세요."

"아…, 저…."

이러면 탈락이다. 면접관이 예상하는 뻔한 상황이다. 면접관의 기대를 깨어버리는 것이 면접에서 승리하는 필수비법이다.

다시 한예슬 얘기로 돌아가자. "TV에서 볼 때는 정말 예뻐 보였는데, 실제로는 아주 평범하게 생기셨네요." 한예슬이 속으로 생각할 것이다. '말하는 꼬라지하고는!' 이때 한마디 던져라. "그런데 정말 지적인 매력이 있는 것 같아요." 한예슬이 당장 그 특유의 콧소리로 "오빠~!"를 외쳐줄 지도 모른다.

아나운서에서 프리랜서로 독립한 박지윤이 모 예능 프로그램에 출연해, 면접 필승 비법에 대한 이야기를 한 적이 있다. 그녀는 어디를 가도 면접에 실패하지 않는다고 했다. 그녀가 아나운서에 합격하기 전 낚시 TV의 프로그램을 진행한 경험이 있다고 했다. 이런 이색 경력에 면접관들은 호기심을 보였다. "낚시 좋아하세요?" 여기서 박지윤은 "예, 좋아합니다"라고 단답형으로 대답하지 않았다. 그녀는 앞으로 펼쳐질 드라마를 노렸다.

"낚시하는 사람하고 결혼하면 안 된다는 이야기를 어른들이 하셔서, 낚시에 대한 좋지 않은 시각을 가지고 있었어요. 그런데 직

접 낚시하는 분들을 만나면서 그런 편견이 깨지게 되었습니다. 그
이유는…"

그녀는 낚시에 대한 달변으로 면접관의 마음을 낚았다. 면접관
의 기대가 깨지는 순간 질문은 꼬리에 꼬리를 물고 이어졌고, 그
녀에게 남다른 관심의 시선이 쏟아지게 된 것이다. 똑같은 대답에
지쳐있는 면접관들의 뻔한 기대를 깨버리는 것이 우리가 파고 들
어야할 비밀 중 하나다.

집단토론 면접, 어떻게 대비해야 하나

집단토론이란, 지원자 4~6명이 정해진 시간내에 문제를 해결하거나 의사를 결정하는 모습을 평가의 기준으로 삼는 면접법이다. 커뮤니케이션, 설득력, 팀워크 등의 역량과 개방성, 대응력, 적극성 등의 일부 인성적 측면을 측정하는데 적합한 평가법으로 최근 기업들이 채용과정에서 적극적으로 활용하고 있는 추세다.

다른 경쟁자들과 열띤 설전을 벌여야 하는 집단토론 면접. 행여나 다른 사람들의 센기에 묻혀버리는 건 아닐까 걱정이 많을 것이다. 하지만 집단면접에서 중요한건 얼마나 목소리가 큰가가 아니라, 역시나 거듭 강조하는 '창의력'이다. A냐, B냐, 정답은 없다. 얼마나 논리적으로 자기 주장을 펼치는가가 더 중요하다. 그리고 그것보다 더 중요한 것은 상대방의 의견을 얼마나 잘 경청하는가의 태도이다. 능력이 뛰어난데도 토론면접에서 남의 이야기를 잘 듣지 않아서 탈락하는 지원자들이 많다. 또한 제 아무리 청산유수로 말 잘하는 지원자라도 그것이 모범답안을 외운 것이라면 탈락이다. 면접관들은 이런 부분에 대한 변별력을 키우기 위해 답변 중간에 일부러 흐름을 끊기도 한다. 달달 외워온 지원자들은 다시 맥을 잡지 못하고 당황하기 마련이다.

남이 이야기할 땐 집중해서 듣고, 내가 이야기를 할 때는 자신감을 가져야 한다. 나는 남과 다른 창의력을 가지고 있다, 아이디어를 잘 낸다고 말하는 건 근거 없는 잘난 척일 뿐이다. 내가 어떤 아이디어를 가지고 있는지, 그것에 대한 구체적인 사례를 술술 얘기해나가야 한다. 평소에 아이디어가 없어서 죽을 지경이라면, 남들이 내놓은 좋은 아이디어를 주워 먹기 편하게 잘 편집해, 내 것으로 재창조하면 된다. 최소 10가지 이상의 아이디어를 장전해가면, 집단면접이라는 치열한 전쟁터에서 살아남을 수 있다.

면접관은
뛰어난 연기력의 소유자들이다

면접장에서 만난 면접관과 죽이 척척 맞아떨어졌다. 느낌이 좋다.
이번엔 합격이다!
그러나 날아든 소식은 '불합격', 도대체 왜 떨어진 거지?

　면접을 보는 사람 입장까지는 아니겠지만, 면접관 입장에서도 면접이라는 것은 아주 부담스러운 자리임이 분명하다. 면접관은 적어도 각 부서의 팀장급 이상으로 풍부한 경험을 가진 사람들이지만, 면접의 전문가는 아닌 경우가 대부분이다. 근래 들어 인사담당자는 면접에서 뒤로 한 발짝 물러나 있는 경우가 많다. 인사담당자가 면접을 진행하는 경우보다는, 신입사원을 뽑아서 직접 데리고 쓸 실무 팀장들이 면접을 보는 경우가 대부분이다.

　당신 앞에 앉아 있을 면접관들은 실무의 전문가이지만, 면접의 전문가는 아니다. 따라서 회사는 면접관들로 선발된 사람들에게 교육을 실시하고, 시험도 보게 한다.

188

많은 면접자들이 면접 당일 면접관이 계속 나의 이야기에 맞장구쳐주었고, 면접 내내 분위기도 좋았다며 합격을 기대했다가 낭패를 보는 경험을 한다. 그러나 그건 면접관이 행해야 할 미션이다. 규모가 큰 기업일수록 더욱 그러한데, 이는 면접자들이 이와 같은 교육을 받았기 때문이다.

면접은 일종의 기업을 홍보하는 자리다. 면접에 지원한 사람들은 기업의 잠재고객 중에서도 적극적이고 우수한 고객이다. 우리 기업에 지원하는 사람들만큼 우리 기업에 관심을 가진 소비자는 없다. 그러므로 그들에게 최선의 서비스를 해야 하는 것이 면접관의 임무다. 채용에 떨어지더라도 좋은 이미지를 가질 수 있게 해야 하는 것이다.

면접관들이 당신의 이야기에 웃으며 맞장구 쳐주더라도 긴장을 놓치지 말라. 면접관들은 잘 교육받은 훌륭한 연기력의 소유자들이다.

외국계 기업 면접관들은 지원자의 답변에 맞장구를 잘 치기로 유명하다. 그래야 지원자들이 긴장을 풀고 자기의 정보를 모두 풀어놓기 때문이다. 국내 기업들도 마찬가지다. 그런데 여기에서 마음이 맞는다며 깔깔거리고 면접관과 함께 짝짜꿍하고 나오면 탈락으로 직행이다. "궁금한 게 있으면 물어보라"는 질문에도 속지 말아야 한다. 이건 모두 지원자의 경계를 늦추게 만드는 함정이다. 면접은 오리엔테이션이 아니다. 나에 대해 어필하러 간 거지,

회사에 대해서 들으러 온 게 아니라는 이야기다.

면접시험장에서 회사에 입사해야 할 명확한 이유를 제시하고 나왔는가? 그러면 합격이요, 분위기 좋고 아무리 즐거웠어도 10명 중에 1명이 될 이유가 없었다면 냉정하게 탈락이다. 속지 말자, 웃음 '빵'! 넘어가지 말자, 면접관의 배우 뺨 후려치는 연기!

그대, 거짓말도 보여요

면접을 치밀하게 준비한 사람에게 속아주는 게, 준비 없는 사람 뽑는 것보다 낫다.

많은 사람들이 수단과 방법을 가리지 않고 면접을 준비한다. 책을 사서 쌓아놓고 탐독하고, 취업사이트를 밥 먹듯이 들락거리며, 심지어 돈을 내고 누군가의 면접성공 수기를 다운받아 보기도 한다. 심하게는 '면접과외' 를 하는 사람도 있다. 뭐 그렇게까지 하냐고 태클을 거실 분도 있겠지만, 이건 당연한 것이다. 취업에 자기 인생을 걸 사람이 아무런 면접 준비도 하지 않는다는 것은 말도 안 되는 이야기다.

이런 노력에도 불구하고, 면접관들은 당신의 머리꼭대기에 올라 앉아있다. 철저한 교육을 통해 지원자들의 행동 패턴을 숙지하고 있다. 면접 하루 이틀 하는 것도 아니다. 그래서 당신이 어떤 말을 할지, 어떤 행동을 할지 80% 정도는 예상하고 있다. 원래 철저한 사람인지, 준비를 철저히 해온 건지도 당연히 보인다. 그래서 그들은 말한다. 면접을 치밀하게 준비한 사람에게 속아주는 게, 준비 없는 사람을 뽑는 것보다 낫다고.

그러니까 준비하라. 준비를 못해 면접장에서 말년 병장처럼 멍 때리다 나오는 것보다는, 허풍이라는 것을 들키더라도 준비해서 보여주고 오는 것이 훨씬 더 좋은 전략이다.

지원 회사에 대한정보를 미리 숙지하고 예상 질문을 외워두는 것도 중요하다. 다만 그 예상 질문에 남들 다하는 모범답안은 피해야 한다. 회사에 대해 연구하고 면접에 나올 만한 질문에 자연스럽게 답할 수 있게 체화하라. 면접은 준비하되 모범답안을 외워가지는 말라.

기업이 자신을 채용해야 하는 이유를 만들어야 한다. 당연한 이야기지만, 기업 입장에서는 채용 기준의 핵심이 '우리 회사에 얼마나 기여할 수 있는가' 이다. '기업이 나를 채용해야 할 이유가 있어야 한다' 는 말이다. 이때 내가 내세우는 경쟁력은 천편일률적인 것보다 자신만의 개성이 드러난 것이어야 한다. 남들은 절대 할 수 없고, 내가 아니면 안 된다는 자신만의 장점은 기업이 채용해야 하는 가장 큰 이유가 된다. 이를 위해서는 자신의 적성과 흥미를 경쟁력으로 연결하고자 하는 지혜가 필요하다.

여기에 가장 좋은 방법은 스토리텔링이다. 전 단계에서 언급한 '박지윤의 면접전략'을 기억하는가. 면접관이 귀 기울일 수 있는 충분한 스토리를 만들어 놓아야 한다. 어떤 질문을 하더라도 그 이야기로 빠질 수 있게 가능성을 열어두어야 한다. 본의 아니게 이야기를 만들어내는 작가가 되어도 상관없다. 어떻게든 합격만 하면 되는 거니까. 이건 면접관도 눈감고 넘어가주는 트릭이다. 이렇게 면접이란 과정을 통해서 성공경험을 가진 사람은 앞으로 닥칠 또 다른 위기에 성공하게 될 확률이 높다는 것을 잘 알기 때문이다.

아이디어북을 만드는 것도 단기간을 위한 좋은 트레이닝이 될 수 있다. 자신의 아이디어는 물론 성공을 가져온 주변의 아이디어를 닥치는 대로 모아서 정리하라. 그렇게 정리한 아이디어를 통해 새로운 아이디어를 얻을 수 있으며, 면접에서 면접관의 난해한 질문에도 말리지 않고 창의적으로 분위기를 리드해갈 수 있는 능력을 갖게 될 것이다.

앗! 면접관의 실수

> 고백하건데, 정동수는 면접관으로 4년차가 된 마당에서 아직도 여전히 초보라는 자괴감에 빠지곤 한다. '내가 도대체 사람 보는 눈이 있긴 한 건가?' 라는 의구심도 든다.

면접관의 입장에서 실수와 후회를 하지 않기 위해 철저하고 체계적인 준비를 한다. 개인적인 고민도 깊다. 그러나 언제나 뽑고 나서 남는 건 후회와 걱정이다. 진짜 괜찮은 사람이라고 판단해 뽑았는데 영 기대치에 못 미치는 사람이 있는 반면, 좀 모자라다 싶었지만 알고 보니 빠릿빠릿하게 일 잘하는 사람도 있다. 인간의 판단은 언제나 정확한 것만은 아니다.

면접은 상당한 연구를 거쳐 개발된 테스트 방법인데다, 비용도 엄청나게 든다. 그만큼 신중하게 운영되는 시스템이다. 그도 그럴 것이 사람 하나 잘못 뽑으면 회사는 엄청난 타격을 입는다. 한 사람 잘못 뽑으면 3년의 투자비용이 물거품이 되고, 반대로 사람 하

194

나 잘 뽑으면 투자한 것 몇 배 이상의 성과를 거둘 수도 있다.

면접관은 전지전능한 신도, 용한 점쟁이도 아니다. 아무리 안목이 높더라도 사람이라는 한계에 부딪힌다. 지원자가 말 안 하고 가만히 있으면, 가능성이 있는지 없는지 알 수가 없다. 그래서 종종 진짜 가능성 있는 사람을 탈락시키기도 하는 실수를 범하는 것이다.

이렇게 평가에는 오류가 발생한다. 그 대표적인 예들이 아래에 있다.

– 첫 인상효과

"아이고, 요놈, 참 똘망똘망하네. 일 잘하겠는 걸?"

– 상동화 오류

"오, 이 사람. 나랑 스타일이 비슷한데?"

– 고정관념

"영업경험도 없으면서 어떻게 사람 대하는 어려움을 알겠어?"

– 후광효과

"문제 해결력이 뛰어난데? 다른 것도 잘하겠어!"

– 행동 VS. 추론

"이런 상황이라면, 당연히 저렇게 했겠지."

이 오류들은 면접의 범위에 국한되는 것들이 아니라 사람들이 살아가면서 어디서든 발생하는 오류다. 나를 포함한 누구도 죽을 때까지 얘들로부터 자유롭지 못할 것이다.

면접관 입장에서 가장 위험한 건 '상동화 오류' 다. 보통 자기와 비슷한 사람을 뽑으려고 한다는 것이다. 나 역시 이 부분에서 자유롭지 못하다. 나랑 비슷하다고 해서 꼭 일 잘하는 건 아닌데 왜 자꾸 이런 사람들에게 마음이 기우는지 모르겠다.

다른 면접관들에게도 사정은 마찬가지다. 오죽하면 인터넷을 떠도는 취업전략에 아래와 같은 '면접관의 상동화 오류를 공략하라' 는 팁이 떠돌 정도다.

'면접관의 어조, 속도, 호흡, 나아가 자세까지 비슷하게 따라해, 비슷한 사람처럼 보이면 경쟁자보다 열 배 유리한 고지에 서게 된다. 면접관은 동질감을 느끼는 지원자에게 호감을 보이게 된다. 그러나 면접관이 스스로를 높이 평가하고 있지 않다면 부정적 효과만 가져올 것이다.'

면접관들은 인사담당자가 아니라 각 부서의 전문가들이다. 그들은 모두 다른 배경과 환경에서 지내는 사람이라 사람 보는 눈들도 다 제각각이다. 모두가 사람 보는데 규격화된 기준과 시각을 가지고 있지 않다는 것을 알아주면 좋겠다. 자기 나름의 편견으로 사람 보는 건 죽을 때까지 못 고친다. 면접관도 사람이기 때문이다. 그러니까 만일 면접에 떨어졌다고 해도 자책하지 말자. 사람 보는 눈 없는 사람 만나서 떨어졌다고 툴툴 털어버리면 그만이다. 자책하고 우울해할 시간에, 자신이 면접에 붙어야 할 이유나 한 번 더 생각하는 편이 훨씬 효율적이다. 면접에서의 탈락에 좌절하지 말고, 당당하고 긍정적인 마인드를 가져라.

면접이라는 건 99번 떨어져도 1번만 붙으면 되는, 대단히 공정한 싸움이다. 국가에서 시행하는 채용시험들은 제한이 많다. 1년에 한 번 밖에 없어서 못 보고, 나이 제한에 걸려서 못 본다. 하지만 면접은 다르다. 얼마든지 복수지원할 수 있고, 보고 또 볼 수 있다. 사람이 판단하기에 발생하는 오류에 대해 너그러이 이해하자. 좌절하지 말고 그 시간에 열정이나 갈고닦자.

쉽지 않은 일이겠지만 이 책에서 털어놓은 면접의 전략과 공식, 비밀에 맞추어 준비한다면, 면접 시험장에 들어가기 전 당신은 합격확률 99%의 당당한 면접자로 다시 태어날 수 있을 것이다. 잊지 말아야 할 건, 나 자신에서 출발하는 아이디어는 아니라는 것이다. 소비자의 입장, 그러니까 면접관의 입장과 시선을 공략하라.

이젠 당신의 멋진 면접성공담을 들려줄 차례다. 부디 건투를!

면접관 마음 훔치기 2
– 면접관들이 주시하는 '창의적 자세' 란?

자신의 경험 속에서 아래 기준에 적용해 설명할 수 있는 사건들이 있었는지 잘 생각해서 적어본다. 그 사건을 하나의 스토리로 만들어 자기소개서나 면접 시에 활용하면 유리하다.

✔ 가치를 높이기 위하여 기존의 방법들을 수정하고 향상시키는 자세

– 잡지사 에디터 A, 뻔한 일대기식 자기소개서를 버리고, 고민을 거듭해 새로운 형식과 내용으로 바꾸어 작성해 원하는 잡지사에 합격했다.
– 정동수는 두 번의 시험점수를 합쳐 '900점' 이라고 자신 있게 대답해, 높은 영어점수로 개인의 능력을 평가하는 고정관념을 깨버리고자 했다.
– 학창시절, 신문판매 아르바이트를 하던 정동수는 판매수익을 높이기 위해 거스름돈 잡는 연습을 했고, 매출 1위를 달성할 수 있었다.

✔ 창조적인 아이디어를 내는 자세

– 행복학박사 최윤희, 장님의 목에 걸린 쪽지 '저는 장님입니다'를 '사랑하는 두 딸이 있지만, 저는 그 얼굴을 보지 못합니다' 로 바꿨다.
– 모 우산업체는 비오는 날에도 하늘을 볼 수 있도록 우산 안쪽에 하늘과 구름을 그려 넣은 하늘 우산을 만들어, 높은 판매수익을 올렸다.
– 잡지사 에디터 A는 자기소개서를 작성할 때, 실제 인터뷰 기사 형식을 빌려 작성함으로써 다른 지원자들과 차별화된 아이디어로 서류전형에 합격할 수 있었다.

- '아빠, 엄마는 게임을 싫어해'라는 고정관념을 깨고 '온 가족이 즐기는 게임'을 내세운 닌텐도 wii의 등장은 남녀노소 모두를 TV 화면 앞으로 모이게 만들었다.
- CGV의 프로그래머로 지원한 노○○씨는 이력서를 제출할 때 국내 영화시장 관련 전문적 보고서를 함께 제출해, 담당자들을 자극시켜 면접에 합격할 수 있었다.
- 제일모직 디자이너인 한○○씨는 '남성복'이 주제였던 실기시험 당일, '여성복'을 디자인해 제출함으로써 남성복뿐이었던 브랜드에 여성복의 시작을 제안했다. 그 결과 합격은 물론, 입사 후 여성복 라인을 런칭시키는 데 주도적 역할을 맡게 되었다.

- 빙그레가 독식하고 있는 바나나우유 시장에 매일유업은 '바나나는 원래 하얗다'라는 이름을 내세우며, 1위를 바짝 쫓는 놀라운 매출 신장을 일궈냈다.
- 정동수는 면접을 앞두고 무작정 회사로 찾아가 인사담당자에게 지원 서류를 내달라고 졸라 좀 더 가능성 있는 지원 분야로 바꿀 수 있었고, 이를 면접에 유리하도록 준비해 성공할 수 있었다.
- 국민은행 행원 정○○씨는 은행 취업을 일찌감치 목표로 삼고, 은행의 대학 순회 채용설명회를 찾아다니며 취업을 준비했다. 심지어 지방에서 열린 설명회에도 첫차를 타고 내려가는 열성을 보임으로써 은행 담당자들에게 얼굴 도장을 찍을 수 있었다.

〈취업에서 스펙은 중요하지 않다〉

"자네 같은 사람이 겨우 그만한 노력으로 무과에 입격할 수 있는 줄 아는
가? 무과에 입격하려면 뼈를 깎는 노력을 다해 무예제보, 기효신서, 새보
전서 같은 병법서를 모두 통달하고 18반 무예를 하루도 걸러서는 안 되
는 피나는 훈련을 해야 한다는 것, 그건 다 "개소리"네!
공자도 못 외는 문자가 있고, 부처도 못 외는 염불이 있네."

– 드라마 〈이산〉의 한 장면, 홍국영의 과외방에서 공부를 하던 대수와의 대화 중

부록

- 면접 당일치기 체크 리스트
- 면접시험에서 자주 나오는 질문 120가지

1. 말할거리 : 오늘 말할 것들이 준비되었는가?

   커닝페이퍼를 만들어라. 커닝페이퍼는 압축되고 절제된 나의 이야기다.

   1) 자기PR : 한 마디로, 열 마디로, 백 마디로, 중간에 끊겨도 상관없는 구조로 되어 있는가?

   2) 회사지망 동기 : 왜 이 회사에 오게 되었는지 심플하고 명쾌한 답이 있는가?

   3) 업무지원 동기 : 내가 왜 이 일을 하고 싶은지 단 한 마디와 충분한 경험담이 준비되었는가?

   4) 꼭 하고 싶은 말 : 꼭 말하고자 하는 것이 정리되었는가?

   (* 이것들은 A4 한 장으로 정리되어 있어야 한다.)

2. 어떤 질문이 들어와도, 내가 꼭 하고 싶은 말을 할 수 있는 연결고리는 준비되어 있는가?

3. 회사에 대한 정보

   1) 경영자 및 회사에 대한 최근 기사를 체크하였는가?
   2) 한 장으로 정리된 회사에 대한 내용을 다시 한 번 숙지하라.

4. 자기소개서와 이력서 사본은 준비되었는가?

   다시 한 번 읽어보고 회사와 연결시키는 연습을 하라.

5. 최근의 사회 이슈와 오늘의 Top 기사를 체크하였는가?

   인터넷과 신문, 주간지 등을 활용, 헤드라인을 체크하라.

6. 스타일 체크

1) 오늘 입은 옷은 내가 제일 좋아하는 옷인가?

2) 전날 꼭 한번 입어보고 옷매무새에 이상이 없는지 체크하라.

3) 손거울을 준비해 아무도 없는 곳에서 언제든 스타일 체크가 가능
하게 하라.

7. 면접장과 주변에 익숙해졌는가?

1) 면접할 회사는 미리 찾아가보는 것이 좋다.

2) 면접 당일 최소 1시간 전에 도착하라.

3) 면접 진행자들과 인사하고 침착한 태도를 보여라.

4) 회사에 대한 관심을 보여라.

5) 먼저 온 사람들과 안면을 익히고 정보를 얻어라.

8. 면접비와 연봉 등 사소한 문제는 잊어라.

1) 면접비는 중요하지 않다. 괜하게 그런 것으로 날을 세워 떨어지는
경우도 있다.

2) 신입사원의 연봉은 내규에 의해 진행되므로 합격 후에 다닐지 말
지를 결정해도 늦지 않다.

〈질문지 사용법〉

1) 모든 질문에 대해서 성실히 답변하고 메모할 것.

2) 모든 질문이 단답형처럼 생겼지만 실제로는 그렇지 않다는 사실을 명심할 것.

3) y=ax+b에서 기울기인 a를 보여주기 위해 노력할 것. 방법은 과거의 경험을 찾아내서 생생한 드라마를 만드는 것.

4) 어떤 질문이 들어와도, '면접관에게 반드시 하고 싶은 말'로 끌고 갈 수 있는 방법을 연구하고 정리하고 연습할 것.

5) 첫 번째 질문은 여기 120개 중 하나겠지만, 두 번째 들어오는 질문은 첫 번째 질문에 대해 내가 대답한 내용 중에서 나오도록 준비할 것.

6) 앵무새처럼 남들 다할 법한 소리를 떠들어대지 말 것.

7) 책임감이니, 성실성이니 이런 추상적인 단어들, 뜬구름 잡는 단어를 사용하지 말 것.

1. 자신에 관한 질문

- 3분간 간단히 자기소개를 해보십시오.
- 당신의 가장 큰 단점은 무엇입니까?
- 당신은 어떤 매력이 있다고 생각합니까?
- 특기는 무엇입니까?
- 취미는 무엇입니까?
- 리더십을 키우는 자신만의 방법이 있습니까?
- 다른 사람과 협력해서 일하는 편입니까?

- 어떤 스포츠를 좋아합니까?
- 어떤 타입의 이성을 좋아합니까?
- 좌절을 극복하는 방법이 있습니까?
- 안 좋은 버릇이나 습관이 있습니까?
- 고집이 센 편입니까?
- 최근에 읽은 책은 무엇입니까?
- 컴퓨터를 구입할 때 어떤 기준으로 구입했습니까?
- 아침형 인간입니까? 야행성 인간입니까?
- 술은 좋아하십니까? 주량은 어느 정도입니까?
- 자유시간은 어떻게 보냅니까?
- 가장 만나보고 싶은 인물이 있다면 누구입니까?
- 건강관리는 어떻게 합니까?
- 자기관리를 위해 지출하는 비용은 얼마나 됩니까?
- 부모님을 존경합니까?
- 가훈이 있습니까?
- 가장 존경하는 인물은 누구입니까?
- 10년 후 자신의 모습을 말씀해보십시오.
- 20대에 꼭 해보고 싶은 일은 무엇입니까?
- 가두 판매나 방문 판매를 맡겨도 할 수 있겠습니까?
- 돈, 권력, 명예, 일 중 무엇이 가장 중요하다고 생각합니까?

2. 직장생활에 관한 질문

- 당신의 직업관을 말씀해보십시오.
- 입사할 경우 어떤 목표를 가지고 있습니까?

- 당신의 특성을 일에서 어떻게 살릴 생각입니까?

- 신입사원이 가져야 할 자세는 무엇이라고 생각합니까?

- 희망부서에 배치되지 않을 경우에는 어떻게 하겠습니까?

- 희망하는 근무지에 배치되지 않으면 어떻게 하겠습니까?

- 일과 개인생활 중 어느 쪽을 중시합니까?

- 주 5일 근무제에 대해 어떻게 생각합니까?

- 휴일 근무를 어떻게 생각합니까?

- 상사가 시간외 근무를 지시하고 먼저 퇴근하면 어떻게 하시겠습니까?

- 당신이 가진 가장 큰 경쟁력은 무엇입니까?

- 사회생활에서 가장 중요한 것은 무엇이라고 생각합니까?

- 존경하는 상사의 유형을 말씀해보십시오.

- 남보다 승진이 늦으면 어떻게 하시겠습니까?

- 상사나 동료와의 의견충돌은 어떻게 해결할 생각입니까?

- 자기주장과 팀원과의 협조에 대해서 어떻게 생각합니까?

- 직장 상사가 부하 직원에게 가장 바라는 게 뭐라고 생각합니까?

- 입사한다면 어디까지 승진하고 싶습니까?

- 학생과 사회인의 차이점은 무엇이라고 생각합니까?

- 회사에 대해 궁금한 것이 있습니까?

3. 지원동기에 관한 질문

- 우리 회사를 지원한 이유는 무엇입니까?

- 다른 회사에도 지원했습니까?

- 이 업무를 지원한 이유를 말씀해보십시오.

- 우리 회사 제품에 대하여 알고 있습니까?

- 왜 우리 회사 같은 중소기업에 지원했습니까?

- 누가 우리 회사를 추천했습니까?

- 우리 회사의 장단점을 지적해 주십시오.

- 만일 우리 회사에 채용이 안 되면 어떻게 할 겁니까?

- 집에서 회사까지 거리가 가까운 편입니까?

- 지방 기업에 취직하려는 이유는 무엇입니까?

- 직장 선택의 기준은 무엇입니까?

4. 학창시절에 관한 질문

- 전공은 무엇입니까?

- 학창시절에 가장 열중해서 한 일은 무엇입니까?

- 서클활동을 했습니까?

- 어떤 아르바이트를 한 경험이 있습니까?

- 지금까지 취득한 자격증을 모두 말씀해보십시오.

- 외국어는 자신 있습니까?

- 어떤 과목을 가장 좋아하십니까?

- 학점이 나쁜 이유가 무엇입니까?

- 대학생활에서 얻은 것은 무엇입니까?

5. 교우관계에 관한 질문

- 친구가 많은 편입니까?

- 가장 친한 친구에 대해 말씀해보십시오.

- 당신에게 친구는 중요한 존재입니까?

- 친구들은 당신을 어떻게 이야기합니까?

- 이성친구가 있습니까?

6. 시사 상식에 관한 질문

- WTO에 대해 설명해보십시오.

- 미군 감축에 대해 어떻게 생각합니까?

- 기업의 사회적인 책임이 무엇이라고 생각합니까?

- 노동시장 유연화 정책에 대한 견해를 말씀해보십시오.

- 딜링에 관해 알고 있습니까?

- 성장과 분배의 관계에 대한 견해를 말씀해보십시오.

- 환율이 기업활동에 미칠 영향을 말씀해보십시오.

- 기업간 콜래보레이션에 대해 어떻게 생각합니까?

- 중국 경제의 연착륙 가능성에 대해 어떻게 생각합니까?

7. 여성응시자에 관한 질문

- 언제 결혼할 계획입니까?

- 여성 최고경영자에 대해 어떻게 생각합니까?

- 얼마나 직장생활을 할 계획입니까?

- 회사 내 성추행에 관한 견해를 말씀해보십시오.

- 상사의 커피나 차 심부름에 대해 어떻게 생각합니까?

- 남녀고용 평등법의 문제점을 말씀해보십시오.

- 술이나 담배를 합니까?

- 자신이 서비스 정신이 있다고 생각합니까?

- 회사에서 여사원에게 특별히 기대하는 역할이 있다고 생각합니까?

8. 돌발질문

- 우리 회사와 전혀 맞지 않는 것 같은데요?

- 우리가 경쟁사인 S사보다 못한 게 뭡니까?

- 졸업 후 지금까지 무엇을 하였습니까?

- 도대체 취직하고자 하는 마음이 있는 겁니까?

- 오늘 갑자기 큰돈이 필요하다면 어떻게 하겠습니까?

- 지금 그 말은 너무 무책임한 말 아닙니까?

- 로또 복권에 당첨되면 어떻게 사용하겠습니까?

- 친한 친구와 삼각관계에 놓인다면 어떻게 대처하겠습니까?

- 칭찬받는 걸 좋아합니까. 칭찬하는 걸 좋아합니까?

- 다시 태어나면 무엇이 되고 싶습니까?

- 오늘 아침 신문 톱기사는 무엇입니까?

Special thanks to

끝으로, 도움 주신 여러분들께 감사의 마음을 전한다.

백승우 님이 글을 쓰고 임유미 님이 크게 도왔다.
손문수 님, 최재일 님, 배길웅 님, 박준형 님, 권상집 님 등 각 분야 전문가들의 도움으로 졸필이 세상에 나오게 되었다.
눈물 나게 사랑하는 도지원 님이 아내로서, 개인 컨설턴트로서 내 인생의 지도를 그리는데 중요한 나침반이 되고 있다.
정신적으로 큰 믿음으로 후원해주시고 내용을 꼼꼼히 읽어주시고 조언해주신 분들도 있다.
어머님, 장인어른, 장모님, 그리고 이재옥 목사님, 황상민 교수님, 정영종 대표님, 노상준 부사장님, 조영기 이사님, 황경환 선배님, 하버드 정이현 님께 감사드린다.

면접의 기술

초판   1쇄 발행 2004년 7월 3일
개정판 1쇄 발행 2009년 6월 19일
개정판 5쇄 발행 2012년 6월 25일

지은이 · 정동수 백승우
펴낸이 · 주연선

책임편집 · 이진희
편집 · 정종화 박은경 오가진 박나리 최소라
디자인 · 정혜욱 홍세연 김서영
마케팅 · 장병수 김한밀 오서영
관리 · 김두만 구진아 성혜진

도서출판 은행나무
121-839 서울특별시 마포구 서교동 384-12
전화 · 02)3143-0651~3 | 팩스 · 02)3143-0654
등록번호 · 제 10-1522호(1997. 12. 12)
www.ehbook.co.kr
ehbook@ehbook.co.kr

잘못된 책은 바꿔드립니다.

ISBN 978-89-5660-304-9 13320

보조용언의 범주와 의미 구성

저 자 **김 동 훈**

· 1979년 경기 양평 출생
· 1998년 양동고등학교 졸업
· 2004년 강릉원주대학교 국어국문학과 졸업
· 2007년 교육학석사(강릉원주대학교 교육대학원)
· 2021년 문학박사(강릉원주대학교 대학원)
· 2009년 강릉원주대학교 한국어학당 강사 및 교무부장(~2019년)
· 2013년 강원대학교 삼척교양교육센터 강사(~현재)
· 2021년 경동대학교 한국어교원학과 강사(~현재)
· 2022년 강릉원주대학교 국어국문학과 강사(~현재)

[주요 논제]

· 개념적 혼성 기반 보조용언 '-고 말다'의 의미 구성 연구
· 한국어 대화 연습용 학습 도구로서의 챗GPT 활용 가능성에 관한 연구
· '의존명사+하다' 구문의 의미와 사전 기술에 관한 연구
· 지역 방언사전 기반 삼척 방언의 음운 체계와 음운 현상에 관한 연구 외

보조용언의 범주와 의미 구성

초판 인쇄 2025년 7월 21일
초판 발행 2025년 7월 28일

지 은 이 | 김 동 훈
펴 낸 이 | 박 찬 익
펴 낸 곳 | ㈜박이정
책임편집 | 권 효 진
편 집 | 김 승 미

주 소 | 경기도 하남시 조정대로45 미사센텀비즈 8층 F827호
전 화 | 031)792-1195
팩 스 | 02)928-4683
홈 페 이 지 | www.pijbook.com
이 메 일 | pijbook@naver.com

I S B N | 979-11-7497-002-2 (93700)
책 값 | 22,000원

보조용언의 범주와 의미 구성

김동훈 지음

박이정

우리는 생물학과 문화를 통해 달성하는 통합으로 우리가 사는 물리적·정신적·사회적 세계를 해석한다. 우리가 세계를 이해할 수 있는 다른 방법은 없다. 개념적 혼성은 우리가 세계에 살아가면서 추가로 하는 어떤 것이 아니다. 그것은 세계를 살아가는 우리의 수단이다.

질 포코니에·마크 터너(『우리는 어떻게 생각하는가』)

인간은 다양한 인지적 전략을 활용하여 의미를 창조하고 변용한다. 언어의 의미를 유연하게 확장하여, 의사소통 목적에 따라 주체적이고 능동적으로 활용하는 것이다. 인접성을 기반으로 하는 개념적 환유나, 유사성을 기반으로 하는 개념적 은유는 인간이 의도적이며 주체적으로 의미를 구성해 나가는 대표적인 인지적 전략이다. 인지적 전략을 통해 세계를 인식하고 이해하여, 의미를 구성하고 확장, 변용하는 것이다. 보조용언의 문법적 의미인 상이나 양태 의미 역시 이러한 인지적 전략의 산물이라 할 수 있다. 본용언으로 활용되던 어휘 의미를 의사소통 목적에 따라 다양한 인지적 전략을 활용하여 개념화한 결과가 보조용언의 문법적 의미기 때문이다.

보조용언의 문법적 의미는 화자가 의사소통 과정에서 의미를 명확히 하거나 구체화하기 위한 전략으로 활용되거나, 주체의 행위에 대한 화자의 감정이나 태도를 실현하기 위한 전략으로 활용된다. 이처럼 상이나 양태 의미를 실현하는 보조용언의 의미 구성 과정은 개념적 은유와 환유를 기반으로 의미가 연쇄적으로, 혹은 망 구조에 의해 확장되는 과정의 최후방에서 '의미 추상화'라는 기술로 설명되어 왔다. 그러나 보조용언의 의미는 실시간적으로 일어나는 의사소통 상황에서 생동적이며 즉시적으로 의미가 구성되는데, 일방향적으로 사상되는 개념적 은유와 환유 기반의 의미 구성은 상황 맥락에 따라 역동적으로 구성되는 보조용언의 문법적 의미 구성 과정을 설명하는 데는 한계가 따른다.

이 책은 단일 방향으로 사상되는 개념적 은유와 환유 기반의 의미 구성이 화자나 주체의 감정이나 태도를 주로 나타내는 보조용언의 문법적 의미를 구성하는 데 한계가 있다고 보아, 개념적 혼성 이론을 활용하여 보조용언의 문법적 의미, 특히 양태 의미 구성 과정을 밝히고자 하였다. '의미 추상화'라는 단편적이고 전능한 의미 기술에서 벗어나, 구체적이고 세밀하게 구조화된 의미 구성 과정을 보이고자 한 것이다.

이 책은 필자의 박사학위 논문인 「보조용언의 범주와 의미 구성 연구」(2021)를 수정, 보완한 것이다. 박약한 논의를 세상에 내놓는 것이 두려워 그간 출간을 망설여 왔으나, 후속된 논의들을 학회지에 발표하고 검증을 받으며, 4년 만에 출판을 결심하게 되었다. 여전히 미진하고 부족함이 많은 논고지만, 주변에서 도움을 주시는 많은 분들의 격려를 동력 삼아, 창피함을 무릅쓰고 출판을 강행하였다.

이 책이 나오기까지 정말 너무도 많은 분들의 도움을 받았다. 먼저 학부 과정부터 박사 과정까지 필자의 학문적 지평을 넓혀 주고, 든든한 버팀목이 되어 주신 손남익 교수님, 교수님의 세밀한 논문 지도와 격려가 없었다면 여기까지 올 수 없었을 것이다. 정년퇴임을 하셨음에도 필자의 학문적 길에 응원과 격려를 아끼지 않으시는 김일병 교수님과 김무림 교수님, 그리고 미흡함이 많은 필자를 긍정적인 방향으로 이끌어 주시는 강릉원주대학교 국어국문학과 교수님들과 최승기 선생님, 이연희 선생님, 장영숙 선생님께도 감사 드린다. 아울러 논문 심사 과정과 경동대학교에서 강의를 하는 내내 아낌없는 배려와 가르침으로 필자의 부족함을 채워 주신 김용경 교수님께도 이 자리를 빌려 진심으로 감사의 인사를 올린다.

타성과 권태에 빠져 공부를 게을리할 때마다, 본보기가 되어 학문적 동력을 일깨워 주시는 강원대학교의 남기택 교수님과 최도식 교수님을 비롯한 강원문학연구회 선생님들, 교수님과 선생님들의 학문적 열정은 늘 필자의 게으름을 반성하는 계기가 되었다. 또한 자주 만나지는 못하지만 멀리서나마 응원을 아끼지 않는 종화 형, 규진이 형, 순홍이 형, 황희 형, 힘들고 어렵던 시기마다 늘 옆에 있어 주고, 불혹의 절반 이상을 훌쩍 넘긴 필자를 여전히 막내라고 챙겨 주는 따뜻한 마음에 감사를 전한다.

부족함이 많은 아들이 잘되기 바라는 마음에 경제적 지원을 아끼지 않았던 부모님과 동생을 위해 많은 것을 포기했던 누님께는 미안함과 감사함이 크다. 평생 갚아도 없어지지 않을 마음의 빚이지만, 이 책이 적게나마 빚값이 되기를 바란다. 아울러 만날 때마다 응원과 격려로 힘을 불어넣어 주는 매형과 처형, 처제와 동서들, 그리고 한발 뒤에서 사위를 믿음으로 지켜봐 주시는 장인, 장모님께도 감사의 인사를 드린다.

늘 공부를 한다는 명목으로 필자의 과민함을 인내하게 한 아내와 딸에게는 미안함이 크다. 변함없는 사랑과 믿음으로 인생의 버팀목이 되어 주는 아내 희연과 필자가 힘들고 지칠 때마다 애교를 남발하며 비타민이 되어 주는 우리 딸 라희는 필자의 가장 큰 후원자임과 동시에 삶의 원동력이다. 직업의 특성상 이성적(T)인 사람이 되기 위해 노력하며 살다 보니, 감성적(F)인 남편과 아빠가 되지 못했다. 항상 공감 능력이 떨어지는 편이고, 감정 표현에도 서툴지만, 사랑하고, 사랑한다.

마지막으로 박약한 원고임에도 기꺼이 출판에 응해 주신 박이정 박찬익 사장님과 미진하고 부족한 내용을 훌륭한 책으로 꾸며 주신 편집부 여러분께도 감사를 드린다.

2025년 7월

김 동 훈 씀

제1장

들어가기

들어가기

1. 연구 목적

　인지언어학은 인간의 본질이라 할 수 있는 몸과 마음, 문화에 대한 체험을 기반으로 언어를 연구하는 언어학 이론이다. 생성언어학으로 대표되는 객관주의 언어관의 문제점들을 해결하기 위한 노력에서 시작된 인지언어학은 '언어'와 '의미'의 관계에서 배제되었던 인간을 중심의 위치로 이동시켰다. 인간의 신체적 경험이나 문화적 체험, 문화적 배경과 같은 인지능력이 언어를 연구하는 데 있어 중요한 기반이 된다는 사실을 밝힌 것이다. 언어는 필연적으로 이러한 인간의 일반적인 인지능력을 반영하고 있다는 인지언어학의 기본 가정에 따라, 언어와 의미의 관계를 밝히는 과정에서 인간의 개념적 체계가 작동하는 방식을 이해할 필요가 생겼다. 언어로 표상되는 의미의 문제를 인지와의 관계 속에서 파악할 필요가 생겼기 때문에, 인지언어학에서 의미는 언어의 가장 중요한 요소로 자리 잡았다.

　인지언어학에서 비롯된 '의미'와 '의미론'에 관한 관심은 보조용언의 범주와 의미 연구에도 활력을 불어넣었다. 특히 범주화와 관련하여 고전적 범주 이론을 버리고 받아들인 원형이론(prototype theory)은 보조용언이라는 언어학적 통사범주에 새로운 변화를 가져왔다.

성분분석이론으로 대변되는 고전적 범주 이론의 기본 가정은 범주는 필요충분 자질들의 연합이며, 범주와 범주 사이의 경계는 명확하고, 한 범주에 속하는 모든 구성원은 똑같은 지위를 가진다는 것이었다(류시종, 1995: 27). 범주 간에는 명확한 경계가 존재하며, 범주 사이의 경계에는 어떠한 예도 들어올 수 없다는 것이 고전적 범주 이론의 본질인 것이다. Wittgenstein(1953)은 이러한 고전적 범주 이론에 대해 근본적인 의문을 제기하였다. 우리가 접하는 수많은 개별 대상들은 필요충분 자질의 연합으로 범주화가 되지 않으며, 범주 구성원들은 일부 속성만을 공유하고도 범주에 포함될 수 있다는 것이다. 한 가족은 모든 구성원이 공유하는 공통적인 요소 없이 가족 구성원 서로 간의 닮음으로써 하나의 가족을 구성한다(류시종, 1995: 30)는 '가족유사성'의 개념을 토대로, 가족 구성원 전체가 모든 속성을 공유하지 않더라도 가족이 될 수 있다는 사실을 들어 고전적 범주 이론을 비판하고 나섰다.

Wittgenstein(1953)의 견해를 바탕으로 Rosch 외(1976)는 원형이론(prototype theory)을 제시하였다. 원형은 어떤 범주에 대해 사람들이 이미 인지하고 있는 표상으로, 어떤 대상의 범주 포함 여부를 판단할 수 있게 해주는 속성들의 추상적 집합체라고 하였다. 어떤 대상의 범주는 해당 범주의 원형과 얼마나 많은 속성을 공유하는가에 따라 결정된다. 원형과의 유사성 정도에 따라서 한 범주 내에서도 서로 다른 지위를 가진다는 것이다. 일반적으로 원형과 많은 속성을 공유하면 전형적 대상으로 평가되는 반면에, 적은 속성을 공유하면 덜 전형적인 대상으로 평가되는 것이다. 원형범주 이론은 고전적 범주 이론이 필요충분 자질들로 세운 보조용언 범주의 경계를 철저히 허물었다.

고전적 범주 이론이 세운 범주의 경계에 가로막혀 소원했던 비원형적인 용례들에 관한 연구는 원형범주 이론의 등장과 함께 활기를 되찾았다.

Lakoff & Johnson(1980)에서 비롯된 개념적 은유나 개념적 환유 이론 또한 보조용언의 의미 연구에 유용하게 활용되었다. 개념적 은유와 개념적 환유를 기반으로 하는 다의 동사의 의미 구조에 관한 연구들은 구조주의에서 인정해 온 '핵의미 구조'[1]에서 벗어나, 인지언어학의 원형이론을 바탕으로 하는 '의미연쇄 구조'[2]와 '의미망 구조'[3]를 활용하여 다의 동사의 의미 확장 과정을 보였다. 임지룡(1996: 245-246)이 지적한 것처럼 '의미연쇄 구조'에 의한 의미 확장은 동사나 형용사의 본용언과 보조용언의 용법 분석에 유용한 잣대가 되었다. 아울러 '핵의미'와 '의미연쇄'의 장점을 취하고 한계점을 보완한 '의미망 구조'는 보조용언의 의미 확장 양상과 계층 구조를 파악하는 데도 적극적으로 활용되었다.

유사성의 정도에 따라 범주를 결정하는 원형이론은 보조용언의 범주와 목록을 크게 증가시켰다. 원형과 전형, 그리고 유사성을 판단하는 연구자의 관점[4]

---

1) '핵의미 구조'란 다의 범주에 속하는 모든 구성원이 '핵의미(core meaning)'를 공유하고 있다는 생각으로, 한 낱말의 여러 의미로부터 '핵의미'를 추출하여, 공유하는 '핵의미'를 바탕으로 의미 확대 현상을 설명하려는 것이다. 다의어의 모든 의미들이 하나의 '핵의미'를 공유해야 한다는 요건은 구성원의 필요충분조건 집합을 요구하는 '고전 범주화' 모형에서 유래한다(임지룡, 1996: 243).

2) '의미연쇄 구조'란 다의어가 '의미연쇄(meaning chain)'로 구조화되어 있음을 뜻하는 것으로, Wittgenstein(1953)의 '가족유사성'의 은유와 일치하며, 그 구조는 'A(abc)→B(bcd)→C(cde)→D(efg)'와 같다(임지룡, 1996: 244-245).

3) '의미망 구조'란 한 낱말의 다의적 의미는 관련된 '의미망(meaning network)'으로 구조화되어 있음을 뜻한다(임지룡, 1996: 246). 의미망 구조에 관한 구체적인 내용은 4장에 제시하였다.

4) 손남익(2005: 319-320)에서 지적한 바와 같이 연구자나 연구 대상자와 같은 개별 화자의 원형성은 성장 배경에 따라 상당한 차이를 보일 수 있다. 화자의 교육 정도, 출신 지역, 성별, 나이 등이 원형성 판단에 영향을 미칠 수 있다는 것이다. 특히 보조용언의 범주를 설정하는 과정에서의 원형과 원형성의 판단에는 지역이라는 요소가 상당히 개입되는 듯하다. 연구자의 출신 지역에 따라 특정 지역의 방언형이 표준형으로 인식되는 경우도 생길 수 있기 때문이다.

에 따라 보조용언의 범주와 목록은 더욱 큰 편차를 보이게 되었으며, 새로운 보조용언 범주 대상의 등장으로 대상의 속성으로부터 구성되는 보조용언의 원형도 끊임없이 변화하여 가늠하기 어렵게 되었다. 보조용언은 더욱 모호한 개념과 불명확한 범주를 지닌 통사범주가 되어 버린 것이다. 또한 개념적 은유와 환유를 기반으로 하는 보조용언의 의미는 본용언의 의미가 연쇄적으로 혹은 망 구조에 의해 확장되어 추상화되는 과정으로 설명되었다. 그러나 의미의 추상화는 단어의 의미만큼이나 추상적이었다. 인지적으로 어떠한 의미가 추상적이며, 추상적이지 않은지 구분하기 어려울 뿐만 아니라 어떠한 의미가 더 추상적이며, 덜 추상적인지 구분하기 어려워진 것이다.

보조용언의 상이나 양태 의미는 화자가 담화 상황에서 의미를 명확히 하거나 구체화하기 위한, 혹은 주체의 행위에 대한 화자의 감정이나 태도를 실현하기 위한 전략으로 활용된다. 보조용언의 문법적 의미는 실시간적으로 일어나는 담화 상황에서 생동적이며 역동적으로 의미가 구성되는데, 일방향적으로 사상되는 개념적 은유 기반의 '의미연쇄', '의미망'을 통해서는 상황 맥락에 따라 구성되는 생동적이고 직시적인 보조용언의 문법적 의미를 설명하는 데 한계가 따랐다. 의미연쇄의 과정이나 의미망이라는 계층 구조에서 의미가 추상화되었다는 설명만이 이어질 뿐 보조용언의 문법적 의미가 어떠한 인지적 과정을 통해 구성되었는지는 구체적인 분석이 따르지 않았기 때문이다.

본고의 목적은 보조용언의 의미 구성 과정을 모색하는 데 있다. 보조용언이 지닌 문법적 의미가 생성되는 인지적 과정을 구체화하고자 하는 것이다. 본고는 단일 방향으로 사상되는 개념적 은유와 환유에 의한 의미 구성이 화자나 주체의 감정이나 태도를 주로 드러내는 보조용언의 문법적 의미를 구성하는 데 한계가 있다고 보아, 개념적 혼성을 활용하여 보조용언의 의미 구성 과정을 밝히고자 한다. 둘 이상의 입력공간에서 쌍방향적으로 작용하는 부분적 사상(寫像, mapping)과 혼성공간으로의 선택적 투사(投射, projection)의 과정을 나타내는 개념적 통합 연결망을 활용하여, 보조용언의 문법적 의미가 구성되는 과정을 구조화(構造化)하고 가시화(可視化)할 수 있다고 보기 때문이다.

보조용언의 의미 구성 과정을 살피기 위해서는 보조용언의 범주와 의미를 설정하여야 할 것이다. 명확한 범주와 범주의 특성이 전제되어야 개별 보조용언의 의미를 설정할 수 있고, 개별 보조용언의 의미가 확보되어야 개별 보조용언의 의미 구성 과정을 살필 수 있기 때문이다. 따라서 본고는 보조용언의 범주와 의미를 설정하고, 개념적 혼성 이론을 기반으로 보조용언의 문법적 의미가 구성되는 과정을 구체화하고자 한다. '의미 추상화'라는 단편적이고 전능한 의미 기술에서 벗어나, 구체적이고 세밀하게 구조화된 보조용언의 의미 구성 과정을 개념적 통합 연결망을 활용하여 가시화하고자 한다.

2. 선행 연구

1) 보조용언에 관한 연구

보조용언에 관한 연구는 보조용언의 범주와 구조, 의미 기능 등 다양한 연구가 이어져 왔다. 최현배(1937)가 보조용언을 '으뜸되는 풀이씨 아래에서 그것을 도와서 월의 풀이씨를 완전하게 하는 움직씨'라 정의한 이래, 보조용언의 형태와 기능, 의미 등 다양한 측면에서 연구가 이루어진 것이다. 보조용언에 관한 연구들은 크게 통사적인 연구와 의미적인 연구로 구분된다. 통사적인 연구에서는 보조용언 범주의 성격과 속성을 정의하여 범주를 설정하려는 논의들과 본용언과 보조용언 사이의 관계를 분석하여 보조용언의 통사적 구조를 밝히려는 논의들이 중심을 이루었다. 한편 의미적인 연구에서는 보조용언의 의미 기능을 파악하려는 노력이 주를 이루었는데, 특히 양태 의미와 상 의미와 같은 보조용언의 문법적 의미를 밝히려는 논의들이 중심을 이루었다.

통사적인 연구는 주로 보조용언이라는 범주를 인정하려는 입장과 인정하지 않으려는 입장을 중심으로 이루어졌다. 보조용언을 한국어 문법 내에서 어떻게 처리할 것인가의 문제를 보조용언의 성격과 속성, 통사적인 구조를 밝히는 과정을 통해 설명하고자 하였다. 범위나 대상에 차이가 있음에도 불구하고 보조용언의 통사적·의미적 특성을 바탕으로 보조용언을 독립된 범주로 인정하려는 입장은 최현배(1937), 김민수(1971), 권재일(1986), 김기혁(1987), 류시종(1995), 손세모돌(1996), 호광수(1999) 등의 논의가 대표적이라 할 수 있다. 보조용언이라는 범주를 인정하지 않으려는 입장은 크게 두 가지로 나누어 볼 수 있는데, '본용언+보조용언'의 구조를 합성용언(합성동사)으로 보는 견해와 본용언 내포문을 갖는 복문 구조로 보는 견해가 대표적이다.

본용언과 보조용언의 구조를 하나의 합성용언으로 파악하는 견해로는 서정수(1971), 손호민(1976), Abasolo(1977, 1978), 황병순(1986) 등이 있다. 이러한 논의의 핵심은 '본용언+보조용언'의 구조가 의존성이 매우 강하여 분리 제약이 일어나기 때문에 이러한 구조를 하나의 구문 단위인 합성어의 일종으로 보아야 한다는 것이다. 그러나 보조용언 구문은 어휘 전체를 대용하는 합성용언과는 달리 본용언만 대용이 가능하다는 점에서 하나의 구문 단위인 합성어로 보기 어려울 뿐만 아니라, 손세모돌(1993)에서 지적한 바와 같이 보조용언은 부사어의 수식을 직접 받는 일이 없다는 점과 화자의 심리 상태, 판단 등을 표현하는 양상부사와 의미 충돌이 일어나 공기 제약을 받는다는 점에서 보조용언 구문을 합성어의 일종으로 파악하는 견해는 재고가 필요하다.

보조용언이라는 범주를 인정하지 않으려는 또 다른 의견은 보조용언 구문을 본용언 내포문을 갖는 복문 구조로 보는 견해로 이홍배(1970), 양인석(1972), 임홍빈(1975), 권재일(1977), 황병순(1980), 김미경(1990), 김정대(1990), 홍종선(1990) 등이 있다. 이러한 논의는 변형생성 이론을 바탕으로 보조용언의 성격을 규명하고자 한 시도들로 기저 구조에서는 내포문을 보문으로 하는 복합문이던 보조용언 구문이 변형에 의해 표면에서는 합성동사를 형성하는 것으로 파악하였다. 보조용언 구문의 기저 구조를 복합문으로 파악하여 보조용언을 모문의 본동사로 보면서도 내포문을 어떻게 처리할지는 의견을 달리하였는데, 이홍배(1970), 양인석(1972), 임홍빈(1975), 홍종선(1990), 김정대(1990) 등은 보조용언을 명사구 보문을 취하는 모문의 본동사로 보았으며, 권재일(1977), 황병순(1980), 김미경(1990) 등은 동사구 내포문을 취하는 모문의 본동사로 파악하였다. 그러나 손세모돌(1996)에서 지적한 바와 같이 보조용언 구문에서 기저 구조와 그에 따른 변형을 가설해야 한다는 점, 의존성을 설명하기 어렵다는 점, 복합동사(합성동사)와 구분하기 어렵다는 점, 독립된 어휘 기능을 가지지 않기 때문에 모문의 서술어로 처리하기 어렵다는 점 등에서 보조용언 구문을 복문 구조로 파악하기는 어렵다고 할 수 있다.

앞에서 살펴본 바와 같이 보조용언의 범주를 인정하지 않고자 하는 논의들은 보조용언 구문을 '본용언+보조용언'의 단문 구조로 볼 것인가 아니면 내포절을 갖는 복문 구조로 볼 것인가의 문제로 귀결되어 왔다. 그러나 보조용언 구문이 단문 구조와 복문 구조를 모두 지니는 이중적 구조라는 주장이 제기되기도 하였다. 이정훈(2010ㄱ, ㄴ)은 연결어미의 통합 가능성을 바탕으로 보조용언 구문이 선행하는 본동사와 병합하는 단문 구조와 동사구에 병합하는 복문 구조가 모두 가능하다는 이중적 구조의 실현 가능성을 제시하고, 이러한 설명이 보조용언 구문의 특징적 현상 중 하나인 대용 현상을 설명하는 데 유용함을 밝혔다. 허철구(2016)에서는 보조용언 구문의 이중적 구조 양상과 속성을 좀 더 구체화하였는데, 부사어 수식 영역 및 부정 양상을 통하여 보조용언 구문이 복문과 단문의 이중적 구조를 가지며, 이러한 이중적 구조는 본질적으로 화자가 표현하고자 하는 표현 의도에 따라서 선택적으로 구현되는 구조임을 밝혔다.

의미적인 연구는 보조용언이 갖는 의미 기능에 관한 연구가 주를 이루었다. 보조용언의 의미 기능은 상이나 양태와 같은 문법적 의미를 실현하는 것이기 때문에 보조용언에 관한 의미적인 연구는 대부분 보조용언의 상 의미와 양태 의미를 밝히는 데 초점을 두었다.

상 의미에 초점을 두고 보조용언의 의미 기능을 설명한 논의로는 이기동(1977), 김성화(1992), 이선웅(1995), 박덕유(1998), 이호승(2001) 등이 있다. 이기동(1977)에서는 보조용언 '오다'와 '가다'에서 〈동작의 지속성〉이 기준점을 중심으로 실현됨을 지적하고 있다. '오다'는 기준점까지 동작이 지속됨을, '가다'는 기준점 이후의 동작 지속성을 표현한다고 하였다. 한국어의 상 분류 체계를 구체화한 연구로는 김성화(1992)를 들 수 있는데, 한국어의 상 분류 체계5)를 바탕으로 보조용언의 개별적인 상 의미를 설명하였다. 상 의미를 지나치게 세밀화하여 하위 범주들이 양태 의미를 포함할 수 있다는 문제점이 제기되나, 각각의 보조용언이 지닌 상적인 의미가 분류 체계에 의해서 명확히 구분된다는 점에서 의미가 있는 연구라 할 수 있다.

---

5) 김성화(1992)에서는 한국어의 상 체계를 크게 〈지속성〉과 〈종결상〉으로 분류하고, 〈지속성〉은 [진행성 지속성], [단순 지향성], [반복성 연속성], [단속성 반복]으로, 〈종결상〉은 [결과성 종결상], [보유성 종결상], [완수성 종결상], [소거성 종결상], [단절성 종결상]으로 하위분류하였다.

보조용언의 상 범주를 체계화한 또 다른 연구로는 이선웅(1995), 박덕유 (1998) 등을 들 수 있다. 이선웅(1995)은 보조용언의 상 의미를 〈완료상〉, 〈기동상〉, 〈반복상〉, 〈지속상〉, 〈습관상〉, 〈진행상〉의 여섯 가지로 범주화하 였으며, 박덕유(1998)는 〈완료상〉, 〈진행상〉, 〈예정상〉을 보조용언의 상 범주 로 설정하였다. 기존 논의들에서 예정성은 상 의미를 나타낼 수 없었으나, 박 덕유(1998)는 과거에 이미 실현된 행위도 상의 범주에 넣을 수 있음을 지적하 며, '-려고 하다'와 '-게 되다'를 〈예정상〉을 나타내는 보조용언 구문으로 설정 하였다. 이호승(2001)에서는 상(相)이 상황의 내적 시간 구성과 관련된 범주라 는 것에 동의하면서도 상 체계 설정이나 보조용언의 상 의미에 대해 이견을 보이는 이유는 문장의 상 의미가 상황 유형과 보조용언의 상 의미의 합성으로 형성된다는 사실을 제대로 인식하지 못한 데 있기 때문이라고 지적하면서, 시 작점, 내부단계, 끝점의 상황 유형 전체를 드러내는 〈완료상〉과 상황 유형 일 부를 드러내는 〈미완료상〉으로 상 체계를 설정하였다.

양태 의미에 초점을 두고 보조용언의 의미 기능을 설명한 논의로는 이기동 (1976), 차현실(1984), 김용석(1983), 손세모돌(1991), 김지은(1998) 등이 있다. 이기동(1976)에서는 보조용언으로 활용되는 '버리다', '내다', '쌓다', '빠지다'의 의미 기능은 화자의 주관적 견해를 나타내는 것으로 파악하고, 이 러한 양태 의미를 각각 〈부담의 제거〉 혹은 〈기대의 어긋남〉, 〈어려운 일의 성취〉, 〈주관적인 정도〉, 〈주관적으로 좋지 못한 일을 묘사함〉으로 설정하였 다. 차현실(1984)은 보조용언 '싶다'의 의미와 통사 구조를 분석하였는데, 보 조용언 '싶다'는 명제 내용에 대한 화자의 인식 양상에 따라 의미를 달리하는 것으로 파악하여, 보조용언 '싶다'의 의미 기능을 〈희망〉, 〈미확인 사실에 대 한 추정〉, 〈주관적 사실 판단〉, 〈완곡어법〉으로 분류하였다. 김용석(1983)에

서는 보조용언 '버리다'와 '내다'의 의미가 〈종결(완료)〉의 상 의미로 파악되어
온 원인은 대부분 해당 보조용언 구문이 '았/었'과 결합하여 쓰이기 때문이라
고 지적하였다. 보조용언 '버리다'는 의미가 복잡하게 추상화, 관념화하여 기
본 의미를 추출하는 것이 어려운 데 반해 보조용언 '내다'의 기본적 의미는
〈어렵다고 생각되는 어떤 일이 이루어짐〉에 대한 화자의 심리적 태도를 표현
하는 것이라 서술하면서, 보조용언이 실현하는 양태 의미에 무게를 두었다.

　손세모돌(1991)에서는 보조용언 '주다'의 의미를 〈봉사〉로 규정지었던 기존
논의를 비판하면서, 보조용언 '주다'의 의미 기능은 어휘 의미를 가지고 문장의
서술어로 활용되는 것이 아니라, 선행 동사와의 결합을 통해 〈+유익성〉이라는
화자의 심리적 판단을 더하는 것으로 파악하였다. 김지은(1998)에서는 양태의
의미를 지니는 보조용언을 '양태 용언'으로 명명하고 양태 용언을 '화자 중심
용언'과 '주어 중심 용언'으로 분류하여 양태 용언의 통사적·의미적 특성을 살
폈다. 화자 중심 용언이 지니는 양태 의미를 '화자의 양태', 주어 중심 용언이
지니는 양태 의미를 '주어의 양태'로 구분하였는데, '화자의 양태'는 가능성,
개연성, 필연성 등에 대한 화자의 심리적인 태도나, 명제에 대한 화자의 지식,
믿음, 의도, 희망, 추정 등을 말하는 것으로 화자의 심리적인 태도, 견해, 판단,
평가 등이 직접적으로 나타나는 것이라 하였다. 반면 '주어의 양태'는 선행 동
사에 의해 나타나는 행위나 상태와 관련하여 주어가 가지고 있는 가능성, 개연
성, 필연성에 대한 심리적인 태도나, 주어의 지식, 믿음, 의도, 희망, 추정 등의
판단이나 평가와 같은 심리적 태도를 나타내는 것이라 하였다.

　상 의미와 양태 의미를 종합적으로 살핀 논의로는 손세모돌(1994), 이선웅
(1995), 박선옥(2002), 권순구(2005), 배수자(2007), 진가리(2018) 등이 있
다. 손세모돌(1994)에서는 보조용언 '두다', '놓다', '버리다', '내다'의 의미

기능에는 상적인 것과 심리적인 것의 두 가지가 함께 섞여 있다고 보았다. 이들은 〈완료〉라는 상적인 기본 의미를 전제로 하고 있으나, 〈완료〉에 대한 심리적인 태도에 의해 의미 차이가 발생한다고 주장하였다. '두다/놓다'는 〈미리 준비하다〉, 〈바탕으로 하여〉, 〈일을 끝내고〉로, '버리다'는 〈종결의 강조〉, 〈아쉬움〉, 〈마음의 부담 제거〉로, '내다'는 〈어려움 극복〉이나 〈주어의 태도〉와 같이 문맥에서 여러 가지의 의미로 해석되는데, 이는 〈완료〉에 대한 심리 태도가 여러 가지로 해석될 수 있기 때문이라 하였다.

이선웅(1995)에서는 보조용언이 어휘 의미를 실현하는 과정에서 상적인 의미와 양태 의미와 같은 문법적 의미를 표현할 수 있다고 설명하였다. 보조용언이 표현하는 상 의미로는 〈완료상〉, 〈지속상〉, 〈기동상〉, 〈반복상〉, 〈습관상〉, 〈진행상〉이 있고, 양태 의미로는 〈평가 양태〉, 〈의미 양태〉, 〈인식 양태〉가 있음을 주장하였다. 박선옥(2002)에서는 보조용언의 상 의미와 양태 의미를 종합적으로 분석하고, 더불어 문장이 발화되는 화용적 상황에 따른 여러 가지 화용 의미도 구체적으로 다루었다. 또한, 보조용언의 의미 추상화 과정을 본용언이 지니는 어휘 의미와의 상관성을 살피는 과정을 통해 설명하고 있다는 점에서 의미 있는 작업이라 할 수 있다. 그러나 의미 확장 과정에 관한 명확한 설명이나 의미 확장 기제(機制)에 관한 구체적인 기술 없이, 자의적인 판단에 의해 본동사와의 관련성을 제기하며, 의미 추상화 과정을 기술하고 있다는 점에서 문제점이 지적된다.

권순구(2005)는 보조용언 구문의 상 의미와 양태 의미를 종합적으로 살피고 있기는 하지만 여타의 논의들과는 다르게 보조용언을 상 의미 보조용언과 양태 의미 보조용언으로 구분하여 개별 보조용언의 의미 기능을 분석하였다. '놓다/두다', '대다/쌓다', '가다/오다', '있다'를 상 의미 보조용언으로, '버리다', '내다', '주다', '보다', '싶다'를 양태 의미 보조용언으로 분류하고, 개별 보조용언들에 따라 상 의미와 양태 의미가 달리 나타난다고 보고 있다. 그러나 〈완료〉의 상 의미를 기본 의미로 내포하고, 〈완료〉된 상황에 대한 화자의 심리적 태도를 양태 의미로 실현하는 '버리다', '내다'를 양태 의미 보조용언으로 분류하는 것이 합당한가의 문제는 재고가 필요하다.

　배수자(2007)에서는 보조용언의 상 의미와 양태 의미, 화용 의미를 전반적으로 다루고 있다. 본용언이 가지고 있는 기본 의미와 보조용언이 가지고 있는 기본 의미를 설정하여, 개별 보조용언이 지닌 상 의미와 양태 의미, 화용 의미를 밝히고 있다. 이를 기초로 하여, 보조용언의 의미 특성에 따라 상 의미만 나타나는 보조용언, 양태 의미만 나타나는 보조용언, 상 의미와 양태 의미 둘 다 나타나는 보조용언으로 분류하였다.6) 보조용언의 의미 기능에 관한 종합적이고, 면밀한 분석이 이루어졌음에도 불구하고, 본용언의 기본 의미와 보조용언의 의미와의 상관관계를 설명하는 부분에 있어서는 좀 더 구체적이고 합리적인 설명이 필요하다 하겠다.

---

6) 배수자(2007)에서 보조용언을 의미 특성에 따라 분류한 내용을 살펴보면 다음과 같다.

상 의미만 나타나는 것	보조동사	'-아/어'	오다
	보조형용사	'-아/어'	있다
양태 의미만 나타나는 것	보조동사	'-아/어'	먹다, 주다(드리다), 바치다, 보다
		'-고'	보다
		'-아/어야'	하다
	보조형용사	'-고'	싶다
상 의미와 양태 의미 둘 다 나타나는 것	보조동사	'-아/어'	지다, 가다, 내다, 버리다, 치우다, 쌓다, 대다, 두다, 놓다
		'-고'	있다, 말다
	보조형용사	'-아/어'	지다

　진가리(2018)는 보조용언 판별 기준으로 문법적·의미적 조건7)을 제시하고, 이러한 조건을 바탕으로 보조용언의 범주를 설정하여 개별 보조용언의 상 의미와 양태 의미를 구체적으로 설명하고 있다. 특히, 보조용언의 상 의미 체계를 재정립하고, 상 의미를 지니는 두 개의 보조용언이 연속해서 출연하는 구성의 결합 양상과 선후 배열 관계 등을 종합적으로 다루고 있다는 점에서 의미 있는 연구라 할 것이다. 그러나 보조용언 판별의 조건으로 '의미의 추상화를 통한 상/ 양태적 의미 획득'이라는 의미적 조건을 설정하였음에도 불구하고, 어떠한 의미의 추상화 과정을 통해 상이나 양태 의미를 획득하였는가에 관한 구체적 설명은 제시되지 않았다.

2) 의미 확장에 관한 연구

　어휘의 의미 확장과 관련된 연구는 대부분 다의어 연구라는 큰 틀 안에서 이루어져 왔다. 지금까지의 다의어 연구는 크게 구조주의적인 접근 방식과 인지적인 접근 방식으로 구분되어, 다의어의 개념과 생성 원인이나 다의 분석의 원리, 의미 확장 원리에 관한 분석, 다의 현상을 기술하는 방법론 등 다각적인 연구들이 이루어졌다.

　구조주의적 접근 방식을 통한 다의어 연구는 주로 초창기에 이루어진 연구들로 대부분 Ullmann(1962)의 논의를 바탕으로 하여 다의어의 개념 및 생성 원인을 분석하였다. 대표적인 논의로는 이희승(1955), 이숭녕(1962), 이을환·

---

7) 진가리(2018)에서는 보조용언 판별 기준으로 문법적 조건과 의미적 조건을 제시하였다. 보조용언을 판별하기 위한 문법적 조건으로는 '내적 비분리성'과 '의존성', '도치 불가'를 제시하였으며, 의미적 조건으로는 '의미의 추상화를 통한 상/양태적 의미의 획득'을 제시하였다.

이용주(1964), 천시권(1971), 심재기(1982), 강기진(1985), 남성우(1985), 남기심(1995) 등이 있다. 이희승(1955)은 하나의 낱말이 다른 의미를 가지는 것은 연상에 의한 어의(語義)의 유동성 때문으로 파악하고, 어의 변화의 방향을 확대, 축소, 전변으로 파악하였다. 또한, 단순한 의미 변화와 복잡한 의미 변화를 구별하여 그 방법론을 제시하였는데, 단순한 의미 변화를 파악하는 방법에는 제유, 환유, 은유가 속하고, 복잡한 의미 변화를 파악하는 방법에는 방사법, 연쇄법이 있음을 설명하였다. 이숭녕(1962)은 다의의 개념을 설명하고, '원의(原義)'와 '부의(副義)'라는 개념으로 확장되기 전의 의미와 확장된 후의 의미들을 구분하였다. 또한, 다의어를 생성하는 요인을 '언어 구조', '문화 사회', '사회적 계층'으로 분류하였다. 아울러 다의의 근원을 Ullmann(1962)의 이론에 근거하여 통시적 측면과 공시적 측면으로 구분하여 설명하였는데, 통시적으로 볼 때 다의는 한 낱말의 사용 빈도가 높아짐으로써 이전의 의미를 유지함과 동시에 몇 개의 새로운 의미를 얻게 될 때 발생하는 것으로 보았으며, 공시적으로 보면 다의는 한 의미가 여러 국면에서 확대되는 적용상의 전이 결과로 파악하였다.

이을환·이용주(1964)에서는 다의 현상이 나타나는 요인을 유사 개념과 접근 개념, 의미의 특수화, 의미의 일반화, 생략, 비유법, 민간 어원과 오용 등으로 나누어 이론적 설명과 함께 구체적인 실례를 들어 분석하고 있다. 이러한 분석을 통해 은유에 의한 유사 심리의 연상이 환유와 제유에 의한 인접 개념에 의한 연상 작용보다 더 활발함을 밝혔다. 천시권(1971)에서는 다의어 의미 분석의 한계를 지적하며, 다양한 가설을 통해 시행착오를 반복할 때 한계를 극복할 수 있을 것임을 강조하였다. 또한, 다의어와 동형이의어의 구분 문제도 언급하였는데, 전이(轉移)와 전용(轉用) 관계를 중심으로 다의어와 동형이의어를 구분하는 방법론을 제시하였다. 심재기(1982)에서는 다의어의 발생 원인을 소개하였는데, 의미 변화의 원인을 언어의 보수성, 의미 간의 상사, 명칭 간의 접근, 명칭과 어미의 복합 관계 등으로 나누어 구체적인 의미 변화양상을 살폈다.

강기진(1985)은 다의어의 구조가 어떻게 형식화될 수 있는지를 다루었고, 남성우(1985)는 다의의 근원을 적용의 이동, 의미의 특수화, 일반화, 은유, 환유, 동음어의 재해석, 의미의 차용 등으로 구분하고, 이를 중세 국어, 근대 국어, 현대 국어에 적용하여 다의 과정을 면밀히 분석하였다. 남기심(1995)에서는 다의어의 예외적 문법 현상과 다의성 사이의 관계를 살피고 있다. 예외적 문법 현상이란 다의어가 문장 안에서 주변 의미를 나타낼 때 받는 여러 가지 제약 현상을 말하는 것으로, 다의어가 문장 안에서 전이 의미를 나타낼 때 낱말이 겪는 여러 가지 통어적 공기 제약과 문법적 제약을 구체적인 실례를 보여 예증(例證)하였다.

인지적 관점에서 이루어진 의미 확장에 관한 논의들로는 이기동(1986, 1992, 1999), 신현숙(1995), 임지룡(1996, 2001), 배도용(2001, 2002, 2003), 이건환(2002), 김명숙(2005), 육미란(2008), 정병철(2009), 왕미자(2014), 김용(2015) 등이 있다. 이기동(1986)에서는 범주화에 관한 두 가지 모형으로 기준 속성 모형과 원형 모형을 소개하고 있다. 기준 속성 모형을 통한 범주화의 한계를 지적하며, 이를 보완할 수 있는 원형 모형설을 제시하고, 한 낱말의 여러 의미가 관련성을 지니고 있음이 범주의 원형설을 통해 잘 나타남을 보였다. 또한 이기동(1992)에서는 다의어를 서로 관련된 여러 가지 뜻을 가진 낱말로 규정짓고, 다의어의 의미 관련 방식을 도식 관계와 의미 확대로 구분 지어 설명하고 있다. 이기동(1999)에서는 다의어 ‘가다’의 확장의미를 다양한 언어 자료를 통해 분석하였다. 이러한 분석을 통해 여러 의미가 밀접한 관련성을 지니고 있음을 밝히고, 관련성을 획득하는 과정은 은유와 환유를 통해 이루어지는 것으로 보았다. 신현숙(1995)에서는 장소성 동사 '앉다/서다/눕다'의 쓰임과 의미 확장 관계를 다루었는데, 이러한 장소성 동사는 문맥의 구성 성분에 의하여 다양한 의미 확장이 이루어지기 때문에 문맥을 고려하여 의미 확장 관계를 살펴야 함을 강조하였다.

임지룡(1996)에서는 인지의미론의 틀에 바탕을 두고 다의어의 의미 특성을 소개하였다. 다의어의 의미 구조로 구조주의에서 인정해 온 '핵의미 구조'와 인지주의에서 원형이론을 바탕으로 하는 '의미연쇄 구조', '의미망 구조'의 성격과 특징을 분석하여, 다의어 의미 분석에 있어서 '의미망 구조'가 보다 설명력이 높음을 밝혔다. 아울러 다의어의 의미 확장 원리는 환유 및 은유의 기제에 바탕을 두고 있으며, '사람', '구체성', '공간', '물리적', '일반성', '내용어' 등을 중심으로 원형의미에서 확장의미로 다의 관계가 형성되고, 원형의미와 확장의미 간에는 구조적, 빈도적, 인지적 측면에서 비대칭성을 드러냄을 밝혔다. 또한 임지룡(2001)에서는 인지의미론의 관점에서 다의어를 분석하는 방법을 소개하였다. 동사 '사다'와 '팔다'를 중심으로 다의적 특성을 분석하였는데, 낱말의 다양한 용법들이 원형의미를 중심으로 방사상 구조를 지닌 다의 관계를 형성함을 보여주고 있다. 배도용(2001, 2002, 2003)에서는 '손, 눈, 귀, 머리, 입, 얼굴' 등 신체어의 의미 확장 방향과 확장된 의미의 개념망에 대해 분석하였다. 은유적 전이 방향을 '사람, 대상, 공간, 소유, 시간, 질'로 나누어 설정하고, 이를 바탕으로 각 신체어의 의미 확장 양상과 개념망을 분석하였다.

이건환(2002)에서는 합성어, 다의어, 보조용언의 의미 확장 양상을 인지의미론의 관점에서 분석하였다. 합성어, 다의어를 통해 어휘 층위의 의미 확장 양상을 보이고 보조용언의 문법화 과정을 통해 문법 층위의 의미 확장 양상을 보였다. 김명숙(2005)은 어휘들이 지니는 다양한 의미 관계와 그 쓰임들을 체계적으로 분석하기 위해서 고려해야 할 인지 과정들을 인지의미론의 관점에서 고찰하였다. 한편 육미란(2008)은 이동동사 '가다'의 의미를 인지적 관점에서 분석하였다. 본동사, 합성동사, 보조동사로 실현되는 '가다'의 의미가 유기적으로 구조화되어 있음을 밝히고, 기본 의미인 '변화'가 실현 양상에 따라 '위치변화, 상태변화, 시간변화, 심리변화'로 표출됨을 다양한 예문을 통해 설명하였다. 정병철(2008)은 동사의 의미 해석 과정과 의미 확장 과정, 동사의 의미망을 시뮬레이션 의미론에 기초하여 설명하였다. 동사의 의미 해석 과정을 이해하기 위해서 원형의미와 맥락의미, 확장의미8)를 분석하고, 은유에 의한 의미 확장 과정과 동사의 확장의미가 발생하는 시뮬레이션 과정을 분석하여, 동사의 의미망 체계와 분석 원리를 제시하였는데, 동사의 의미망 체계를 신체의 움직임을 나타내는 동사의 의미망과 지각되는 대상의 움직임을 나타내는 동사의 의미망으로 분류하여 구체화하였다.

왕미자(2014)에서는 한국어 다의어의 특징과 분류 기준, 의미 확장 규칙을 체계적으로 고찰하여 다의어의 의미망을 구축하고, 이를 한국어 학습자에게 적용하는 방안을 제시하였다. 김용(2015) 또한 교육적 측면에서 다의어의 의미 확장 과정을 분석하였다. 다의어 의미의 교육 내용을 선정하기 위해 다의어의 의미 구성 원리인 개념적 은유에 의해 다의성이 높은 동사의 의미를 구분하고, 학습자들이 실제 언어생활에서 다의어의 다양한 의미를 원활하게 사용할 수 있도록 개념적 은유를 활용한 동사의 의미 교육 방안을 제시하였다.

의미 확장에 관한 다양한 연구를 통해 의미 변화의 원리와 과정, 의미 변화

---

8) 정병철(2008)에 의하면 동사가 실제로 사용될 때 최종적으로 해석되는 의미는 맥락의미와 확장의미 두 가지가 있는데, 맥락의미는 원형의미를 통해 즉석에서 접근되는 의미며, 확장의미는 장기기억에서 불러온 의미로 의미망에서 독립된 마디를 구성하는 의미다.

의 양상을 확인해 볼 수 있었다. 특히 보조용언과 관련하여 본용언에서 보조용언으로 의미가 변화해 가는 방향성을 파악해 볼 수 있었다. 그러나 보조용언으로 의미가 변화하는 과정, 즉 보조용언의 문법적 의미가 구성되는 과정에 관한 구체적 설명은 천착한 연구에서 찾아보기 어려웠다.

3) 개념적 혼성에 관한 연구

개념적 혼성 이론은 개념적 혼성이라는 인지 과정을 이용하여 인간의 의미 구성 방식을 설명하고자 하는 인지언어학의 방법론이다. Fauconnier(1997) 와 Fauconnier & Turner(2002)를 통해 정립된 개념적 혼성 이론은 김정환 (2000)에 의해 국내에 처음 소개된 이래, 언어학을 비롯하여, 문학, 음악, 미술 등 다양한 분야에서 의미 분석이나 의미 구성 과정을 밝히는 데 활용되었다.

언어학에서 개념적 혼성 이론은 결합적 양상을 나타내는 어휘나 구의 의미 구성 과정을 구체화하거나, 어휘적 의미로 의미 해석이 불가능한 문장이나 담화의 추론적 의미가 도출되는 과정을 설명하는 데 주로 활용되었다. 개념적 혼성 이론을 활용한 연구는 초기에는 영어를 중심으로 이루어졌으나,9) 최근에는 한국어의 어휘나 구, 문장, 담화의 의미 구성 과정을 살피는 데 널리 활용되고 있다.

---

9) 영어를 중심으로 개념적 혼성 이론의 기초 이론이나 적용 양상을 소개한 논의로는 개념적 혼성의 의미 구성 양상을 밝힌 김동환(2002)이나 개념적 혼성에 입각한 은유의 의미 구성 과정을 밝힌 김동환(2004)의 연구가 있다. 또한 개념적 통합 연결망의 유형을 소개한 김동환(2012)이나 개념적 혼성 이론을 기반으로 주관적 이동을 설명한 김주식(2002)의 연구도 개념적 혼성 이론에 관한 이해의 폭을 넓히는 데 도움을 주었다. 개념적 혼성 이론을 적용하여 영어의 어휘나 구, 문장, 담화의 의미 구성 과정을 살핀 논의로는 은유적 합성어의 의미 구성 과정을 밝힌 김동환(2012)이나, 은유적 계사 합성어의 의미 구성 과정을 밝히 김동환(2014), 일상 언어에 편재해 있는 환유적 의미 구축 과정을 개념적 혼성 이론을 기반으로 설명한 이신우(2006) 등의 논의가 대표적이다.

이종열(2003)은 한국어 비유 표현의 의미를 이해하고 생산하는 데 관여하는 인간의 인지 작용과 인지 과정을 개념적 혼성 이론을 활용하여 설명하였다. 비유적 의미는 비유의 근원 및 그 대상과 관련된 인지 영역에서 파악되는 것이 아니라, 인간의 인지 체계 내에서 사상과 투사, 그리고 이 두 가지 인지 작용을 포괄하는 혼성 작용에 따라 새로운 개념을 통합하는 과정임을 밝혔다. 비유적 의미가 두드러지는 합성 표현이나 관용 표현의 창조적 특성을 통합의 과정에서 기존에 있었던 유사성을 새롭게 발견해 내는 차원이 아니라, 서로 다른 이질적 대상 사이에서 이전에 없던 새로운 유사성을 창조해 내는 과정으로 이해한 것이다. 또한 이종열(2004)에서는 개념적 혼성 이론이 국어의 의미 확장 연구에 어떻게 적용되어 기여할 수 있는가에 초점을 두고, 은유 및 환유적 의미 작용, 그리고 은유와 환유의 상호작용으로 파악되는 비유적 의미의 해석 과정을 제시하였다.

정수진·송현주(2012)는 개념적 혼성 이론을 활용하여 어휘, 구, 문장(담화) 등의 층위에서 국어 표현의 의미 구성 방식을 밝혔다. 개념적 혼성 이론이 특정 층위에서만 적용 가능한 것이 아니라, 어휘, 구, 문장(담화) 등의 모든 층위에서 설명력을 가지고 있음을 합성어와 구, 그리고 광고와 신문 기사에 나타난 담화의 의미 구성 과정을 분석하여 확인하였다. 이러한 분석의 과정을 통해 개념적 혼성 이론은 실시간으로 일어나는 담화의 의미를 해석하는 데 유용할 뿐만 아니라, 언어 표현의 의미가 동적으로 구성되는 과정은 물론이고, 그 과정에서 새롭게 생성되는 추론적 의미가 어떻게 도출되는지를 구체적으로 보여준다는 점에서 의미 구성 과정을 분석하는 데 큰 이점이 있다고 보았다.

이선희(2014)는 개념적 혼성 이론을 활용한 한국어 관용어의 교육 방안을 제시하였다. 관용어의 의미 형성에 작용하는 이론적 배경을 다의어 이론, 사회·문화적 배경 이론, 개념적 혼성 이론으로 분류하여, 이론적 배경을 기반으로 한 관용어 교육 방안을 제시한 것이다. 특히 개념적 혼성 이론은 단어 개개의 의미로 설명하기 어려운 관용어의 고착된 의미를 설명하는 데 유용하다고 보아, 관용어의 의미 구성 과정을 개념적 통합 연결망을 통해 제시하였다.

김해미(2015)는 신체화에 기초하여 미각 형용사의 의미가 확장되는 양상과 특성을 종합적으로 살폈다. 미각 형용사인 '달다, 맵다, 시다, 쓰다, 짜다, 떫다' 등 6개의 미각 형용사 계열 어휘를 대상으로 하여, 인간의 미각적 경험이 국어에 어떻게 반영되어 있으며, 미각 개념이 비미각적 개념으로 어떻게 체계적으로 확장되는가의 문제를 개념적 혼성 이론을 활용하여 설명하였다. 미각 형용사의 의미 확장 양상을 분석한 결과, 미각 형용사는 '감각 과정 → 객관적 인식 과정 → 주관적 인식 과정'으로 일관되면서도 체계적인 의미 확장 양상을 보였는데, 감정이나 태도 등 추상적이며, 감정적인 주관적 인식 과정의 의미는 맛 프레임과 감정 프레임이라는 두 입력공간의 개념적 혼성 과정을 통해 의미가 생성되는 것으로 보았다.

유인선(2016)은 중세·근대 국어의 기본 미각어와 후각어의 의미 양상을 통시적으로 분석하였다. 기본 미각어와 후각어를 설정하여 이들의 의미 확장 양상을 살피는 과정에서 단일 어휘의 확장의미는 의미 확장 과정을 통해 설명하였으나, '식서늘ᄒ다'와 같이 결합적 양상을 보이는 어휘의 의미 형성 과정은 개념적 혼성 이론을 통해 설명하였다. 이는 결합적 양상을 통해 새로운 의미를 구성하는 과정에서 개념적 혼성 이론이 설명력을 높일 수 있음을 방증하는 연구라 할 수 있다.

오원식(2019)은 개념적 혼성 이론을 활용하여 혼성어(blending word)의 형성 과정에 작용하는 인지적 기제를 분석하여, 외국어로서의 한국어 교육에

의 적용 방안을 제시하였다. 혼성어의 형성 과정을 분석하여 혼성어의 유형을 파악하고, 혼성어의 절단과 합성이 나타나는 원인에 대해 분석하였다. 그 결과 혼성어는 단순히 두 단어의 연관성으로부터 혼성하는 것이 아니라, 언어 사용자의 복합적 인지 과정과 혼성 과정에 참여하는 두 단어에 관한 개념화가 단어 형성에 중요하게 작용한다는 사실을 밝혔다. 혼성어의 형성 과정은 새로운 의미의 표현을 극대화하기 위한 언어 사용자의 주관적 선택이 작용하는 것으로, 두 단어에 관한 개념화 요소 중 혼성공간으로의 선택적 투사가 혼성어의 의미를 형성하는 데 중요한 역할을 담당하고 있음을 확인하였다.

3. 연구 방법

선행 연구를 통해 살펴본 바와 같이 보조용언에 관한 연구는 보조용언의 범주와 구조, 의미 기능, 또한 의미 확장 과정 등 다양한 연구가 이어져 왔다. 보조용언의 범주와 의미에 관한 연구가 지속되었음에도 불구하고, 여전히 보조용언의 범주와 의미와 관련한 이견과 논쟁이 반복된다는 사실은 보조용언의 범주와 의미에 관한 의문들이 여전히 해소되지 않았음을 의미한다. 보조용언의 범주를 설정하는 기준은 무엇이며, 범주 설정 기준에 따라 보조용언의 목록은 어디까지 선정할 것인지, 또한 보조용언이 지니는 의미의 특성은 무엇이며, 개별 보조용언의 의미는 어떻게 구성되는지 등 보조용언의 범주와 의미에 관한 다양한 의문들이 산재해 있는 것이다.

본고는 보조용언의 범주와 의미에 관한 의문들을 해소하는 데 미약하나마 도움이 되고자 한다. 이러한 목적에 근거하여 천착한 연구를 살펴보며 제기되었던 다음과 같은 몇 가지 의문에서 논의를 출발하고자 한다.

• 동일한 형태가 어떻게 다른 의미를 표현하는가?
• 보조용언의 의미는 본용언의 의미와 어떠한 관계를 맺고 있는가?
• 보조용언의 의미는 어떠한 과정을 통해 구성되는가?

첫 번째 의문점은 동일한 형태가 어떻게 다른 의미를 표현하는가 하는 문제다. '동사+동사(V_1+V_2)'의 연속된 동사 구문은 동일한 형태 구성을 지닌 채 '본용언+보조용언'의 보조용언 구문과 합성용언 구문, 접속 구문으로 활용된다. 띄어쓰기 여부를 제외하고는 형태적 차이를 보이지 않는 '동사+동사(V_1+V_2)'의 연속된 동사 구문을 어떠한 기준으로 구분할 수 있는가 하는 문제를 해결해야 하는 것이다. 보조용언 구문과 합성용언 구문, 접속 구문을 구분하는 기준을 찾는 일은 결국 동일한 형태 구성이 지니는 의미적 특성을 찾는 일이라 할 수 있다. 보조용언 구문과 합성용언 구문, 접속 구문이 지니는 의미적 특성을 찾는 작업은 보조용언의 개념과 범주를 설정하는 데 필수적인 요소가 될 것이다.

두 번째 의문점은 보조용언의 의미가 본용언의 의미와 어떠한 관계를 맺고 있는가 하는 문제다. 보조용언의 의미가 본용언의 의미와는 별개로 새롭게 형성된 의미인가, 아니면 본용언의 의미가 변화하여 보조용언의 의미가 형성된 것인가의 문제를 시작으로, 본용언의 의미가 변화하여 보조용언의 의미가 형성되었다면, 단계적인 의미 확장의 과정을 거쳐 형성된 것인가, 아니면 즉시적인 인지적 과정을 통해 형성된 것인가는 여전히 논쟁의 소재가 되고 있기 때문이다.

세 번째 의문점은 보조용언의 의미는 어떠한 과정을 통해 구성되는가 하는 문제다. 보조용언의 의미가 본용언으로 활용되던 어휘 의미의 영향을 받아 형성되었다고 가정한다면, 보조용언이 지닌 의미의 실체는 무엇이며, 보조용언의 의미가 구성되는 과정은 어떻게 이루어지는가 하는 문제를 명확히 밝혀내야 할 것이다. 보조용언의 의미 구성 과정을 살피는 일은 보조용언이라는 범주가 지닌 의미적 특성을 확인할 수 있을 뿐만 아니라, 개별 보조용언의 의미를 명확히 할 수 있다는 점에서 보조용언 의미 연구에 반드시 수반되어야 하는 과제기 때문이다. 그럼에도 불구하고 보조용언의 의미에 관한 선행 연구는 주로 발화 상황에서 표현되는 보조용언의 문법적 의미가 무엇인가에만 초점을 두고 있었지, 보조용언의 문법적 의미가 어떻게 구성되는가 하는 문제에는 관심을 기울이지 않았다.

또한, 보조용언은 선행 용언의 행위에 관한 화자 혹은 동작 주체의 태도나 감정 등 특정한 문법적 의미를 표현하는 것으로 주로 담화 상황에서 발화자가 특정한 의도나 목적을 실현하기 위해 활용된다. 이러한 보조용언의 문법적 의미 구성 과정은 문법화라는 단계적 과정을 통해 설명되어 왔다. 일정한 의미 변화의 단계적 과정을 통해 보조용언의 의미가 구성된다면, 객관적이고 표준적인 의미가 구성되어 있어야 할 것이다. 그러나 보조용언의 문법적 의미는 연구자들의 관점에 따라 상이한 양상을 나타내며, 담화 상황에서도 발화자의 의도나 목적에 따라 실현 양상이 달라지기도 한다. 이는 보조용언의 문법적 의미가 문법화와 같은 일정한 단계적 과정을 통해 구성되는 것이 아니라 즉시적(卽時的)이고 다면적(多面的)인 인지적 작용을 통해 구성되는 것은 아닐까 하는 의문을 갖게 만든다.10)

본고는 보조용언의 범주와 의미와 관련하여 앞서 제시한 의문점들을 해소하

---

10) 김용경(2002: 48-49)은 언어 변화를 일으키는 요인은 복잡하고 다양하기 때문에 의미 변화의 과정을 하나의 경로만을 따라가는 단선적인 문법화 과정으로 설명하는 것은 무리가 따른다고 하였다.

기 위해 다음과 같은 과정을 통해 논의를 진행하고자 한다.

2장에서는 보조용언의 개념과 의미적 특성을 살펴보고자 한다. 먼저, 보조용언을 비롯하여 보조용언 구성에 관여된 요소들의 개념 및 용어를 정리할 것이다. 또한 보조용언의 범주 설정과 관련된 기존의 논의들을 바탕으로 보조용언 범주 설정의 당위성을 확인하고, 보조용언과 인접 범주들과의 의미적 차이를 분석하여 보조용언이라는 범주가 지닌 의미적 특성을 밝혀내고자 한다. 아울러 보조용언이 실현되는 과정에서 구현되는 문법적 의미의 실체를 확인하고, 보조용언 범주를 설정하는 데 초석이 될 수 있는 보조용언 범주의 분류 기준과 개념을 재정립할 것이다. 보조용언이 지닌 의미적 특성을 고려하여, 형태와 기능, 의미 기준이 포함된 보조용언 범주의 분류 기준을 설정하고, 설정된 보조용언 범주의 분류 기준을 바탕으로 형태적, 기능적, 의미적 측면을 고려한 보조용언의 개념을 재정립할 것이다.

3장에서는 보조용언의 의미 구성 과정을 살피기 위해서 분석의 대상으로 삼을 보조용언 목록과 의미를 선정할 것이다. 보조용언 목록을 선정하기 위해서 보조용언의 원류(原流)라 할 수 있는 최현배(1937)의 보조용언 목록을 분석의 시초로 삼을 것이다. 최현배(1937)가 분류한 보조용언 목록을 분석의 시초로 삼는 이유는 사전 기술을 비롯하여 연구자의 관점에 따라 보조용언 목록이 상이하기 때문이다. 표준적인 보조용언 목록이 실재하지 않기 때문에 보조용언의 원류라 할 수 있는 최현배(1937)의 보조용언 목록을 논의의 시초로 삼는 것이다.

최현배(1937)의 목록을 기초로 본용언과의 결합 과정에서 의미 변화를 수반하지 않는 보조용언 범주를 비확장적 보조용언 범주로, 의미 변화를 수반하는 보조용언 범주를 확장적 보조용언 범주로 분류하고, 각 범주에 속하는 개별 보조용언의 의미를 분석할 것이다. 개별 보조용언의 의미를 분석하여, 형태·통사적 기준과 기능적 기준, 의미적 기준에 부합하는 표준적인 보조용언 목록을 설정하고, 개별 보조용언의 문법적 의미를 선정할 것이다.

4장에서는 개념적 혼성 이론을 기반으로 하여 보조용언의 의미 구성 과정을 살피고자 한다. 먼저 보조용언 의미 구성 과정의 기반이 되었던 개념적 은유 이론의 특징과 한계를 살펴볼 것이다. 일방향적으로 사상되는 개념적 은유에 의한 보조용언의 의미 구성이 화자나 주체의 감정이나 태도를 주로 드러내는 보조용언의 문법적 의미, 특히 양태 의미의 생성 과정을 설명하는 데 한계가 있다고 보아, 둘 이상의 입력공간에 쌍방향적으로 작용이 가능하며, 입력공간 간의 부분적 사상과 혼성공간으로 선택적 투사가 가능한 개념적 혼성 이론을 활용하여 보조용언의 의미 구성 과정을 밝히고자 한다.

개별 보조용언이 지닌 양태 의미 구성 과정은 개별 보조용언이 실현된 전형적인 문장을 개념적 통합 연결망으로 구현하는 과정을 통해 확인할 것이다. 본용언의 의미를 분석하여, 양태 의미 구성 과정에 영향을 미치는 본용언 어휘 의미의 핵심 요소를 도출하고, 보조용언 구문의 양태 의미 구성을 위한 공간횡단 사상을 구성하여, 개념적 통합 연결망을 구성할 것이다. 개별 보조용언이 실현된 문장의 개념적 통합 연결망을 분석해 보면, 개별 보조용언의 양태 의미가 구성되는 인지적 과정을 가시화할 수 있을 것이기 때문이다. 개별 보조용언의 의미 구성 과정을 밝히는 일은 보조용언의 의미가 실현되는 양상과 의미를 해독하는 과정을 가시적으로 드러내 보조용언의 범주와 의미를 명확히 하는 데 도움을 줄 것으로 예상된다.

제2장

보조용언의 개념과 의미적 특성

보조용언의 개념과 의미적 특성

1. 용어 설정의 문제

일반적으로 보조용언(補助用言)이라 함은 '동사+동사(V_1+V_2)'의 연속된 동사 구문에서 선행 용언을 돕는 역할을 하는 후행 용언을 일컫는다. 이처럼 연속된 동사 구문에서 V_2를 지칭하는 용어는 학자들에 따라 조동사, 매인풀이씨, 의존용언, 도움풀이씨, 보조용언 등의 다양한 명칭이 사용되고 있는데, 조동사는 주로 영문법의 영향을 받은 용어라 할 수 있으며, 의존용언과 보조용언이라는 용어는 통사적 측면을 중시하는지 아니면 기능적 측면을 중시하는지에 따른 구분이라 할 수 있다. 매인풀이씨와 도움풀이씨라는 명칭 역시 의존용언과 보조용언의 분화와 같은 맥락에서 이해할 수 있을 것이다.

의존용언(매인풀이씨)이라는 용어는 '동사+동사(V_1+V_2)' 구문의 통사적 측면을 강조한 용어다. 자립하여 쓰이며 어휘적 의미를 지니고 있는 선행 용언과 달리 선행 용언에 의존적이며 주로 문법적 의미를 지닌다는 점에서 후행 용언, 즉 V_2를 의존용언이라 명명한 것이다. 이러한 용어 정의는 형태소를 자립형태소와 의존형태소로 나누는 것과 같은 맥락에서 이해할 수 있다. 형태소를 자립

형태소와 의존형태소로 분류한 것과 마찬가지로 의존용언과 대비되는 선행 용언을 자립용언이라는 용어를 설정하게 된다면, 연속된 동사 구문은 '자립용언+의존용언'의 구성으로 파악할 수 있을 것이다. 물론 후행 용언은 선행 용언에 대한 의존성이 강해 분리 제약이 일어나며, 의미적으로도 선행 용언에 의미를 더하는 기능을 하기에 의존적이라 할 수 있다. 그러나 선행 용언은 형태적으로 자립적이며 의미적으로도 어휘적 의미를 나타내고 있음에도 불구하고 연속된 동사 구문에서는 온전히 자립적 의미를 나타낸다고 보기에는 어려움이 있다.

   (1) ㄱ. 우리 아기는 사과를 <u>먹어 보았다.</u>
       ㄴ. 우리 아기는 사과를 <u>먹었다.</u>
       ㄷ. ?우리 아기는 사과를 <u>보았다.</u>[11]

앞서 언급한 바와 같이 의존용언이라는 용어가 함축하고 있는 의미는 연속된 동사 구문에서 V_2가 지닌 형태적, 의미적 의존성에 기인한다. 의존용언에 대비되는 용어가 자립용언이라면, V_1은 형태적뿐만 아니라 의미적으로도 자립적이어야 할 것이다. 진가리(2018)에서도 보조용언의 특징으로 의존성을 제시하며 보조용언 구성에서는 서술어의 주된 의미가 본용언에 걸려 있기 때문에 본용언이 제외되면 문장 성립이 안 되지만,[12] 보조용언은 생략이 되어도 전체

---

11) (1ㄷ)을 비문으로 파악한 것은, (1ㄷ)은 (1ㄱ)에서 선행 용언을 제거한 후행 용언 단독 형태이기 때문이다. 즉, (1ㄷ)에서 '보다'의 의미는 '눈으로 대상의 존재나 형태적 특징을 알다'라는 의미가 아닌 〈경험〉의 여부를 나타내야 하는데, (1ㄷ)에서 '보다'는 '경험'의 의미를 나타내지 못하기 때문에 비문으로 파악하였다.

12) 임병민(2009)에서는 통사적 비자립성이 보조용언의 가장 기본적인 특징임을 강조하며, 보조용언 구문은 서술의 중심 의미를 포함하고 있는 선행 용언을 반드시 필요로 하지만 선행 용언만으로는 의미 기능이 완전하지 못함을 지적하였다.

적인 명제 의미에는 변화가 없다고 하였다. 그러나 (1ㄱ)의 의미와 후행 용언이 제거된 (1ㄴ)의 의미가 동일하지 않다는 사실은 직관적으로도 파악이 가능하다. 선행 용언과 후행 용언의 결합에 의해 의미가 구성된 (1ㄱ)은 〈대상 행위에 관한 경험〉 여부를 알리는 데 목적이 있으나, 선행 용언만 실현된 (1ㄴ)은 〈행위〉나 〈행위의 대상〉을 알리는 데 목적이 있기 때문이다.

(1ㄴ)에서도 (1ㄱ)에서와 마찬가지로 '먹다'라는 행위에 대한 기본 의미가 유지되기 때문에 (1ㄴ)을 비문으로 설정할 만한 근거는 없다. 하지만 (1ㄴ)에서는 (1ㄱ)이 선행 용언과 후행 용언의 결합을 통해 의도하는 문장 의미가 온전히 보전되지는 않는다. 연속된 동사 구문은 결합된 의미가 실현되기 때문이다. 즉, 선행 용언은 통사적으로는 자립적일 수 있으나, '동사+동사(V_1+V_2)'의 연속된 동사 구문에서는 의미적으로 의존적이라 할 수 있다. 선행 용언과 후행 용언의 결합이 깨어지는 순간 결합에 의해 구성된 의미 기능이 완전히 표현되지 못하기 때문이다. 따라서 '자립용언+의존용언'이라는 용어는 '동사+동사(V_1+V_2)' 구문이 결합된 의미를 표현한다는 의미적 특성을 적절히 반영하지 못하고 있기에 재고가 필요하다.

보조용언(도움풀이씨)이라는 용어는 '동사+동사(V_1+V_2)'의 연속된 동사 구문의 의미 기능을 강조한 용어로 V_2가 선행 용언의 의미를 보조해 준다는 뜻을 지니고 있다. '동사+동사(V_1+V_2)' 구문을 '본용언+보조용언'의 구조로 파악하여 본용언의 의미를 도와 의미를 완전하게 만들어 주는 것이 보조용언의 일차적 기능임을 강조하는 것이다.

최현배(1937)를 비롯한 다양한 논의들에서 이와 같은 맥락에서 보조용언을 정의하고 있는데, 최현배(1937)는 '으뜸되는 풀이씨 아래에서 그것을 도와서 월의 풀이씨를 완전하게 하는 움직씨'를 도움풀이씨로, 심의린(1935)은 '용언과 용언이 인접하여 어떤 서술을 할 때 주되는 용언에 종속하여 그 뜻을 돕는 용언'을 보조용언으로 정의하고 있다. 박선옥(2002)은 '선행하는 본동사에 결속되어 통사적으로 독립된 서술어로 기능하지 못하며, 선행하는 본동사에 상이나 양태와 같은 의미적 첨가를 하여 본동사를 보조하는 동사'를 보조동사로, 호광수(2003)는 '독립적인 서술어로서의 기능을 수행하지 못하고, 연결소와 함께 본용언 뒤에 위치하여 의미의 보조자 역할만을 수행하는 것'을 보조용언으로 정의하였다. 이상의 보조용언에 대한 정의를 살펴보면 보조용언이라는 용어가 후행 용언이 지닌 의미 기능에 초점을 두면서 통사적 비자립성이나 분리 제약 등의 통사적 특성도 적절히 설명할 수 있음을 알 수 있다.

본고에서는 연속된 동사 '동사+동사(V₁+V₂)' 구문에서의 V₂를 보조용언(Auxiliary Verbs)이라는 용어로 통일하여 사용하고자 한다. 보조용언이라는 용어가 V₁에 의미를 더하여 의미를 완전하게 만들어 준다는 V₂의 의미 기능을 가장 명시적으로 드러낼 뿐만 아니라, 통사적 특성 또한 함의하고 있기 때문이다. 또한, 같은 맥락에서 보조용언과 대비되는 선행 용언은 '본용언'으로 지칭하고, 본용언과 보조용언을 연결하는 어미들은 본용언과 보조용언의 결합적 관계를 연결하는 요소로 파악한 호광수(2003)의 논의를 수용하여 '연결소'로 지칭하겠다13). 보조용언은 선행 연구들과 『표준국어대사전』(2008)을 참고하여 '홀로 서술어가 되지 못하고 본용언 뒤에 쓰여 화자의 태도나 의도를 나타내거나, 의미를 더하는 보조동사와 보조형용사를 아울러 이르는 말'로 우선 정의하고 논의를 진행하고자 한다. 아울러 '본용언+(연결소)+보조용언'의 구

---

13) 본용언과 보조용언을 연결하는 어미들을 '연결 어미'가 아닌 '연결소'로 지칭한 이유는 논란의 여지는 있으나 전성 어미인 '-은/는'이나 '-음'에 의해 연결되는 구문들도 보조용언 범주에 포함되어 있기 때문이다. '연결소'라는 용어가 이러한 결합적 관계를 연결하는 요소까지 총칭할 수 있다고 보아 해당 용어를 차용하였다.

성은 '보조용언 구문'으로 지칭한다.

2. 보조용언 범주의 의미적 특성

우리가 접하는 세계 속에는 수많은 개별 대상들과 사건, 상황들이 복잡하게 얽혀 있다. 복잡다단한 세계를 보다 쉽게 이해하기 위해 인간은 다양한 인지적 활동을 통해 대상과 현상을 구조화하고 체계화한다. 범주화(categorization)는 모든 고등 인지 활동의 근간이 되는 것으로 다양성 속에서 유사성을 파악하는 능력이며, 사물들과 사건들을 비슷하다고 판단되는 것들끼리 하나로 묶는 인지 활동이다(임지룡, 1997: 90). 범주(範疇, category)란 범주화의 과정을 통해 분류된 경험적 집합체로, 이러한 범주는 범주를 구성하는 요소들의 특징을 내포하고 있다. 따라서 범주를 설정하는 과정은 단순히 범주를 구성하는 요소들을 분류하는 작업을 넘어, 범주가 지닌 특징을 이해하는 과정도 동반되어야 할 것이다.

범주가 내포하고 있는 특징은 유사성과 차이성에 근간을 두고 있다. 범주화의 과정이 다양성 속에서 유사성을 파악하는 과정이기 때문이다. 따라서 보조용언이라는 범주가 지닌 특징을 파악하기 위해서는 보조용언과 인접한 범주들과의 차이성을 밝혀내는 작업이 선행되어야 할 것이다.

본 편에서는 보조용언의 범주 설정과 관련된 문제들을 의미적 관점에 중점을 두고 살펴보고자 한다. 보조용언의 범주 설정과 관련된 기존의 논의를 바탕으로 보조용언 범주 설정의 당위성을 확인하고, 보조용언과 인접 범주들과의 의미적 차이를 분석하여 보조용언의 의미적 특성을 밝혀 보고자 한다.

1) 보조용언의 범주 설정 문제

보조용언이라는 범주를 인정하지 않으려는 입장은 크게 두 가지로 나누어 볼 수 있는데, '본용언+보조용언'의 구조를 합성용언(합성동사)으로 보는 견해와 본용언 내포문을 갖는 복문 구조로 보는 견해가 대표적이다.

선행 연구에서 살펴본 바와 같이 본용언과 보조용언의 구조를 하나의 합성용언으로 파악하는 견해로는 서정수(1971), 손호민(1976), Abasolo(1977, 1978), 황병순(1986) 등이 있었다. 이러한 논의의 핵심은 '본용언+보조용언'의 구조가 의존성이 매우 강하여 분리 제약이 일어나기 때문에 이러한 구조를 하나의 구문 단위인 합성어의 일종으로 보아야 한다는 것이다. 그러나 보조용언 구문은 어휘 전체를 대용하는 합성용언과는 달리 본용언만 대용이 가능하다는 점에서 하나의 구문 단위인 합성어로 보기 어려울 뿐만 아니라, 손세모돌(1993)에서 지적한 바와 같이 보조용언은 부사어의 수식을 직접 받는 일이 없다는 점과 화자의 심리 상태, 판단 등을 표현하는 양상부사와 의미 충돌이 일어나 공기 제약을 받는다는 점에서 보조용언 구문을 합성어의 일종으로 파악하는 견해는 수용하기 어렵다는 의견이 지배적이었다.

보조용언이라는 범주를 인정하지 않으려는 또 다른 의견은 보조용언 구문을 본용언 내포문을 갖는 복문 구조로 보는 견해로 이홍배(1970), 양인석(1972), 임홍빈(1975), 권재일(1977), 황병순(1980), 김미경(1990), 김정대(1990), 홍종선(1990) 등이 있었다. 이러한 논의는 변형생성 이론을 바탕으로 보조용언의 성격을 규명하고자 한 시도들로 기저 구조에서는 내포문을 보문으로 하는 복합문이던 보조용언 구문이 변형에 의해 표면에서는 합성동사를 형성하는 것으로 파악하였다. 그러나 손세모돌(1996)에서 지적한 바와 같이 보조용언 구문에서 기저 구조와 그에 따른 변형을 가설해야 한다는 점, 의존성을 설명하기 어렵다는 점, 복합동사(합성동사)와 구분하기 어렵다는 점, 독립된 어휘 기능을 가지지 않기 때문에 모문의 서술어로 처리하기 어렵다는 점 등에서 보조용언 구문을 내포문을 갖는 복문 구조로 파악하는 견해 또한 비판을 받아 왔다.

보조용언 구문과 합성용언 구문, 그리고 접속 구문을 구별하여 보조용언이라는 범주를 설정하고자 하는 노력은 이와 같은 비판적인 관점들 속에서 끊임없이 제기되어 왔다. 본고의 기본적인 방향도 보조용언이라는 범주 설정이 필요하다는 입장이다. 통사적, 기능적, 의미적 특성이 극명히 다름에도 불구하고 극히 부분적인 통사적, 혹은 기능적 유사성을 근거로 합성용언 구문이나 접속 구문에 보조용언 구문을 포함시키는 것은 모호한 경계를 양산하고 문법 체계의 혼란을 가중하는 결과를 가져올 것이기 때문이다. 경계의 모호성을 제거하여 한국어 문법 체계를 체계적이고 명시화하기 위해 보조용언이라는 범주의 설정은 반드시 필요하다 하겠다.

2) 보조용언과 인접 범주의 의미적 특성

보조용언 범주를 한국어 문법 체계에 설정하더라도 다양한 '동사+동사(V_1+V_2)'의 형태를 어떻게 구별할 것인가의 문제가 남는다. '동사+동사(V_1+V_2)'의 구조가 '본용언+보조용언'의 보조용언 구문인지, 하나의 합성용언 구문인지, 접속 구문인지를 명확히 구분하기 어려운 형태적으로 모호한 경계를 내포하고 있기 때문이다. 이러한 모호한 경계를 구분하기 위한 시도들은 다양한 연구를 통해 진행되어 왔으나 대부분 통사적 특성들을 중심으로 하였다.

<표 1> 접속 구문, 보조용언 구문, 합성용언 구문의 특성(유혜영, 2005)

	접속 구문	보조용언 구문	합성동사 구문
부사(어)의 개입	○	×	×
부정 부사(안, 못) 개입	○	×	×
V_1 V_2의 도치	○	×	×
V_1 V_2의 독립성	○	×	×
V_1이나 V_2의 생략	○	×	×
분열문 형성	○	×	×
시제형태소의 결합	V_1 V_2	(V_1) V_2	V_2
주체 존대형태소 '-시-'의 결합	V_1 V_2	(V_1) V_2	V_2
조사 개입	○	○	×
V_1과 V_2 사이의 선택제약	적음	적음	많음
V_1과 V_2의 의미 변화 양상	어휘적 의미	문법적 의미	어휘적 의미 제3의 의미

유혜영(2005: 279)은 이중 서술어 구성(이하 접속 구문)과 보조용언 구문, 합성동사 구문이 보이는 통사적·의미적 특성들을 김석득(1992), 김기혁(1987, 1991), 김영희(1993) 등을 참조하여 정리하였는데, <표 1>에 나타난 바와 같이 통사적 특성들을 바탕으로는 보조용언 구문과 합성용언 구문의 변별성을 찾아보기가 어렵다. 반면 의미 변화 양상은 단계적으로 다양한 양상을 나타내고 있는데, 이는 보조용언 구문과 인접범주를 구분하는데 '의미'가 중요한 역할을 하고 있음을 방증하는 것이라 할 수 있다. 류시종(1995: 14) 역시 보조용언 구문이 인접범주들과 통사적으로 중복되는 속성을 지니고 있기 때문에 이러한 형태의 차이를 설명하기 위해서는 '의미'가 없어서는 안 될 중요한 요소임을 강조했다.

강현화(1996: 234)는 한 단어의 의미는 단계적인 다의성을 지니며, 이러한 다의성은 서로 간의 단계적인 의미 전이의 차이를 가지며 연결되는데, 동사 연결 구성 역시 이러한 '다단계성'이 존재한다고 보고 있다. '먹다'라는 동사의 의미가 '음식물을 입으로 넣다'라는 기본적인 의미에서 시작하여, '기계가 돈을 먹다', '나이를 먹다', '뇌물을 먹다', '욕을 먹다', '더위를 먹다'와 같이 의미가 점차 전이되는 것처럼 동사 연결 구성 역시 의미 전이 차이를 보인다는 것이다. 이는 결국 동사 연결 구성을 의미 확장 양상에 따라 단계적으로 접속 구문과 합성용언 구문, 보조용언 구문으로 범주화할 수 있는 가능성을 시사한다고 할 수 있다. 이러한 가능성을 바탕으로 본고에서는 의미의 확장 양상에 따른 접속 구문과 합성용언 구문, 보조용언 구문의 분류를 시도해 보고자 한다.

(2) ㄱ. 철수가 부르자 영희는 <u>돌아</u>(서) 철수를 <u>봤다.</u>

　　ㄴ. ?부스럭거리는 소리에 <u>돌아</u>(서) 옆을 <u>봤다.</u>

　　ㄷ. ?사진첩을 꺼내 10년 전 추억을 <u>돌아</u>(서) <u>봤다.</u>

(3) ㄱ. 철수가 부르자 영희는 뒤를 <u>돌아봤다.</u>

　　ㄴ. 부스럭거리는 소리에 옆을 <u>돌아봤다.</u>

　　ㄷ. 사진첩을 꺼내 10년 전 추억을 <u>돌아봤다.</u>

(4) ㄱ. 3년 전에 가족들과 이곳을 <u>돌아 봤다.</u>

　　ㄴ. 새로 산 옷을 한번 <u>입어 봤다.</u>

(2)는 접속 구문으로 (3)은 합성용언 구문으로 (4)는 보조용언 구문으로 파악할 수 있을 것이다. 이러한 구분은 후치사 '-서'의 개입이나 부사어 삽입[14]

---

14) 최현배는 '-서'의 개입 가능성 여부로 용언이 둘 이상 쓰였을 때 후행하는 용언이 보조용언인지 아닌지에 대해 알 수 있다고 하였다.

과 같은 형태·통사적 차이에서 기인한다기보다는 의미적 차이에 있다고 할
수 있다.

접속 구문은 선행 용언과 후행 용언 간에 시간적 선후 관계15)가 유지된다.
이는 선행 용언의 동작이 이루어진 후에 후행 용언의 동작이 뒤따름을 의미하
는데, 이러한 선행 용언과 후행 용언 사이의 시간적 선후 관계는 '-서'의 개입
가능성에 의해서 만들어지는 것이 아니다. 이는 '-서'가 생략되더라도 동일한
의미를 나타낸다는 사실을 통해서 확인할 수 있다. '-어' 역시 특정한 의미를
부여한다고 보기 어렵다. 구종남(2013: 202)에서도 '-어'가 출현하는 모든 구
성과 환경(접속 구문과 합성용언 구문, 보조용언 구문)에서 '-어'는 본질적으로
무의미성을 지니며, 용언을 성립시키는 기능만을 담당하고 있음을 주장하였다.
결국 '-서'의 개입 가능성 여부는 접속 구문의 시간적 선후 관계를 확인하는
도구에 불과한 것이지 시간적 선후 관계를 만드는 것이 아니다. 접속 구문의
시간적 선후 관계는 '-서'의 개입 여부를 떠나 이미 존재하고 있는 것이다.

접속 구문의 선행 용언과 후행 용언 간의 시간적 선후 관계가 유지될 수
있는 것은 인지적으로 선행 용언의 행동과 후행 용언의 행동이 독립된 행동으
로 인식되기 때문이다. 선행 용언의 행동과 후행 용언의 행동이 독립적으로
인식되는 것은 선행 용언과 후행 용언이 모두 의미 핵16)을 담당하고 있기 때
문이다. 접속 구문의 선행 용언과 후행 용언이 모두 의미 핵을 담당하고 있다

---

15) 內山政春(우치야마 마사하루, 1999: 184)은 선행 용언과 후행 용언의 동작이 동시에 이루어지는
유형을 〈동시(同時)〉로, 선행 용언의 동작이 끝나고 난 다음에 후행 용언의 동작이 시작되는
유형을 〈계시(系時)〉로 구분하여 설명하고 있다.

16) 황화상(2002)은 의미 핵을 합성어의 핵심 의미를 결정하는 요소로 정의하고 있다. 예컨대, '철수
는 서울로 올라갔다'라는 문장에서 '올라가다'는 〈철수가 서울로 올랐음〉을 의미한다기보다는
〈철수가 서울로 갔음〉을 의미하기 때문에 '올라가다'의 의미 핵은 '오르다'가 아닌 '가다'라고
설명하고 있다.

는 사실은 접속 구문의 의미가 원형의미에 가깝다는 사실을 함의한다. (2ㄱ)은 '돌다'라는 행위와 '보다'라는 행위가 시간의 연속선상에 있을 뿐, 별개의 행위로 인식된다. 〈영희가 뒤로 돌았음〉과 〈영희가 철수를 봤음〉을 모두 의미하고 있기 때문에 '돌다'와 '가다' 모두 의미 핵으로 파악할 수 있다. 그렇기 때문에 (2ㄱ)과 같은 접속 구문은 '물체가 일정한 축을 중심으로 원을 그리면서 움직이다'라는 '돌다'의 원형의미와 '눈으로 대상의 존재나 형태적 특성을 알다'라는 '보다'의 원형의미를 직접적으로 드러내는 것이다.

접속 구문이 원형성을 강하게 드러내고 있음은 (2ㄴ)이나 (2ㄷ)과 같은 문장이 자연스럽지 못함을 통해서도 확인할 수 있다. (2ㄴ)과 (3ㄴ)은 '몸을 축으로 하여 돌아서 보는 행위'와 '고개만 돌려 보는 행위'의 의미 차이를 명시적으로 드러낸다. (2ㄴ)과 같이 몸을 축으로 완전히 돌았을 때 옆을 봄이 자연스럽지 못하기 때문에 옆을 보기 위해서는 (3ㄴ)과 같이 '고개를 돌려 보는 행위'로 의미 확장이 이루어져야 한다. 접속 구문의 원형의미로는 (2ㄴ)의 상황을 표현할 수 없기에 결합을 통해 의미 확장이 일어나는 것이다. 접속 구문의 선행 용언과 후행 용언이 원형의미를 강하게 드러내고 있음은 (2ㄷ)을 통해 좀 더 명확히 확인할 수 있다. '뒤를 돌아보는 행위'는 (3ㄷ)과 같이 시간의 맥락 속에서 '지난 일을 다시 생각해 보는 행위'로 의미 확장이 이루어지기도 한다.17) 그러나 접속 구문은 (2ㄷ)과 같이 확장된 의미를 실현할 수 없다. 따라서 접속 구문은 선행 용언과 후행 용언이 모두 원형의미에 가까운 의미를 실현한다는 사실을 확인할 수 있다.

---

17) 손세모돌(1992: 9)은 '보다'는 눈으로 봄으로써 인지하는 작용까지를 의미하게 되기 때문에 '생각하다'의 의미를 가진다고 하였다.

	돌다	보다
사전 의미[18]	1. 물체가 일정한 축을 중심으로 원을 그리면서 움직이다. 2. 일정한 범위 안에서 차례로 거쳐 가며 전전하다. 3. 기능이나 체제가 제대로 작용하다. 4. 돈이나 물자 따위가 유통되다. 5. 기억이나 생각이 얼른 떠오르지 아니하다. 6. 눈이나 머리 따위가 정신을 차릴 수 없도록 아찔하여지다. 7. (속되게) 정신에 이상이 생기다. 8. 일정한 범위 안을 이리저리 왔다 갔다 하다.	1. 눈으로 대상의 존재나 형태적 특징을 알다. 2. 눈으로 대상을 즐기거나 감상하다. 3. 책이나 신문 따위를 읽다. 4. 대상의 내용이나 상태를 알기 위하여 살피다. 5. 일정한 목적 아래 만나다. 6. 맡아서 보살피거나 지키다. 7. 상대편의 형편 따위를 헤아리다. 8. 점 따위로 운수를 알아보다. 9. ('시험'을 뜻하는 목적어와 함께 쓰여) 자신의 실력이 나타나도록 치르다. 10. 어떤 일을 맡아 하다.
접속 구문	(2) ㄱ: 몸이 원을 그리며 움직이다.	(2) ㄱ: 눈으로 대상의 존재를 알다.
합성용언 구문	(3) ㄱ: 고개를 돌리다. (3) ㄴ: 고개를 돌리다. (3) ㄷ: 과거로 돌아가다.	(3) ㄱ: 눈으로 대상의 존재를 알다. (3) ㄴ: 눈으로 대상의 존재를 알다. (3) ㄷ: 어떤 사건에 대해 생각하다.
보조용언 구문	(4) ㄱ: 일정한 범위 안을 이리저리 왔다 갔다 하다. (4) ㄴ: 몸이 원을 그리며 움직이다.	(4) ㄱ: 어떤 상황을 과거에 경험하다. (4)ㄴ: 어떤 행동을 한번 시도하다.

선행 용언과 후행 용언이 개별의 원형의미로 표현이 불가능할 때 결합에 의한 어휘 생성이 일어날 것이다. 이러한 결합의 형태가 합성용언[19]이라고 할 수 있다. 접속 구문이 지닌 원형의미로는 표현의 한계가 있기 때문에 의미

---

18) 사전 의미는 『표준국어대사전』(2008)에서 '돌다'와 '보다'의 의미를 재정리하여 옮긴 것이다.

19) 이시형(1990: 88)은 합성동사는 기본적으로 접속문에서 인접한 두 동사가 한 개념으로 통합되는 원리에서 기인하였다고 보고 있다.

확장이 이루어진 합성용언을 생성하는 것이다. 유승국(2012: 37)은 단어가 복합의 형태로 나타나게 된 것은 개별의 단어로 나타내기 어려운 내용을 적합하게 표현하려는 언중들의 노력에서 필연적으로 기인했을 것임이 분명하다 하였다. 이러한 단어의 복합이 다시 언어로 인정되기 위해서는 개별 의미 간의 단순한 연결로 그칠 것이 아니라 새로운 의미를 생성하여야 함을 주장하였는데, 본고 역시 합성용언 구문이 생성하는 의미는 본질적으로 의미 변화를 수반한다고 본다.

합성용언 구문이 의미 변화를 수반한다고 가정하더라도 접속 구문이나 보조용언 구문과의 경계를 짓는 일은 쉬운 작업이 아니다. 접속 구문의 원형의미를 판별하는 작업부터 시작하여 의미의 변화 과정을 단계적으로 밝혀 합성용언 구문과 보조용언 구문과의 의미적 차이를 가시화하는 작업이 필요하기 때문이다.

김기혁(1994: 415)은 합성용언 구문을 통어적 구성, 형태·통어적 구성, 형태적 구성의 세 가지 단계로 구분한 바 있다.

통어적 구성	형태·통어적 구성	형태적 구성
돌아(서, Ø) 가다	돌아가다	돌아가시다
두 각각의 동사 廻 후 去	하나의 의미로 인식되는 廻	하나의 의미며, 새로운 의미 死

통어적 구성은 접속 구문의 의미가 그대로 유지되면서 형태적으로만 결합된 형태로 형태적 합성용언이라 하였으며, 형태·통어적 구성은 형태적으로 하나의 단위로 기능할 뿐만 아니라 접속 구문과는 구별되는 새로운 의미를 지닌 의미적 합성용언이라 하였다. 통어적 구성과 형태·통어적 구성은 문장 접속의 통어적 구성에 의해 형성된 것으로 접속 구문으로 환원 가능한데, 형태적 구성

은 접속 구문과 같은 통어적 구성과의 연관성을 찾기 힘들며 접속 구문으로 환원이 불가능하고, 접속 구문의 의미가 굳어졌다기보다는 접속 구문에서 의미를 유추하여 새로운 의미가 생성된 것으로 보인다 하였다(김기혁, 1994: 426-427). 이 연구는 합성용언의 구성 체계를 면밀히 분석하여, 다양한 합성용언 구성의 통사적 특성을 밝혀냈다는 점에서 의미가 있기는 하지만, 합성용언과 인접구문과의 변별성을 드러내기에는 어려움이 따르는 구조적 분석이라 할 수 있다. 특히 통어적 구성은 접속 구문과 형태적, 의미적 차이를 발견할 수 없는데, 동일한 의미 실현 문장20)을 별개의 범주로 분류하는 것은 문법 체계의 일반성과 경제성을 헤치는 문법 기술일 것이다.

다만 형태·통어적 구성은 의미 확장이 이루어진 단계로 접속 구문과는 차이를 보인다. 이는 황화상(2002: 309)에서도 지적하고 있는데, 합성용언이 하나의 단어인 이상 그것은 의미적으로 접속 구문이나 보조용언 구문과 차이가 있다.

(5) ㄱ. 철수는 학교로 <u>뛰어서 갔다.</u>

    ㄴ. 철수는 학교로 <u>뛰어갔다.</u>

(6) ㄱ. 철수는 <u>높이 뛰어서 갔다.</u>

    ㄴ. ?철수는 <u>높이 뛰어갔다.</u>

(5ㄴ)와 같이 '뛰어가다'라는 합성용언은 (5ㄱ)의 '뛰어서 가다'라는 접속 구문과 형태적, 의미적으로 유사하게 활용된다. 그러나 (6)과 같이 선행 용언의 의미를 한정하는 부사어가 개입되었을 때 (6ㄱ)의 '철수는 높이 뛰어서 갔다'처럼 접속 구문은 문법성에 문제가 없으나, (6ㄴ)과 같은 합성용언에서는

---

20) 김기혁(1994: 426)에서도 형태적 합성동사(통어적 구성)의 의미는 통사적 구성(접속 구문)의 의미와 잘 구별되지 않는다고 하였다.

문법성이 훼손된다. 이는 합성용언 구문이 접속 구문과 의미적 차이를 보이며 접속 구문이 지닌 원형의미에서 의미 변화가 이루어졌음을 뒷받침하는 증거라 할 수 있다. 결국 합성용언 구문은 선행 용언과 후행 용언 개별의 원형의미로는 표현이 불가능한 의미를 표현해야 하기 때문에 결합되는 과정에서 선행 용언이 확장된 의미를 실현하거나, 후행 용언이 확장된 의미를 실현한다. 혹은 결합 이후에 새로운 제3의 의미로 의미가 변화될 수도 있다.

합성용언은 의미 확장을 수반하지만, 기본적으로 어휘적 의미가 결합된 형태를 의미한다. 이는 합성용언 구문을 보조용언 구문과 구별 짓는 결정적인 조건이 될 것이다. 여기에서 어휘적 의미라 함은 개별 어휘가 지닌 다의적 의미라 할 수 있는데, 경험적 상관성을 기반으로 형성된 의미망을 통해 대부분 원형의미에서 맥락을 통한 의미 활성화가 즉각적으로 가능한 의미(정병철, 2007: 276)라 할 수 있다. 결국 합성용언 구문이 생성할 수 있는 의미는 선행 용언의 의미가 확장된 어휘 의미인 경우와 후행 용언의 의미가 확장된 어휘 의미인 경우, 선행 용언과 후행 용언이 모두 의미가 확장되어 새로운 의미를 생성하는 경우 세 가지로 상정할 수 있을 것이다.

보조용언 구문 역시 접속 구문이 의미적 변화 과정을 거쳐 형성되었다고 본다.[21) 구종남(2013: 188)에서는 보조용언 구문은 두 동사가 인접해 있는 연쇄동사 구조 중의 하나인 접속 구성에서 발달해 왔음이 보조용언의 출현 및 생성 과정에서 확인되며, 보조용언은 본동사로 쓰이지 않고 추상적인 의미를 나타낸다 하였다. (4ㄱ)은 '그런 경험이 있음'을 (4ㄴ)은 '어떤 일을 시도함'

---

21) 김명희(1996: 142)에서는 보조용언을 접속적 구성이 문법화되어 발전한 것으로 보고 있다. 접속적 구성이 보조용언으로 변화하는 문법화 과정을 사슬 구문이 하나의 사건으로 인식되는 재구조화를 겪으면서 연속동사화가 일어나고, 뒤이어 후행 동사가 문법 기능을 획득하는 과정으로 설명하고 있다.

을 의미하는 보조용언 구문으로 '보다'의 원형의미를 직접적으로 유추하기가 어렵다. 이러한 보조용언의 의미는 의미 변화를 통해 추상화된 의미로, 보조용언 구문 역시 의미 변화 과정을 거쳤다는 사실을 확인할 수 있다.

보조용언 구문이 의미 변화의 과정을 수반한다고 할 때 합성용언 구문과의 구분이 문제가 될 수 있을 것이다. 이는 합성용언 구문 역시 의미 변화를 수반하기 때문이다. 보조용언 구문이 의미 변화 과정에 있어 합성용언 구문과 대비되는 특징은 어휘적 의미가 아닌 문법적 의미로 의미 변화가 이루어진다는 점이다. 강현화(2004: 284)는 보조용언 구성은 선행 용언에 연결된 어미 부분과 후행 용언의 어간 부분이 하나의 긴밀한 결합체를 이루어 일정한 문법적 의미를 표현하게 된다고 하였다. 후행 용언이 어휘적 의미를 지니지 않고 선행 용언의 어미와 함께 상이나 양태 등과 같은 국어의 여러 문법 범주를 표현한다는 것이다.22) 보조용언 구문이 문법적 의미23)를 표현한다는 사실은 보조용언

---

22) 보조용언의 상 의미와 양태 의미를 구체화한 논의로는 권순구(2005)를 들 수 있다. 권순구(2005)는 특히 보조용언을 통해 실현되는 양태 의미를 구체화하였는데, 권순구(2005)에서 도출한 보조용언의 상 의미와 양태 의미를 제시하면 다음과 같다.

보조용언	상 의미	양태 의미
-어 버리다		상황전환에 대한 중립적 판단
-어 내다		노력 수반 행위에 대한 긍정적 평가
-어 주다		수혜
-어 보다		경험
-고 싶다		희망
-어 놓다	지속	순간적 지속효과가 있는 상황에 대한 중립적 확보
-어 두다	지속	지속효과가 있는 상황에 대한 긍정적 확보
-어 대다	반복	정도 이상의 행위에 대한 중립적 판단
-어 쌓다	반복	정도 이상의 행위에 대한 부정적 판단
-어 가다	진행	진행상황에 대한 중립적 평가
-어 오다	진행	
-어 있다	완료	
-고 있다	진행	

구문을 어휘적 의미를 표현하는 접속 구문이나 합성용언 구문과 구별하는 중요한 의미적 특성이라 할 수 있다.

<표 3> 보조용언과 인접 범주의 의미적 특성

원형의미		
←		
접속 구문	합성용언 구문	보조용언 구문
	확장적 어휘 의미	확장적 문법 의미
	→	
	의미 변화	

결국, 접속 구문은 선행 용언과 후행 용언 모두 어휘의 원형의미가 실현되는 구문으로, 어휘 의미의 원형성이 가장 강하게 드러나는 의미적 특성을 지니는 구문이라 할 수 있다. 합성용언은 접속 구문으로는 표현이 불가능한 확장된 어휘 의미가 실현되는 구문으로, 선행 용언의 의미만 확장된 어휘 의미를 실현하거나 후행 용언의 의미만 확장된 어휘 의미를 실현하는 구문, 그리고 선행 용언과 후행 용언이 결합의 과정을 통해 새로운 의미를 생성하는 의미적 특성을 지니는 구문으로 가정할 수 있다. 보조용언 구문은 선행 용언은 원형의미, 혹은 원형의미에 가까운 어휘 의미가 후행 용언의 확장된 문법적 의미와 결합

---

23) 본고에서 이야기하는 보조용언의 문법적 의미는 기본적으로 본용언의 의미와 '의미 유연성'을 지니고 있는 것으로 본다. '의미 유연성'은 Hopper and Traugott(1993)가 제시한 '의미 지속성'과 연관되는데, '의미 지속성'이란 문법 형태소가 어원의 의미를 오랫동안 유지하는 현상을 의미한다. '의미 지속성'이란 어떤 어휘 형태소가 문법화를 겪어서 문법 형태소가 되었다고 해도 본래의 고유적 의미는 어느 정도 유지됨을 이야기하는데, 이는 결국 보조용언의 의미가 본용언의 의미와 밀접한 관계를 유지하고 있음을 암시한다. 호광수(1998)에서는 보조용언 '보다', '가다/오다', '놓다/두다', '주다', '버리다', '지다' 등을 중심으로 본용언과의 '의미 유연성'을 살폈는데, 이들 모두에서 보조용언과 본용언 간의 깊은 유대 관계를 확인할 수 있었다.

하여 형성되는 구문으로, 후행 용언이 어휘적 의미가 아닌 문법적 의미를 실현한다는 의미적 특성을 지닌 구문으로 가정할 수 있을 것이다.[24]

3. 보조용언의 문법적 의미

보조용언이 선행 용언과 결합하는 과정에서 문법적 의미를 실현한다고 할 때, 보조용언이 내포하고 있는 문법적 의미의 실체가 무엇인가에 관한 설명이 필요하다. 일반적으로 보조용언의 문법적 의미는 상이나 양태로 설명되어 왔다. 보조용언이 본용언과 결합하는 과정에서 어휘 의미를 상실하고 상이나 양태와 같은 문법적 의미로 의미가 확장된다는 것이다.

1) 상 의미

Lyons(1968: 313)에 따르면 상(相, aspect)이라는 용어는 19세기 초 슬라브어에서 유래된 동사의 문법 범주로 슬라브어 'view'에 해당하는 러시아어 'vid'를 차용한 것이다. 슬라브어 동사의 활용에서 완료와 미완료의 구별을 위해 사용하던 말이 영어에도 적용되어 상에 관한 기본적인 개념부터 체계 설정까지 구체화된 것이다.

---

24) 박선옥(2002: 33)에서는 접속 구문과 합성용언 구문, 보조용언 구문의 차이를 본동사와 보조동 사의 결속성의 차이로 보고 있다. 접속 구문은 선행 용언과 후행 용언의 결속성이 약하며, 합성 용언 구문은 선행 용언과 후행 용언의 결속성이 매우 강한 것으로 파악하였다. 보조용언 구문은 합성용언 구문보다는 결속성이 약하며, 접속 구문보다는 결속성이 강하다고 하였다. 본고에서는 박선옥(2002: 33)이 천명한 결속성의 차이가 선행 용언과 후행 용언의 의미적 특성에 기인한다 고 본다.

상의 개념과 관련한 논의는 두 가지 방향에서 진행되었다. 하나는 상의 개념을 상황 유형으로 보는 입장이고, 다른 하나는 상황을 바라보는 관점 유형까지 포괄하는 개념으로 보는 입장이다.

먼저, 상의 개념을 상황 유형으로 보는 관점은 상을 '상황의 내적 시간 구성'과 관련된 문법 범주로 규정하는 것이다. Comrie(1976: 3)는 '상이란 상황의 내적 시간 구성을 받아들이는 여러 가지 방법'이라고 정의하였는데, 이러한 정의는 한국어의 문법 기술에서도 거의 동일하게 수용되어 왔다. 김차균(1990: 12)은 상이란 '시간이 흐르는 모양'이라고 정의하였으며, 김성화(1992: 11)는 상을 '이동의 전개 과정에서 동적 상황이 나타내는 움직임의 모습, 즉 지속과 종결을 문법범주화한 것'이라고 규정하였다. 고영근·남기심(1992: 308)에서도 상이란 '동작의 양상이 일정한 형태로 표시되는 현상'이라고 정의하였다. 상을 문장이 진술하는 사태의 시간적 구조만을 의미한다고 본 것이다.

Comrie(1976: 25)은 상을 상황의 내적 시간 구성으로 파악하여 완료상과 미완료상의 대립으로 표현하였다. 미완료상에는 습관상과 연속상을 두고, 연속상은 다시 비진행상과 진행상으로 분류하였다.

<표 4> Comrie(1976: 25)의 상 범주 체계

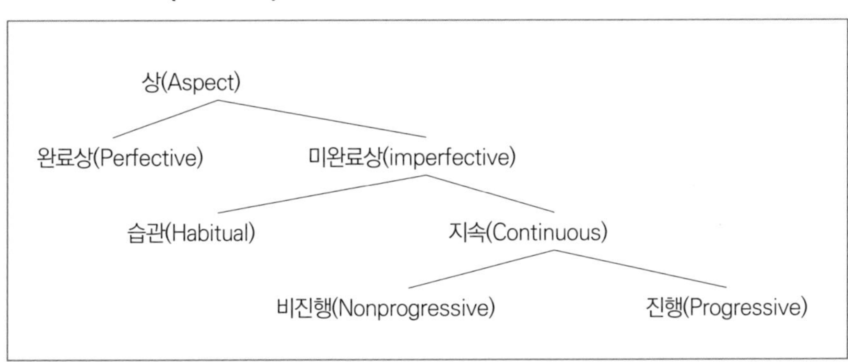

상의 개념을 상황을 바라보는 관점의 유형까지 포괄하는 개념으로 바라보는 대표적인 입장은 Smith(1991)의 논의를 들 수 있다. Smith(1991: 1)는 "상은 그 상황의 시각적 구조를 분석하여 해석해 주는 윤곽을 제공해 준다."라고 하며, 상을 상황 유형(situation type)과 상황을 바라보는 관점 유형(view point type)으로 구분할 수 있다고 보았다. 상이란 어떤 행위나 사건이 이루어지는 시간적 구조 자체만을 의미한다기보다는 화자가 그 사건이나 상황을 바라보는 관점에 의해 구성되는 것으로 본 것이다.

상황 유형은 사건 자체에 관한 상으로서 동사의 상적 속성, 혹은 동작류라고 일컬어지는 개별 동사의 어휘적 의미가 함의하고 있는 상적 속성에 관한 것이다. 반면 상황을 바라보는 관점 유형은 상황을 바라보는 시야, 즉 상황의 시간적 구조를 바라보는 화자의 관점을 나타내는 것으로, 주로 상황이 끝나는 지점(끝점)의 포함 여부를 판단하는 화자의 관점을 나타내는 것이라 할 수 있다.

보조용언이 실현하는 상 의미는 주로 상황을 바라보는 관점 유형인 관점상과 관련되는 것으로 볼 수 있다. 보조용언 구문에서 어떤 행위나 사건이 이루어지는 시간적 구조를 나타내는 것은 선행 용언이며, 화자가 그 사건이나 상황을 바라보는 관점은 보조용언에 의해 실현되기 때문이다.

(7) ㄱ. 철수가 집에 <u>갔다.</u>
    ㄴ. 철수가 집에 <u>가 있다.</u>

(7ㄱ)은 '철수가 집에 가다'라는 행위가 완료된 사건 상황에 초점을 두게 된다. 물론 이러한 행위 완료의 의미는 시제 표시 형태소인 '-았/었'에 의해 실현되기 마련이다. 반면 (7ㄴ)은 '철수가 집에 가다'라는 행위가 완료된 사건의 시간적 구조를 나타내기는 하지만, 보조용언 '-어 있다'에 의해 집에 간

행위가 완료된 이후 이러한 상태가 지속되는 상황을 나타낸다. 화자의 관점에서 바라보는 상황은 '집에 갔다'는 행위 완료가 아닌 집에 가서 머물고 있는 상태가 지속되는 상황인 것이다. 따라서 보조용언이 지닌 상 의미를 명확히 분석하기 위해서는 동적인 사건은 물론이고, 비동적인 상태도 포함하는 상황의 유형에 관한 인식까지 상의 개념으로 보아야 한다.

상의 개념을 '어떤 행위나 사건이 이루어지는 상황의 내적인 시간 구성으로 화자가 그 사건이나 상황을 바라보는 관점'으로 규정하고 보조용언의 상 체계를 제시하고 있는 논의로는 이호승(1997), 홍윤기(2002), 박선옥(2002), 도재학(2014) 등을 들 수 있다. 이호승(1997)은 상 체계를 일차적으로 '완료상'과 '미완료상'으로 나누고, '미완료상'을 '과정적 미완료상'과 '결과적 미완료상'으로 구분하였다. '미완료상'은 주로 지속적 속성을 나타내는 것으로 '과정적 미완료상'은 동태적 속성을 나타내는 상황을 지시하며, '결과적 미완료상'은 상태적 속성을 나타내는 상황을 지시하는 것으로 구분하였다. 홍윤기(2002: 202)는 보조용언 구성의 상적 의미를 '결과상태 지속', '내부단계 과정 지속', '완결', '내부단계 과정 반복'으로 구분하여, 상 의미를 내부단계와 결과적 단계로 구분하여 제시하였다. 박선옥(2002: 18)은 장면이 이루어지는 시간 상의 내적인 구성은 '완료'와 '미완료'로 구분하고, 다시 '미완료'는 화자가 사건이나 상황을 바라보는 관점을 중심으로 하여 '진행', '반복', '지속'으로 분류하였다. 도재학(2014: 286-288)도 사건이나 상황이 발생하는 과정에서 행위에 초점을 두는지 아니면 상태에 초점을 두는지에 따라 보조용언의 상 체계를 '결과상', '종결상', '반복상', '진행상', '연속상', '습관상', '예정상', '기동상', '상성상' 등으로 구분하였다.

이상의 내용을 종합해 볼 때, 상을 상황 유형과 상황을 바라보는 관점 유형까지 포함하는 개념으로 규정하고 보조용언의 상 체계를 설정한 논의들의 공통점은 첫째, 사건의 내적인 시간 구성에 따라 '완료'와 '미완료'의 구분한다는 점, 둘째, 화자가 사건이나 상황을 바라보는 관점에 따라 총체적, 혹은 부분적 기술이 가능하다는 점, 셋째, 사건이나 상황이 발생하는 과정에서 동적 상황과 상태 상황을 구분하여 상 체계를 기술하고 있다는 점이다. 본고에서도 상은 상황 유형과 상황을 바라보는 관점 유형이 포함된 개념으로 본다. 상은 어떤 행위나 사건, 상황에 대해 그 사건이 이루어지는 시간 선상의 내적인 구성으로 화자가 그 사건이나 상황을 바라보는 관점에 의해 구성된다고 보는 것이다. 이러한 관점에 입각하여 보조용언의 상 의미는 일차적으로 시간 상의 내적인 구성을 나타내는 '완료상((행위)완료)'과 '미완료상'으로 구분하고, '미완료상' 은 화자가 사건이나 상황을 바라보는 관점을 중심으로 하여 '(행위)진행', '(행위)반복', '(상태)지속', '(상태)변화'로 하위분류하고자 한다.

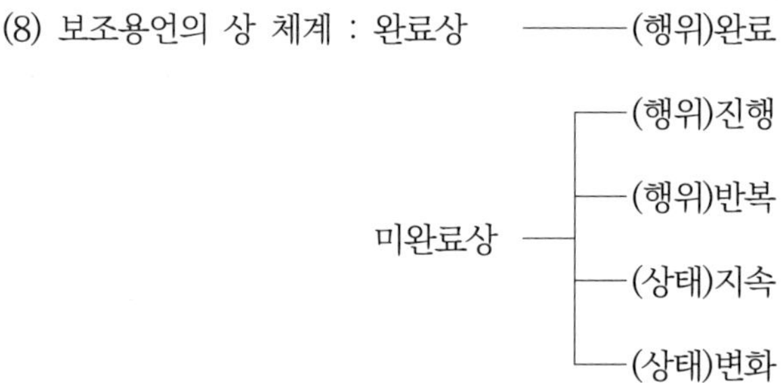

보조용언의 상 체계는 박선옥(2002: 18)의 논의를 대부분 차용하였다. 다만 본고는 박선옥(2002: 18)에서 제시한 '완료상'을 '(행위)완료'로 구체화하여, 용어의 통일성을 확보하였다. 또한 박선옥(2002)에서는 '-어 지다'를 보조용언 목록에서 제외하고, '-어 가다'와 '-어 오다'의 상 의미를 '진행'과 '지속'으로 기술하였기 때문에, 상태의 변화를 나타내는 상 의미가 상 체계에 포함되어 있지 않았다. 본고는 '-어 지다', '-어 가다', '-어 오다'가 사태의 변화에 초점을 두고 있다는 도재학(2014: 288)의 논의를 수용하여, 미완료상에 '(상태)변화25)'의 상 의미를 포함하였다.

2) 양태 의미

보조용언과 관련된 선행 연구의 대부분에서 보조용언은 양태 의미를 실현하는 것으로 파악되어 왔다. Lyons(1977: 452)에 따르면 양태(樣態, modality)란 '명제에 대한 화자의 심리적 태도'를 의미한다. 언어의 일차적인 기능이 의사소통이라고 할 때, 화자는 의미를 전달하는 과정에서 청자나 대상, 혹은 전달하고자 하는 내용에 대해 일종의 심리적 태도를 드러내게 되는데, 화자가 의도적으로 드러내는 심리적 태도가 양태 의미인 것이다. 이러한 양태 의미는 주로 문장의 종결부에서 어휘나 문법 형태 등 다양한 양상을 통해 실현된다.

---

25) 도재학(2014: 288)에서는 사태의 변화에 초점을 두는 용법으로 '상성상(狀成相, Inchoative)'을 설정하고, 보조용언 '-어 지다', '-어 가다', '-어 오다'가 '상성상'에 해당한다고 기술하였다. 본고에서는 도재학(2014)에서 설정한 '상성상'을 용어의 통일성과 일관성을 확보하기 위해 '(상태)변화'로 기술하였다.

(9) 양태 의미 범주의 실현 양상(문병열, 2006: 4)

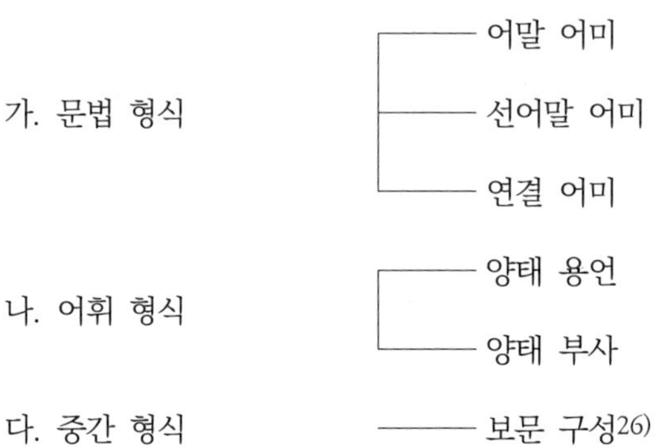

양태의 하위범주를 분류하는 기준 및 방식도 여러 가지가 존재한다. 박진호 (2011: 311)는 Palmer(2001: 22)의 논의를 바탕으로 하여 양태의 범주는 태도/ 판단의 대상이 명제인가 사태/ 사건인가에 따라 명제 양태와 사건 양태로 양분되는데, 태도/ 판단의 대상이 명제인 명제 양태에는 인식 양태, 증거 양태, 감정 양태가 포함되고, 태도 판단의 대상이 사건인 사건 양태에는 당위 양태, 동적 양태가 속한다고 하였다.

---

26) 참고로 문병열(2006)에서 제시하고 있는 동사구 보문 구성은 대체로 보조용언 구문과 일치한다.

(10) 양태 의미의 하위 범주(박진호, 2011: 310-311)

<pre>
            ┌── 인식 양태 :   명제의 확실성에 대한 판단, 믿음의 정도를 나타냄.
            │   예) 확실성, 개연성, 가능성
      명제 │
      양태 ├── 증거 양태 :   정보의 근원, 입수 경로를 나타냄. 예) 직접 경험, 전
            │   문, 추론
            │
            └── 감정 양태 :   명제에 대한 감정적 태도를 나타냄. 예) 놀라움, 유
                               감스러움, 아쉬움, 후회, 두려움, 경계심 등

            ┌── 당위 양태 :   사태의 바람직함에 대한 판단을 나타냄. 또는 사태
            │   의 발생 책임이나 권리가 사태 내의 특정 참여자에
      사건 │   게 있음을 나타냄. 예) 의무, 허락/허용
      양태 │
            └── 동적 양태 :   사태의 발생 가능성을 좌우하는 원인이 사태 내부의
                               참여자에 있음을 나타냄. 예) 능력, 의지
</pre>

양태의 정의가 '명제에 대한 화자의 심리적 태도'라 할 때, 양태의 정의를 구성하는 요소는 '명제'와 '화자의 태도'라 할 수 있다. 의사소통 상황에서 화자가 청자에게 전달하는 의미를 크게 명제 자체가 전달하는 의미와 그에 대한 화자의 심리적 태도로 구분한다면, 보조용언은 화자의 심리적 태도와 관련이 있다. 명제 자체가 전달하는 의미는 주로 선행 용언인 본용언에 의해 실현이 되며, 명제에 대한 화자의 심리적 태도는 후행하는 보조용언에 의해 실현되는 것이다. 따라서 보조용언의 양태 의미는 명제에 대한 감정적 태도를 나타내는 '감정 양태'의 범주에 포함된다고 할 수 있다.

보조용언의 양태 의미가 '감정 양태'와 관련을 맺는다고는 하지만 '감정 양

태'가 '명제 양태'에 속하는가 '사건 양태'에 속하는가에 대해서는 이견의 여지가 있다. 문병열(2006: 21)은 양태에서 명제란 '존재론적인 명제'로 '사건'과 대비되는 용어라 하였다. '존재론적인 명제'는 Lyons(1977: 442-443)의 순차 개체(順次 個體)의 개념에서 차용한 용어로 '시간과 공간의 밖에 존재하는 추상적인 것'으로 정의할 수 있다. Lyons(1977: 442-443)는 실세계에 존재하는 어떤 사물 또는 현상들은 언어적으로 유의미한 세 가지 존재론적 지위를 가지고 있다고 하였는데, 1차 개체는 실세계에서 시간과 공간을 차지하는 것으로 물리적인 대상을 가리킨다. 2차 개체는 실세계에서 시간 상에 위치한 채 발생하거나 일어나는 것으로 사건을 가리키고, 3차 개체는 시간과 공간의 밖에 존재하며 추상적인 것으로 명제를 가리킨다는 것이다.

문병열(2006: 25)은 대부분의 문장이 명제가 될 수 있고, 사건이 될 수 있음을 지적했다. 명제와 사건은 화자가 언어 형식을 어떻게 인식하고 있느냐에 따라 구별된다고 하였는데, 화자가 언어 형식이 시간 선상에 위치하며 발생하거나 일어나는 것으로 그 자체에 관심을 보이면 사건으로, 그렇지 않고 언어 형식이 시간과 공간 밖에 있으며 추상적인 것으로 인식하면 명제로 판별할 수 있다고 하였다.

보조용언을 통해 실현되는 양태 의미는 주로 담화 상황에 의해 결정되기 때문에 발화가 일어나는 시간 선상의 상황이나 맥락이 중요하게 작용한다.

(11) ㄱ. 라희가 (멀쩡한) 단추를 <u>뜯어 버렸다.</u>
　　 ㄴ. 라희가 (걸리적거리는) 단추를 <u>뜯어 버렸다.</u>

(11ㄱ)과 (11ㄴ)에서 '화자의 태도'에 대상이 되는 언어 형식은 '라희가 단추를 뜯'으로 공통됨을 알 수 있다. 해당 언어 형식을 시간과 공간 밖에 존재

하는 추상적인 개체인 명제로 판별한다면, (11ㄱ)과 (11ㄴ)에 대해 화자는 동일한 심리적 태도를 보여야 할 것이다. 그러나 직관적으로 알 수 있듯이 (11ㄱ)과 (11ㄴ)의 화자는 상이한 심리적 태도를 나타내고 있다. 옷에 붙어 있는 멀쩡한 단추를 뜯는 행위와 걸리적거리는 단추를 뜯는 행위를 바라보는 화자의 심리적 태도는 다를 수밖에 없기 때문이다. 화자의 심리적 태도가 달라질 수 있다는 사실을 통해 보조용언의 실현 과정에서 화자는 언어 형식을 명제가 아닌 사건으로 인식하고 있다는 사실을 확인할 수 있다. 따라서 보조용언의 양태 의미는 '사건에 대한 화자의 심리적 태도'를 나타내는 것으로 '사건 양태'에 포함된다.

문병열(2006: 58)에서도 동일한 관점에서 '감정 양태'를 '사건 양태'에 포함시켰다. 또한 '감정 양태'가 사건 발생에 대한 화자의 감정적 평가를 나타내는 양태 범주라 하여 '평가 양태'로 지칭하고, '평가 양태'의 하위 의미 영역을 '긍정적 평가'와 '부정적 평가'로 구분한 것이다.

본고에서도 문병열(2006)의 입장을 대부분 수용하여 보조용언의 양태 의미를 '긍정적 태도'와 '부정적 태도'로 구분하고자 한다. 다만 (11)의 '-어 버리다'와 같이 상황 맥락에 따라 상이한 심리적 태도를 표현하거나, 사건에 대해 명확히 긍정적, 혹은 부정적 태도를 보이지 않는 양태 의미는 '중립적 태도'를 설정하여 분류하고, 주된 심리적 태도를 기술하도록 하겠다.

한편 박진호(2011: 311)에서는 사건에 대한 태도 판단이 누구의 것인가에 따라 양태의 범주를 화자 중심의 양태와 동작주 중심 양태로 나눌 수 있다고 하였다. 본고도 사건에 대한 심리적 태도의 판단이 누구에 의해 이루어지는가가 양태 의미를 구성하는 데 중요한 요소로 작용할 것이라 예상되기 때문에, '사건에 대한 심리적 태도의 판단 주체'에 따라 '화자 중심의 양태'와 '동작 주체 중심의 양태'로 양태 의미를 구분하고자 한다. 다만, 사건에 대한 심리적 태도의 판단 주체가 '화자'나 '동작 주체' 단독으로 설정되는 경우도 있을 것이나, 사건에 따라 '화자와 동작 주체'가 양립 가능한 보조용언도 있을 것으로 판단된다. 따라서 사건에 대한 태도의 판단 주체에 따른 양태 범주는 '화자 중심의 양태'와 '동작 주체 중심의 양태', '화자 혹은 동작 주체의 양태'로 구분하여 기술하고자 한다.

(12) 보조용언의 양태 의미

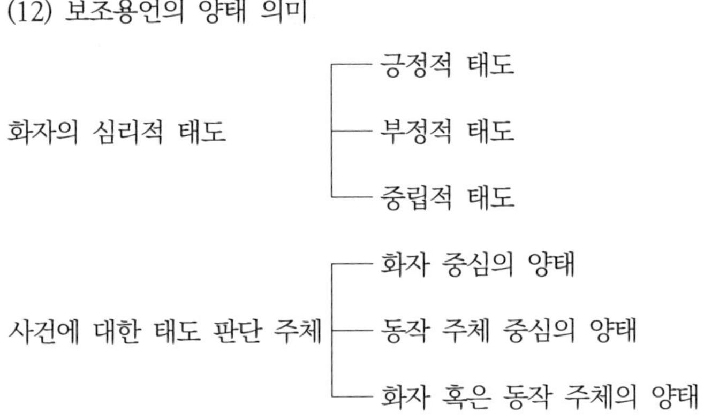

4. 보조용언의 개념과 분류 기준

최현배(1961)에서 정리한 보조용언 목록을 바탕으로 다수의 연구자들이 다양한 보조용언 판별 기준을 상정하여 보조용언의 범주를 설정하고자 노력해 왔다. 그러나 보조용언의 범주와 관련된 선행 연구들은 주로 보조용언의 의존성이나 내적 비분리성, 분리 대용성과 공백화 불가, 도치 불가 및 선어말 어미의 결합 위치 제약, 부사나 부정 수식 범위상의 제한성이나 논항과의 무관성 등의 통사적 특성들을 판별 기준으로 삼아 보조용언의 목록을 선정하고자 하였다. 이러한 선행 연구를 통해 보조용언의 통사적 특성을 밝히는 데는 상당한 성과를 거두어 왔음에도 불구하고 보조용언 목록은 연구자에 따라 적게는 10여 개에서 많게는 60여 개까지 차이를 보이고 있다. 이러한 사실은 보조용언의 범위 선정에 있어서는 여전히 큰 이견이 존재하고 있음을 방증하는 것이라 하겠다.

<표 5> 선행 연구에서의 보조용언 목록[27]

선행 연구	개수	목록
최현배(1971)	29	-어 가다, -어 가지다, -어 계시다, -어 나다, -어 내다, -어 놓다, -어 닥다, -어 대다, -어 두다, -어 드리다, -어 바치다, -어 버리다, -어 보다, -어 쌓다, -어 오다, -어 있다, -어 주다, -어 지다, -어 싶다, -고 계시다, -고 싶다, -고 있다, -고 지다, -게 되다, -게 만들다, -게 하다, -지 말다, -지 못하다, -지 아니하다,
이상태(1985)	23	-어 가다, -어 계시다, -어 내다, -어 놓다, -어 대다, -어 두다, -어 드리다, -어 버리다, -어 보다, -어 쌓다, -어 오다, -어 있다, -어 주다, -어 지다, -고 계시다, -고 나다, -고 말다, -고 싶다, -고 있다, -게 되다, -지 말다, -지 못하다, -지 아니하다,
김기혁(1987)	21	-어 가다, -어 가지다, -어 계시다, -어 내다, -어 놓다, -어 대다, -어 두다, -어 드리다, -어 버리다, -어 보다, -어 쌓다, -어 오다, -어 있다, -어 주다, -어 지다, -고 계시다, -고 나다, -고 말다, -고 않다, -고 있다, -고 자빠지다
김성화(1992)	22	-어 가다, -어 나다, -어 내다, -어 놓다, -어 대다, -어 두다 , -어 버리다, -어 빠지다, -어 쌓다, -어 오다, -어 있다, -어 주다, -어 치우다, -고 계시다, -고 말다, -고 싶다, -고 있다, -게 되다, -게 하다, -다 말다, -려고 하다/들다, -곤 하다
고영근·남기심 (1993)	27	-어 가다, -어 가지다, -어 계시다, -어 내다, -어 놓다, -어 대다, -어 두다, -어 드리다, -어 버리다, -어 보다, -어 보이다, -어 오다, -어 있다,

---

27) 〈표 5〉의 '선행 연구에서 제시한 보조용언 목록'은 진가리(2018: 14-17)에서 정리한 선행 연구의 보조용언 목록을 재정리한 것이다.

선행 연구	개수	목록
		-어 주다, -어 지다, -고 계시다, -고 나다, -고 말다, -고 싶다, -고 있다, -게 되다, -게 만들다, -게 하다, -지 말다, -지 못하다, -지 아니하다, -어야 하다/되다
이선웅(1995)	39	-어 가다, -어 계시다, -어 나가다, -어 내다, -어 놓다, -어 대다, -어 두다, -어 드리다, -어 마땅하다, -어 마지 아니하다, -어 먹다, -어 버릇하다, -어 버리다, -어 보다, -어 빠지다, -어 쌓다, -어 오다, -어 있다, -어 주다, -어 지다, -어 치우다, -어 하다, -고 계시다, -고 나다, -고 말다, -고 싶다, -고 앉다, -고 있다, -고 자빠지다, -게 굴다, -게 마련이다, -게 생기다, -지 말다, -지 못하다, -지 아니하다, -고자 들다/하다, -려고 하다/들다, -곤 하다, -면 하다/싶다
류시종(1995)	40	-어 가다, -어 가지다, -어 계시다, -어 나가다, -어 나다, -어 내다, -어 놓다, -어 대다, -어 두다, -어 들다, -어 들어가다, -어 마지 아니하다, -어 먹다, -어 바치다, -어 버리다, -어 보다, -어 오다, -어 있다, -어 주다, -어 지다, -어 치우다, -어 터지다, -고 계시다, -고 나다, -고 말다, -고 싶다, -고 있다, -고 하다, -게 되다, -게 마련이다, -게 만들다, -게 생기다, -지 말다, -지 못하다, -지 아니하다, -다 못하다, -다고 보다, -려고 하다/들다, -어야 하다/되다, -면 하다/싶다
김영태(1995)	33	-어 가다, -어 계시다, -어 내다, -어 놓다, -어 달다, -어 대다, -어 두다, -어 드리다, -어 먹다, -어 버리다, -어 보다, -어 보이다, -어 붙이다, -어 빠지다, -어 쌓다, -어 오다, -어 있다, -어 주다, -어 지다, -어 치우다, -고 계시다, -고 나다, -고 말다, -고 싶다, -고 있다, -게 되다, -지 말다, -지 못하다, -지 아니하다, -다 말다, -다 보다, -도록 하다, -어도 되다
서정수(1996)	16	-어 가다, -어 가지다, -어 계시다, -어 나다, -어 내다, -어 놓다, -어 대다, -어 두다, -어 드리다, -어 버리다, -어 보다, -어 오다, -어 있다, -어 주다, -어 지다, -고 계시다
손세모돌 (1996)	14	-어 가다, -어 계시다, -어 내다, -어 놓다, -어 대다, -어 두다, -어 드리다, -어 버리다, -어 보다, -어 오다, -어 있다, -어 주다, -어 지다, -고 계시다
강흥구(1999)	64	-어 가다, -어 가지다, -어 계시다, -어 나가다, -어 나오다, -어 나다, -어 내다, -어 내려가다, -어 놓다, -어 달다, -어 던지다, -어 대다, -어 두다, -어 드리다, -어 들다, -어 들어가다, -어 먹다, -어 바치다, -어 버릇하다, -어 버리다, -어 보다, -어 보이다, -어 부치다, -어 붙이다, -어 쌓다, -어 오다, -어 있다, -어 자빠지다, 어 젖히다, -어 주다, -어 지다, -어 치우다, -어 터지다, -고 계시다, -고 나다, -고 들다, -고 말다,

선행 연구	개수	목록
		-고 보다, -고 싶다, -고 있다, -고 자빠지다, -게 굴다, -게 되다, -게 생기다, -지 말다, -지 못하다, -지 아니하다, -고자 들다/하다, -자고 들다, -다 말다, -다 못하다, -다가 하다, -다고 하다, -다시피 하다, -든지 하다, -거나 하다, -려고 하다/들다, -곤 하다, -어야 하다/되다, -어도 되다, -어서는 안 되다, -면 하다/싶다, -면서 하다, -락 하다
민현식(1999)	28	-어 가다, -어 내다, -어 놓다, -어 대다, -어 두다, -어 버릇하다, -어 버리다, -어 보다, -어 붙이다, -어 빠지다, -어 쌓다, -어 오다, -어 있다, -어 주다, -어 죽다, -어 지다, -어 치우다, -어 터지다, -고 계시다, -고 나다, -고 말다, -고 싶다, -고 있다, -게 되다, -게 하다, -지 말다, -지 못하다, -지 아니하다
권순구(2005)	26	-어 가다, -어 계시다, -어 내다, -어 놓다, -어 대다, -어 두다, -어 드리다, -어 먹다, -어 바치다, -어 버리다, -어 보다, -어 빠지다, -어 쌓다, -어 오다, -어 있다, -어 주다, -어 지다, -어 치우다, -어 터지다, -고 계시다, -고 싶다, -고 있다, -지 말다, -지 못하다, -지 아니하다, -곤 하다
박선옥(2005)	23	-어 가다, -어 계시다, -어 내다, -어 놓다, -어 대다, -어 두다, -어 드리다, -어 먹다, -어 버리다, -어 보다, -어 빠지다, -어 쌓다, -어 오다, -어 있다, -어 주다, -어 치우다, -어 터지다, -고 계시다, -고 싶다, -고 있다, -지 말다, -지 못하다, -지 아니하다
배수자(2007)	31	-어 가다, -어 내다, -어 놓다, -어 대다, -어 두다, -어 드리다, -어 먹다, -어 바치다, -어 버리다, -어 보다, -어 쌓다, -어 오다, -어 있다, -어 주다, -어 지다, -어 치우다, -고 계시다, -고 나다, -고 말다, -고 보다, -고 싶다, -고 있다, -게 되다, -게 만들다, -게 하다, -지 말다, -지 못하다, -지 아니하다, -도록 하다, -어야 하다/되다, -면 하다/싶다
김문기(2008)	27	-어 가다, -어 계시다, -어 나다, -어 내다, -어 놓다, -어 달다, -어 대다, -어 두다, -어 드리다, -어 먹다, -어 버리다, -어 보다, -어 빠지다, -어 쌓다, -어 오다, -어 있다, -어 주다, -어 지다, -어 치우다, -어 터지다, -고 계시다, -고 말다, -고 싶다, -고 있다, -지 말다, -지 못하다, -지 아니하다
임병민(2009)	47	-어 가다, -어 가지다, -어 계시다, -어 나가다, -어 내다, -어 놓다, -어 대다, -어 두다, -어 드리다, -어 먹다, -어 바치다, -어 버릇하다, -어 버리다, -어 보다, -어 보이다, -어 부치다, -어 붙이다, -어 빠지다, -어 쌓다, -어 오다, -어 있다, -어 주다, -어 죽다, -어 지다, -어 치우다, -고 계시다, -고 말다, -고 보다, -고 싶다, -고 있다, -고 지다, -게 되다, -게 만들다, -게 생기다, -게 하다, -지 말다, -지 못하다, -지 아니하다,

선행 연구	개수	목록
		-고자 들다/하다, -다고 하다, -든지 하다, -거나 하다, -려고 하다/들다, -곤 하다, -도록 하다, -어야 하다/되다, -면 하다/싶다
박주형(2014)	30	-어 가다, -어 계시다, -어 나다, -어 내다, -어 놓다, -어 대다, -어 두다, -어 드리다, -어 먹다, -어 버리다, -어 보다, -어 빠지다, -어 쌓다, -어 오다, -어 있다, -어 주다, -어 지다, -어 치우다, -고 계시다, -고 나다, -고 말다, -고 싶다, -고 있다, -게 하다, -지 말다, -지 못하다, -지 아니하다, -고자 들다/하다, -곤 하다, -어야 하다/되다
박기표(2014)	54	-어 가다, -어 가지다, -어 계시다, -어 나가다, -어 나다, -어 내다, -어 놓다, -어 달다, -어 대다, -어 두다, -어 드리다, -어 마지 아니하다, -어 먹다, -어 버릇하다, -어 버리다, -어 보다, -어 빠지다, -어 쌓다, -어 오다, -어 있다, -어 젖히다, -어 주다, -어 죽다, -어 지다, -어 치우다, -어 터지다, -고 계시다, -고 나다, -고 들다, -고 말다, -고 보다, -고 싶다, -고 앉다, -고 있다, -고 자빠지다, -고 지다, -고 하다, -게 되다, -게 생기다, -게 하다, -지 말다, -지 못하다, -지 아니하다, -고자 들다/하다, -자고 들다, -다 말다, -다 못하다, -다 보다, -다고 보다, -려고 하다/들다, -곤 하다, -도록 하다, -어야 하다/되다, -면 하다/싶다

    보조용언의 범주 분류에 관한 이견의 폭이 큰 이유 중 하나는 불완전한 보조용언의 개념 때문이다. 불완전한 보조용언의 개념을 바탕으로 통사적 특성에 초점을 두거나 혹은 의미 기능에 초점을 두고 범주를 설정하다 보니 연구자들 사이에 간극이 나타나게 된 것이다.

    본고에서도 앞 절에 선행 연구들과 『표준국어대사전』(2008)을 참고하여 '홀로 서술어가 되지 못하고 본용언 뒤에 쓰여 화자의 태도나 의도를 나타내거나, 의미를 더하는 보조동사와 보조형용사를 아울러 이르는 말'이라고 보조용언을 우선 정의하였으나, 이러한 개념 정의는 보조용언이라는 범주를 분류하기 위한 기준으로 삼기에는 부족함이 따른다. 왜냐하면 기존의 개념 정의에는 의존적이라는 형태적(통사적) 측면과 본용언에 의미를 더한다는 기능적 측면은 포함되어 있으나, 의미적 측면에서는 특별한 기준이 설정되어 있지 않기 때문이다.

일반적으로 어떠한 범주를 설정하거나 분류하기 위해서는 형태, 기능, 의미의 세 가지 기준을 고려해야 한다. 이는 품사의 분류 기준을 비롯한 다양한 범주 분류 기준들을 통해서도 확인할 수 있다. 보조용언 역시 다양한 범주적 특성을 내포하고 있다. 그럼에도 불구하고 보조용언의 범주적 특성은 선행 연구들에서 주로 형태·통사적 특성을 중심으로 설명해 왔다. 형태·통사적 특성을 중심으로 하여 보조용언을 인접 범주와 구분하고자 한 것이다. 그러나 보조용언의 형태·통사적 특성만으로는 보조용언이라는 범주가 지니는 특성을 명시적으로 드러내기 어렵다. 보조용언은 형태, 기능, 의미와 같은 다양한 범주적 특성을 공유하고 있기 때문이다.

보조용언 범주의 분류 기준이 될 수 있는 의미 기준은 보조용언이라는 범주가 지닌 의미적 특성을 기반으로 설정되어야 할 것이다. 앞서 인접 범주와의 대조를 통해 보조용언 구문은 원형의미, 혹은 원형의미에 가까운 어휘 의미가 실현되는 선행 용언과 확장된 문법적 의미를 실현하는 후행 용언이 결합하여 형성되는 구문으로 정의하였다. 보조용언 구문이란 후행 용언인 보조용언이 어휘적 의미가 아닌 문법적 의미를 실현한다는 의미적 특성을 지니는 범주라는 것이다.

본고에서는 후행 용언인 보조용언이 어휘적 의미가 아닌 문법적 의미를 실현한다는 의미적 특성을 보조용언이라는 범주를 분류하는 의미적 기준으로 활용하고자 한다. 형태, 기능적 특성에 편향된 보조용언 범주의 분류 기준에 의미적 특성을 더하면, 보다 명확한 보조용언 범주 분류 기준과 개념을 확보하여 체계적인 보조용언 범주 분류와 목록 선정이 가능해질 것이라 믿기 때문이다. 보조용언의 범주 분류와 보조용언의 개념 정의를 위해 앞서 논의된 내용을 바탕으로 보조용언의 의미적 특성을 포함한 보조용언 범주의 분류 기준을 설정하면 다음의 (13)과 같다.

(13) 보조용언 범주의 분류 기준
  ✦ 형태 : 홀로 서술어가 되지 못하고 본용언과 결합하여 나타나는가?
  ✦ 기능 : 본용언과 결합하여 문법적 의미를 더하는가?
  ✦ 의미 : 홀로 쓰일 때와 달리 문법적인 의미 변화를 수반하는가?

보조용언 범주의 분류 기준은 특정한 형태가 보조용언 범주에 포함되기 위해서는 다음의 세 가지 기본 조건을 충족해야 함을 의미한다.

첫째는 형태적인 조건으로 홀로 서술어가 되지 못하고 본용언과 결합하여 나타나야 한다는 것이다. 이는 보조용언 구문의 통사적 제약과 관계된 것으로 선행 용언과 보조용언 사이에 '의존성'이 강하여, 통사론적으로 '분리 제약'이 일어나 선행 용언과 보조용언을 분리할 수 없다(배수자 2007:16)는 '형태적 의존성'을 의미한다. 형태적 의존성은 최현배(1971:408)에서 "제 홀로 서지 못하고, 항상 으뜸 움직씨 뒤에 쓰힘이 그 법이다."라고 설명한 보조용언의 통사적 의존성에 관한 규칙으로, 선행 용언과 보조용언 사이에 연결소를 제외한 어떠한 형태적 개입도 허용하지 않음을 의미한다. 선행 용언과 보조용언 사이에 선어말 어미가 개입될 수 없으며, 조사의 개입도 허용하지 않는다. 또한 선행 용언과 보조용언 사이에 부사어의 개입을 허용하지 않는 것도 형태적 의존성에 기인한다.

둘째는 기능적인 조건으로 보조용언 범주에 포함되기 위해서는 본용언과 결합하여 문법적 의미를 더해야 한다는 것이다. 이는 보조용언의 논항 실현 양상과 관계된 것으로, 보조용언 구성에서 본용언은 핵심 사건의 의미를 나타내는 핵심 내용 핵어이고, 보조용언은 본용언에 의해 묘사된 사건 의미에 단지 양상 의미만을 더하는 기능을 한다(호광수 2003:92)는 '기능적 의존성'을 의미하는 것이다. 기능적 의존성은 어휘 의미를 실현하는 선행 용언과 달리 보조용언은 문법적 의미인 상이나 양태 의미만을 더하는 기능을 하는 것으로, 문장의 의미를 실현하는 데 필수적 요소가 아닌 수의적 요소임을 나타낸다. 문장의 필수적인 요소는 생략했을 경우 문장 전체가 비문이 되거나 의미의 변화가 크게 일어나는 데 반해, 문장의 수의적 요소는 생략했을 경우 그 언어 요소가 문장에 들어감으로써 덧보태어진 의미만 없어질 뿐, 문장의 문법성이나 전반적인 의미 변화는 일어나지 않는다(호광수 2003:63). 이처럼 수의적으로 문법적 의미만을 더하는 보조용언의 기능적 의존성은 기능적 측면에서 보조용언 범주를 판별하는 중요한 조건이 된다.

셋째는 의미적인 조건으로 보조용언 범주에 포함되기 위해서는 홀로 쓰일 때와 달리 문법적인 의미 변화가 수반되어야 한다는 것이다. 전술한 바와 같이 보조용언 구문을 인접 범주와 구분 짓는 의미적 특징은 후행 용언이 어휘적 의미가 아닌 상이나 양태와 같은 확장된 문법적 의미를 실현하는 것이다. 이러한 보조용언의 문법적 의미는 홀로 쓰이던 본용언의 어휘 의미가 의미 확장 원리에 따라 확장되는 과정에 의해 구성된 것으로, 원형 의미에 가까운 본용언의 어휘 의미에 '의미적 의존성'을 지닌다고 할 수 있다. 이처럼 홀로 쓰이던 본용언의 어휘 의미가 확장되어 문법적인 의미로 변화한다는 보조용언의 의미적 의존성은 의미적 측면에서 보조용언 범주를 판별하는 중요한 조건이 될 것이다.

보조용언 범주의 분류 기준은 보조용언의 목록을 선정하여 보조용언의 범주를 설정할 때 보조용언을 판별하는 기준으로도 활용될 수 있을뿐더러 보조용언의 개념을 정의하는 데도 유용하게 활용할 수 있을 것이다.

(13)에서 제시한 보조용언 범주의 분류 기준을 바탕으로 형태적, 기능적, 의미적 측면을 모두 고려하여 보조용언의 개념을 재정립하면 다음과 같다.

(14) 보조용언의 개념

  ✦ 보조용언 : 홀로 쓰일 때와 달리 문법적으로 의미가 변화하여 홀로 서술어가 되지 못하고 본용언 뒤에 쓰여 사건에 대한 화자의 심리적 태도를 나타내거나, 상과 같은 문법적 의미를 더하는 보조동사와 보조형용사를 아울러 이르는 말

본고에서 보조용언의 대상으로 삼는 것은 기본적으로 보조용언의 분류 기준 중 홀로 서술어가 되지 못하고 본용언과 결합하여, 본용언에 의미를 더한다는 형태, 기능적 요소를 충족하면서 본용언에서 의미 확장이 이루어진 것들이다. 본용언으로 쓰이던 것이 문법적으로 의미가 변화하여, 사건에 대한 화자 혹은 동작 주체의 심리적 태도 등과 같은 양태 의미를 나타내거나, [(행위)완료]나 [(행위)진행], [(행위)반복], [(상태)지속], [(상태)변화] 등과 같은 특정한 상 의미를 더하는 것만 보조용언의 대상으로 삼을 것이다.

제3장

보조용언의 범주와 의미

보조용언의 범주와 의미

보조용언이라는 개별 범주를 설정하고 보조용언의 의미와 통사적 특징에 관한 본격적인 논의를 다룬 것은 최현배(1937)다. 보조용언을 보조동사와 보조형용사로 구분하고 의미 기능에 따라 보조용언을 19가지로 분류하였다.

<표 6> 보조용언 목록(최현배, 1937)

	의미 기능	보조용언 목록
보조동사	지움(부정)	-지 아니하다 / 못하다 / 말다
	하임(사동)	-게 하다 / 만들다
	입음(피동)	-어 지다, -게 되다
	나아감(진행)	-어 가다 / 오다, -고 있다
	끝남(종결)	-어 나다 / 내다 / 버리다
	섬김(봉사)	-어 주다 / 드리다 / 바치다
	해보기(시행)	-어 보다
	힘줌(강세)	-어 쌓다 / 대다
	마땅함(당위)	-어야 하다
	그리여김(시인적 대용)	-기는 하다

의미 기능		보조용언 목록
	거짓부리(가식)	-는 체하다 / 척하다 / 양하다
	지나간 기회(과기)	-을 번하다
	두기(보유)	-어 놓다 / 주다 / 가지다/ 닥다
보조형용사	바람(희망)	-고 싶다 / 지다
	지움(부정)	-지 아니하다 / 못하다
	미룸(추측)	-을 듯하다 / 듯싶다
	그리여김(시인)	-기는 하다
	값어치(가치)	-을 만하다, -음 직하다
	모양(상태)	-어 있다

보조용언의 의미를 상 의미나 양태 의미, 화용 의미 등의 상위 범주로 분류하지 않고 단순히 의미 기능에 기초하여 구분하고 있다는 문제점이 지적될 수 있으나, 초기 연구들에서 다양하게 혼재되어 있던 보조용언이라는 개념과 범주를 정립하고, 보조용언의 의미 기능과 통사적 특성에 대해 면밀한 분석이 이루어졌다는 점에서 큰 의미가 있다 하겠다.

최현배(1937)의 세 번째 개정판인 최현배(1961)에서는 보조용언을 의미 기능에 따라 보조동사를 13가지로, 보조형용사를 7가지로 범주화하였다. 서정수(1980)는 최현배(1961)에서 범주화한 보조용언을 다시 의미 변화 여부에 따라 합성적 보조용언과 비합성적 보조용언으로 분류하였다. 합성적 보조용언은 본동사와 복합적 결합을 보임으로써 의미적 변화가 수반되는 것을 말한다고 하였다. 문장에서 홀로 자립적인 의미를 지니던 용언이 본용언과 결합되는 보조용언 자리에 놓이게 되면 홀로 쓰이던 의미와는 별개의 의미로 변화하는 보조용언들이 있는데, 이러한 보조용언을 합성적 보조용언이라 부른 것이다. 비합성적 보조용언은 본동사와 결합하여 특이한 복합적 의미를 이루지 않는 것을 말한다고 하였는데, 결국 본용언과 결합하는 경우에나 홀로 쓰일 때나 의미적 변화가 일어나지 않는 보조용언을 가리킨다 하겠다. 서정수(1980)에서 제시한 합성적 보조용언과 비합성적 보조용언 목록을 제시하면 다음과 같다.[28]

<표 7> 합성적 보조용언과 비합성적 보조용언(서정수, 1980)

〈표 7-1〉 합성적 보조용언

범주		선행 용언의 어미	보기	
			선행 동사인 경우	선행 형용사인 경우
(1) 종결	동사	-어	견디어 난다/낸다/버린다	
(2) 봉사	동사	-어	읽어 준다/드린다/바친다	
(3) 시행	동사	-어	먹어 본다	
(4) 강세	동사	-어	웃어 쌓는다/댄다	
(5) 보유	동사	-어	열어 놓는다/둔다/가진다/닥다	
(6) 피동	동사	-어	믿어 진다	
(7) 진행	동사	-어	읽어 간다/온다	
	형용사	-고	읽고 있다	
(8) 상태	형용사	-어	살아 있다	
(9) 희망	형용사	-고	보고 싶다/지다	
(10) 추정	형용사	-는가 -(으)ㄴ가 -(으)ㄹ까	가는가 보다/싶다 갈까 싶다	좋은가 보다

---

28) 합성적 보조용언과 비합성적 보조용언의 목록은 서정수(1980)의 원문을 가능한 유지하고자 하였으나, 일부 오·탈자로 파악되는 것은 수정하였다.

범주		선행 용언의 어미	보기	
			선행 동사인 경우	선행 형용사인 경우
(1) 부정	동사	-지	보지 않는다/못한다/말아라	
	형용사	-지		좋지 않다(아니하다) 못하다
(2) 사동	동사	-게	먹게 한다/만든다	좋게 한다
(3) 당위	동사	-어야	먹어야 한다	좋아야 한다
(4) 시인	동사	-기는	가기는 한다	
	형용사	-기는		좋기는 하다
(5) 가식	동사	-는 -(으)ㄴ	자는 체한다/척한다/ 양한다 읽은	좋은 체한다/척한다/ 양한다
(6) 과기	동사(?)	-(으)ㄹ	다칠 번하였다	좋을 번하였다
(7) 추정	형용사	-는 -(으)ㄴ -(으)ㄹ	가는 듯하다/듯싶다 간 갈 법하다	좋은 듯하다/듯싶다 좋을 좋을 법하다
(8) 가치	형용사	-(으)ㄹ -(으)음	갈 만하다 먹음 직하다	좋을 만하다
(9) 피동	동사	-게	잡게 된다	좋게 된다

　의미 변화 여부에 따른 서정수(1980)의 범주 분류 체계는 보조용언의 범주를 설정하는 과정에 보조용언의 의미적 특성을 적용한 최초의 논의라 할 수 있다. 본용언으로 홀로 활용되던 용언이 선행 용언과 결합되는 과정에서 별개의 의미로 변화하는가 변화하지 않는가 하는 의미적 특성이 보조용언의 범주 분류 기준으로 작용한 것이다. 결국 의미 변화 여부에 따른 보조용언의 범주 분류 체계는 보조용언의 범주와 목록을 선정하는 과정에서 후행 용언의 의미 변화 여부가 중요한 요소로 작용한다는 사실을 방증하는 근거가 될 수 있다.

　본 장에서는 보조용언의 의미 구성 과정을 살피기 위해 분석의 대상으로 삼을 보조용언 목록과 의미를 선정하고자 한다. 의미 변화 여부에 따라 보조용언의 범주를 분류한 서정수(1980)의 입장을 견지하여, 본용언과의 결합 과정에서 의미 변화를 수반하지 않는 보조용언 범주를 비확장적(非擴張的) 보조용언 범주로, 의미 변화를 수반하는 보조용언 범주를 확장적(擴張的) 보조용언 범주로 분류하여29) 보조용언의 목록을 선정하고자 한다. 각 범주에 속하는 개별 보조용언의 의미를 분석하여, 형태·통사적 기준과 기능적 기준, 의미적 기준에 부합하는 표준적인 보조용언 목록을 설정하고, 개별 보조용언의 문법적 의미를 선정해 보도록 하겠다. 다만 보조용언의 목록을 선정하는 과정에서는 의미 변화를 수반하더라도 문법적 의미가 아닌 어휘 의미로 표상되는 목록들을 제거하는 작업이 병행될 것이다. 앞서 보조용언은 어휘적 의미가 아닌 상이나 양태와 같은 문법적 의미를 실현하는 범주로 규정하였기 때문이다. 개별 보조용언을 분석하여 보조용언의 분류 기준 중 형태, 기능적 요소를 충족하며, 본용언에서 상이나 양태와 같은 문법적 의미로 의미 확장을 수반한다는 의미적 요소를 충족하는 목록을 선별하여, 보조용언의 목록과 문법적 의미를 선정할 것이다.

---

29) 서정수(1980)는 보조용언의 결합적 양상에 초점을 두고 합성적 보조용언과 비합성적 보조용언이라는 용어를 활용해 범주를 분류한 것으로 보인다. 결합의 양상에 따라 의미 변화 여부가 결정되는 것으로 본 것이다. 본고에서 보조용언 구문은 결합의 양상에 따라 의미 변화 여부가 결정되는 것이 아니라, 의미 변화 여부에 따라 결합적 양상이 달라지는 것으로 보고 있다. 결합적 양상보다는 의미 변화 수반 여부에 초점을 두는 것이다. 그렇기 때문에 결합적 양상에 초점을 두고 범주를 분류한 합성적 보조용언과 비합성적 보조용언이라는 용어는 필자가 의도하는 범주의 의미적 특성을 충분히 반영하지 못하는 것으로 판단된다. 본고는 본용언으로 홀로 활용되던 용언이 보조용언으로 활용되는 과정에서 문법적 의미로 의미가 확장된다는 입장을 취하고 있으므로, 서정수(1980)에서 제시한 의미 변화는 의미가 확장되는 과정이라 볼 수 있다. 따라서 본고에서는 합성적 보조용언을 확장적 보조용언으로, 비합성적 보조용언을 비확장적 보조용언이라는 용어로 대치하여 사용하고자 한다. 결합적 양상보다는 의미 변화, 의미 확장 여부에 초점을 두고자 하는 것이다.

1. 비확장적 보조용언 범주

1) 부정의 보조용언

부정(否定) 보조용언은 부정의 의미를 실현하는 보조용언으로 선행 용언의 종류에 따라 보조동사와 보조형용사로 구분된다. 선행 용언이 동사인 보조동사로는 '-지 않다, -지 못하다, -지 말다' 등이 있으며, 선행 용언이 형용사인 보조형용사로는 '-지 않다, -지 못하다'가 있다. 서정수(1980)는 부정 보조용언 '-지 않다'와 '-지 못하다'는 하나의 어형으로 볼만한 타당성이 없다고 보았다. 또한 '-지 않다', '-지 못하다', '-지 말다'는 본용언 뒤에 쓰이지 않고, 의미 차이 없이 홀로 서술어 기능을 한다는 점에서 보조용언의 범주에 포함하기 어렵다고 하였다.

부정 보조용언으로 선정한 '않다'는 '아니+하다', '못하다'는 '못+하다'의 결합 형태로 '아니'나 '못'에 '하다'가 결합된 형태다. 그러나 '아니'나 '못'은 독립된 형태 구성으로 〈부정〉이라는 동일한 의미를 나타내며 다양한 쓰임을 보이고 있다. '아니'와 '못'의 일반적인 쓰임에 예외성을 부여하여 '하다'와 결합된 형태만 보조용언이라는 특수한 범주에 포함시키는 것은 문법 규칙의 간결성과 일반성을 해치는 결과라 할 수 있다. 또한 '않다', '못하다', '말다'는 본용언 뒤에 쓰이지 않고 홀로 서술어 기능을 담당할 수 있다.

> (15) ㄱ. 내 친구는 <u>운동을 하지 않는다</u>.
>
> ㄴ. 내 친구는 <u>운동을 않는다</u>.
>
> (16) ㄱ. 그 사람은 <u>축구를 하지 못한다</u>.
>
> ㄴ. 그 사람은 <u>축구를 못한다</u>.

(17) ㄱ. 이 문제에 대해 <u>걱정을 하지 말아라.</u>

　　 ㄴ. 이 문제에 대해 <u>걱정을 말아라.</u>

　보조용언이 홀로 서술어가 되지 못하고 본용언과 결합하여 쓰인다는 것은 보조용언이라는 범주 설정의 기초가 되는 통사적 특징이라 할 수 있다. 홀로 서술어가 되지 못한다는 것은 보조용언 구문으로 실현되던 후행 용언은 본용언과의 결합을 통해서만 보조용언으로서의 의미를 실현하며, 본용언과의 결합이 깨지는 순간 보조용언으로서 지니고 있던 의미가 더는 작용하지 않음을 의미한다. 그러나 (15)에서 보는 바와 같이 (15ㄴ)의 '않다'는 본용언과의 결합이 깨졌음에도 불구하고 (15ㄱ)의 보조용언 '-지 않다'와 동일한 〈부정〉의 의미를 실현하고 있다. 본용언으로 활용될 때나 보조용언으로 활용될 때 모두 동일한 의미를 실현한다는 것이다. 이러한 의미 실현 양상은 (16)과 (17)에서 보는 바와 같이 '못하다'와 '말다'에서도 동일하게 나타난다. 이는 '-지 않다', '-지 못하다', '-지 말다'를 보조용언으로 분류하는 문법 기술에 문제가 있음을 방증하는 것이라 할 수 있다.30) 또한 홀로 서술어로 기능할 수 있음은 해당 어휘가 실질

---

30) 부정 보조용언의 용례 중에서 홀로 서술어 기능이 가능한 것은 본용언이 [N을/를 하다]의 구조를 지니는 것으로 한정된다.

　ㄱ. 내 친구는 밥을 먹지 않는다.
　ㄴ. 내 친구는 밥을 않는다.

(ㄴ)은 '밥을 짓다/하다'에 대한 〈부정〉의 의미로, '먹지 않음'을 나타내는 (ㄱ)과는 명확한 의미 차이가 발생하게 된다. 즉, 본용언이 일반적인 동사류일 경우에는 '-지 않다/못하다/말다'는 홀로 서술어 기능이 불가능하기에 보조용언으로 분류할 근거가 마련될 수도 있을 것이다. 그러나 부정 보조용언이라는 범주를 설정하게 되면, 본용언이 [N을/를 하다] 구성인 구문은 홀로 서술어 기능이 가능하다는 예외적인 규칙을 만들거나, 보조용언이 아닌 다른 범주로 분류해야 할 것이다. 이러한 문법 체계는 문법 규칙의 간결성을 해치는 결과로, 오히려 '-지 않다/못하다/말다'를 부정법 혹은 부정 표현으로 구분하여 규칙화하는 것이 문법 체계를 간결화하는 합리적인 기술이라 하겠다.

적인 어휘 의미를 지니고 있음을 의미한다. 동일한 어휘 의미를 표상하는 어휘를 형태에 따라 다른 범주로 분류하는 것은 역시 범주화의 경제성을 해치는 결과라 할 수 있다. 따라서 부정 보조용언은 부정법의 일종[31)으로 처리하여 보조용언 범주에서 제외하는 것이 합리적인 기술이라 할 것이다.[32)

2) 사동, 당위, 시인의 보조용언

사동(使動)과 당위(當爲), 시인(是認)의 보조용언으로 제시된 '-게 하다', '-어야 하다', '-기는 하다'는 공통적으로 '본용언+하다'의 형태를 띠고 있다.

(18) ㄱ. 그는 학생들에게 숙제를 <u>하게 했다/시켰다.</u>

ㄴ. 그는 학생들에게 수업시간에 휴대전화를 <u>사용하게 했다/허락했다.</u>

ㄷ. 그는 상대를 꼼짝 못 <u>하게 한다/만든다.</u>

(19) ㄱ. 죄를 지은 사람은 벌을 <u>받아야 한다/된다/마땅하다.</u>

ㄴ. 사회생활에서 성공하려면 인사를 <u>잘해야 한다/된다/성공한다.</u>

(20) ㄱ. 공부를 안 하지만 학교에 <u>가기는 한다/간다.</u>

ㄴ. 이 옷이 <u>예쁘기는 하다/예쁘다.</u>

사동 보조용언으로 제시된 '-게 하다', '-게 만들다'에서 '하다', '만들다'의

---

31) 김용경(2015: 51-53)은 '부정'의 의미를 실현하는 문법 범주를 '부정법'이라 하여, 부정법의 실현 방법을 '어휘적 방법', '파생적 방법', '통사적 방법'으로 구분하였는데, '-지 않다', '-지 못하다', '-지 말다'는 '통사적 방법'에 의해 '부정법'이 실현된 것으로 보고 있다.

32) 배수자(2007: 53)에서도 부정 보조용언으로 분류한 '-지 않다', '-지 못하다', '-지 말다'는 문법적 의미인 상이나 양태 의미가 드러나지 않고, 실질적인 어휘적 의미를 실현하고 있기 때문에 보조용언 범주에서 제외해야 할 것을 주장하였다.

의미는 실질적인 어휘 의미가 의미 변화 없이 그대로 실현되고 있다. 홀로 쓰일 때, 즉 본용언으로 활용될 때와 동일한 의미를 표상하는 구조를 굳이 보조용언이라는 특수한 범주로 분류할 필요가 있는가는 재고의 여지가 있다.

사동과 당위, 시인의 보조용언은 (18), (19), (20)의 예문과 같이 어떤 적절한 동사를 표면적으로 대신하는 기능도 담당하고 있다. 이는 '하다'라는 동사가 가진 기능적 특성으로서 서정수(1975)는 이를 대동사(proverb)라 명명한 바 있다. '하다'가 지닌 대동사성은 다양한 형태 구조를 통해 실현된다. 다양한 형태에 공통으로 실현되는 '하다' 동사의 대동사 기능을 사동 보조용언, 당위 보조용언, 시인 보조용언 등의 서로 다른 범주를 설정하는 것은 한국어 문법 체계를 복잡하고 혼란스럽게 만드는 일일 것이다.

물론 인지언어학적 관점에서 모호한 경계성을 해소하기 위해 '본용언+보조용언' 구성의 사동과 당위, 시인 표현을 보조용언 범주에 포함하려는 의견들도 있었다. 그러나 사동과 당위, 시인의 '본용언+하다' 구문을 보조용언의 범주에 포함하고자 한다면 (18)과 (19), (20)의 예문에서 보이는 바와 같이 '하다'와 표면적으로 동일한 의미를 나타내는 '시키다', '허락하다', '되다', '마땅하다', '성공하다', '가다', '예쁘다' 등을 모두 보조용언 범주에 포함해야 할 것이다. 동일한 통사 구조와 동일한 의미를 지닌 구문을 하나는 보조용언 구문으로, 하나는 복문(내포문)으로 분류하는 것은 문법 체계의 일관성을 해치는 기술이기 때문이다. 이처럼 모호한 경계성을 해소하기 위해 범주를 무한정 확대해 나가다가는 오히려 더 많은 모호한 경계를 만들어 범주화의 의미 자체를 퇴색시킬 수 있을 것이다.

'본용언+하다'의 구성에서 보조용언 구문의 기능적인 의미, 즉 사동과 당위, 시인의 의미가 '하다'에 내포되어 있는가도 재고의 여지가 있다. (18)과 (19),

(20)에서 보는 바와 같이 표면적으로 동일한 의미를 나타내는 '허락하다', '되다', '성공하다', '가다', '예쁘다' 등의 동사들은 사동과 당위, 시인의 의미 기능이 없음에도 불구하고 '본용언+하다'의 구성과 동일한 문맥 의미를 나타내고 있다. 이러한 사실은 사동과 당위, 시인의 의미 기능은 후행 용언을 통해 실현되는 것이 아니라 '-게', '-어야', '-기는'과 같은 연결소를 통해 실현되고 있음을 방증하는 것이라 할 수 있다. 호광수(2003: 177~182)에서는 연결소들은 본래 독립된 의미 기능을 지닌 형태였으나 보조용언 구성에 참여하면서 의미 기능이 소실되거나 약화되어 나타난다 하였다. 그러나 '-지, -게, -어야, -(으)려(고), -면' 등의 연결소들은 접속 어미의 의미가 상당히 남아 보조용언 범주로의 정착이 완성되지 않은 진행 중에 있는 것으로 파악하였다.33) 위의 (18)과 (19), (20)에서도 '하다'가 표면적으로 동일한 의미를 나타내는 동사들과 대치가 가능하다는 것은 연결소들이 독립된 의미 기능을 발현하고 있음을 나타내는 것이다. 결국 사동과 당위, 시인의 의미 기능은 '하다'라는 동사의 의미 기능이라기보다는 연결소의 의미 기능이다. 연결소를 통해 주된 의미가 실현되는 사동과 당위, 시인의 보조용언 구문은 보조용언 범주에서 제외하는 것이 합리적일 것이다.34)

---

33) 참고로 호광수(2003)에서는 보조용언 범주로 정착이 완성되지 않고 진행 중에 있는 구성도 보조용언의 범주에 포함했다.

34) 민현식(1993)은 서술성의 관점에서 보조용언 '하다'는 본용언 '하다'와 의미가 다르고 특수화된 것으로 설명하고 있다. 보조용언 '하다'가 선행 용언에 후행하여, 선행 용언의 의미가 '그런 상태에 있다'는 상태성을 유지시키고, 서술을 완결한다는 점에서 보조용언의 자격에 합당하다 하였다. 그러나 이러한 관점에서 '본용언+하다' 구성을 보조용언 구문으로 분류한다면 본용언과 보조용언을 연결하는 연결소와 상관없이 '본용언+하다'의 구문을 상태 유지 보조용언이라는 범주로 분류해야 할 것이다. 사동이나 당위, 시인과 같이 특수한 의미 기능을 수행하는 구문들을 상대적으로 의미 기능이 약한 상태성이라는 범주로 묶기보다는 연결소의 의미 기능에 주목한 서법의 한 형태로 설명하는 것이 합리적이라 생각된다.

3) 가식의 보조용언

가식(假飾) 보조용언은 '-는 체하다/척하다/양하다'의 세 가지로 알려져 있다. 최현배(1937, 1961)에서는 '-는 체하다/척하다/양하다'를 '거짓부리'를 나타내는 보조용언으로 설정하였으나, 이후 수많은 논의[35]들에서는 '-는 체하다/척하다/양하다'를 보조용언의 범주에서 제외하였다. '체하다/척하다/양하다'를 보조용언 범주에 포함하기 어려운 이유는 '체하다/척하다/양하다'가 하나의 어형으로만 쓰이는 것이 아니라, '의존명사+하다'의 형태로 분리가 가능하다는 점 때문이다.

(21) ㄱ. 철수는 허름한 옷을 입은 아버지를 <u>모르는 체했다/척했다/양했다.</u>
　　ㄴ. 처음 보는 사람이 나에게 <u>아는 체했다/체를 했다/체 행동했다.</u>
　　ㄷ. 너를 <u>좋아하는 척하며/척</u> 친절을 베풀고 있지만 다 속셈이 있는 거야.

'체하다/척하다/양하다'는 일반적으로 관형사형 어미를 통해 본용언과 결합하여 (21ㄱ)과 같이 거짓 행동을 표현한다. 그런데 '체하다/척하다/양하다'는 (21ㄴ)과 같이 '체'와 '하다' 사이에 조사를 개입시켜 분리할 수 있을 뿐만 아니라, '하다'를 '행동하다'라는 표면적으로 동일한 의미를 가진 동사로 대치할 수 있다. 분리가 가능하며, 표면적으로 동일한 의미를 가진 동사로 대치가 가능하다는 사실은 '체하다/척하다/양하다'가 의미적으로 하나의 덩어리가 아니며, '체, 척, 양'과 '하다'의 결합이 필수적이고 고정적인 결합이 아닌 수의적

---

35) 가식 보조용언을 보조용언 범주에서 제외하고자 한 대표적인 논의들로는 김기혁(1987), 손세모돌(1996), 박선옥(2002) 등이 있으며, 가식 보조용언을 보조용언 범주에 포함한 논의로는 호광수(2003)가 있다.

결합임을 암시한다. 수의적으로 결합과 분리가 가능한 어휘를 단일 어형(語形)인 보조용언이라는 범주로 구분하여 고착화하는 것은 표현의 다양성을 해치는 결과를 가져올 것이다.

또한 '체, 척, 양'은 (21ㄷ)과 같이 의존명사 단독으로도 활용되기도 한다. '하다'가 생략 가능하다는 점, 또한 생략했을 때와 동일한 의미를 표현한다는 점에서 '하다'가 실질적 어휘 의미 없이 의존명사를 동사로 만드는 접미사 역할을 담당하고 있는 것으로 파악할 수 있다. 이를 토대로 '체하다/척하다/양하다'를 '의존명사+접미사'의 구성으로 보고 단일 동사로 처리하여 '본용언+보조용언' 구문으로 분류하고자 하는 의견들도 있다. 그러나 동일한 의미 기능을 표현하는 구문을 형태적 차이에 의해 하나는 보조용언 구문으로 하나는 관형절 구문으로 처리하는 것은 문법 기술의 경제성을 해치는 기술이다.

'체하다/척하다/양하다'를 '의존명사+접미사'의 구성으로 보고 하나의 동사로 처리하여 '본용언+보조용언' 구문으로 파악했을 때 생기는 또 다른 문제는 연결소가 관형사형 어미라는 것이다. 관형사형 어미는 일반적으로 체언에만 선행하는 것이다. '체하다/척하다/양하다'를 보조용언으로 분류하게 되면 관형사형 어미가 용언에도 선행할 수 있다는 예외적 현상이 발생한다. 예외적인 형태를 범주에 넣기 위해 문법 규칙에 예외를 만드는 모순을 저지르는 것이다. 따라서 문법 규칙의 일반성과 간결성을 확보하기 위해 가식 보조용언 구문은 보조용언 범주에서 제외하고자 한다.36)

---

36) 김동훈(2025)은 '체하다, 척하다, 양하다'의 형태적, 기능적 의미적 특성을 분석하여, 이들을 보조용언 범주로 분류한 현행 사전 기술의 문제점을 지적하였다. 가식의 의미를 나타내는 '체하다, 척하다, 양하다'는 보조용언 범주를 판별하는 데 기본이 되는 형태적, 기능적, 의미적 조건을 온전히 충족하지 못하기 때문에, 가식의 의미를 나타내는 '의존명사+하다' 구문은 보조용언 목록에서 제외하고, 구문론적 관점에서 기술할 필요가 있음을 제안한 것이다. 다만 추정의 의미를 나타내는 '양하다'는 가식의 의미를 나타내는 '양하다'와는 달리 형태적, 기능적, 의미적 의존성을 지닌 것으로 보아, 보조용언 범주에 포함하였다.

4) 과기의 보조용언

최현배(1961)에서는 어떤 상황이 실제로 일어나지는 아니하였지만 그럴 가능성이 있었음을 나타내는 '번하다'를 과기(過機) 보조용언으로 설정하였다. 주로 본용언에 관형사형 연결소 '-을'이 결합하여, '본용언+(으)ㄹ+번하다' 형태로 구성되는데, 현대 한국어에서는 '-을 뻔하다' 형태만 사용되고, '-을 번하다' 형태는 거의 사어화(死語化)되었다.

(22) ㄱ. 낭떠러지 아래로 <u>떨어질 뻔했다.</u>
    ㄴ. 낭떠러지 아래로 <u>떨어질 뻔</u> 아슬아슬했다/<u>위험했다.</u>
    ㄷ. ?계속되는 폭설에 얼어 <u>죽을 뻔도</u>, 굶어 <u>죽을 뻔도 하였다.</u>

'뻔하다'는 '체하다/척하다/양하다'와 달리 의미적으로 하나의 덩어리로 볼 만하다. 인지적으로 '뻔'과 '하다'를 분리했을 때는 각각의 어휘적 의미 기능이 실현되지 않을 뿐만 아니라, '뻔'이 단독으로 활용되거나 수의적으로 분리되는 경우도 거의 없기 때문이다. 또한 (22ㄴ)과 같이 '하다'가 실질적인 의미를 지니는 다른 용언으로 대치된다고 보기도 어렵다. 그러나 (22ㄷ)과 같이 '뻔'과 '하다' 사이에 조사가 개입되어 분리되는 경우도 나타난다. 이는 역시 '뻔하다'를 하나의 어형으로 처리하기 어렵다는 사실을 시사한다.

'뻔하다'를 '의존명사+접미사' 구성의 용언으로 처리하였을 때 생기는 가장 큰 문제는 역시 본용언과 결합하는 연결소가 관형사형이라는 점이다. '체하다/척하다/양하다'와 달리 수의적 분리가 불가능하다는 점과 '하다'가 실질적인 의미 기능을 하지 않는다는 점에서 '하다'를 실질형태소로 보기 어렵기는 하다.37) 그러나 '뻔하다'를 보조용언이라는 단일 용언으로 처리하게 되면 관형사형 어미가 체언만 수식한다는 일반적인 문법 규칙 체계를 흔들게 된다. 일반적인 한국어 문법 규칙 체계를 지키기 위해서라도 '뻔하다' 역시 보조용언 범주에서 제외하는 것이 합리적일 것이다.

5) 추정의 보조용언

최현배(1961)에서는 추정(推定)을 나타내는 보조용언으로 '-은가/을까 싶다', '-나/는가 보다', '-을 듯하다', '-을 듯싶다', '-을 법하다'의 다섯 가지를 제시하였는데, 이중 의미 변화를 수반하지 않는 비확장적 보조용언 범주에 해당하는 것은 '듯하다/듯싶다/법하다'이다.

(23) ㄱ. 지금쯤은 그가 <u>올 법하다.</u>
　　 ㄴ. 날씨가 눈이 <u>내릴 법도 하다.</u>

'법하다'는 '뻔하다'와 마찬가지로 '법'과 '하다'를 분리했을 때 실질적 어휘 의미가 실현되지 않으며, '법'이 단독으로 활용되거나 수의적으로 분리되는 일도 없으므로 의미적으로 한 덩어리로 볼만하다. 그럼에도 불구하고 '법하다'도 (23ㄴ)과 같이 '법'과 '하다' 사이에 조사가 개입되어 분리되는 경우가 나타난다. 또한 '뻔하다'와 마찬가지로 본용언과 결합하는 연결소가 관형사형이라는 점에서 '법하다' 역시 보조용언 범주에서 제외하는 것이 합리적일 것이다.

---

37) 서정수(1996)는 '하다'가 대동사의 기능뿐만 아니라 형식동사의 기능도 담당한다고 하였다. '하다'가 특정 용언을 대행할 때는 대동사의 기능으로 활용되지만, 실질적인 의미를 지니지 못한 허형태(虛形態)로 서술어 기능을 담당할 때는 서술형식을 대행하는 형식동사로 활용된다는 것이다. 예컨대, '체하다/척하다/양하다'에서의 '하다'는 대동사로, '뻔하다'에서의 '하다'는 형식동사로 이해할 수 있을 것이다.

'듯하다'와 '듯싶다'는 '법하다'와는 달리 다양한 관형사형 어미 형태 뒤에 쓰여서 추정의 의미를 나타낸다. 여타 관형사형 연결소를 지닌 구문과 마찬가지로 '듯하다'와 '듯싶다'도 본용언과 결합하는 연결소가 관형사형 어미라는 점에서 보조용언으로 처리하는 데 어려움이 있다.[38]

(24) ㄱ. 비가 <u>올(온/오는)</u> 듯하다/듯도 하다/듯싶다/듯도 싶다.
　　 ㄴ. 비가 <u>올 듯/듯이</u> 하늘이 잔뜩 흐리다.
　　 ㄷ. 투숙객들이 곧 <u>떠날 듯하다/듯싶다/듯 보인다.</u>
　　 ㄹ. 구름이 손에 <u>잡힐 듯하다/듯싶다/듯 가깝다.</u>

'듯하다'와 '듯싶다'는 (24ㄱ)과 같이 '듯'과 '하다' 또는 '싶다' 사이에 조사를 개입시켜 분리할 수 있을 뿐만 아니라, (24ㄴ)과 같이 '듯'이 의존명사로 홀로 실현될 수 있다는 점에서 '듯하다'나 '듯싶다'를 의미적으로 하나의 덩어리로 보기 어렵다. 다양한 실현 양상을 나타내는 '듯'을 실현 양상에 따라 다른 범주로 분류하는 것은 문법 기술의 일반성을 해치는 기술이다.

또한 (24ㄱ)의 '듯하다'와 '듯싶다'에서 '듯'은 (24ㄴ)의 의존명사 '듯'과 동일하게 '그렇게 될 것처럼'이라는 어휘 의미를 담당하고 있으며, '듯'과 결합하는 '하다'와 '싶다'도 '예상되다', '생각되다'라는 실질적인 어휘 의미 기능을 실현하고 있다. 아울러 (24ㄷ)과 (24ㄹ)에 나타난 바와 같이 '하다'나 '싶다'는 상황 맥락에 따라 '보이다', '가깝다' 등과 같이 표면적으로 동일한 의미를 실현하는 용언들로 대치가 가능하다. '듯'에 '하다'와 '싶다'가 연결될 때는 보조

---

38) 이석주(1989: 127)는 '듯싶다'의 '싶다'를 접미사로 처리하면 관형어와 용언이 국어의 통어적 구조에서 수식과 피수식의 관계를 갖게 되는 오류가 나타나므로 '듯싶다'는 '의존명사+형용사'로 처리하여, '듯 싶다'로 띄어 쓸 것을 주장하였다.

용언이라는 하나의 어형으로 처리하고 다른 용언이 연결될 때는 '의존명사+본용언'으로 처리하는 것은 문법 기술의 복잡성을 가중하는 결과를 초래할 것이다. 문법 기술의 간결성과 일관적인 문법 기술을 위해서 '듯하다'와 '듯싶다'도 보조용언 범주에서 제외해야 할 것이다.

6) 가치의 보조용언

최현배(1961)에서 가치(價値) 보조용언으로 분류한 것은 '만하다'와 '직하다'이다. '만하다'는 관형사형 어미 '(으)ㄹ'이 선행 용언과 결합하는 형태로 활용되며, '직하다'는 명사형 어미 '(으)ㅁ'이 선행 용언과 결합하는 형태로 활용되어 '어떤 행동을 할 타당한 이유를 가질 정도로 가치나 능력이 있음'을 나타낸다.[39]

    (25) ㄱ. 이 음식은 정말 <u>먹을 만하다.</u>
          ㄴ. 이번 공연은 세계가 <u>주목할 만도 하다.</u>

'만하다'는 '뻔하다'나 '법하다'와 마찬가지로 '만'과 '하다'를 분리했을 때 실질적 어휘 의미가 실현되지 않으며, '만'이 단독으로 활용되거나 수의적으로 분리되는 일도 없으므로 의미적으로 한 덩어리로 볼만하다. 그러나 (25ㄴ)처럼 '만'과 '하다' 사이에 조사가 개입되어 분리되는 경우도 나타날뿐더러, 본용언과 결합하는 연결소가 관형사형이라는 점에서 '만하다' 역시 보조용언 범주

---

39) '만하다'와 '직하다'는 가치의 의미를 나타내는 것 이외에, 가능성의 의미를 나타내는 경우도 있다. 여기서는 가능성의 의미를 나타내는 '만하다'와 '직하다'에 관한 논의는 제외하고 가치의 의미를 나타내는 '만하다'와 '직하다'만 논의의 대상으로 삼았다.

에서 제외하는 것이 합리적일 것이다.

'직하다'는 여타의 '의존명사+하다'의 구성과 달리 선행 용언과 결합하는 연결소가 명사형 어미다. 이러한 이유로 최현배(1937, 1961)가 '직하다'를 가치 보조용언으로 분류한 이래 다양한 이견들이 '-음직하다' 구성을 논란의 중심에 놓이게 했다. '직하다'에 관한 논의는 크게 다섯 가지 견해로 나눌 수 있다. 첫째, 명사형 어미 '음'과 보조용언 '직하다'로 분석하거나(최현배 1937, 1961), 둘째, 내포문의 어미 '음직'과 보조용언 '하다'로 분석하는 견해(권재일 1985) 등이 있었으며, 셋째, '음'을 부사형 어미로 보고 '직하다'를 형용사로 보는 견해(임동훈 2006)도 있었다. '음'을 부사형 어미로, '직하다'를 형용사로 보는 견해는 큰 맥락에서는 최현배(1937, 1961)의 견해와 비슷하지만, 통시적 자료들을 근거로 하고 있다는 점과 '직하다'의 비자립성과 양태 의미에 주목했다는 점에서 차이가 있었다. 넷째, '-음 직하다'를 변형생성문법 차원에서 '음'을 명사형 어미, '직'을 부접명사, '하다'를 경동사로 파악한 견해(김창섭 2007)도 있었다. 기존의 견해들이 서술어 부분을 어떻게 처리할 것인가에 초점이 맞혀져 있었다면, 김창섭(2007)에서는 선행명사구에 초점을 두면서 부접명사구40)와 같은 특이한 명사구가 설정될 필요성을 제기하였다. 마지막으로 '-음 직하다' 전체를 통합적 구성으로 파악하여 하나의 접미사로 처리하는 견해(고영근·남기심 1993)도 있었다. 한정적이기는 하나 '큼직하다'나 '바람직하다'처럼 '-음 직하다'가 파생어를 형성한다는 점, 그리고 '바람직하다'와 '바람직스럽다'가 동일한 의미를 나타낸다는 점에서 '-음 직스럽다'와 같이 '-음 직하다'가 접미사 역할을 한다고 보는 것이다.

---

40) 김창섭(2007: 33-34)은 '국문과 출신'에서 '출신'과 같이 조사 '의'의 개재 없이 선행 명사구에 접미사처럼 결합하는 명사를 '부접명사(附接名詞)'라 하였다. 또한 부접명사를 핵으로 하는 '국문과 출신'은 '부접명사구' 또는 '부접구'라 지칭하였다.

(26) ㄱ. 음식이 정말 <u>먹음 직하다.</u>

　　　 ㄴ. 열심히 노력했으니 좋은 결과를 <u>바람 직도 하다.</u>

　　　 ㄷ. 숲에 나무들이 꽤 <u>굵직하다/굵직굵직하다.</u>

　‘직하다’는 (26ㄱ)과 같이 의미적으로 한 덩어리로 보이기는 하지만, (26ㄴ) 과 같이 보조사가 개입하여 분리가 가능하다. 또한 (26ㄷ)과 같이 명사형 어미 ‘-음’이 제거된 형태나 ‘-직’이 반복되어 활용되기도 한다. 이는 역시 ‘직하다’ 를 하나의 단일 어형으로 처리하기 어려움을 나타낸다. 이를 근거로 본고에서 는 ‘직하다’를 역시 보조용언 목록에서 제외하고자 한다.

　시정곤(2010: 24)에서는 ‘-음 직하다’ 구성을 양태 의존명사 구문의 일종으 로 볼 것을 제안한 바 있다. 시정곤(2010: 24)은 다음과 같은 근거를 들어 ‘-음 직하다’ 구성을 양태 의존명사 구문의 일종으로 볼 것을 제안하였는데, 첫째, ‘음직하’ 구성이 여러 문법적 양상에서 양태 의존명사 구문과 유사하다는 점, 둘째, 통사 구조상 둘 다 상위문의 주어를 허가하지 못한다는 점, 셋째, 의미적 측면에서 모두 명제에 대한 화자의 태도를 나타낸다는 점, 넷째, 역사적으로도 ‘음직하’ 구성이 양태 구문일 가능성이 있다는 점이다. 이를 근거로 ‘음 직하다’ 구성에서의 ‘직하다’를 양태 ‘의존명사+기능동사’로 분석하였다.41) 이는 다른 주장들이 가진 난점들을 부분적으로나마 해소해 줄 수 있을 뿐만 아니라 앞의 관형사형 어미를 취하는 ‘의존명사+하다’ 형태를 취하는 구문까지 설명할 수 있다는 점에서 상대적으로 높은 설득력을 지니고 있다고 본다. 이러한 이유로 본고도 이와 같은 견해를 수용하여 ‘-음 직하다’ 구성에서 ‘하다’를 기능동사로 처리하여 ‘-음 직하다’를 보조용언 목록에서 제외하고자 한다. 다만, ‘하다’를

---

41) 참고로 시정곤(2010)에서는 ‘가치’의 의미를 나타내는 ‘직하다’ 이외에 ‘가능성’의 의미를 나타 내는 ‘직하다’도 분석의 대상으로 하였다.

기능동사로 일관되게 처리할 것이 아니라 표면적으로 동일한 의미를 지닌 동사로의 대치 가능성 유무에 따라 대동사와 형식동사로 분류하여 양태 의존명사 구문으로 설명할 것을 조심스럽게 제기하는 바이다.[42]

7) 피동의 보조용언

최현배(1961)에서 피동(被動) 보조용언으로 제시하고 있는 것은 '-어 지다'

[42) 정연주(2017: 312)에서는 '하다'의 문법적 기능을 대용어 기능과 자리채우미 기능으로 분류할 것을 제안하였다. 대용어로서의 '하다'는 담화 상황에 기반하여 파악되는 동작적 내용을 추상적으로 대신하는 것으로, 서정수(1975)가 제시한 대동사와 비슷한 맥락의 기능을 한다고 할 수 있다. 자리채우미로서의 '하다'는 빈자리들을 갖는 구문에 기반하여 언어 형식이 들어갈 서술어 자리를 형식적으로 채우는 것으로, 역시 서정수(1975)가 언급한 형식동사와 비슷한 맥락의 개념이라 할 수 있다. 다만, 특정 구문론적 구조 속에서 의미가 예견되는 '하다'를 서정수(1975)에서는 대동사로 처리하고 있는데, 정연주(2017)에서는 이를 자리채우미 안에 포함시켜 자리채우미의 영역을 확장시켰다.

※'하다'가 쓰이는 자리의 어휘적 성격에 주목함	서정수(1975)	정연주(2017)	※'하다'가 쓰이는 동기에 주목함
실질적 어휘의 역할을 하는 '하다'	대동사	대용어	담화 상황에 기반하여 파악되는 동작적 내용을 추상적으로 대신하는 '하다'
		(특정 구문론적 구조 속에서 의미가 예견되는 '하다')	빈자리들을 갖는 구문에 기반하여 언어 형식이 들어갈 서술어 자리를 형식적으로 채우는 '하다'
실질적 어휘의 역할을 하지 않는 '하다'	형식동사	자리채우미	

정연주(2017)는 본고에서 논의의 대상으로 삼았던 '체하다, 척하다, 양하다, 듯하다, 직하다, 만하다'에서의 '하다'를 특정 구문론적 구조 속에서 의미가 예견되는 '자리채우미'로 일률적으로 파악하고 있다. 그러나 '체하다, 척하다, 양하다, 듯하다'에서 '하다'는 특정 구문론적 구조 속에서 의미가 예견되는 '자리채우미' 기능을 하는 것으로 보이지만, '직하다, 만하다'에서의 '하다'는 가치의 의미를 실현할 때는 특정한 어휘 기능을 하지 않는 형식동사에 가까운 것으로 파악된다.

와 '-게 되다'이다. 이중 의미 변화를 수반하지 않는 비확장적 보조용언 범주
에는 '게 되다'가 포함된다.43)

(27) ㄱ. 나라를 <u>잃게 되었다.</u>
     ㄴ. 마음속으로는 <u>걱정이 되었다.</u>
     ㄷ. 마음속으로는 <u>걱정을 하게 되었다.</u>

　　최현배(1961)는 (27ㄱ)과 같은 의미의 문장을 피동의 의미로 파악하고 있
다. 그러나 서정수(1980)에서는 '되다'가 순수한 피동의 의미를 담고 있는가에
대해 회의적인 관점을 취하고 있다. 이에 서정수(1980)는 '-게 되다' 구성을
어떤 사물이 한 상태에서 다른 상태로 변하는 것을 표시하는 기동상(起動相)으
로 바라볼 것을 제안하였는데, 전영철(2008)을 비롯하여 김정남(2009:
61-62)에서도 '되다'의 기본 의미는 '피동'이 아닌 '변화'임을 지적하고 있다.
'되다'의 실질적인 의미 기능이 '피동'이 아닌 '변화'라는 사실은 '-게 되다'를
피동 보조용언으로 설정하는데 가장 큰 걸림돌이 될 것이다.
　　'-게 되다' 구성이 '피동'의 의미가 아닌 '변화'의 의미를 내포하고 있다면,
'-게 되다'를 피동 보조용언이 아닌 '(상태)변화'의 상 의미를 실현하는 보조용
언으로 분류해야 할 것이다. 그러나 '-게 되다' 구성에서의 '되다'는 (27ㄴ)과
같이 소위 보어를 취하는 본용언 '되다'와 형태적으로도, 의미적으로도 아무런
차이를 보이지 않는다. (27ㄴ)에서의 '되다'와 (27ㄷ)에서의 '되다'는 형태적,
의미적으로 동일하다는 것이다. 김윤신(2018: 101)에서도 '-게 되다'의 사건

---

43) '-어 지다' 구문에서의 '지다' 역시 의미 변화를 수반하는가 수반하지 않는가의 문제가 논란이
　　되곤 한다. 본고에서는 우선 '-어 지다' 구문에서의 '지다'를 의미 변화를 수반하는 확장적
　　보조용언 범주로 분류하고, '지다'의 의미 변화와 관련된 내용은 이어지는 절에 제시하도록
　　하겠다.

구조와 논항 구조를 분석한 결과 보조용언으로 보고 있는 '되다'와 소위 보어를 취하는 '되다'가 유사한 통사 구조와 의미를 보인다고 하였다. 둘의 차이는 보조용언 구문은 보어로 절을 취하고, 자동사는 보어를 취하는 것뿐이라 하였는데, 이는 '-게 되다' 구문에서의 '되다'가 본용언으로 활용되는 '되다'와 형태·의미적으로 아무런 차이가 없음을 의미한다. 본용언과의 의미 변별성이 없는 활용 형태를 피동 보조용언이라는 범주를 설정하여 분류하는 것은 문법 체계를 복잡하게 만들 뿐이다. 따라서 '-게 되다'는 보어로 절을 취하는 복합문으로 형태로 파악하여 보조용언 범주에서 제외하고자 한다.

지금까지 선행 용언과의 결합 과정 의미 변화를 수반하지 않는 비확장적 보조용언을 보조용언 범주에 포함하는 문제들에 대해 살펴보았다. 낱낱을 분석한 결과 의미 변화를 수반하지 않는 비확장적 보조용언을 보조용언의 범주에 포함시키는 범주화 체계는 여러 면에서 합리적이지 못함을 드러내고 있다. 이처럼 의미 변화를 수반하지 않는 비확장적 보조용언을 보조용언의 범주에 포함시키는 문제가 늘 논란의 중심에 있다는 사실은 보조용언 구문을 형성하는 데 있어, 후행 용언의 의미 변화가 중요한 요소로 작용함을 뒷받침하는 근거라 할 수 있다. 결국, 선행 용언과의 결합에서 의미 변화를 수반하는가, 그렇지 않은가 하는 의미적 특성은 보조용언을 판별하는 중요한 기준 중의 하나라는 사실을 재확인할 수 있다.

2. 확장적 보조용언 범주

확장적 보조용언 범주는 최현배(1961)가 제시한 보조용언 항목 중에서 홀로 쓰일 때와 달리 의미 변화를 수반하는 것들이다. 의미 변화를 수반하는 확장적 보조용언 범주는 홀로 쓰일 때와 달리 의미 변화를 수반한다는 의미 기준을 일차적으로 충족한다. 그러나 의미 변화를 수반한다는 의미 기준을 충족하더라도 문제점은 지적될 수 있다. 왜냐하면 의미 변화라는 용어 안에는 어휘적 의미로의 의미 변화도 함의되어 있기 때문이다. 앞 장에서 지적한 바와 같이 보조용언은 문법적 의미로의 의미 변화가 전제되어야 할 것인데, 의미 변화를 수반하는 확장적 보조용언의 목록 중에는 어휘적 의미로의 의미 변화를 수반하는 합성용언이 혼재되어 있을 가능성이 있다. 이러한 문제를 해결하기 위해서는 확장적 보조용언으로 분류된 개별 항목 중에서 선행 용언과 결합할 때 어휘적 의미로 표상되는 목록들을 보조용언 범주에서 제외하는 과정이 필요할 것이다.

본 절에서는 확장적 보조용언 범주를 목록화하여, 이를 기초로 개별 보조용언의 의미를 분석하여 보조용언의 분류 기준에 부합하는 목록을 선정하고, 개별 보조용언이 지니는 문법적 의미를 살펴보도록 하겠다.

<표 8> 확장적 보조용언 목록44)

범주(기능)	보조용언 목록
(1) 종결	*-어 나다 -어 내다 -어 버리다
(2) 봉사	-어 주다 *-어 드리다 *-어 바치다
(3) 시행	-어 보다
(4) 강세	*-어 쌓다 -어 대다
(5) 보유	-어 놓다 -어 두다 *-어 가지다 *-어 닥다
(6) 피동	-어 지다
(7) 진행	-어 가다 -어 오다 -고 있다
(8) 상태	-어 있다
(9) 희망	-고 싶다 *-고 지다
(10) 추정	*-는가 보다/싶다 *-(으)ㄴ가 보다/싶다 *-(으)ㄹ까 싶다

---

44) '*'이 표시된 항목은 확장적 보조용언 범주 중에서 이어지는 의미 분석 과정을 통해 보조용언 목록에서 제외된 항목을 선(先)제시한 것이다.

1) 종결의 보조용언

(1) '-어 나다'

'종결(終結)'의 기능을 담당하는 '-어 나다'는 최현배(1971), 서정수(1996) 등 몇몇 논의를 제외하고는 대다수의 논의에서 보조용언 범주에 포함하고 있지 않다. 이선웅(1995: 35)은 '-어 나다'를 보조용언 범주에서 제외하는 이유로 낮은 생산성을 들었다. 미약한 생산성을 보이는 '-어 나다'를 보조용언이라는 범주로 분류하는 것은 비경제적인 기술이라 여겨 보조용언 목록에서 제외하고자 한 것이다. 『표준국어대사전』(2008)에서도 '겪어 나다, 읽어 나다, 먹어 나다'만을 '-어 나다' 구성의 보조용언으로 처리하고 있는데, 이마저도 실제 발화 상황에서는 미미한 생산성을 보인다. '나다'는 주로 '어떤 사건이나 현상이 생기다'라는 어휘적 의미를 실현하며, 선행 용언과 결합하여 '-어나다' 형태의 합성용언을 형성하는 구성 요소로 활용이 될 뿐 보조용언을 구성하는 데는 생산적으로 활용되지 않는 것이다.

진가리(2018)는 '-어 나다'를 보조용언 범주에서 제외하는 이유로 상이나 양태와 같은 문법적 의미로의 변화가 수반되지 않음을 들었다. 서정수(1996)는 '-어 나다'가 완료의 의미를 나타내는 '완결상'의 상 의미를 지닌다고 설명하였으나, 진가리(2018)는 '-어 나다' 구성이 '진행상'으로 표상되는 '-고 있다'와 자연스럽게 결합하는 점을 들어 '-어 나다'는 '미완료상'인 '진행상'과 대립되는 '완결상'의 의미를 함유할 수 없음을 제기하였다.

(28) ㄱ. 등산길에 봄꽃이 <u>피어나고 있다.</u> (진가리, 2018: 44)

　　ㄴ. 정부의 지원이 늘어나면서 시장들이 다시 <u>살아나고 있다.</u> (진가리, 2018: 44)

진가리(2018: 44)는 (28ㄱ, ㄴ)과 같이 대립되는 상 의미가 상충할 수 없으므로, '-어 나다'는 '완결상'의 상 의미를 지니고 있다고 보기 어렵다고 하였다. 이는 '나다'가 '완결'의 상 의미를 실현하는 것이 아니라, '어떤 사건이나 현상이 생기다'라는 어휘적 의미를 실현하고 있음을 뒷받침하는 근거라 할 수 있다. 결국 '-어 나다'는 선행 용언과의 결합 과정에서 '안쪽의 것이 표면 위로 나오다'라는 의미의 '나다'가 '어떤 사건이나 현상이 생기다'라는 어휘 의미로 의미가 확장되어, 합성용언을 구성하는 데 활용되는 것으로 보인다. 따라서 본고에서는 '-어 나다'가 문법적인 의미로 의미 확장이 이루어지지 않은 것으로 파악하여, 보조용언 분류 기준 중 의미적 측면에 부합하지 않는 '-어 나다'를 보조용언 목록에서 제외하고자 한다.

(2) '-어 내다'

최현배(1971)를 비롯하여, 서정수(1996), 손세모돌(1994, 1996), 박선옥(2002), 배수자(2007) 등에서는 '-어 내다'를 '종결', '완료'의 상 의미를 지닌 보조용언으로 분류하였다. 단순한 동작의 완료로 보는 입장에서부터 동작의 완료에 '성취', '극복'과 같은 심리적인 태도를 더하는 입장[45]까지 견해의 차이는 있으나, '-어 내다'의 기본적인 의미를 '완료(完了)'의 상 의미로 파악한 것이다.

그러나 권순구(2005: 93)는 (29)의 예를 들어 '-어 내다' 자체에는 완료의 상 의미가 함축되어 있지 않다고 하였다.

---

45) 손세모돌(1994: 124~125)은 '-어 내다'의 기본 의미를 '성취'로 보고 있다. '성취'란 동작 완료에 '어려움을 이기고 끝까지 한다'는 심리적인 태도를 덧붙여 나타내는 것으로 동작의 끝남에 초점이 있는 '완료'와는 다른 개념이라 하였다.

(29) ㄱ. 어려운 문제였지만 결국 실마리를 <u>찾았다.</u>

    ㄴ. 어려운 문제였지만 결국 실마리를 <u>찾아 냈다.</u>

권순구(2005: 93)는 (29ㄴ)이 '노력을 수반한 행위에 대한 긍정적 평가'를 나타내는 양태 의미만 드러내고 있을 뿐, (29ㄱ)과 상적 의미 차이는 없다는 점을 들어 '-어 내다' 자체에는 '완료'의 의미가 함축되어 있지 않다고 보았다. 그러나 (29ㄱ)과 (29ㄴ)의 상적 의미 차이가 발생하지 않는 이유는 (29ㄱ)에도 '완료'의 의미를 표현할 수 있는 '-었-'이 포함되어 있기 때문으로 보인다.

(30) ㄱ. 많은 사람이 그 문제에 관한 해결책을 <u>찾고 있다.</u>

    ㄴ. 많은 사람이 그 문제에 관한 해결책을 <u>찾아 내고 있다.</u>

(30ㄱ)과 (30ㄴ)은 명확한 상적 의미 차이를 보인다. (30ㄱ)은 해결책을 전혀 찾지 못한 상태에서 해결책을 찾는 행위가 지속되고 있음을 의미하지만, (30ㄴ)은 부분적으로 해결책을 찾은 상태에서 해결책이 밝혀지는 현상이 지속되고 있음을 의미한다. 즉, (30ㄴ)은 '-어 내다'에 의해 선행 동사인 '찾다'의 행위가 부분적으로나마 완료되었음을 의미하는 것이다. 따라서 '-어 내다'는 행위가 '완료'되었다는 상 의미를 내포하고 있다고 보는 것이 바람직하다.

'-어 내다'는 '(행위)완료'라는 상 의미를 내포하고 있다는 점만으로도 보조 용언으로 설정할 근거가 충분하다. '(행위)완료'라는 상 의미를 표현하는 것만으로도 문법적 의미로 의미가 변화한다는 의미적 기준을 충족시키기 때문이다. 의미적 기준을 충족시킴에도 '-어 내다'의 양태 의미에 조금 더 집중해야 하는 이유는 완료된 행위에 대한 동작 주체의 심리적 태도를 표현하는 것이 '-어 내다'의 핵심적인 의미 기능이기 때문이다.

‘-어 내다’의 양태 의미에 대해서 손세모돌(1994, 1996)은 ‘성취’를 기본 의미로 하여 ‘어려움의 극복’이나 주어의 태도와 관련된 의미로 보았으며, 강흥구(1999)는 ‘실행하기 어렵다는 것을 완수함’ 정도로 보았다. 권순구(2005)는 ‘노력을 수반한 행위에 대한 긍정적 평가’로, 박선옥(2002)은 ‘관철’을 기본 의미로 하여 주어의 의지와 자발성, 그리고 주어의 노력에 대한 화자의 ‘기대 부응’ 정도로 ‘-어 내다’의 양태 의미를 설정하였다. 홍사만(2008)은 주체의 의지에 따라 어려운 과정을 거쳐 성취하거나 기대에 부응하는 것으로 보았으며, 진가리(2018)는 ‘동작주의 의지’와 ‘화자의 긍정적 평가’를 ‘-어 내다’의 양태 의미로 보았다. 용어의 차이를 보이나 대부분 ‘-어 내다’의 양태 의미를 ‘동작 주체의 의지’나 ‘행위에 대한 긍정적 반응’으로 파악하고 있다.

(31) ㄱ. ?상처가 <u>곪아 냈다.</u>
　　 ㄴ. ?꽃이 <u>시들어 냈다.</u>
　　 ㄷ. <u>기어이</u> 이겨 냈다.
　　 ㄹ. <u>반드시</u> 살려 내야 한다.
　　 ㅁ. 꼭 실현해 내야 할 과제이다. (홍사만, 2008: 32, 45)

홍사만(2008: 32, 45)은 ‘-어 내다’에 결합하여 쓰일 수 있는 선행 동사의 부류가 의지동사라는 사실과 ‘-어 내다’와 높은 빈도로 공기하는 부사가 ‘기어이, 반드시, 꼭’ 등임을 들어 ‘-어 내다’의 양태 의미가 동작주의 의지와 관련되어 있다고 하였다. 일면 일리가 있기는 하지만 (31ㄱ)과 (31ㄴ)은 행위의 주체가 <u>스스로</u> 행위를 수행할 수 없는 무정명사로, 행위에 따르는 성취감을 느낄 수 없기 때문에 ‘-어 내다’와의 결합에 제약이 따르는 것이지, ‘-어 내다’가 동작주의 의지를 나타낸다는 근거로 활용하기에는 부적절해 보인다. 또한 (31

ㄹ)과 (31ㅁ)에서와 같이 '-어 내다'가 의지를 나타내는 부사어와 높은 빈도로 공기 관계를 유지한다는 점도 의문의 여지가 남는다.

(32) ㄱ. <u>기어이</u> 이겨 냈다.
　　 ㄴ. ?<u>반드시</u> 살려 냈다.
　　 ㄷ. ?<u>꼭</u> 실현해 냈다.

(32ㄱ)과 같이 '-어 내다'는 어려움을 딛고 이룬 성취감을 나타내는 '기어이'와는 공기 관계를 유지하지만, 의지를 나타내는 '반드시, 꼭' 등과는 공기 관계를 유지하지 않는다. (32ㄹ)과 (32ㅁ)에서 의지를 나타내는 부사가 공기 관계를 맺는 것은 의지를 나타내는 '-어야 하다'지 '-어 내다'가 아닌 것이다. 따라서 '-어 내다'의 양태 의미는 '동작 주체의 의지'보다는 '동작 주체의 성취감'에 무게를 두는 것이 바람직할 것으로 보인다.

'성취감'은 필연적으로 '긍정적 반응'을 수반한다. 그러나 긍정적 반응을 수반하는 성취감은 화자의 성취감이 아니라 동작 주체의 성취감이다.

(33) ㄱ. 내가 코로나 치료제를 <u>만들어 냈다.</u>
　　 ㄴ. 그가 나보다 먼저 코로나 치료제를 <u>만들어 냈다.</u>

기존의 연구들에서는 '-어 내다'가 '화자의 긍정적인 평가'라는 양태 의미를 지니고 있다고 설명해 왔다(진가리, 2018: 104). 그러나 (33ㄱ)과 같이 화자가 동작 주체와 일치하는 경우에는 '성취'에 대한 '화자의 긍정적 평가'가 포용될 수 있으나, (33ㄴ)과 같이 화자가 동작 주체와 일치하지 않는 경우에는 '화자의 부정적 태도'를 나타내기도 한다. 코로나 치료제를 만든 '그'의 성취감을 나타내는 것이지, 화자인 '나'의 성취감이 아닌 것이다. 화자인 '나'보다 먼저 '성취'를 이룬 동작 주체의 행위에 대해 화자가 '긍정적 태도'를 보인다는 것은 일반적이지 않다. 이러한 사실은 '-어 내다'가 화자 중심의 양태 보조용언이 아니라 동작 주체 중심의 양태 보조용언임을 방증하는 것이라 할 수 있다. 또한, 완료된 행위를 통해 '성취'라는 감정적 태도를 유지할 수 없는 무정명사가 동작의 주체일 때는 제약이 따른다는 점도 '-어 내다'가 동작 주체 중심의 양태 보조용언이라는 사실에 힘을 싣는다. 결국 '-어 내다'는 완료된 행위에 대한 동작 주체의 심리적 태도를 양태 의미로 지닌다고 할 수 있다.

이상의 내용을 종합하면, '-어 내다'는 선행 용언의 행위가 종결되었다는 '(행위)완료'의 상 의미와 '완료된 행위에 대한 동작 주체의 성취감'을 나타내는 양태 의미를 동시에 지니고 있는 것으로 보인다. 선행 용언의 의미가 원형 의미로 실현되며, 상과 양태와 같이 문법적 의미를 실현하는 '-어 내다'를 보조용언으로 설정하는 데는 무리가 없어 보인다.

(3) '-어 버리다'

본용언 '버리다'는 '가지거나 지니고 있을 필요가 없는 물건을 내던지거나 쏟거나 하다'를 원형의미로 지니고 있다. 이러한 본용언이 의미 변화를 통해 '-어 버리다' 구문으로 활용될 때는 '-어 내다'와 마찬가지로 '완료'의 상 의미를 지닌 것으로 파악되어 왔다. 최현배(1971)에서는 '끝남'으로, 손세모돌 (1996), 이호승(2001), 박선옥(2002), 배수자(2007)에서는 '완료상'으로, 강흥구(1999)에서는 '종결'로, 진가리(2018)에서는 '완망상'으로 기술하고 있는데, 용어에 차이는 있으나 '-어 버리다'가 선행 용언의 행위가 완전히 끝났다는 '완료'의 상 의미를 지닌 것으로 보고 있다. 다만 권순구(2005: 82-83)에서는 (34)와 같은 예를 들어 '-어 버리다'에는 '완료'의 상 의미가 포함되어 있지 않다고 하였다.

(34) ㄱ. 밥을 <u>먹어 버리려다가</u> 말았다.
ㄴ. (넌 그 많은) 밥을 (다) <u>먹어 버리면서도</u> 배가 고프니? (권순구, 2005: 82)

권순구(2005: 82)는 (34ㄱ)과 같이 '-어 버리다'가 동작의 중단을 나타내는 연결어미 '-다가'와 결합 가능하다는 점, 그리고 (34ㄴ)과 같이 동작 진행의 동시성을 나타내는 '-(으)면서'와의 공기가 가능하다는 점을 근거로 하여 같이 '-어 버리다'가 지닌 '완료'의 상 의미를 부정하였다. 그러나 (34ㄱ)에서 '-다가'는 '-(으)려고 하다'는 의도가 중단되었음을 의미하는 것이지, 먹어 버리는 행동이 중단되었음을 의미하지 않는다. 즉, 먹는 행동을 완료하려는 의지가 중단된 것이지 먹는 행동이 중단되었음을 의미하지 않는다는 것이다. 또한, 동작 진행의 동시성을 나타내는 '-(으)면서'와 공기가 가능하다는 (34ㄴ)의 예문도 의문의 여지가 있다. 두 가지 이상의 동작이 동시에 진행된다는 (34ㄴ)의 문장은 선행문은 먹는 동작을 후행문은 배가 고픈 상태를 나타낸다. 즉, (34ㄴ)의 문장은 선행 행동의 결과에 따른 상태에 대해 반문하고 있는 것이지 동작 진행의 동시성을 나타내고 있다고 보기 어렵다.

(35) ㄱ. ?밥을 <u>먹어 버리다가</u> 말았다.
ㄴ. ?밥을 <u>먹어 버리면서</u> 책을 읽었다.

권순구(2005: 82)의 주장과 같이 '-어 버리다'에 완료의 상 의미가 내포되어 있지 않다면, (35ㄱ)이나 (35ㄴ)과 같은 문법성이 실현되어야 할 것이나 그렇지 못하다. '-어 버리다'는 동작의 중단을 나타내는 '-다가'와 결합할 수 없으며, 동작 진행의 동시성을 나타내는 '-(으)면서'와도 공기가 가능하지 않다는 것이다. 따라서 '-어 버리다'는 '(행위)완료'의 상 의미를 지닌 보조용언으로 설정하는 것이 합리적인 기술이라 본다.

'-어 내다'와 마찬가지로 '-어 버리다'도 완료된 행위에 따르는 양태 의미가 의미의 핵심이라 할 수 있다. '-어 버리다'의 양태 의미에 대해서 김석득(1992)은 '동작의 완결에 대한 강조'로, 손세모돌(1996)은 '종결의 강조'와 '아쉬움, 부담의 제거'로, 김명희(1984), 박선옥(2002)은 '기대의 어긋남'과 '부담의 제거'로 파악하였다. 권순구(2005)는 '상황 전환에 대한 중립적인 판단'으로, 배수자(2007)는 '종결의 강조'와 '부담 제거', '미성취의 단정'으로, 진가리(2018)는 동작주의 행동에 대한 화자의 기대 일치 여부에 따라 '아쉬움, 섭섭함' 혹은 '부담 제거, 시원함' 등의 양태 의미를 지니는 것으로 보았다. 역시 용어의 차이는 있으나 '완료된 행위에 따르는 화자의 심리적 태도(주로 아쉬움이나 시원함)'를 양태 의미로 지니는 것으로 파악된다.

(36) ㄱ. 병세가 좋아질 것을 기대했으나 아버지는 결국 병원에 <u>입원해 버리셨다.</u>

　　　ㄴ. 다들 어렵다던 책을 하루 만에 다 <u>읽어 버렸다.</u>

　　　ㄷ. 오빠가 내 사과를 <u>먹어 버렸다.</u>

보조용언 '-어 버리다'는 (36ㄱ)이나 (36ㄴ)과 같이 주로 완료된 행위에 따르는 화자의 아쉬움이나 시원함을 나타낸다. 선행 용언의 행위가 완전히 끝난 상황에 대한 화자의 심리적 태도를 '아쉬움'이나 '시원함' 등과 같은 감정을 통해 표현하는 것이다. 그러나 완료된 행위에 대한 화자의 심리적 태도는 반드시 '아쉬움'과 '시원함'으로 양분되는 것은 아니다. (36ㄷ)은 동작 주체인 오빠의 행위가 완료된 것에 대해 아쉬움을 표현한다기보다는, 오빠의 행위에 대한 화자의 부정적 태도가 더욱 강하게 드러나 있다. 화자는 오빠가 사과를 다 먹은 것에 대해 아쉬움을 표현한다기보다 원망(怨望)을 나타내고자 한다는 것이다. 그러므로 보조용언 '-어 버리다'의 양태 의미는 '완료된 행위에 따르는 화자의 심리적 태도(주로 아쉬움과 같은 부정적 태도나 시원함)'을 나타내는 것으로 정리할 수 있다.

보조용언 '-어 버리다'가 지니는 양태 의미의 특징은 '-어 내다'와 달리 화자 중심의 양태 의미라는 점이다. '-어 내다'와 같이 동작 주체의 행위에 따르는 심리적 태도가 중심이 되는 동작 주체 중심의 양태 보조용언이 아니라, '-어 버리다'는 완료된 행위를 관망하는 화자의 심리적 태도가 중심이 되는 화자 중심의 양태 보조용언인 것이다. 그렇기 때문에 '성취'의 감정을 느낄 수 있는 유정명사를 주어로 하며, 선행 용언에 제약이 따르는 '-어 내다'와 달리, '-어 버리다'는 주어 선택이나 선행 용언에 제약이 없다.

    (37) ㄱ. 상처가 <u>곪아 버렸다.</u>
        ㄴ. 꽃이 <u>시들어 버렸다.</u>
        ㄷ. 해가 <u>져 버렸다.</u>
        ㄷ. 해가 <u>떠 버렸다.</u>

(37)과 같이 '-어 버리다'는 무정명사를 주어로 하는 자동사 계열에도 공기가 가능하다. 주어 선택에 제약이 없다는 것이다. '-어 버리다'는 (37ㄱ)이나 (37ㄴ), (37ㄷ)과 같이 주로 '폐기'나 '상실'과 같은 부정적인 의미를 드러내는 선행 용언과 강한 결속력을 보인다. 보조용언 '-어 버리다'가 '폐기'나 '상실'과 같은 부정적인 감정을 드러내는 선행 용언과 강한 결속력을 보이는 이유는

보조용언 '-어 버리다'의 의미 생성 과정에 본용언 '버리다'의 의미 요소가 개입되기 때문일 것이다. 그럼에도 '-어 버리다'는 '-어 내다'와 같이 선행 용언에 제약이 따르지는 않는다. (37ㄹ)의 '해가 뜨다'처럼 '생성'과 같은 긍정적 의미를 실현하는 선행 용언과의 결합도 '-어 버리다'는 가능한 것이다.

보조용언 '-어 버리다'가 주어 선택이나 선행 용언에 제약이 없는 이유는 동작 주체의 심리적 태도를 표현하는 것이 아니라 행위가 완료된 상황을 관망하는 화자의 심리적 태도를 표현하기 때문이다. 완료된 상황을 관망하는 화자의 심리적 태도에 따라 양태 의미가 달라질 수 있는 것이다. 보조용언 '-어 버리다'는 행위가 완료된 상황을 관망하는 화자의 심리적 태도를 표현하기 때문에 동일한 상황이라도 화자의 심리적 판단이 양태 의미를 달라지게 한다.

(38) ㄱ. 두 사람이 헤어졌다.
    ㄴ. (안타깝게도) 두 사람이 <u>헤어져 버렸다.</u>
    ㄴ. 두 사람이 (드디어) <u>헤어져 버렸다.</u>

(38ㄱ)은 단순히 행위가 완료되었음을 나타낸다. 반면 (38ㄴ)과 (38ㄷ)은 완료된 행위에 화자의 감정적 태도를 더하고 있다. 보조용언 '-어 버리다'를 활용하여 완료된 상황을 관망하는 화자의 심리적 태도를 표현한 것이다. 두 사람이 헤어졌다는 동일한 상황에 대해서 (38ㄴ)과 (38ㄷ)의 화자는 극명한 온도차를 보인다.46) (38ㄴ)의 화자는 기대가 어긋나 아쉬운 심리적 태도를

---

46) (38ㄴ)과 (38ㄷ)의 예문에서 심리적 태도를 드러내는 '안타깝게도', '드디어' 등의 부사어 사용으로 인해 화자의 심리적 태도가 명확해지는 것은 사실이다. 그러나 심리적 태도를 드러내는 특정 부사어를 사용하지 않더라도 발화 상황에서의 억양이나 어조, 맥락 등을 활용하여, 동일한 상황에 대해 다른 심리적 태도를 표현할 수 있다. 보조용언과 화용적 요소만으로 양태 의미를 실현할 수 있다는 것이다. 물론 억양이나 어조, 맥락 등과 같은 화용적 요소를 활용하면 보조용언 '-어 버리다'를 활용하지 않고도 화자의 의도를 전달할 수 있을 것이다. 화용적 요소만으로 의미

나타내는 데 반해, (38ㄷ)의 화자는 바라던 결과가 이루어져 상대적으로 시원한 감정적 태도를 나타낸다. 화자가 누구냐에 따라 혹은 화자가 완료된 상황을 어떻게 판단하느냐에 따라 양태 의미가 달라지는 것이다. 이러한 사실은 '-어 버리다'가 완료된 행위에 대한 화자의 심리적 태도를 나타내는 화자 중심의 양태 보조용언임을 뒷받침하는 근거라 할 수 있다.

이상의 내용을 종합하면, '-어 버리다'는 선행 용언의 행위가 종결되었다는 '(행위)완료'의 상 의미에 더해 '완료된 행위에 대한 화자의 심리적 태도(주로 아쉬움과 같은 부정적 태도나 시원함)'를 나타내는 양태 의미를 동시에 지니는 것으로 보인다. 선행 용언의 의미가 주로 원형의미로 실현되며, 상과 양태와 같이 문법적 의미를 실현하는 '-어 버리다'를 보조용언으로 설정하는 데는 역시 무리가 없어 보인다.

2) 봉사의 보조용언

(1) '-어 주다'

'-어 주다'는 '드리다', '바치다'와 함께 '봉사(奉仕)'의 의미 기능을 실현하는 것으로 파악되어 온 것이 통례다. 학자들에 따라서 부분적인 이견이 있기는 하지만 '-어 주다'는 '봉사'나 '수혜(受惠)'와 같은 양태 의미를 실현하는 것으로 보고 있다.

전달이 가능함에도 보조용언 '-어 버리다'의 활용하는 이유는 선행 행위가 완전히 완료되었다는 의미와 함께 완료된 상황에 대한 감정적 태도를 좀 더 명확히 하고자 하는 화자의 의도가 반영된 것이라 하겠다.

(39) ㄱ. 철수가 넘어지는 친구를 <u>잡았다./잡아 주었다.</u>

　　ㄴ. 친구가 나 대신 술을 <u>마셨다./마셔 주었다.</u>

　　ㄷ. 친구들이 내 졸업식에 <u>왔다./와 주었다.</u>

(39)와 같이 '-어 주다'와 결합하는 선행 용언은 원형의미를 실현하고 있으며, '-어 주다'는 행위에 대한 고마움, 혹은 감사한 마음을 표현하고 있다. '-어 주다'와 결합하는 선행 용언이 원형의미를 실현하며, '-어 주다'가 수혜적 행위에 대한 화자의 긍정적 태도를 표현하고 있다는 점에서 '-어 주다'는 '수혜적 행위에 대한 화자의 긍정적 태도'를 표현하는 양태 의미를 가진 보조용언으로 설정할 수 있다.

보조용언 '-어 주다'는 '수혜적 행위에 대한 화자의 긍정적 태도'를 표현한다. 보조용언으로 실현되는 '-어 주다' 구성은 반드시 선행 용언의 행위에 대한 화자의 긍정적 태도를 표현한다는 것이다. 그러나 보조용언 '-어 주다'의 형태적 구성을 지니나 선행 용언의 행위에 대한 화자의 부정적 태도를 표현할 수 있는 구성도 있다. 바로 '안기다'와 결합하는 구성인데, 이러한 '안겨 주다' 구성은 무엇을 안기느냐에 따라 화자의 태도가 달라진다.

(40) ㄱ. 아이들의 가슴속에 희망을 <u>안겨 주었다.</u>

　　ㄴ. 그는 나에게 실망감을 <u>안겨 주었다.</u>

　　ㄷ. 사업실패는 그에게 절망을 <u>안겨 주었다.</u>

(40ㄱ)은 희망이라는 긍정적인 감정을 아이들의 마음속에 심어 준 것에 대한 화자의 긍정적 태도를 표현하고 있다. 반면 (40ㄴ)은 화자인 나에게 실망감이라는 부정적 감정을 심어 준 것에 대한 화자의 부정적 태도를 나타내고 있으

며, (40ㄷ) 역시 그에게 절망감이라는 부정적 감정이 전해진 것에 대한 화자의 부정적 태도를 표현하고 있다. 어떤 생각이나 감정을 마음속에 가지게 했느냐에 따라 화자의 태도가 달라질 수 있는 것이다.

(40)의 예들을 통해 본다면 보조용언 '-어 주다'는 선행 용언의 행위에 대한 화자의 긍정적 태도와 부정적 태도를 모두 실현하는 것으로 보아야 할 것이다. 그럼에도 불구하고 본고에서는 선행 용언의 행위에 대한 화자의 부정적 태도를 실현할 수 있는 '안겨 주다'의 형태적 구성은 보조용언 구문에서 제외하고자 한다. '안겨 주다' 구문의 선행 용언인 '안기다'의 의미가 원형의미인 '두 팔로 감싸게 하거나 그렇게 하여 품 안에 있게 하다'라는 의미를 실현하고 있지 않기 때문이다. '안겨 주다' 구문에서 '안기다'는 '생각이나 감정 따위를 마음속에 가지게 하다'라는 확장된 어휘 의미를 표현하고 있는 것이다. 또한, 후행 용언인 '주다'도 선행 용언과 필수적인 결합 관계를 유지하며 문법적 의미를 실현하고 있다고 보기 어렵다. 선행 용언인 '안기다'가 생략되어도 문장의 전체 의미가 달라지지 않으며, '주다'는 '감정 따위를 느끼게 하다'라는 어휘 의미를 실현하기 때문이다. 선행 용언의 의미가 확장된 추상적 의미를 실현하고, 후행 용언도 확장된 어휘 의미를 실현하고 있으므로 '안겨주다'는 합성 용언으로 파악하는 것이 바람직하리라 생각된다.

손세모돌(1991)에서도 양상부사와의 선택 제약을 들어 '-어 주다'의 의미 기능이 [+유익성]의 자질을 가진다고 하였다.47) 그러나 박선옥(2002: 161)은 '-어 주다'가 화용론적 상황에 따라 '유익함'이 제공되기도 하고 '무익함'이 제공되기도 하는 화용론적 의미를 지닌다고 보았다. 그렇기 때문에 '-어 주다'

---

47) 손세모돌(1991: 59)은 '-어 주다'가 '고맙게도', '다행히' 따위의 유익성을 표현하는 부사와는 공기가 가능하지만 그와 반대의 의미를 가지는 부사는 제약을 받는다는 점을 들어 '-어 주다'가 유익성의 자질을 갖는다고 하였다.

는 '유익성'을 바탕으로 하는 '봉사'나 '수혜'의 의미가 아닌 '제공'의 의미를 담당하는 것으로 보아야 한다고 주장하였다. 진가리(2018: 117-118)는 박선옥(2002)이 제시한 '무익성'의 용례들이 행위 대상자에게는 '무익함'이 되는 것이 분명하나, 화자의 입장에서는 '유익함'으로 다가올 수 있다는 사실을 반론의 근거로 삼았다.

(41) ㄱ. 아버지가 아이를 <u>때렸다.</u>
    ㄴ. 아버지가 아이를 <u>때려 주었다.</u>

(41ㄱ)과 보조용언 '-어 주다'가 실현된 (41ㄴ)의 의미는 명백히 구분된다. (41ㄱ)은 어떠한 상황을 가정하더라도 '때리다'는 부정적 행위임을 나타내며, '때리다'라는 행위로 인한 어떠한 수혜적 요소도 찾아보기 어렵다. 반면 (41ㄴ)에서는 행위 대상자인 '아이'의 입장에서는 때리는 행위가 무익한 것이 분명하지만, 아이의 훈육을 원하나 자신의 힘으로 훈육이 어려운 어머니의 입장에서는 유익한 행위가 될 수도 있다. 아버지가 아이를 때리는 행위가 자신의 힘으로 훈육을 감당하지 못해 어려움에 처한 화자(어머니)의 입장에서는 긍정적인 행동이 될 수 있다는 것이다. 결국 '-어 주다'는 선행 행위 자체가 부정적 의미를 담고 있다고 하더라도 해당 행위가 궁극적으로는 자신에게 수혜적 행위로 다가온다는 것을 표현하고자 하는 화자의 의도가 담겨 있는 표현이다. 따라서 '-어 주다'는 화자가 수혜적 행위에 대한 긍정적 태도만을 표현하는 화자 중심의 양태 보조용언이라 할 수 있다. 선행 용언이 원형의미를 실현하며, '수혜적 행위에 대한 화자의 긍정적 태도'[48)]를 표현하는 양태 의미를 가진

---

48) '수혜적 행위에 대한 화자의 긍정적 태도'를 표현한다는 의미 안에는 '화자=수혜자'가 아닐 수도 있다는 의미가 포함되어 있다. 상황 맥락에 따라 행동의 주체가 수혜자가 될 수도 있으며, 행동

‘-어 주다’는 보조용언으로 설정하는 데 무리가 없어 보인다.

(2) ‘-어 드리다’

‘-어 드리다’는 일반적으로 ‘-어 주다’의 존대 등급에 따른 변이 형태로 설명되어 왔다(손세모돌, 1991: 56). 이러한 존대 등급에 따른 변이 형태를 굳이 개별 보조용언 목록으로 설정하는 것은 문법 체계의 경제성을 해치는 기술이라 할 수 있다. 본고에서 ‘-어 드리다’는 개별 보조용언 목록에서 제외하고 ‘-어 주다’의 존대 표현으로 보고자 한다. 다만 배수자(2007: 101-102)는 ‘-어 드리다’가 ‘-어 주다’의 높임말의 구조이고 똑같은 문장에 사용될 수 있다고 하였는데, ‘-어 주다’가 존대의 상황에서 ‘-어 드리다’로 교체되는 경우는 특정 구문에 한정되는 것으로 보인다.

(42) ㄱ. 철수는 동생에게 책을 <u>읽어 주었다.</u>
　　 ㄴ. 친구에게 소식을 <u>알려 주었다.</u>
　　 ㄷ. 여자 친구가 내 졸업식에 <u>와 주었다.</u>
(43) ㄱ. 철수는 할머니께 책을 <u>읽어 드렸다.</u>
　　 ㄴ. 어머니에게 소식을 <u>알려 드렸다.</u>
　　 ㄷ. 할머니께서 내 졸업식에 <u>와 주셨다.</u>

(42)의 동일한 ‘-어 주다’ 보조용언 구문이 존대의 상황에서 모두 ‘-어 드리다’로 교체되지 않는다는 사실은 (43ㄷ)을 통해서 확인할 수 있다. ‘-어 주다’

의 대상자가 수혜자가 될 수도 있을 것이다. 그러나 수혜적 행위에 대한 긍정적 태도는 수혜자가 누가 되었든지 화자가 표현한다고 할 수 있다. 예를 들어 “아내가 누나를 우리 집에서 재워 주었다”라고 할 때 수혜자는 행동의 대상자인 ‘누나’지만 수혜적 행위에 대한 긍정적 태도는 화자인 남편에 의해 표현되는 것이다.

가 '-어 드리다'와 '-어 주시다'로 분화되는 이유를 손세모돌(1991: 56)은 이로움을 받는 대상자, 즉 수혜 대상자의 존대 자질에 따른 것으로 보고 있다. '주다'는 이로움을 받는 대상자가 [-존대]인 경우에, '주시다'는 대상자가 [-존대]이되 행위자가 [+존대]일 때, '드리다'는 행위자가 [-존대]이고 이로움의 대상자가 [+존대]인 경우에 쓰인다는 것이다. 의미 자질을 통한 분석이 명확하기는 하지만 각각의 개별 문장의 의미 자질을 분석하여 존대 자질을 확인하는 작업은 까다롭고 복잡하여 효과적이라 보기 어렵다.

'-어 드리다'의 변이 양상을 보다 명시적으로 설명할 수 있는 방안으로 격틀49)을 활용해 볼 수 있을 것이다. 류시종(1995: 118)은 '-어 주다' 보조용언 구문을 '-에게' 보어를 독자적으로 취하지 않는 구문과 '-에게' 보어를 독자적으로 취하는 구문으로 나누어야 할 것을 주장하였는데, '-에게' 보어를 독자적으로 취하는 구문인 [N에게 V어 주다] 구문은 수혜자가 반드시 행위 대상자가 되며, 존대의 상황에서는 일괄적으로 '-어 드리다' 형태로 교체된다고 하였다. [N에게 V어 주다] 구문이 존대 상황에서 일괄적으로 '-어 드리다'로 교체된다면, '-어 드리다'는 [N에게 V어 주다] 구문의 존대 상황에 대한 변이 형태로 분류할 수 있을 것이다. 본고에서는 '-어 드리다'는 보조용언 '-어 주다' 구문 중 [N에게 V어 주다] 구문의 존대 상황에 대한 변이 형태로 보아 개별 보조용언 목록에서는 제외하고자 한다.

---

49) 격틀이란 격조사를 중심으로 하여 논항 구조를 표시한 것으로, 곽수진(2011: 15)은 문장의 핵인 동사나 형용사는 요구하는 문장 성분을 규정할 수 있으며 격틀의 유형화가 가능하고, 이러한 격틀과 논항의 의미역을 정리하여 제시하는 것은 의미를 명확히 하여 한국어 학습자들이 의미를 이해하고 활용하는 데 도움이 될 것이라고 하였다.

(3) '-어 바치다'

'-어 바치다'는 '-어 드리다'와 마찬가지로 '-어 주다'의 존대 등급에 따른
변이 양상으로 설명되어 왔다. 배수자(2007: 102)는 봉사 보조용언 '-어 바치
다'는 '-어 주다'나 '-어 드리다'와 달리 본동사와의 결합이 자유롭지 못하나,
'-어 주다'나 '-어 드리다'와 같이 '제공'의 양태 의미를 나타내는 것으로 '-어
주다'와 동일한 보조용언 범주로 파악하였다. 그러나 앞서 손세모돌(1991:
57)은 '-어 바치다'는 '-어 드리다'와 달리 '-어 주다'의 존대 등급에 따른 변이
형태로 쓰이지 않음을 지적했다.

> (44) ㄱ. 철수는 누나에게 선물을 <u>보내 주었다.</u>
> ㄴ. 철수는 어머니에게 선물을 <u>보내 드렸다.</u>
> ㄷ. ?철수는 어머니에게 선물을 <u>보내 바쳤다.</u>
> ㄹ. 이 사실을 <u>일러 바친</u>[50] 사람이 누구니?
> ㅁ. ?이 사실을 <u>일러 드린</u> 사람이 누구니?

(44ㄷ)이나 (44ㅁ)이 어색하고, (44ㄴ)과 (44ㄹ)이 자연스러운 이유를 손세
모돌(1991)은 유익성 여부로 파악하였다. 이를 근거로 손세모돌(1991)은 '-어
바치다'가 '-어 주다'와는 달리 [-유익성]의 의미 자질을 지닌 것으로 보고 있
다. '-어 주다'와 마찬가지로 '-어 바치다'를 보조용언 구문으로 분류하고, '유
익성'의 의미 자질에 따라 '-어 주다'와 구분한 것이다.

'-어 바치다'를 보조용언 범주에 포함하는 문제부터 [-유익성]의 의미 자질

---

50) 『표준국어대사전』(2008)에서는 '일러바치다'가 합성용언으로 등재되어 있으나, 손세모돌
　　(1991)은 보조용언 구문으로 보고 있다.

을 지닌다는 분석이 타당한가는 재고의 여지가 필요하다. '-어 바치다'를 합성
용언을 구성하는 구성 요소가 아닌 보조용언 구문으로 제시하고 있는 사전은
『고려대 한국어대사전』(2009)이다. 『고려대 한국어대사전』(2008)에서는 '-
어 바치다'의 보조용언 용례로 두 가지를 제시하고 있는데, 이는 (45ㄱ)과 (45
ㄴ)과 같다.

> (45) ㄱ. 뇌물을 <u>갖다 바치다.</u>
>   ㄱ´. 뇌물을 가져다가 (N에게) 뇌물을 바치다.
>   ㄴ. 반장이 그 일을 선생님께 <u>고해 바쳐</u> 아이들이 벌을 섰다.

(45ㄱ)은 보조용언으로 파악할 수 있는 어떠한 근거도 발견되지 않는다. '뇌
물을 갖다 뇌물을 바치다'와 같이 목적어가 개입되어 분리가 가능하며, '뇌물
을 바치다'와 같이 본용언이 생략되어도 '바치다'는 동일한 의미를 실현하기
때문이다. 의미적으로도 '반드시 내거나 물어야 할 돈을 가져다 주다'라는 '바
치다'의 어휘 의미와 전혀 차이를 발견하기 어렵다. 따라서 (45ㄱ)은 보조용언
구문이 아니라 (45ㄱ´)와 같이 '뇌물을 가져다가 누군가에게 뇌물을 바치다'
라는 문장이 생략과 축약의 과정을 거치면서 변형된 문장으로 보는 것이 바람
직하다.

(45ㄴ)의 '고해 바치다'는 통사적, 기능적 측면에서 보조용언으로 볼만하다.
그러나 『표준국어대사전』(2008)에서는 '고해바치다'를 합성용언으로 처리하
고 있다. '-어 바치다' 구문의 생산성이 낮다는 점에서 '-어 바치다'를 합성용
언으로 분류한 것으로 보이는데, 역시 낮은 생산성이 보조용언의 범주를 설정
하는 기준이 될 수는 없을 것이다.

'-어 바치다' 구성을 보조용언 구문이 아닌 합성용언으로 분류해야 하는 근

거는 '바치다'가 확장된 어휘 의미를 실현하기 때문이다. '-어 바치다' 구성으로 통용되는 용례로는 방언과 북한어를 제외하고 '올려바치다, 고해바치다, 일러바치다, 찔러바치다 등이 있다. 이들의 어휘 결합을 통해 생성된 합성적 어휘 의미와 결합 과정에서 활용되었을 것으로 예상되는 개별 어휘 의미를 분석하면 〈표 9〉와 같이 나타낼 수 있다.

〈표 9〉 '바치다'의 어휘 의미

	어휘 의미	
바치다 (본용언)	신이나 웃어른에게 정중하게 드리다. 반드시 내거나 물어야 할 돈을 가져다주다.	
올려바치다	1. 상부 기관이나 윗사람에게 바치다.	

	• 올리다
	  : 윗사람에게 공손하게 말이나 물건 따위를 주다.
		• 바치다
		  : 윗사람에게 정중하게 드리다.

고해바치다 일러바치다 찔러바치다	어떤 사건이나 남의 잘못을 상부 기관이나 윗사람에게 알려 주다.	

	• 고하다
	  : 윗사람에게 어떤 사실을 알리다.
	• 이르다
	  : 어떤 사람의 잘못을 윗사람에게 말하여 알게 하다.
	• 찌르다
	  : 남의 잘못을 다른 사람에게 이르다.
		• 바치다
		  : 윗사람에게 어떠한 말을 전하다.

'올려바치다'의 어휘 결합에서 활용되었을 것으로 예상되는 '바치다'의 의미는 본용언 '바치다'가 지니고 있는 '신이나 웃어른에게 정중하게 드리다'라는 어휘 의미와 동일한 것으로 파악된다.

(46) ㄱ. 매년 마을의 진상품을 임금께 <u>올려바쳤다.</u>

ㄴ. 매년 마을의 진상품을 임금께 <u>올렸다.</u>

ㄷ. 매년 마을의 진상품을 임금께 <u>바쳤다.</u>

(46)과 같이 '올려바치다'는 선행 용언이나 후행 용언을 제거하여, 단독으로 활용하더라도 특별한 의미 차이를 발견하기 어렵다. 동일한 어휘 의미가 반복되는 것으로 파악되는데, 이는 동일한 의미가 중첩되어 결합된 합성동사의 형태적 구성51)이라고 할 수 있다. 따라서 동일한 어휘 의미가 중첩되어 결합된 '올려바치다'는 보조용언 구문이 아닌 합성동사로 분류하는 것이 바람직할 것이다.

'고해바치다'를 비롯한 '일러바치다', '찔러바치다' 구성에서 활용되었을 것으로 예상되는 '바치다'의 어휘 의미는 '윗사람에게 어떠한 말을 전하다'로 파악된다. 본래 본용언으로 활용되는 '바치다'의 원형의미는 '신이나 웃어른에게 정중하게 어떠한 물건을 드리다'라 할 수 있다. 바치는 대상물은 일반적으로 물건을 이르는데, '고해바치다', '일러바치다', '찔러바치다' 등에서는 바치는 대상물이 말이 된다.

'말은 물건이다'라는 개념적 은유는 '말을 던지다, 말을 꺼내다' 등과 같이 일상생활에 다양하게 활용되고 있다. '말은 물건이다'라는 개념적 은유가 다음과 같은 개념적 혼성 과정을 거치면, '바치다'는 '윗사람에게 어떠한 말을 전하다'라는 어휘 의미가 생성될 수 있다.

---

51) 유림(2014: 55-56)에서는 합성어를 구성하는 요소들 간의 의미 관계를 분석하며, 중첩 관계를 설정할 것을 제시하였다. 기존의 대등, 종속, 융합 관계로 기술되었던 합성어의 의미 관계를 구체화하여 대등 관계를 상보 관계와 근접관계, 중첩 관계로 분류하여 제시하였다. 여기서 중첩 관계는 선행 성분과 후행 성분의 의미가 동일하게 혹은 유사하게 반복되는 의미 관계를 말한다고 하며, '굶주리다'를 합성동사의 용례로 제시하였다.

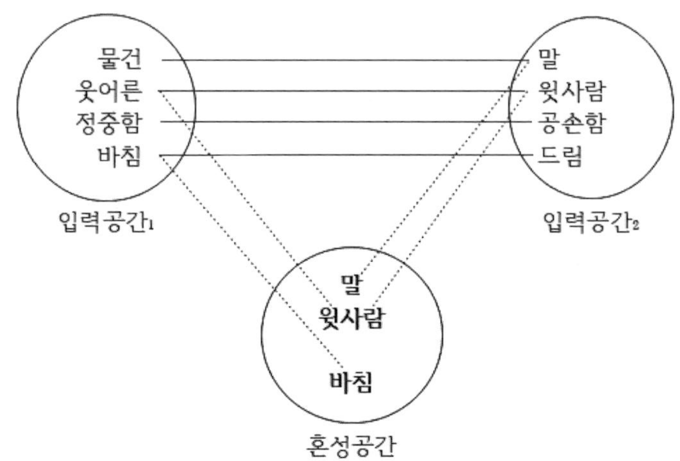

‘물건을 웃어른에게 바치다’라는 개념과 ‘말을 윗사람에게 드리다’라는 개념
이 개념적 혼성 과정52)을 거치면 ‘말을 윗사람에게 바치다’라는 개념이 생성
될 수 있다. 바치는 대상물이 ‘말’이 될 수 있다는 것이다. 바치는 대상물이
말이 될 수 있다는 사실은 ‘바치다’의 어휘 의미 안에 확장된 어휘 의미인 ‘윗
사람에게 어떠한 말을 전하다’라는 의미가 생성될 수 있다는 것을 의미한다.

‘바치다’의 어휘 의미로 ‘윗사람에게 어떠한 말을 전하다’라는 의미 확장이
가능하다면, ‘고해바치다’를 비롯한 ‘일러바치다’, ‘찔러바치다’는 ‘올려바치
다’와 마찬가지로 동일한 어휘가 중첩되어 결합된 합성동사로 분류하는 것이
바람직할 것이다.

‘고해바치다’를 비롯한 ‘일러바치다’, ‘찔러바치다’에서 ‘-어 바치다’가 양태
와 같은 문법적 의미를 실현하는 것이 아니라 확장된 어휘 의미를 실현한다는
사실은 보조용언 ‘-어 주다’와 대조를 통해서도 확인할 수 있다.

---

52) 개념적 혼성 이론에 관한 구체적인 논의는 4장에 제시하였다.

(47) ㄱ. 철수는 사건의 진상을 선생님께 낱낱이 <u>고했다.</u>

　　ㄴ. 철수는 (나를 궁지에 몰고자) 사건의 진상을 선생님께 낱낱이 <u>고해바</u>
　　　　<u>쳤다.</u>

　　ㄷ. 철수는 (나를 위해) 사건의 진상을 선생님께 낱낱이 <u>고해바쳤다.</u>

　　ㄹ. 철수는 사건의 진상을 선생님께 낱낱이 <u>고해 주었다.</u>

　　ㅁ. ?철수는 (나를 궁지에 몰고자) 사건의 진상을 선생님께 낱낱이 <u>고해</u>
　　　　<u>주었다.</u>

　　앞서 손세모돌(1991: 57)은 '-어 바치다'가 '-어 주다'와는 달리 [-유익성]의 의미 자질을 지닌 것으로 파악하였다. -어 바치다'를 보조용언으로 설정하고 '유익성' 자질의 유무에 따라 '-어 주다'와 구분한 것이다. 그러나 '-어 바치다'의 실현에 따라 [-유익성]의 자질이 실현되는가 하는 문제는 의문의 여지가 있다. (47ㄴ)과 같이 '나를 궁지에 몰고자'라는 의미 맥락을 포함한다면 [-유익성]의 자질이 실현되지만, (47ㄷ)과 같이 '나를 위해'라는 의미 맥락을 포함한다면 [+유익성]의 자질이 실현되기 때문이다. 이는 '-어 바치다' 구문이 실현되지 않은 (47ㄱ)도 동일하게 적용된다. 맥락에 따라 [±유익성]의 의미 자질이 나타날 수 있다는 사실은 '-어 바치다'가 [-유익성]의 의미 자질의 양태 의미를 지니고 있지 않다는 사실을 뒷받침한다. '-어 바치다'가 실현되지 않은 (47ㄱ)과 특별한 의미 차이를 발견하기 어렵다는 것이다. 반면 보조용언 '-어 주다'가 결합된 (47ㄹ)은 (47ㄱ)과는 명확한 의미 차이를 보인다. 동작 주체인 철수의 행위가 화자 혹은 다른 누군가를 위한 수혜적 행위였으며, 이러한 수혜적 행위에 대한 화자의 긍정적 태도가 명확히 드러나 있다. '-어 주다'의 실현을 통해 철수의 행위가 수혜적 행위가 되었다는 사실을 명확히 밝히고 있으며, 이는 (47ㄴ)과 동일한 맥락적 상황이 적용된 (47ㅁ)이 어색하다는 사실을 통해

서도 확인할 수 있다. 이러한 사실은 '-어 바치다'와 '-어 주다'는 '유익성' 자질의 유무에 따라 구분되는 것이 아니라 양태와 같은 문법적 의미를 내포하고 있는가, 그렇지 않은가에 따라 구분됨을 방증하는 것이다.53) 결국 '-어 바치다'는 양태와 같은 문법적 의미를 내포하고 있는 '-어 주다'와는 달리 '윗사람에게 어떠한 말을 전하다'라는 확장된 어휘 의미를 실현한다고 할 수 있다.

본고에서는 확장된 어휘 의미를 실현하는 '-어 바치다'를 보조용언 목록에서 제외하고자 한다. 아울러 '-어 바치다'와 결합하여 구성된 '올려바치다, 고해바치다, 일러바치다, 찔러바치다' 등은 유사한 어휘 의미가 반복되며 결합하는 중첩 관계의 합성동사로 분류하고자 한다.

3) 시행의 보조용언

(1) '-어 보다'

일반적으로 '-어 보다'는 '눈으로 대상의 존재나 형태적 특징을 알다'라는 본용언 '보다'의 원형의미가 의미 변화를 통해 '시행(試行)'이나 '경험(經驗)'과 같은 양태 의미를 나타내는 것으로 설명되어 왔다. '-어 보다'의 양태 의미를 '시행'이나 '경험'의 의미 외에 '완곡어법'으로 보려는 입장(김기혁 1987, 박선옥 2002)54)도 있었으며, 김기혁(1987)을 비롯하여 이선웅(1995), 손세모돌

---

53) 손세모돌(1991: 57)에서는 '일러바치다'의 용례를 들어 '바치다'는 의미 기능 면에서 보조동사 '주다'와는 반대로 [-유익성], 즉 부정적인 태도를 지니는 것으로 설명하였다. 그러나 '올려바치다', '고해바치다'의 용례를 통해 확인할 수 있는 바와 같이 '바치다'에는 행위에 대한 화자 혹은 동작 주체의 부정적 태도가 드러나 있지 않다. '일러바치다, 찔러바치다'에서 나타나는 부정적 태도는 '이르다, 찌르다' 등의 어휘 의미 자체에서 발생하는 것이지 '바치다'를 통해 실현된다고 보기는 어렵다.

54) 이선웅(1995: 93)은 '완곡어법'은 '시행'의 결과가 어떻게 될까 하는 마음에서 화자가 청유형이

114

(1996), 박선옥(2002), 호광수(2003)와 같이 '-어 보다'의 양태 의미를 '시행'과 '경험'에 더해 '가정(假定)'까지 양태 의미에 포함하고자 하는 견해도 있었다. 구체적으로 실현되는 의미에 따른 입장의 차이는 존재하나 기본적으로 '-어 보다'가 '시행'이나 '경험'과 같은 양태 의미를 지니고 있음에는 이견의 여지가 없는 것으로 보인다.

> (48) ㄱ. 이 옷은 사고 나서 딱 한 번 <u>입었어요.</u>
>   ㄴ. 이 옷은 사고 나서 딱 한 번 <u>입어 봤어요.</u>
>   ㄷ. 이 책을 <u>읽으세요.</u>
>   ㄹ. 이 책을 <u>읽어 보세요.</u>

새로 산 옷을 반품하는 과정에서 (48ㄱ)과 (48ㄴ)의 명확한 의미 차이를 나타낸다. (48ㄱ)은 새 옷을 입고 밖에 나가거나 일상생활을 했음을 의미한다. 다만 그 옷을 사용한 횟수가 한 번임을 강조하고 있는 것이다. (48ㄴ)은 새 옷을 입고 밖에 나가거나 일상생활을 하지 않았음을 의미한다. 옷이 잘 맞는지 확인하기 위해 시험 삼아 한 번 입었음을 의미하는 것이다. 또한 (48ㄷ)은 청자에게 책을 다 읽을 것을 요구하는 명령의 의미지만, (48ㄹ)은 청자에게 책을 다 읽지 않아도 괜찮으니 시험 삼아 읽을 것을 권유하고 있다고 할 수 있다. (48)와 같이 '-어 보다'는 '화자 혹은 동작 주체가 어떠한 행위를 시험적으로 행함'이라는 '시행'의 양태 의미를 더하고 있음을 확인할 수 있다.

> (49) ㄱ. 이 음식을 <u>먹었어.</u>

나 명령형을 취하여 상대방에게 책임을 적게 지운다는 표현이므로, '시행'의 의미에서 파생되어 나온 의미일 뿐, 새로운 의미나 용법으로 간주하기 어렵다고 하였다.

ㄴ. 이 음식을 <u>먹어 봤어.</u>

ㄷ. 철수는 제주도에 <u>갔다.</u>

ㄹ. 철수는 제주도에 <u>가 봤다.</u>

진가리(2018: 127)에서는 '-어 보다'가 표상하는 '시행'이나 '경험'의 의미
는 확연하게 구분되기 어려우며,[55] 양태 의미가 화자의 심적 태도를 나타내는
개념이라는 점을 상기한다면 '경험'이라는 의미를 '-어 보다'의 양태 의미로
확언하기는 어려울 것 같다고 하였다. 그러나 '-어 보다'는 '동작 주체가 과거
에 그러한 경험이 있음을 강조'하기 위한 화자의 심리적 태도를 드러내는 것으
로 보인다. '-어 보다' 구문이 제거된 (49ㄱ)은 조금 전 음식을 다 먹었다는
의미가 주가 되지만 상황에 따라 과거에 음식을 먹은 경험이 있다는 의미로
중의적으로 해석이 가능하다. 반면 (49ㄴ)과 같이 '-어 보다'를 활용하게 되면,
'과거에 그러한 경험이 있다'는 의미만을 명확히 표현하게 된다. (49ㄷ) 역시
'가다'라는 행위 자체를 기술하는 데 의미가 있으나, '-어 보다'가 활용된 (49
ㄹ)은 철수가 제주도에 간 경험이 있음을 강조하기 위한 기술이라는 사실을
확인할 수 있다. 결국 보조용언 '-어 보다'의 활용은 화자가 중의성을 제거하
고 '과거에 경험이 있음을 강조'하기 위한 심리적 태도에서 기인함을 확인할
수 있다. 보조용언 '-어 보다'는 '화자 혹은 동작 주체가 행위에 대한 과거
경험이 있음을 강조'하기 위한 양태 의미를 내포하고 있는 것이다.

---

55) 호광수(2003: 134-135)는 '-어 보다'의 양태 의미는 주어의 의지가 [+의지]이면 '시행', 주어의
　　의지가 [-의지]이면 '경험'으로 실현된다고 하였다.

(50) ㄱ. 원자탄이 <u>떨어져 봐라.</u> 우리 다 죽지. (이선웅, 1995: 93)

ㄴ. 날씨가 <u>추워 봐라.</u> 연탄 값이 또 올라갈 거야. (호광수, 2003: 78)

김기혁(1987)을 비롯하여 이선웅(1995), 손세모돌(1996), 호광수(2003), 박선옥(2002)은 '-어 보다'가 특정 구문에 따라 (44)와 같이 '가정'의 양태 의미를 나타낸다고 하였다. 박선옥(2002: 151)은 '-어 보다'가 '가정'의 뜻을 드러내기 위해서는 두 가지 조건이 충족되어야 하는데, 첫째는 '보다'에 명령형 어미가 와야 하며, 둘째는 명령형 어미를 사용한 '보다'가 결합된 문장이 조건절이 되어야 한다는 것이다. 박선옥(2002: 152)은 이러한 조건의 '-어 봐(라)' 구문이 가정이나 조건의 어미 '-(으)면'과 자연스럽게 대치된다는 점을 들어 '-어 보다'가 명령형 어미 '-어라'와 결합하여 가정이나 조건의 의미 기능을 하고 있다고 보았다. 손세모돌(1996) 역시 '가정'의 뜻이 명령형 어미 사용에서 비롯되는 것은 사실이나, '보다' 없이 선행 동사에 명령형 어미가 붙을 때는 '가정'의 뜻이 드러나지 않는다는 근거를 들어 '-어 보다'는 가정의 의미를 나타낸다고 보았다.

본고에서는 일반적인 용법이 아닌 특정 구문에서만 활용되는 '가정'의 의미는 '-어 보다'의 양태 의미에서 제외한다. 특정 구문, 특정 어미와의 결합을 통해 생성되는 의미를 기본 의미로 설정하는 것은 비경제적인 기술이라 판단되기 때문이다. '-어 봐(라)'와 같이 특정한 구문에서 형성되는 '가정'의 의미를 '-어 보다'의 기본 의미로 설정한다면, '-어 봐야, -어 봤자'와 같이 '양보'의 의미를 나타내는 특정 구문의 의미 설정 문제도 발생한다. 특정한 결합 관계에 의해 생성되는 특정한 구문에 의미들은 '-어 보다'의 양태 의미에서 제외하는 것이 '-어 보다' 구문이 지닌 의미의 본질을 밝히는 데도 도움이 되리라 생각된다.56)

　이상의 내용을 종합해 보면, '-어 보다'는 '화자 혹은 동작 주체가 어떠한 행위를 시험적으로 행함'이라는 '시행(試行)'의 양태 의미와 '화자 혹은 동작 주체가 행위에 대한 과거 경험이 있음을 강조'하기 위한 양태 의미를 내포하고 있는 것으로 파악된다. 본용언으로 활용되어 어휘 의미를 실현하던 '보다'가 양태 의미와 같은 문법적 의미로 의미 변화를 거친 '-어 보다'를 보조용언으로 설정하는 데는 무리가 없어 보인다.

4) 강세의 보조용언

(1) '-어 쌓다'

　본용언 '쌓다'는 '여러 개의 물건을 겹겹이 포개어 얹어 놓다'라는 원형의미를 실현한다. 최현배(1977: 403)는 보조동사 '쌓다'는 힘줄도움움직씨(강세보조동사)로 으뜸움직씨(본동사)와 결합하면 '많음, 정도 높음, 넉넉함'의 의미를 갖는다고 하였다. 최현배(1977)에서 '-어 쌓다'를 보조용언으로 선정한 이래 '-어 쌓다'에 관한 논의는 '-어 쌓다'를 보조용언 범주에 포함하고자 하는 입장과 '-어 대다'의 방언형으로 보조용언 범주에서 제외하고자 하는 입장이 상충하였다.

　'-어 쌓다'를 보조용언 범주에 포함하고자 하는 견해들로는 유목상(1980)을 비롯하여 정희자(1984), 김성화(1992), 이선웅(1995), 강흥구(1999), 권순구

---

56) 박선옥(2002: 152)은 '가정'의 의미가 나타나는 '-어 봐(라)' 구문에서도 '보다'는 선행 동사의 행위에 대한 '수행', '시행' 의미를 갖는 것으로 볼 수 있다 하였다. '-어 봐야, -어 봤자' 역시 선행 동사의 행위에 대한 '수행', 혹은 '시행'의 의미를 갖는 바, '가정'과 '양보'는 '시행'의 양태 의미에 대한 맥락 의미로 파악하는 것이 합리적일 것이다.

(2005) 등이 있다. 이들은 '-어 쌓다'가 '-어 대다'와 같이 '반복', '강조', '강세' 등의 비슷한 상 의미와 양태 의미를 지니나 '-어 대다'와는 의미 차이가 있다는 점을 들어 '-어 쌓다'를 별도의 보조용언으로 설정할 것을 주장하였다.

김성화(1992: 166)는 '-어 쌓다'와 '-어 대다'가 모두 '반복'의 의미를 나타내지만, '-어 대다'는 동작이 처음에 수행되는 그대로의 상태를 일정하게 유지하며 반복되는 '등질적 반복 양상'이 나타나는 데 반해, '-어 쌓다'는 동작, 혹은 동작의 결과가 일정하게 축적되면서 반복되는 '축적적 반복 양상'을 나타내는 것으로 보아 상 의미에 차이가 있음을 주장하였다. 한편 권순구(2005: 49-56)는 '-어 쌓다'는 '-어 대다'와 같이 동일한 '반복'의 상 의미를 지니나, '-어 쌓다'는 '정도 이상의 행위에 대한 부정적 판단'을 주로 나타내는 데 반해, '-어 대다'는 화자가 긍정적이거나 부정적인 평가를 모두 드러내고 있기 때문에 '정도 이상의 행위에 대한 중립적 판단'을 나타내는 양태 의미를 지닌다고 주장하였다.[57] 의견의 차이는 있으나 결국 '-어 쌓다'가 '-어 대다'와 변별적 의미를 수행한다는 점에서 '-어 쌓다'를 별도의 보조용언으로 설정하고자 하는 것이다.

'-어 쌓다'가 동남방언에서 주로 활용되는 것으로 보아 '-어 쌓다'를 방언형으로 보조용언 목록에서 제외하고자 하는 대표적인 입장으로는 손세모돌(1996), 민현식(1999) 등이 있다. 『한국방언자료집』의 조사에 따르면 보조용언 '쌓다'의 사용 지역은 경남, 충남, 전남지역에 한정되어 나타난다고 한다. '-어 쌓다'가 지니는 '반복, 강조, 강세' 등의 상 의미나 양태 의미는 남부방언

---

57) 목지선(2013: 39-42)은 특정 부사어와의 공기 여부, 수혜의 의미를 나타내는 '-어 주다'와의 결합 양상 등을 근거로 하여 '-어 대다'는 '화자의 부정적인 평가'를, '-어 쌓다'는 '화자의 긍정적이거나 부정적인 평가, 혹은 중립적인 태도'를 나타내는 상황에 두루 쓰일 수 있다고 하여 권순구(2005)와는 상반된 의견을 제시하였다.

권에서 방언을 통해 실현되는 것이다.

(51) ㄱ. 아이가 자꾸 <u>울어 쌓는다.</u>

　　ㄴ. 까치가 아침부터 <u>울어 쌓는다.</u> (김성화, 1992: 166)

'-어 쌓다'가 활용된 (51ㄱ)과 (51ㄴ)은 표준어를 주로 사용하는 서울-경기권 모어 화자에게는 자연스럽게 느껴지지 않으며, 직관적으로 방언 형태로 인식될 가능성이 크다. 이는 보조용언 '-어 쌓다'가 서울-경기권에서는 나타나지 않는 남부방언권의 특징적 현상이기 때문이다. '-어 쌓다'가 방언 형태임은 '-어 쌓다'를 대상으로 한 연구가 주로 남부방언권을 대상으로 이루어졌다는 사실58)을 통해서도 확인할 수 있다. 아울러 권순구(2005), 목지선(2013)과 같이 지역별로 상반된 양태 의미가 실현된다는 분석은 '-어 쌓다'가 방언에서 사용되며 사용되는 지역에 따라 상이한 양태 의미를 실현하고 있음59)을 뒷받침하는 근거라 할 수 있다.

본고는 표준적인 보조용언의 목록을 선정하는 데 목적이 있다. 그러므로 지역적으로 달리 변화하여 상이한 체계를 나타내는 지역방언형(地域方言形)은 보조용언 목록에서 제외하고자 한다. 물론 방언은 언어의 하위류로 풍부한 언어적 현상을 내포하여 언어의 다양성을 보여준다. 그럼에도 불구하고 지역방언은 특정 지역이라는 한정된 범위 안에서 의사소통의 매개체가 될 뿐만 아니

---

58) '-어 쌓다'를 대상으로 하는 방언 연구로는 충남방언에서 '-어 쌓다'의 의미를 살핀 한영목(2000)과 '-어 쌓다'의 방언 간 의미 차이를 비교, 분석한 김고은(2015), 전남방언에서 보조용언 '-어 쌓다'의 의미 실현 양상을 밝힌 진주(2017), 서부경남방언에서 실현되는 '-어 쌓다'의 상 의미와 양태 의미를 살핀 성진영(2019) 등이 있다.

59) 김고은(2015: 84)은 '-어 쌓다'의 방언 간 의미 차이를 비교, 분석하였는데, '-어 쌓다'는 방언마다 결합할 수 있는 본용언의 차이가 크고, 이에 따라 '-어 쌓다'가 지니는 의미 영역도 각기 다르다는 점을 확인하였다.

라 지역에 따라 형태나 의미 실현 양상에 차이를 보인다. 방언 권역에 따라 의미 차이를 보이는 방언형을 표준적인 보조용언 목록에 포함하는 것은 표준적인 보조용언 목록을 선정하고자 하는 본고의 목적에서 벗어나는 것으로 판단된다. 따라서 본고는 방언 권역별로 상이한 의미가 실현되는 '-어 쌓다'는 방언형으로 보아 보조용언 목록에서 제외하고자 한다.

(2) '-어 대다'

'-어 대다'는 '어떤 대상물을 어떤 장소에 접촉 시킨다'는 의미(김성화, 1992: 160)를 지닌 본용언 '대다'가 의미 변화를 겪으면서 '강세(強勢)'와 '반복'의 의미를 지니는 것으로 파악되어 왔다.

'-어 대다'가 선행 동사의 의미에 힘을 주거나 강조하는 '강세'의 의미를 지니는 것으로 파악한 대표적인 논의로는 최현배(1977)를 비롯하여 유목상(1980), 서정수(1990) 등이 있다. 손세모돌(1996)에서도 '-어 대다'의 기본 의미는 '강세'이며 '반복'은 부사어와의 공존 관계에서 드러나는 양태 의미라 하였다. 그러나 김기혁(1983)은 '-어 대다'의 일차적 의미는 '반복'이며, '강세'는 부수적인 의미로 보았다. 김기혁(1983)을 비롯하여 이선웅(1995), 강흥구(1999), 박선옥(2002), 권순구(2005)에서도 '-어 대다'의 상 의미를 행위의 '반복'으로 파악하였다.

(52) ㄱ. 아이가 <u>운다.</u>
　　　ㄴ. 아이가 <u>울어 댄다.</u> (박선옥, 2002: 141)

박선옥(2002: 141)은 '-어 대다'가 쓰인 (52ㄴ)이 (52ㄱ)과 달리 아이가 우는 행위를 반복한다는 의미가 있다고 하였다. 반복적인 행위의 연속이 곧 우는 행위에 대한 강세가 된다는 것이다.

손세모돌(1996)은 보조용언 '-어 대다'가 (52)와 같이 정도가 약함을 보이는 부사어나 부사구 절과는 어울리지 못함을 근거로 들어 기본 의미를 '강세'로 설명하였다.

(53) ㄱ. 그는 방망이를 마구 <u>휘둘렀다/휘둘러 댔다.</u>
    ㄴ. 그는 방망이를 얌전하게 <u>휘둘렀다/?휘둘러 댔다.</u>

(53ㄴ)에서처럼 '방망이를 얌전하게 휘둘러 댔다'는 이견의 여지 없이 자연스럽지 못하다. 그러나 박선옥(2002: 141)에서도 지적한 바와 같이 '휘두르다'라는 의미에는 '정도가 큼'이라는 '강세'의 의미 자질이 포함되어 있기 때문에 '방망이를 얌전하게 휘둘렀다'도 자연스럽지 못하다고 여겨진다. (53ㄴ)이 자연스럽지 못한 것은 '-어 대다'의 의미 때문이 아니라 '휘두르다'가 정도가 약함을 보이는 부사어와의 공기 관계를 이루기 어렵기 때문인 것이다. 이러한 사실은 '강세'의 의미 자질이 포함되어 있지 않은 중립적 의미를 지닌 선행 동사와의 결합 양상을 살펴보면 확실해진다.

(54) ㄱ. 아이들이 마구 <u>웃었다/웃어 댔다.</u>
    ㄴ. 아이들이 숨죽여 <u>웃었다/웃어 댔다.</u>

(54ㄱ)과 (54ㄴ)에서와 같이 '-어 대다'는 정도가 강함을 보이는 부사어나 정도가 약함을 보이는 부사어 모두 자연스럽게 연결된다. (54ㄴ)과 같이 '-어

대다'는 정도가 약함을 보이는 부사어와 자연스럽게 공기 관계를 이룰 수 있다는 것이다. (54ㄴ)에서는 '-어 대다'의 실현으로 인해 '반복'의 의미만이 생성되었을 뿐, '강세'의 의미는 찾아보기 어렵다. 이상의 내용을 종합해 보면, '-어 대다'의 기본 의미는 행위의 '반복'이며, '-어 대다'는 '(행위)반복'이라는 상 의미를 내포하고 있는 보조용언으로 판단된다.

'-어 대다'는 반복되는 행위에 대한 화자의 심리적 태도와 같은 양태 의미도 함께 나타낸다. 박선옥(2002)을 비롯하여 권순구(2005), 배수자(2007), 진가리(2018) 등은 '-어 대다'의 양태 의미를 '강세'와 '정도의 지나침'으로 보았다. 박선옥(2002: 145)과 진가리(2018: 108)에서 지적한 바와 같이 어떤 동작이 계속 반복해서 진행되면 자연스럽게 '강세/강조', 혹은 반복되는 행위의 '정도가 지나침'의 의미가 나타날 수 있기 때문이다. 반복되는 행위의 정도가 지나치다는 화자의 판단은 부정적인 심리적 태도를 내포한다.

손세모돌(1996: 223)은 (55)의 예를 들어 문장의 내용에서 똑같은 행위가 반복되더라도 그것이 유익하다고 판단되면 '고마움'으로 표현되고, 무익하거나 해가 된다고 파악되면 '짜증'으로 표현되어 화자의 심리 태도에 따라 의미 차이가 발생한다고 하였다.

(55) ㄱ. 몇 시간이고 계속 <u>울어 대는데</u> 도무지 달랠 수가 없었어.
　　 ㄴ. 낯선 사람을 보면 언제까지고 <u>짖어 대어</u> 개값을 톡톡히 한다.

같은 행위가 반복되더라도 화자의 심리 태도에 따라 (55ㄱ)과 같이 '짜증'으로 표현되어 부정적 태도를 나타내거나, (55ㄴ)과 같이 '고마움'으로 표현되어 긍정적 태도를 나타내기도 한다는 것이다.[60] 문맥적인 의미 차이는 현저하지만 박선옥(2002: 146)에서도 지적한 바와 같이 '-어 대다'에 '짜증'이나 '고마

움'의 의미가 있다고 보기는 어렵다. '짜증'이나 '고마움'의 심리적 태도는 후
행절의 내용에 의해 만들어지는 것이지 '-어 대다' 본연의 의미라고 보기는
어렵다.

(56) ㄱ. 낯선 사람을 보면 언제까지고 <u>짖어 댄다.</u>
     ㄴ. 낯선 사람을 보면 언제까지고 <u>짖어 대어</u> 시끄럽기는 하지만 도둑을
        쫓아주어 개 값을 톡톡히 한다.

(56ㄱ)과 같이 후행절을 제거하여도 반복해서 짖는 행위에 대한 화자의 부
정적인 심리 태도가 드러난다. 물론 '언제까지고'라는 부사어가 내포하고 있는
부정적 의미가 영향을 미치고 있기는 하지만, 부사어를 제거하더라도 부정적
태도는 실현되는 것으로 파악된다.

손세모돌(1996)의 주장처럼 후행절의 내용에 의해 '-어 대다'의 의미가 결
정된다고 하더라도 반복해서 짖는 행위 자체와 개의 값어치와의 인과 관계를
찾기 어렵다. (56ㄴ)과 같이 개의 값어치는 도둑을 쫓아주는 행위에 의해 발생
되는 것이기 때문이다. 화자는 도둑을 쫓아주는 행위에 대해 '고마움', 혹은
긍정적 태도를 보이는 것이지, 개가 반복해서 짖는 행위에 대해 긍정적 태도를
보이는 것은 아니다. 손세모돌(1996)에서 제시한 (55ㄴ)의 실질적인 의미는

---

60) 권순구(2005: 54)에서도 동일한 맥락에서 '-어 대다'가 화자의 긍정적 태도와 부정적 태도를
   모두 나타낼 수 있음을 주장하였다.

   ㄱ. 개가 <u>짖어 대서</u> 시끄러워 죽겠다. (부정)
   ㄴ. 개가 <u>짖어 대서</u> 도둑이 와도 걱정이 없겠다. (긍정)

   권순구(2005: 54)는 '대다'는 화자의 판단을 나타내는데, 그 판단은 긍정과 부정이 모두 가능하
   다는 점에서 중립적이라 하였다. 이를 근거로 '-어 대다'의 양태 의미를 '정도 이상의 행위에
   대한 중립적 판단'으로 설정하였다.

(56ㄴ)으로 보는 것이 타당하다. 전체적인 내용에 대한 화자의 태도가 긍정적이라고 할지라도 '-어 대다'와 결합한 선행 동사의 행위에 대해서는 부정적인 심리적 태도를 유지하고 있는 것이다.

이상의 내용을 종합해 볼 때, '-어 대다'는 '(행위)반복'이라는 상 의미와 '반복되는 행위의 지나침에 대한 화자의 부정적 태도'를 양태 의미로 지니고 있음을 확인할 수 있다. 본용언으로 활용되어 어휘 의미를 실현하던 '대다'가 상 의미나 양태 의미와 같은 문법적 의미를 실현하는 '-어 대다'로 의미가 변화한 것으로 보아, '-어 대다'를 보조용언으로 목록에 포함하고자 한다.

5) 보유의 보조용언

(1) '-어 놓다'와 '-어 두다'

보조용언 '-어 놓다'와 '-어 두다'는 '손으로 무엇을 쥐거나 잡거나 누르고 있는 상태에서 손을 펴거나 힘을 빼서 잡고 있던 물건이 손 밖으로 빠져나가게 하다'라는 본용언 '놓다'와 '일정한 곳에 놓다'라는 본용언 '두다'가 의미의 추상화를 겪으면서(박선옥, 2002: 125-126) '보유(保有)'의 의미를 지니게 된 것으로 설명되어 왔다. '-어 놓다'와 '-어 두다'에 관한 선행 연구들은 주로 두 보조용언의 유사성에 초점을 두고 기술하는 입장과 두 보조용언의 의미 차이에 중점을 두고 기술하는 입장으로 나누어져 왔다.

'-어 놓다'와 '-어 두다'의 의미를 모두 동일하게 '보유'로 파악한 논의들로는 최현배(1971), 이주행(1976), 유목상(1980), 김명희(1984), 고영근·남기심(1993) 등이 있다. 다만 김명희(1984: 43-46)는 두 보조용언 모두 동일한 '보유'의 의미를 나타내지만, '-어 놓다'는 '맹목적 보유'를, '-어 두다'는 '보류의 성질을 가지는 보유'의 의미를 지니는 것으로 보았다. 또한 '-어 놓다'와 '-어 두다'가 동일한 상 의미를 지니는 것으로 파악한 논의들도 있는데, 두 보조용언의 상 의미에 대해 김성화(1992)는 '보유성 종결상'을, 박덕유(1998)는 '종결의 완료상'을, 배수자(2007)는 '결과 지속상'을 지니는 것으로 보았다. 용어의 차이는 있으나 '-어 놓다'와 '-어 두다' 모두 선행 동작이 완료된 이후에 그 결과가 지속되거나 상태가 유지됨을 나타내는 것으로 파악한 것이다.

(57) ㄱ. 여행을 가기 위해 미리 비행기 표를 <u>샀다.</u>
     ㄴ. 여행을 가기 위해 미리 비행기 표를 <u>사 놓았다/두었다.</u>
     ㄷ. 재료를 모두 <u>씻었다.</u>
     ㄹ. 재료를 모두 <u>씻어 놓았다/두었다.</u>

(57)에서 보는 바와 같이 보조용언이 활용되지 않은 (57ㄱ)과 (57ㄷ)은 단순히 행위가 완료되었음을 표현하지만, '-어 놓다'와 '-어 두다'가 활용된 (57ㄴ)과 (57ㄹ)은 선행 동사의 행위가 완료된 이후에 어떠한 변화가 없이 결과나 상태가 지속되고 있음을 표현한다. 보조용언 '-어 놓다'와 '-어 두다'가 지니는 상 의미는 '완료'가 아닌 '(상태)지속'인 것이다.

이기동(1979)은 보조용언 '놓다'와 '두다'는 모두 선행 동사의 결과에 중점을 두는데, '-어 놓다'는 '상태 변화'의 의미를 '-어 두다'는 '상태 지속'의 의미를 지닌다고 보았다. 손세모돌(1996: 177) 역시 특정 부사어와의 결합 양상을 근거로 하여 '-어 놓다'는 [상태 변화], '-어 두다'는 [상태 유지]의 의미 자질을 지니는 것으로 보았다.

(58) ㄱ. 움직이지 말고 그대로 <u>놔 둬/?놔 놔.</u>

　　　ㄴ. 날 그냥 이대로 <u>내버려 둬/?내버려 놔.</u> (손세모돌, 1996: 177)

손세모돌(1996: 177)은 (58)의 예들과 같이 움직임이 없는 '그대로, 이대로' 등의 부사어가 '-어 두다'와만 공기하며, '-어 놓다'와는 공기 관계를 이룰 수 없다고 하였다. 이는 본용언 '놓다'와 '두다'의 의미 차이에서 비롯된다고 하였는데, [+이동]의 의미 자질을 지니는 '놓다'와 [-이동]의 의미 자질을 지니는 '두다'의 의미 차이로 인해 '-어 두다'는 변화가 없는 상태의 유지만을 나타 낼 수 있다고 본 것이다.

(59) ㄱ. 꺼내지 말고 <u>그대로</u> 선반 위에 <u>올려 놔.</u>

　　　ㄴ. 꺼내지 말고 <u>그대로</u> 선반 위에 <u>올려 둬.</u>

　　　ㄷ. <u>이대로</u> 냉장고에 <u>넣어 놔.</u>

　　　ㄹ. <u>이대로</u> 냉장고에 <u>넣어 둬.</u>

손세모돌(1996)의 주장처럼 '-어 놓다'와 '-어 두다'의 상 의미가 [상태 변화]와 [상태 유지]라는 의미 자질에 의해 구분된다는 견해에는 의문의 여지가 남는다. 손세모돌(1996)의 주장대로라면 (59ㄱ)과 (59ㄷ)의 '-어 놓다'는 움직임의 변화가 없는 부사어 '그대로, 이대로' 등과 공기 관계가 성립할 수 없다. 그렇지만 (59)와 같이 '-어 놓다'와 '-어 두다'는 움직임의 변화가 없는 부사어와 공기하면서도 자연스럽게 대치되고 있다. (59)의 예들만을 확인해 보아도 '-어 놓다'와 '-어 두다'가 [상태 변화]와 [상태 유지]라는 의미 자질만을 통해 구분될 수 없음을 확인할 수 있다.

한편, 강흥구(1999), 박선옥(2002), 권순구(2005) 등은 '-어 놓다'와 '-어 두다'가 '결과 상태의 지속'이라는 동일한 상 의미를 지니고 있으나, '지속되는 시간'의 길이에 차이가 있다고 보았다. 권순구(2005: 44)는 본용언 '놓다'는 대상물에 따라서 지속적일 수도 있고 일시적일 수도 있으나, '두다'는 장시간의 지속을 의미한다고 하였다. 이러한 본용언의 의미 차이가 보조용언에도 반영되어 '-어 놓다'는 순간적인 성격을 갖고, '-어 두다' 지속적인 성격을 갖는다고 하였다.

(60) ㄱ. ?요리하는 방법을 잘 <u>봐 놓았다가</u> 나중에 나도 해 보겠어요.
　　ㄴ. 요리하는 방법을 잘 <u>봐 두었다가</u> 나중에 나도 해 보겠어요. (박선옥, 2002: 123)

박선옥(2002: 123)에서도 (60)의 예를 들어 '-어 놓다'는 '짧은 시간의 지속'의 의미를 지니고 있기 때문에 (60ㄱ)과 같이 선행 행위가 긴 시간이 지속되는 문맥에서는 사용이 적절치 않음을 주장하였다. 그러나 지속과 관련한 시간적 차이는 주관적이며, 인지되기도 어렵다. 또한 '-어 놓다'와 '-어 두다'가 지속 시간의 차이에 의해 구분된다면 긴 시간을 나타내는 명사구나 시간 부사어의 공기 관계에 있어 배타적인 출연 양상을 보여야 하는데 그마저도 명확히 드러나지 않는다(진가리, 2018: 90). 아울러 '지속'이라는 어휘는 '오랜 시간 계속됨'을 의미하는데, '순간적인 지속'이라는 의미는 어휘 자체로도 모순을 내포하고 있다. 결국 '-어 놓다'와 '-어 두다'는 지속 시간의 차이에 의해 배타적 분포를 나타내지 않고, 모두 '(상태)지속'이라는 동일한 상 의미를 지니고 있는 것으로 파악된다.

다만, '-어 놓다'와 '-어 두다'는 동일한 '(상태)지속'이라는 상 의미를 지니고 있음에도 불구하고 배타적 분포를 나타내곤 한다. 특히 '-어 두다'가 '-어 놓다'

에 비해 제약적 상황이 많은 것으로 파악되는데, 이러한 제약은 보조용언 '-어 두다'가 본용언 '두다'와의 의미 유연성이 크기 때문인 것으로 파악된다.[61]

(61) ㄱ. 메뉴를 칠판에 <u>써 놓았다/두었다.</u>

ㄴ. 칠판 좀 <u>지워 놔/?둬.</u>

본용언 '두다'는 '일정한 장소에 놓다'라는 원형의미를 지닌다. 더불어 확장된 어휘 의미로 '사용하지 않고 보관하거나 간직하다'라는 의미도 지니는데, 본용언 '두다'의 어휘 의미 안에는 놓거나 보관하기 위한 [공간적 요소], '장소성'이 필수적으로 요구된다. 뿐만 아니라 본용언 '놓다'의 원형의미는 의미 초점이 출발점에 있는데 반해(장영숙, 2007: 236) '두다'는 의미 초점이 도착점에 있다. 본용언 '두다'의 원형의미는 도착점인 장소가 필수적으로 요구되는데, 보조용언 '-어 두다' 역시 선행 동사의 행위에 따르는 결과, 혹은 상태가 지속되기 위해서는 대상의 결과나 상태가 지속되는 장소, 즉 [공간적 요소]가 확보되어야 하는 것으로 파악된다.

(61ㄱ)은 '쓰다'라는 선행 동사의 행위가 완료된 후 쓰여 있는 대상(메뉴)의 상태가 칠판이라는 장소에 지속되고 있다. 상태가 지속되기 위한 '장소성'이 부여된 (61ㄱ)은 '-어 놓다'나 '-어 두다'가 자연스럽게 대치될 수 있는 것으로 보인다. 그러나 (61ㄴ)은 '지우다'라는 선행 동사의 행위가 완료된 후 지워져 있는 대상(칠판)의 상태가 지속되고 있으나, '장소성'은 부여되어 있지 않다.

---

61) 최슬기(2013: 36)는 의미 유연성에 따라 보조용언을 분류하였다. 의미 유연성이 강한 동사로는 '가다, 오다, 주다, 놓다, 두다, 보다, 쌓다, 있다, 치우다' 등을 제시하였으며, 의미 유연성이 중간인 동사로 '내다, 대다, 터지다, 빠지다'를, 의미 유연성이 약한 동사로 '먹다, 버리다'를 제시하였다.

칠판은 지우는 대상이지 지운 것을 유지할 수 있는 장소는 아니기 때문이다.
[공간적 요소]가 확보되지 않은 (61ㄴ)과 같은 문맥에서 '-어 두다'를 활용하면
문법성이 훼손되는 것이다.

  (62) ㄱ. 접시에 있는 빵을 <u>잘라 놓았다/두었다.</u>
       ㄴ. 머리를 <u>잘라 놓으니/?두니</u> 더 어려 보인다.

'-어 두다'의 '장소성'에 관한 제약은 (62ㄱ)과 (62ㄴ)의 대조를 통해서 더욱
명확히 드러난다. (62ㄱ)과 (62ㄴ)은 모두 '자르다'라는 행위가 완료된 후 자른
상태가 지속되고 있음을 나타낸다. (62ㄱ)에서 잘려진 대상인 '빵'은 '접시'라
는 일정한 장소에서 잘려진 상태를 유지, 지속하고 있는 반면에, (62ㄴ)에서
잘려진 대상인 '머리(카락)'은 특정 장소에서 잘려진 상태를 유지, 지속하고
있다고 보기 어렵다. 자르는 행위를 통해 일정 부분은 떨어져 나갔을 것이며,
일정 부분은 머리에 남아 있을 것이기 때문이다. 자르는 행위 이후 대상이
상태를 지속하기 위한 [공간적 요소]가 확보되지 않은 (62ㄴ)에서 '-어 두다'의
활용은 문법성이 훼손되는 것으로 나타난다.
  이상의 내용을 종합해 볼 때, '-어 놓다'와 '-어 두다' 모두 '(상태)지속'이라
는 동일한 상 의미를 지니는 것으로 파악된다. 다만 '-어 두다'는 선행 동사의
행위에 따르는 결과, 혹은 상태가 지속되기 위해서는 대상의 결과나 상태가
지속되는 장소, 즉 [공간적 요소]가 확보되어야 하는 것으로 보인다.
  선행 연구들에서 '-어 놓다'와 '-어 두다'의 양태 의미는 주로 '미리 준비하
다'라는 '대비(對備)'의 의미를 지닌 것으로 파악해 왔다. 손세모돌(1996:
176)은 '-어 놓다'와 '-어 두다'가 '미리 준비하다', '바탕으로 하여'의 의미를
지닌 것으로 보았으며, 박선옥(2002)은 보조용언 '-어 놓다'와 '-어 두다'는

다른 일에 미리 '대비'한다는 동일한 양태 의미를 지니는 것으로 보았다. 배수자(2007: 231, 235)도 '-어 놓다'와 '-어 두다'의 양태 의미를 모두 '미리 준비'로 보았으나 화자의 판단에 의한 '긍정적 평가'의 양태 의미도 함께 지닌 것으로 보았다.

(63) ㄱ. 미리 영화 회화를 <u>배워 놓았다/두었다.</u>
　　 ㄴ. 일찌감치 미래를 위해 <u>설계를 해 놓았다/두었다.</u> (이상 손세모돌,
　　　　 1996: 176)
　　 ㄷ. 식사 준비를 <u>해 놓았다.</u>
　　 ㄹ. 시간이 있을 때 명작을 <u>읽어 두었다.</u> (이상 박선옥, 2002: 124)

손세모돌(1996: 176)은 (63ㄱ)과 (63ㄴ)의 예들을 통해 '-어 놓다'와 '-어 두다'가 '미리 준비하다'라는 의미를 지니는 것으로 보았으며, 박선옥(2002: 124)은 (63ㄷ)과 (63ㄹ)의 예들을 통해 '-어 놓다'와 '-어 두다'가 '대비'의 양태 의미를 지닌 것으로 파악하였다. 그러나 '-어 놓다'와 '-어 두다'의 양태 의미가 '대비'의 의미를 나타내는가는 논란의 여지가 있다. (63ㄱ)과 (63ㄴ)은 '미리'나 '일찌감치'와 같은 부사어가 '미리 준비하다'라는 의미에 밀접히 개입되어 있으며, (63ㄷ)과 (63ㄹ) 역시 '준비'라는 어휘와 '시간이 있을 때'라는 선행절이 '대비'라는 의미를 자연스럽게 연상시키고 있다. '-어 놓다'와 '-어 두다' 자체만으로 '대비'의 의미가 실현되었다고 보기 어렵다는 것이다. 또한 진가리(2018: 91)에서 지적한 바와 같이 '대비'라는 개념이 양태 의미에 속하는지 아닌지에 대해서도 보다 엄밀한 논증이 필요하다.

본고에서는 '-어 놓다'와 '-어 두다'의 양태 의미를 '화자 혹은 동작 주체가 선행 동사에 이어질 행위를 보류(保留)하고 현 상태를 유지하고자 하는 심리적

태도'로 보고자 한다.

    (64) ㄱ. 재료를 모두 <u>씻었다.</u>
         ㄴ. 재료를 모두 <u>씻은 후에 요리를 했다.</u>
         ㄷ. 재료를 모두 <u>씻어 놓았다/두었다.</u>

일반적으로 '-어 놓다'와 '-어 두다'는 (64)와 같은 의미 대립을 통해 실현된다. (64ㄱ)은 단순히 행위가 완료됨을, (64ㄴ)은 행위가 완료된 이후에 다른 행위를 함을, (64ㄷ)은 행위가 완료된 이후에 다른 행위를 하지 않고 현재 상태를 유지하고자 함을 나타낸다. '-어 놓다'와 '-어 두다'의 결합을 통해 화자는 선행 동작의 완료 후에 이어질 행위를 보류하고 현재 상태를 유지하고자 하는 심리적 태도를 표현하는 것이다.

    (65) ㄱ. 불을 <u>켰다.</u>
         ㄴ. 불을 <u>켜 놓았다/두었다.</u>
         ㄷ. 철수가 음식을 <u>만들었다.</u>
         ㄹ. 철수가 음식을 <u>만들어 놓았다/두었다.</u>

(65ㄱ)은 '켜다'라는 행위가 완료되었다는 일반적 사실만을 나타낸다. 이러한 일반적 사실에 (65ㄴ)처럼 '-어 놓다'나 '-어 두다'를 결합하여 사용하는 화자의 심리적 태도는 '불을 끄지 않고 불이 켜져 있는 상태를 유지'하고자 하는 데 있다. 보조용언이 실현되지 않은 (65ㄷ) 역시 동작 주체인 철수가 '만들다'라는 행위를 완료했다는 일반적 사실을 나타낸다. 그러나 (65ㄹ)과 같이 '-어 놓다'와 '-어 두다'를 결합하면, 철수가 음식을 만든 후 먹지 않고 완료된

상태를 유지시키고 있다는 사실을 나타낸다. 선행 동작을 완료한 후에 이어질 다음 행위를 하지 않고 현재 상태를 유지한다는 '지속'의 의미가 생성되는 것이다.

물론 특정 상황을 가정한다면 (64ㄷ)이나 (65ㄴ), (65ㄹ)은 '대비'의 양태 의미를 실현하는 것으로 볼 수도 있다. 요리를 하기 위해 재료를 씻는 행위나 아이가 무서워하지 않도록 불을 미리 불을 켜는 행위, 집에 초대한 친구들을 위해 음식을 미리 만드는 행위 등은 특정한 상황을 '대비'한다는 의미로 해석될 수 있는 것이다. 그러나 이러한 '대비'의 의미는 특정한 상황을 가정했을 때만 실현되는 맥락 의미일 뿐이지 일반적인 양태 의미라 보기 어렵다. 양태 의미란 특정한 상황에서만 실현되는 의미가 아니라 일반적인 상황에서도 실현되는 보편적 의미여야 하기 때문이다. '-어 놓다'와 '-어 두다'의 양태 의미를 '대비'로 규정할 수 없다는 사실은 (66)의 예를 통해 더욱 극명히 드러난다.

(66) ㄱ. 옷을 바닥에 <u>던져 놓았다/두었다.</u>
　　 ㄴ. 재활용 쓰레기를 일단 복도에 <u>쌓아 놓았다/두었다.</u>

'-어 놓다'와 '-어 두다'의 양태 의미를 '대비'로 규정하면 (66ㄱ)이나 (66ㄴ)과 같은 문장의 의미를 설명하는 데 문제가 발생한다. (66ㄱ)의 옷을 바닥에 던지는 행위는 어떠한 맥락에서도 '대비'의 의미와 결합하기 어려우며, (66ㄴ)의 재활용 쓰레기를 복도에 쌓는 행위 역시 '대비'의 과정과 연결되기 어렵다. 옷을 바닥에 던지는 행위나 재활용 쓰레기를 복도에 쌓는 행위는 '방치'에 가까운 행위기 때문이다. 이 같은 '방치'의 행위는 결코 '대비'의 의미와 연결될 수 없다. 이러한 '방치'의 행위는 '-어 놓다'와 '-어 두다'와 결합하여 뒤에 이어져야 할 행위, 즉 바닥에 있는 옷을 옷장에 넣는 행위나 쓰레기를 버리는 행위를 지금 하지 않고 현재 상태를 유지하고 있다는 '지속'의 의미와 연결되는 것이 보다 자연스럽다. 결국 '-어 놓다'와 '-어 두다'가 지닌 양태 의미의 본질은 '선행 동사에 이어질 행위를 보류하고 현 상태를 유지'하고자 하는 심리적 태도이며, '대비'의 의미는 상황 맥락에 의해 구성되는 의미라 할 수 있다.

　이상의 내용을 정리하면, '-어 놓다'와 '-어 두다'는 '(상태)지속'이라는 동일한 상 의미를 지니는 것과 동시에 '화자 혹은 동작 주체가 선행 동사에 이어질 행위를 보류하고 현 상태를 유지하고자 하는 심리적 태도'를 양태 의미로 지니는 보조용언으로 파악된다. '-어 놓다'와 '-어 두다'가 동일한 상 의미와 양태 의미를 실현한다는 것이다. 다만 '-어 놓다'와 '-어 두다'는 동일한 상 의미와 양태 의미를 지니고 있음에도 불구하고 상황 맥락적인 요인에 따라 '-어 두다'가 제약적 상황에 놓이는 경우가 종종 있다. 이러한 '-어 두다'의 제약적 상황은 앞서 살핀 바와 같이 보조용언 '-어 두다'가 선행 동사의 행위에 따르는 결과, 혹은 상태가 지속되기 위해서는 대상의 결과나 상태가 유지되는 장소, 즉 [공간적 요소]가 필요하기 때문인 것으로 파악된다.

(2) '-어 가지다'와 '-어 닥다'

　'어떠한 구체물을 몸에 지니거나 소유하다'라는 어휘 의미를 지닌 본용언 '가지다'가 '-어 가지고' 구성으로 활용될 때 보조용언의 범주에 포함시켜야 한다는 의견들이 지속적으로 제기되어 왔다. 최현배(1971)에서는 '-어 가지다'를 '지닌도움움직씨'라 하여, 풀이말의 실제적 결과를 보유함을 나타낸다고 하였다. 최현배(1971)가 '-어 가지다'를 보조용언으로 설정한 이래, 유목상(1980), 김기혁(1987), 서정수(1996) 등에서도 '-어 가지다'를 보조용언의 범주에 포함시키고 있다. 김기혁(1987: 65)은 '-어 가지다'가 어말 어미의 선택

에 제약이 있기는 하지만 여러 가지 통어 현상이나 의미적인 측면에서 본동사
와 구별되므로 보조용언 범주에 포함하고자 하였다. 서정수(1996: 642)도
(67)의 예를 들어 '-어 가지다'는 '결과 상태의 보유'의 상 의미를 나타내는
보조용언으로 보았다.

(67) 이 글을 <u>외워 가지고</u> 오너라. (서정수, 1996: 642)

서정수(1996: 642)는 (67)은 '-어 가지다'로 인해 외운 행위의 결과가 지속
되고 있다고 보고, '-어 가지다'가 '결과 상태의 보유'라는 상 의미를 지닌 것으
로 파악하였다. 김미영(1998), 진가리(2018) 등도 이러한 입장을 수용하여,
'-어 가지다'가 선행 동작이 완료된 후 그 상태가 그대로 지속된다는 '결과
상태의 지속'의 상 의미를 지닌 것으로 보았다. '-어 가지다'가 '결과 상태의
지속'의 상 의미를 내포하고 있는가는 보다 면밀히 살펴볼 필요가 있다.

(68) ㄱ. 이 글을 <u>외워 가지고</u> 오너라. (서정수, 1996: 642)
　　 ㄴ. 이 글을 <u>외워</u> 오너라.
　　 ㄷ. 오빠가 술에 <u>취해 가지고</u> 집으로 찾아왔다. (진가리, 2018: 115)
　　 ㄹ. 오빠가 술에 <u>취해</u> 집으로 찾아왔다.

(68ㄱ)과 (68ㄷ)은 서정수(1996)와 진가리(2018)에서 '-어 가지다'가 행위
가 완료된 후 상태가 지속된다는 '결과 상태의 보유/ 지속'의 상 의미가 실현된
다고 본 예들이다. 그러나 (68ㄴ)과 (68ㄹ)에서 보는 바와 같이 '가지다'가 제
거되어도 외운 상태가 유지되거나 취한 상태가 유지되는 것으로 보인다. '가지
다'의 실현 여부와 상관없이 '결과 상태의 지속'의 의미가 실현된다는 것이다.

(68ㄱ)과 (68ㄴ), (68ㄷ)과 (68ㄹ)이 동일한 의미를 실현한다는 사실은 '가지다'가 '-어 가지다' 구성에서 실질적인 의미 기능을 하지 않음을 뒷받침하는 근거라 할 수 있다. 진가리(2018: 115)는 '-어 가지다'가 '결과 상태의 지속'의 상 의미 외에 '원인(原因)'이나 '계기(契機)'의 의미가 더욱 두드러진다고 하였는데, 이러한 '원인'이나 '계기'의 의미 역시 연결소인 '-어'에 의해 실현되는 것이지 '가지다'에 의해 실현된다고 보기 어렵다.

'-어 가지다'는 의미적인 측면뿐만 아니라 형태적인 측면에서도 보조용언이라 단정 짓기 어렵다. 보조용언은 용언의 하위분류로 보조용언의 범주에 들기 위해서는 기본적으로 용언으로서의 특성을 갖추어야 한다. 그러나 손세모돌(1996: 98)에서 지적한 바와 같이 '-어 가지다'는 활용도 불가능할 뿐만 아니라 형태가 '-어 가지고'로 고정되어 있어 용언으로서의 특성을 갖추고 있다고 보기 어렵다. 본고에서는 문법적인 의미를 실현하지 않으며, 형태적으로도 상위 범주인 용언의 특성을 지니지 않은 '-어 가지다'를 보조용언 목록에서 제외하도록 하겠다.

'-어 닥다'를 보조용언 범주에 포함하고자 하는 의견은 최현배(1937)에 의해 제기되었다. 최현배(1937)는 '닥아'로 활용하는 '-어 닥다'를 '두기(보유)'의 의미 기능을 담당하는 보조용언으로 분류하였다.

(69) ㄱ. 부모님께 돈을 <u>빌려 다가</u> 사업을 시작했다.

ㄴ. 부모님께 돈을 <u>빌려</u> 사업을 시작했다.

ㄷ. ?부모님께 돈을 <u>빌려 닥다.</u>

그러나 '-어 닥다'를 보조용언으로 분류하는 데는 상당한 무리가 따른다. 우선 의미 변화의 본체인 본용언 '닥다'의 원형을 찾을 수 없기 때문에 보조용언의 의미적 조건을 충족하지 못한다. '닥다'가 본용언으로 활용되는 형태를 찾아볼 수 없기 때문에 어휘 의미에서 문법적 의미로의 의미 변화의 여부를 확인할 수 없다는 것이다. 물론 '-어 닥다'는 (69ㄱ)에서와 같이 '-어 다가' 형태로 고착되어, 이어지는 행위와 순차적으로 연결됨을 나타낸다. 선행 용언의 행위 이후에 연결되는 후행 행위가 순차적으로 이루어짐을 나타낸다는 의미 기능을 수행한다는 것이다. 그러나 (69ㄴ)에서 보는 바와 같이 '다가'가 제거된 문장도 (69ㄱ)과 마찬가지로 순차적 연결이라는 동일한 의미를 실현한다. 이는 순차적 연결을 나타내는 의미 기능은 '다가'의 순수한 의미 기능이라기보다는 연결어미 '-어'에 의해 실현되는 의미이며, '다가'가 '-어 다가' 구성에서 특별한 의미 기능을 나타내지 않는다는 사실을 뒷받침하는 근거라 할 수 있다. 생략이 되었을 때도 동일한 의미 실현이 가능하다는 사실은 '다가'가 특정한 의미를 더한다는 보조용언의 기능적 조건도 충족하지 못함을 드러낸다.

형태적인 측면에서도 '-어 닥다'는 보조용언으로 보기 어렵다. 김석득(1992: 669)은 '-어 닥다'가 종결어미 '-다'를 사용하지 못하며, 시제를 표시할 수 없고, 풀이함이 없어 말본의 구실을 돕는 따위의 구실을 하지 못하기 때문에 보조용언으로 분류하기에 어려움이 따른다고 하였다. 박선옥(2002: 72)에서도 '닥아'는 '다가'로 형태가 굳어져 언제나 뒤에 다른 문장성분을 동반하고, 그 형태가 고정되어 있기 때문에 보조용언이 아닌 어미의 일종으로 보아야 한다고 하였다. 본고에서는 본용언에서 보조용언으로 문법적 의미 변화를 수반한다는 의미적 기준과 본용언에 특정한 의미를 더한다는 기능적 기준에도 부합하지 않으며, 일반적인 보조용언과는 다르게 형태·통사적 제약을 지니는 '-어 닥다'는 보조용언 목록에서 제외하도록 하겠다.

6) 피동의 보조용언

(1) '-어 지다'

'-어 지다'는 최현배(1937, 1971)가 '피동(被動)'의 의미를 나타내는 보조용언으로 분류한 이래 여전히 논란의 대상이 되고 있다. '-어 지다'를 보조용언에서 제외하고자 하는 입장과 '-어 지다'를 보조용언에 포함하고자 하는 입장이 상충하고 있는 것이다.

'-어 지다'를 보조용언에서 제외하고자 하는 입장도 상이한데, 이관규(1986: 33-34)는 '지다'가 주어와 목적어의 위치를 바꾸어 능동문을 피동문으로 만드는 통사적인 기능에 변화를 주며, 화자나 주체의 심리상태를 나타내지도 못하기 때문에 '지다'는 보조동사가 아닌 본동사로 인정해야 한다고 하였다. 반면에 이주행(1996: 124)은 명사 혹은 형용사의 활용형이나 접두사에 붙은 '지다'는 파생접사로, 동사의 활용형에 붙은 '지다'는 굴절접사로 활용된다고 보아 '지다'를 보조용언이 아닌 접사로 분류하였다.

> (70) ㄱ. 방학이 지나고 나니 민희도 <u>예뻐지고</u>, 영숙이도 <u>예뻐졌다.</u>
>   ㄴ. ?방학이 지나고 나니 민희도 <u>예뻐지고</u>, 영숙이도 <u>그래졌다.</u> (박선옥,
>   2002: 75)[62]

박선옥(2002: 75)에서도 이러한 입장을 수용하여 '지다'를 접사화한 것으로 보았다. (70)과 같이 '지다'가 쓰인 구문은 분리 대용이 불가능하기 때문에 합성용언 구문으로 보는 것이 합당하다는 것이다. 동일한 관점에서 권순구

---

62) 문법성 판단은 박선옥(2002: 75)에 따른 것임.

(2005: 34)도 '지다'는 접사화 된 것으로 보아 보조용언에서 제외하고 있다.

그러나 함희진(2008)은 보조용언의 '지다'와 접어화, 문법소화 단계의 결합 형태를 형성하는 '지다'가 별개의 동사일 가능성을 제시한 바 있다.

(71) 지다₁

    ① 해나 달이 서쪽으로 넘어가다.

    ② 꽃이나 잎 따위가 시들어 떨어지다.

    ③ 묻었거나 붙어 있던 것이 닦이거나 씻겨 없어지다.

    ④ 목숨이 끊어지다.

    ⑤ 불이 타 버려 사위어 없어지거나 빛이 희미하여지다.

    ⑥ 이슬 따위가 사라져 없어지다.

(72) 지다₂

    ① 어떤 현상이나 상태가 이루어지다.

    ② 어떤 좋지 아니한 관계가 되다.

함희진(2008: 409)은 보조용언과 관련 가능성이 있는 '지다'를 두 가지로 상정하였다. (71)의 '지다₁'은 중세 국어 '디다'의 현대어형으로 〈하강〉의 기본 의미를 가지며(71 ①, ②), 〈분리〉(71 ③), 〈감소〉(71 ⑤), 〈소멸〉(71 ④, ⑥)의 확장적 의미를 가지고 있다고 보았으며, (72)의 '지다₂'는 '그늘이 지다, 가뭄이 지다, 주름이 지다'와 같이 〈생김〉의 의미를 갖고 있는 중세 국어 '지다'에서 기원한 동사로 파악하였다.

'지다'의 문법화를 연구하는 대부분의 연구자들은 보조용언 '지다'의 기원이 (71)의 '지다₁(落)'에서 비롯되었다고 보고 있다.63) '지다' 계열의 합성용언들

---

63) 이러한 입장에서 보조용언의 문법화를 기술하고 하고 논의로는 고영진(1997), 이정택(2001),

을 '지다₁(落)'이 보조용언 구성으로 활용되다가 어휘화(語彙化)하거나 접어화(接語化)한 것으로 파악한 것이다.64) 그러나 함희진(2008)은 중세 국어부터 '디다(落)'가 유사한 의미 자질을 가진 동사와 합성하여 보다 구체적인 의미를 표현하는 합성용언을 형성하였는데, 현대 국어의 '지다' 계열의 합성용언들은 이러한 '디다(落)' 계열 합성동사의 후대형으로 보는 것이 바람직하며, 보조용언 구성과는 무관함을 주장하였다.

(73) ㄱ. 그 도ᄌ기 즉재 ᄒᆞᆫ 弓手를 살 혀 노하 ᄡᅩ니 ᄆᆞᆯ게 ᄂᆞ려 디니 그 도ᄌ기
　　　 셧녁으로 ᄆᆞᆯ ᄃᆞᆯ여 니거늘〈번역노걸대 30〉
　　 ㄴ. 남기 갓ᄀᆞ라 디며 藤이 이우러〈금강경삼가해5: 27〉

(73ㄱ)과 (73ㄴ)은 손세모돌(1996)과 정언학(2006)에서 보조용언 구성의 예로 제시한 것인데, 함희진(2008)은 'ᄂᆞ리+어+디다'를 '떨어져 내리다(하강)'로, '갓ᄀᆞᆯ+아+디다'를 '거꾸로 엎어지다(하강)'로 해석하여, '디다'가 〈하강〉의 어휘적 의미를 갖고 있는 것으로 보았다. (73ㄱ)과 (73ㄴ)은 문맥상 '디다'가 유사한 의미의 선행 용언과 결합하여 구체적 의미를 표현한 형태로 보조용언 구성으로 보는 것보다는 합성용언으로 보는 것이 자연스럽다는 것이다.65)

　　 호광수(2003), 정언학(2006) 등을 들 수 있다.

64) 통시적인 관점에서 '-어 지다' 구성은 주로 피동문을 형성하는 것으로 기술되고 있다. 김무림(2004: 210, 277)은 피동문을 형성하는 '-어 지다' 구성은 중세 국어에서 '-어 디다' 형태로 쓰이던 것이 근대로 오면서 구개음화에 의해 '-어 지다'로 교체되는 것으로 보고 있다. 또한 중세 국어에서는 현대 국어와는 달리 거의 타동사에 연결되어 구성되는 것이 현대 국어로 오면서 타동사, 자동사, 형용사 등으로 그 쓰임이 확장되었다고 보고 있는데, 이러한 '-어 지다'의 통사 구성이 근대 이후 본동사와 결합하여 어휘화한 경우도 있으나, 통시적으로도 역시 식별이 쉽지 않음을 지적했다.

65) 함희진(2018: 418)에서는 호광수(2003)에서 문법소화 단계로 제시한 '부러지다, 헤어지다'를

또한 '디다' 계열의 합성용언들이 보조용언 구성 단계를 거쳐 어휘화, 접사화된 것이 아니라 중세 국어 단계부터 합성용언으로 활용되었을 가능성을 제시하는 근거는 '디다'와 합성용언 간의 의미 관계에 있다. 일반적으로 동사가 연결된 통사적 합성용언들은 의미상 후행 용언과 상하 관계가 성립되는데,[66] 함희진(2018: 416)은 '디다' 계열의 합성용언들이 '디다'와 의미상 상하 관계를 유지하고 있다고 하였다.

(74) ㄱ. 〈하강〉 : 것구러디다, 써디다, 너머디다, 떠러디다 등
　　 ㄴ. 〈소멸〉 : 믄허디다, 느즈러디다, 스라디다 등
　　 ㄷ. 〈분리〉 : 갈라디다, 째디다, 흐터디다 등

함희진(2018: 417)은 (74)의 합성용언은 모두 '디다'의 의미, 〈하강〉, 〈소멸〉, 〈분리〉의 의미를 포함하고 있으며, 선행 용언은 후행 용언 '디다'의 '방향이나 방법'을 나타내는 것으로 파악했다. 현대 국어의 '지다' 계열의 합성용언은 보조용언 구문이 문법화 단계를 거쳐 생성된 것이 아니라 '디다' 계열의 합성용언으로 중세 국어부터 존재하였다는 것이다.

또한 보조용언 '-어 지다'의 의미가 본질적으로 〈상태 변화〉임을 고려한다면 보조용언 구문의 '지다'의 기원은 (71)의 '지다₁'보다는 (72)의 '지다₂'로 파악하는 것이 합리적일 것이다. 이처럼 보조용언 '-어 지다' 구성의 의미가 '지다₂'와 더욱 의미적 유연성을 지니고 있다는 점과 '디다' 계열의 합성용언이 본래 존재

'부러지다(*블-어+디-), 헤어지다(히-어+디-)'로 분석하여 〈분리〉의 의미를 지닌 '디다'가 결합한 합성용언으로 분류하고 있다.

66) '가다'와 결합하는 합성용언은 '내려가다, 들어가다, 나가다, 지나가다, 건너가다 등'으로 모두 '이동'의 의미를 포함하여 '가다'의 '방향이나 방법' 등을 표현하고 있다. '가다'는 일반적이고 포괄적인 의미를 나타내는 상위어고, 'V+어+가다'로 된 합성용언은 '가다'의 하위어라 할 수 있다.

했을 가능성이 있다는 점은, 보조용언 '-어 지다'는 접어화 되어 합성용언을 형성하는 '지다₁'과는 별개의 동사로, 〈생김〉의 의미를 지니는 '지다₂'가 문법적 의미로 변화하여 형성되었다는 사실을 뒷받침해 준다고 볼 수 있다.

'-어 지다'를 보조용언 범주에 포함시키는 입장들도 '-어 지다'가 지닌 의미를 바라보는 관점에 따라 차이를 보이고 있다. 최규수(2005: 118)와 같이 최현배(1937, 1971)의 견해를 유지하여, '-어 지다'의 의미를 '피동'으로 보고자 하는 논의들이 있는 반면, 서정수(1994: 645)와 같이 '-어 지다'의 의미를 '기동(起動)'으로 보고자 하는 논의도 있었다.

> (75) ㄱ. 이 길이 최근 <u>넓어 졌다.</u>
>   ㄴ. 이제는 도로가 <u>넓다.</u>
>   ㄷ. 나는 요즈음 여기에 자주 <u>안 와 졌다.</u>
>   ㄹ. 나는 요즈음 여기에 자주 <u>안 왔다.</u>
>   ㅁ. 그 항아리는 땅속 깊숙이 <u>묻어 졌다.</u>
>   ㅂ. 그 돈은 땅속 깊숙이 <u>묻히었다.</u> (이상 서정수, 1994: 645-648)

서정수(1994: 645-648)는 (75)와 같이 '-어 지다'가 활용되지 않은 문장과의 대조를 통해 형용사나 타동사, 자동사와 결합하는 '-어 지다'가 '기동(起動)'의 의미를 지닌다고 하였다. '-어 지다'가 활용된 문장이 상태가 바뀌었음을 나타내는 데 반해, '-어 지다'가 활용되지 않은 문장은 단순히 바뀐 상태에 초점을 두고 있기 때문에 '-어 지다'의 의미를 '움직임의 변화'로 본 것이다. 그러나 손세모돌(1996: 252)에서 지적한 바와 같이 기존의 연구들에서 제시한 '피동'이나 '기동'의 의미는 모두 '변화'를 전제로 한다. '-어 지다'는 주로 형용사와 결합하여 결합 이전의 상태에서 변화되는 양상을 드러내기 때문에

‘-어 지다’의 기본 의미를 ‘상태의 변화’로 보는 것이 바람직하다는 것이다.

(76) ㄱ. 날이 점점 <u>밝아 진다.</u>
　　 ㄴ. 날이 10분 만에 <u>밝아 진다.</u> (이상 진가리, 2018: 121)

진가리(2018: 121)에서도 (70)의 예와 같이 점진(漸進)의 의미를 지닌 부사어 ‘점점’이나 전이(轉移)의 국면을 지시하는 시간 부사어 ‘10분 만에’와의 공기 관계를 통해 ‘-어 지다’의 의미가 ‘상태 변화’에 있음을 확인하였다. ‘-어 지다’의 의미가 단순히 변화 자체에 초점을 두는 것이 아니라 변화의 과정을 지시하는 기능, 즉 상 의미 차원에서 ‘(상태)변화’의 의미 기능을 수행한다고 본 것이다. 본고도 이러한 입장을 수용하여 ‘-어 지다’의 상 의미를 ‘(상태)변화’로 보고자 한다.

‘-어 지다’의 양태 의미에 관해서 배수자(2007: 241-242)는 ‘-어 지다’가 [+긍정적 평가](만족)의 양태 의미를 지니고 있다고 보았다.

(77) ㄱ. 도로가 완전히 <u>넓어 졌다.</u>
　　 ㄴ. 내 얼굴이 <u>예뻐 졌다.</u> (이상 배수자, 2007: 242)

배수자(2007: 242)에서는 (77)의 예를 들어 ‘-어 지다’가 본형용사와 결합하여 화자의 [+긍정적 평가](만족)의 양태 의미를 드러낸다고 하였다. 그러나 (77)의 예에서 드러나는 화자의 긍정적 태도, 즉 ‘만족’의 의미는 선행 용언의 의미를 통해 실현되는 것이지, ‘-어 지다’가 지닌 의미를 통해 실현되는 것은 아니다.

(78) ㄱ. 도로가 완전히 <u>좁아 졌다.</u>

　　　ㄴ. 내 키가 점점 <u>작아 진다.</u>

(78ㄱ)과 (78ㄴ)에서 보는 바와 선행 용언의 의미가 부정적인 의미를 실현할 때도 '-어 지다'는 공기가 가능하다. '-어 지다'가 화자의 긍정적 태도를 나타내는 양태 의미를 지니고 있다면 (78ㄱ)은 도로가 완전히 좁아지는 변화로 인해 '기쁨'을, (78ㄴ)은 키가 점점 작아지는 변화로 인해 '만족함'을 표현해야 한다. 그러나 특수한 상황을 전제하지 않는 한 (78ㄱ)과 (78ㄴ)에는 어떠한 '기쁨'이나 '만족감'도 드러나지 않는다. 결국 '-어 지다'는 '(상태)변화'의 상 의미만을 표상할 뿐, 화자의 심리적 태도를 나타내는 양태 의미는 내포하지 않음을 확인할 수 있다. 이상의 내용을 종합하여, 본고에서 '-어 지다'는 '(상태)변화'의 상 의미만을 지닌 보조용언으로 본다.

7) 진행의 보조용언

(1) '-어 가다'와 '-어 오다'

'한곳에서 다른 곳으로 장소를 이동하다'라는 원형의미를 지닌 '가다'와 '어떤 사람이 말하는 사람 혹은 기준이 되는 사람이 있는 쪽으로 움직여 위치를 이동하다'라는 원형의미를 지닌 '오다'는 보조용언으로 활용될 때 모두 '진행(進行)'의 의미를 나타내는 것으로 파악되어 왔다.

보조용언 '-어 가다'와 '-어 오다'는 주로 '진행상', 혹은 '지속상'의 상 의미를 지닌 것으로 파악되어 왔는데, 연구자들의 관점에 따라 실현되는 상 의미도 입장을 달리하고 있다. 이주행(1976)을 비롯하여 김성화(1992), 고영근·남기심(1993), 박덕유(1998) 등은 '-어 가다'와 '-어 오다'의 상 의미를 '진행상'으로 파악하였다.

(79) ㄱ. 과일이 빨갛게 <u>익어 온다.</u>
　　 ㄴ. 과일이 빨갛게 <u>익어 간다.</u>
　　 ㄷ. 과일이 빨갛게 <u>익고 있다.</u> (이상 김성화, 1992: 68)

김성화(1992: 68-69)는 '-어 가다'와 '-어 오다', 그리고 '-어 있다'의 상 의미를 모두 '진행상'으로 파악하였다. 다만 '-어 가다'와 '-어 오다'는 목표 지향성 진행상으로 단순 진행상인 '-고 있다'와는 의미에 차이가 있다고 보았다. 목표 지향성 진행상인 '-어 가다'와 '-어 오다'도 구체화하여 '-어 가다'는 '누적성 진행상'으로, '-어 오다'는 '감소성 진행상'으로 구분한 것이다. 박덕유(1998: 191-196)에서도 '-어 가다'와 '-어 오다'를 '진행상'으로 파악하여, '-어 가다'는 '화자가 시작점에서 도달점을 향해 미래로 이동해 가는 과정'을, '-어 오다'는 '화자가 도달점에서 바라보는 것으로 도달점을 향해 현재로 진행해 오는 과정'이라고 설명하였다.

구체적인 기술의 차이는 있으나 김석득(1992), 서정수(1996), 구종남(2011) 등은 '-어 가다'와 '-어 오다'의 상 의미를 '지속상'으로 보고 있다. 구종남(2011: 10-14)은 '진행'의 상 의미를 나타내는 전형인 '-고 있다'와의 차이를 통해 '-어 가다'와 '-어 오다'가 '진행'이 아닌 '지속'의 상 의미를 지니고 있음을 보였다.

(80) ㄱ. 진호는 12시 정각에 나무를 <u>베고 있었다.</u>
　　 ㄴ. ?진호는 12시 정각에 나무를 <u>베어 왔다/갔다.</u> (구종남, 2011: 12)

구종남(2011: 10-14)은 형용사와의 결합에 제약이 따른다는 점, 미래 서술 쓰임상에 제약이 있다는 점, 현재 시점의 상황 표현에 제약에 있다는 점, 진행형에 대한 대답으로 쓰일 수 없다는 점, 정각 시점이나 짧은 시간의 틀에서 사용이 불가능하다는 점을 들어 '-어 가다'와 '-어 오다'는 진행의 의미를 나타내는 '-고 있다'와 차이를 지닌다고 하였다. (80)과 같이 '-어 가다'와 '-어 오다'는 특정한 시점의 진행 상황을 표현할 수 없다는 점을 들어 '진행'의 상 의미로 볼 수 없음을 지적한 것이다.

한편 이기동(1977: 1-21)은 '-어 가다'와 '-어 오다'가 '진행'의 의미와 '지속'의 의미를 모두 지닌 것으로 보았다. 선행 용언의 종류에 따라 동사와 결합할 때는 '동작의 계속'으로, 형용사와 결합할 때는 '바라거나 예상되는 상태에서 벗어나는 상태의 변화'를 나타내는 것으로 보았다. 배수자(2007: 163-174)도 비슷한 맥락으로 동사와 결합한 '-어 가다'와 '-어 오다'는 '진행상'의 의미를, 형용사와 결합한 '-어 가다'와 '-어 오다'는 '상태 변화 지속'의 상 의미를 지닌 것으로 보았다.

(81) ㄱ. 영미는 요즈음 몸이 <u>말라 간다.</u>
　　 ㄴ. 할아버지께서 (점점) <u>늙어 간다.</u> (이상 배수자, 2007: 167)
　　 ㄷ. 날이 점점 <u>밝아 온다.</u> (배수자, 2007: 173)

배수자(2007: 167, 173)는 (81)과 같은 예를 들어 '-어 가다'와 '-어 오다'가 주로 변화의 자질을 가지는 형용사와 결합할 때 '상태 변화 지속'의 상 의미를 지니는 것으로 보았다. 그러나 (81ㄱ)의 '마르다'는 '살이 빠져 야위다'라는 의미를 지니는 자동사이며, (81ㄴ)의 '늙다'도 '사람이나 동물, 식물 따위가 나이를 많이 먹다'라는 의미를 지닌 자동사다. (81ㄷ)의 '밝다'도 '밤이 지나고

환해지며 새날이 오다'라는 상태 변화의 의미를 지닌 자동사로 변화의 자질을
가지는 형용사라 할 수 없다. 선행 용언의 종류에 따라 상 의미가 달라진다는
견해는 설득력을 갖기 어렵다는 것이다. 아울러 '상태 변화의 지속'이라는 의
미 자체도 수용하기 어려운 면이 있다. (81)의 예들은 지속적으로 변화하고
있음을 표현하고 있지 변화된 상태가 지속, 유지되고 있음을 표현하고 있는
것이 아니다.

이러한 맥락에서 김천학(2015: 182-183)과 진가리(2018: 76-78)는 '-어
가다'와 '-어 오다'의 상 의미를 '변화상'으로 파악하였다. 김천학(2015:
182-183)은 '-어 가다'와 '-어 오다'가 비종결성 술어와 결합할 수 없는 이유
는 '점진적 변화 과정'을 나타내는 상 의미와 관련이 있다고 설명하고 있다.

(82) ㄱ. 수희는 애처롭게 <u>울고 있었다.</u>

    ㄴ. ?수희는 애처롭게 <u>울어 갔다/울어 왔다.</u>

    ㄷ. 엄마가 철수를 <u>때리고 있다.</u>

    ㄹ. ?엄마가 철수를 <u>때려 간다/때려 온다.</u> (이상 진가리, 2018: 77)

진가리(2018: 76-77)에서도 '-어 가다'와 '-어 오다'는 '울다, 때리다' 등과
같이 [-종결성(telic)]의 의미 자질을 지닌 동사들과는 결합에 제약이 따름을
보였다. [-종결성(telic)]의 의미 자질을 지닌 동사들은 상태 변화의 지점을 나
타내는 '전이의 국면'을 갖고 있지 않기 때문에 '변화상'의 상 의미를 나타내는
'-어 가다'와 '-어 오다'와의 결합이 제약된다는 것이다. 진가리(2018: 76-77)
는 '-어 가다'와 '-어 오다'가 전이의 국면을 더욱 명료하게 드러내는 '점점,
차차, 서서히, 거의' 등의 부사어와 빈번히 공기한다는 점 역시 '변화상'의 상
의미에서 기인한다고 보았다.

(83) ㄱ. 논문을 열심히 <u>준비해 가고 있다.</u>

　　　ㄴ. 날이 점점 <u>밝아 오고 있다.</u>

　진가리(2018: 75)는 '-어 가다'와 '-어 오다'의 상 의미를 '변화상으로 파악
하면 '-어 가다'나 '-어 오다'가 '-고 있다'와 연쇄를 이루는 문장에 관한 의미
해석도 명확해 질 수 있음을 강조하였다. '-어 가다'나 '-어 오다'가 '-고 있다'
와 연쇄를 이루는 문장은 그간 '진행상'의 중복(김성화, 1992), 혹은 진행성의
강조(고영근, 2004)로 설명해 왔다. 김천학(2007: 264)은 문법 형태의 중복
사용이 강조나 정도성을 심화시키는 효과가 있는 것은 사실이나, 상 의미를
정도성의 문제로 다룰 지는 회의적이라 하였다. 그러나 '-어 가다'와 '-어 오
다'의 상 의미를 상태의 '변화'로 기술하면, '-어 가다'나 '-어 오다'가 '-고
있다'와 연쇄를 이루는 문장은 변화가 지속적으로 진행된다는 '변화의 진행'으
로 설명할 수 있다는 이점이 있다. 본고는 이러한 문법 기술의 이점을 받아
들여 '-어 가다'와 '-어 오다'를 '(상태)변화'의 동일한 상 의미를 지니는 보조
용언으로 보고자 한다.

　'-어 가다'와 '-어 오다'의 양태 의미에 대해 이기동(1977: 153-154)은 화자
가 바라지 않거나 기대와 관련이 없는 방향으로 변화하는 등의 부정적 변화에
는 '-어 가다'가, 화자가 바라는 방향으로 변화하는 긍정적 상태 변화에는 '-어
오다'가 쓰인다고 하였다. 비슷한 맥락으로 박선옥(2002: 104)은 선행 동사의
의미에 대해 좋지 않은 것으로 판단한 경우에 그렇게 나쁜 쪽으로 변화되어
가는 것을 '-어 가다'로 표현한다고 하였으며, 배수자(2007: 169-170)도 '-어
가다'는 선행 용언에 따라 [±긍정적 평가]의 의미를 나타낸다고 하였다.

(84) ㄱ. 날이 더워서 꽃이 <u>시들어 간다.</u>

　　 ㄴ. 그는 점점 <u>야위어 간다.</u> (이상 박선옥, 2002: 104)

　　손세모돌(1996: 138)은 [+긍정], [-긍정] 등의 변화 방향에 따라 '-어 가다'와 '-어 오다'의 사용을 일반화하는 것은 무리가 있다고 보았다. 심리와 관련된 의미들은 (85)와 같이 선행어의 의미 자질이나 문맥에 따라 나타날 뿐이지 '-어 가다'와 '-어 오다'에 의해 실현된다고 보기 어렵기 때문이다.

(85) ㄱ. 경제가 <u>회복되어 간다.</u>

　　 ㄴ. 코로나 사태가 점점 <u>진정되어 간다.</u>

　　 ㄷ. 그녀의 거짓말을 사실로 <u>믿어 왔다</u>

　　 ㄹ. 홍수로 인해 물이 허리춤까지 <u>차올라 왔다.</u>

　　(85ㄱ)이나 (85ㄴ)과 같이 '-어 가다'는 긍정적인 변화에도 자연스럽게 결합되며, '-어 오다'도 (85ㄷ)이나 (85ㄹ)과 같이 부정적인 변화에 자주 쓰인다. 이는 '-어 가다'와 '-어 오다'는 '긍정'이나 '부정'과 같은 심리적 태도를 함의하고 있지 않음을 뒷받침한다. 결국 '-어 가다'와 '-어 오다'는 특별한 양태 표시 기능을 담당하지 않으며, 동일한 '(상태)변화'의 상 의미만 나타내는 보조용언으로 분류할 수 있을 것이다. 다만 보조용언 '-어 가다'와 '-어 오다'는 의미 실현 양상에서 차이를 보이는데, 이러한 의미 차이는 기준점(시점, 목표점)을 중심으로 한 상태 변화의 양상에서 기인하는 것으로 보인다.[67]

---

67) 배수자(2007: 170-178)는 화자의 심리적 판단에 따라 '-어 가다'와 '-어 오다'의 사용에서 기준점의 위치, 주어의 시간적 위치, 도착점이나 목표점의 예상 여부가 달라진다 하였다. 본고는 이러한 논의를 일부 받아들여 기준이 되는 시간적 위치, 혹은 목표점의 도달 여부에 따라 '-어 가다'와 '-어 오다'의 상태 변화의 양상이 달라지는 것으로 본다.

(86) ㄱ. 병세가 점점 <u>악화되어 간다.</u>

　　 ㄴ. 봄이 <u>가까워 온다.</u>

　　 ㄷ. 논문을 차근차근 <u>준비해 간다.</u>

　　 ㄹ. 3년 전부터 논문을 <u>준비해 왔다.</u>

(86)에서 보는 바와 같이 '-어 가다'와 '-어 오다'는 의미 실현 양상에서 차이를 보인다. '-어 가다'는 기준점을 중심으로 멀어지는 상태 변화를, '-어 오다'는 기준점을 중심으로 가까워지는 상태 변화를 나타내는 것이다.68) (86 ㄱ)은 기준점이 되는 '현재'라는 시점에서 멀어지는 건강 상태의 변화를 나타내며, (86ㄴ)은 기준점이 되는 '봄'이라는 목표점에 가까워지는 계절의 상태 변화를 나타낸다. 이러한 상태 변화 양상의 차이는 (86ㄷ)과 (86ㄹ)처럼 동일한 기준점을 중심으로 할 때 보다 명확해진다. (86ㄷ)과 (86ㄹ)은 모두 논문을 준비하는 과정의 변화를 나타낸다. 그러나 (86ㄷ)은 기준점이 되는 '현재' 시점에서 멀어지는 상태 변화를 나타내며, (86ㄹ)은 기준점이 되는 '현재' 시점에 가까워지는 상태 변화를 나타내고 있다. 동일한 '(상태)변화'의 상 의미를 실현함에도 불구하고 상태 변화의 양상에 따라 '-어 가다'와 '-어 오다'의 의미가 분화되는 것이다.

본고는 '-어 가다'와 '-어 오다'는 특별한 양태 표시 기능을 담당하지 않으며, 동일한 '(상태)변화'의 상 의미만 지닌 보조용언으로 분류하고자 한다. 다만 보조용언 '-어 가다'와 '-어 오다'는 의미 실현 양상에서 차이를 보이는데, 이러한 의미 차이는 기준점(시점, 목표점)을 중심으로 한 상태 변화의 양상에

---

68) 김용(2015: 49-61)은 '가다'와 '오다'는 지향적 은유가 작용하는 동사로 '가다'의 전체적인 의미는 '대상이 기준점에서 멀어지는 의미'를 '오다'는 '대상이 기준점으로 접근하는 의미'를 나타내고 있다고 하였다.

서 기인하는 것으로, '-어 가다'는 기준점을 중심으로 멀어지는 상태 변화를, '-어 오다'는 기준점을 중심으로 가까워지는 상태 변화를 나타내는 보조용언 으로 본다.

(2) '-고 있다'

'-고 있다'는 전형적인 '(행위) 진행'의 상 의미를 지니는 보조용언으로 통용 되어 왔다. 최현배(1937, 1971)를 비롯하여 이주행(1976), 유목상(1980), 손 세모돌(1996) 등에서도 일관되게 '-고 있다'의 의미를 '진행'으로 파악한 것이 다. 그럼에도 불구하고 '-고 있다'의 의미에 대해 끊임없이 논란이 제기된 부 분은 바로 착용 동사와 결합하는 '-고 있다' 구문이 중의성(重義性)을 지닌다는 점이었다.

(87) ㄱ. 라희가 치마를 <u>입고 있다.</u>
     ㄴ. 동생은 양말을 <u>신고 있다.</u>

(87)의 예들은 상황 맥락에 따라 두 가지로 의미 해석이 가능하다. (87ㄱ)은 '라희'가 치마를 입는 행동을 현재 수행하고 있다는 의미로 해석이 가능하며, '라희'가 과거에 치마를 입었고 그 후의 상태가 현재까지 지속되고 있다는 의 미로도 해석이 가능하다는 것이다. (87ㄴ)도 동일한 맥락에서 중의적인 의미 해석이 가능하다. 즉, '-고 있다'가 '(행위)진행'과 행위 결과 '(상태)지속'이라 는 두 가지의 상 의미를 지닌다는 것이다. 이러한 '-고 있다'의 중의성을 김성 화(1992: 186)는 '진행성 지속상'의 '-고₁있다'와 '결과성 종결상'의 '-고₂있 다'로 구분할 것을 제안하였으며, 손세모돌(1996: 150)은 '진행'을 '-고 있다'

의 기본 의미로 설정하고, '결과 상태의 지속'은 문맥적 의미로 처리할 것을
제안하였다. 그러나 박선옥(2002: 116)에서도 지적한 바와 같이 행위 결과
'(상태)지속'의 의미를 지니는 '-고 있다' 구문은 보조용언이 아닌 접속 구문으
로 파악된다.

   (88) ㄱ. 라희는 지금 방에서 치마를 <u>입고 있다.</u>
       ㄴ. 라희는 치마를 <u>입고 (조신하게) 있다.</u>

   (88ㄱ)의 '-고 있다'는 치마를 입는 행동을 현재 수행하고 있음을 나타내는
'진행'의 보조용언 구문이다. 반면 (88ㄴ)은 과거에 치마를 입었고, 그 후의
상태로 존재(存在)[69]하고 있음을 나타내는 접속 구문으로 파악된다. (88ㄴ)이
접속 구문이라는 사실은 선행 용언과 후행 용언이 모두 원형의미를 실현하기
때문에 부사어나 구(句)의 개입이 가능하다는 사실을 통해서 확인할 수 있다.
일반적으로 보조용언 구문은 선행 용언과 후행 용언의 결합성이 강하여 부사
어나 구(句)의 개입이 불가능한데, (88ㄴ)의 예문에는 '조신하게'와 같은 부사
어 개입이 가능하다. 특정한 부사어나 구의 개입이 가능하다는 사실은 (88ㄴ)
의 '-고 있다'는 보조용언 구문이 아닌 접속 구문이라는 사실을 뒷받침하는
근거라 할 수 있다. 결국 (88ㄴ)의 예문은 '라희는 아침에 치마를 입고, 현재까
지 그 상태로 있다'는 접속 구문이 생략과 축약의 과정을 거쳐 변형된 형성된
구문인 것이다. (88ㄴ)과 같이 일부 착용동사와 결합하는 '-고 있다' 구성은
보조용언 구문이 아닌 접속 구문인 것이다. 일부 착용동사와 결합하는 '-고
있다' 구성이 접속 구문이라는 사실은 보조용언 '-고 있다'가 '(상태)지속'의

---

69) 배수자(2007: 178)는 본용언 '있다'의 사전적 의미는 '사람이나 동물이 어느 곳에서 떠나거나
    벗어나지 아니하고 머물다'라는 의미로, 본용언 '있다'의 기본 의미를 존재(存在)로 보았다.

상 의미를 내포하고 있지 않음을 나타낸다. 따라서 보조용언 '-고 있다'는 '(행위)진행'의 상 의미만 실현하는 보조용언으로 기술해야 할 것이다.

본고에서 '-고 있다'는 '(행위)진행'의 상 의미만70)을 실현하는 보조용언으로 본다. 보조용언 '-고 있다'는 '(행위)진행'의 상 의미만을 실현하며, 일부 착용동사와 결합하는 '-고 있다' 구문은 보조용언이 아닌 접속 구문으로 본다.

8) 상태의 보조용언

(1) '-어 있다'

최현배(1937)에서는 '-어 있다'를 '모양(상태)'의 의미를 지닌 보조용언으로 분류하였으나, 이후 이어진 연구들에서 '-어 있다'는 '지속(持續)'의 의미를 지닌 보조용언으로 통용되어 왔다. 유목상(1980)은 '-어 있다'가 '계속'의 의미를 지닌다 하였으며, 서정수(1996)는 '상태 지속'의 의미를 지닌다고 하였다. 동작이 완료된 이후에 상태가 지속되는 현상으로 동작의 지속이 아닌 상태가

---

70) 박선옥(2002: 117)은 '-고 있다'는 '진행'의 상 의미를 지니기 때문에 상태성을 가지는 형용사와는 결합하지 못하는 제약을 지닌다고 하였다. 다만, 선행 용언인 형용사가 '-지다'와 결합되어 과정성을 부여받으면, '-고 있다'와 자연스럽게 결합하여 반복에 의한 지속의 상 의미를 지닌다고 하였다.

ㄱ. 미영이는 점점 <u>착해지고 있다.</u>
ㄴ. 날씨가 <u>더워지고 있다.</u>
ㄷ. 하늘이 <u>맑아지고 있다.</u> (이상 박선옥, 2002: 117)

그러나 '반복'의 의미는 부사어에 의해 실현되는 것이지 '-고 있다'에 의해 실현된다고 볼 수 없다. 이러한 사실은 (ㄴ)의 예에 '날씨가 <u>갑자기</u> 더워지고 있다.'라고 하여 순간성을 지닌 부사어를 개입시켰을 때 '반복'의 의미가 사라진다는 사실을 통해서 확인할 수 있다. 따라서 위의 예들은 '-어 지다'가 결합되어 상태가 변화됨을, 여기에 '-고 있다'가 결합되어 변화가 진행됨을 표현한다고 보는 것이 바람직할 것이다.

지속되는 것으로 본 것이다. 손세모돌(1996), 강흥구(1999), 박선옥(2002), 배수자(2007), 진가리(2018) 등에서도 용어의 차이는 있으나 '-어 있다'는 선행 용언의 행위가 완료된 후의 상태가 지속된다는 '(상태)지속'의 상 의미를 지닌 것으로 보고 있다. 보조용언 '-어 있다'가 '(상태)지속'의 상 의미를 지닌다는 사실은 (89) 예들의 의미 차이를 통해 확인할 수 있다.

    (89) ㄱ. 희연이가 의자에 <u>앉았다.</u>
        ㄴ. 희연이가 의자에 <u>앉고 있다.</u>
        ㄷ. 희연이가 의자에 <u>앉아 있다.</u>

(89ㄱ)과 같이 '-았-'이 실현된 문장은 단순한 행위의 완료를 나타낸다. '앉다'라는 행위가 이미 완료되었다는 의미만을 나타내는 것이다. (89ㄴ)은 '-고 있다'가 실현되어 선행 용언의 행위가 진행되고 있음을 나타낸다. '앉다'라는 행위가 완료되지 않았으며, 행동이 아직도 진행 중임을 표현하고자 하는 것이다. (89ㄷ)은 '-어 있다'가 실현되어 선행 용언의 행위가 완료된 후의 상태가 지속/유지되고 있음을 나타낸다. '앉다'라는 선행 용언의 행위가 완료되었다는 의미에 더해 앉은 상태, 즉 행위가 완료된 상태가 지속되고 있음을 표현하고자 하는 것이다.

'-어 있다'가 '(상태)지속'의 상 의미를 실현하기 위해서는 '-어 두다'와 마찬가지로 상태가 지속되기 위한 [공간적 요소], '장소성'이 필수적으로 요구되는 것으로 보인다. 이는 역시 보조용언 '-어 있다'가 본용언 '있다'와 의미 유연성이 크기 때문인 것으로 파악된다. '사람이나 동물이 어느 곳에서 떠나거나 벗어나지 아니하고 머물다'라는 원형의미를 지니는 본용언 '있다'는 '존재(存在)'의 의미를 지닌다. 존재의 의미를 실현하기 위해서는 [공간적 요소]가 필수적으로

확보되어야 하는데, 본용언 '있다'와 의미 유연성이 큰 보조용언 '-어 있다'도
존재의 의미를 실현하기 위한 장소성이 확보되어야 하는 것으로 파악된다.

(90) ㄱ. 사람들이 버스를 <u>타고 있다.</u>
　　　ㄴ. 사람들이 버스에 <u>타고 있다.</u>
　　　ㄷ. ?사람들이 버스를 <u>타 있다.</u>
　　　ㄹ. 사람들이 버스에 <u>타 있다.</u>

(90ㄱ)과 (90ㄴ)에서 보는 바와 같이 '-고 있다'는 '(행위)진행'의 의미를 실
현하기 때문에 진행 가능한 행위만 제공되면 문법성에 제약이 따르지 않는다.
그러나 (90ㄷ)과 (90ㄹ)에서 보는 바와 같이 '-어 있다'는 행위에 더해 행위가
완료된 후의 상태나 모습이 지속되기 위한 [공간적 요소]가 제공되지 않으면
문법성이 훼손되는 것으로 파악된다.[71] 본고에서는 '-어 있다'가 선행 용언의
행위 완료 후 상태가 지속된다는 '(상태)지속'의 상 의미를 지니며, 상태가 지
속되기 위해서는 상태가 지속되는 장소, 즉 [공간적 요소]가 확보되어야 하는
것으로 본다.

---

71) 임홍빈(1975), 양인석(1977), 이기동(1978) 등에서는 '-어 있다'가 제약되는 상황으로 타동사
　　제약을 들고 있다(권순구, 2005: 76 재인용). 그러나 권순구(2005: 76)에서 지적한 바와 '총구
　　가 나를 향해 있다'처럼 타동사가 '-어 있다'와 결합하는 경우가 있다.

9) 희망의 보조용언

(1) '-고 싶다'

최현배(1937)에서 보조용언 '-고 싶다'가 '바람(희망)'의 의미 기능을 실현한다고 기술한 이래, 보조용언 '-고 싶다'는 대체로 큰 이견 없이 '희망(希望)'이나 '바람', '원망(願望)' 등의 양태 의미를 지닌 것으로 파악되어 왔다.

> (91) ㄱ. 커피를 <u>마시고 싶다.</u>
>   ㄴ. 오래 <u>살고 싶다.</u>

'-고 싶다'는 1인칭 화자[72]가 중심이 되어 선행 용언의 행위를 하기 바라는 화자의 심리적 태도를 나타낸다. (91ㄱ)은 커피를 마시기를 바라는 화자의 마음이 드러나 있으며, (91ㄴ)은 오래 살기를 바라는 화자의 심리적 태도를 표현한 것이다. 이처럼 '-고 싶다'는 화자의 심리 상태를 표현하는 화자 중심의 양태 의미를 지닌다.

'-고 싶다'가 화자의 심리 상태를 표현하는 '바람'의 양태 의미를 지니고 있음에는 이견이 없으나, '-고 싶다'의 부차적인 의미 기능에 대해서는 일부 이견이 있었다.

---

72) 손세모돌(1996)과 박선옥(2002)은 '-고 싶다' 구성이 인칭에 제약이 있다고 하였다. '-고 싶다'는 화자의 심리 상태를 표현하기 때문에 원칙적으로 1인칭 주어만 가능하다는 것이다. 다만, 손세모돌(1996: 281)은 '-고 싶다' 구문이 관형형을 취할 경우나 전지적 시점에서 화자가 제삼자의 내면 세계에 대해 서술할 경우에는 2인칭 주어나 3인칭 주어와의 결합도 가능하다 하였다. 박선옥(2002: 172-174)은 이 외에도 문장의 유형이 의문문일 때 2인칭 주어의 사용이 가능하며, '-(으)면'의 연결어미와 결합하여 조건의 의미를 나타내는 구문에서 쓰일 때도 2인칭과 3인칭 주어의 사용이 가능하다고 보았다.

(92) ㄱ. 그런 여자라면 아마 너(그 사람이)라도 <u>결혼하고 싶을 거야.</u>

　　ㄴ. 아니, 넌 부정하지만 그때 분명히 너(그 사람)도 거기에 <u>가고 싶었어.</u>

손세모돌(1996)은 (92)의 예문을 통해 보조용언 '-고 싶다'는 문맥적 의미로 '추정(推定)'과 '단정(斷定)'의 의미를 나타낸다고 하였다(박선옥, 2002: 173 재인용). 그러나 박선옥(2002: 173)에서 지적한 바와 같이 (92ㄱ)에서 드러나는 '추정'의 의미는 '-(으)ㄹ 거야'에 의해 실현되는 의미며, (92ㄴ)에서 드러나는 '단정'의 의미도 '분명히'와 같은 부사어와 '-었어'에 의해 실현되는 의미로 '-고 싶다'에 내재된 의미로 보기 어렵다. (92)의 예들은 화자가 전지적 관점에서 2인칭이나 3인칭 주어의 심리를 파악하여, 주어의 '바람'을 추정하거나 단정하는 것으로, 보조용언 '-고 싶다'에 의해 실현되는 의미는 '바람'인 것이다.

(93) ㄱ. 경제에 관해서 여쭈어 <u>보고 싶습니다.</u>

　　ㄴ. 이것이 지난번의 일차 합의 사항이라는 것을 <u>강조하고 싶습니다.</u>

(이상 박선옥, 2002: 174)

박선옥(2002: 174-175)은 (93)과 같은 예를 들어 '-고 싶다'가 '희망'의 의미 외에 화자의 '의도'를 완곡하게 표현하는 화용 의미도 지닌다고 하였다. 박선옥(2002: 174)은 (93ㄱ)의 문장을 '의도' 표현의 '-겠-'으로 바꾸었을 때 동일한 의미를 실현한다고 보아 '-고 싶다'가 '의도'를 나타내며, 이러한 화자의 의도를 부드럽게 표현하는 효과가 있다고 하였다. 초점은 다르지만 비슷한 맥락으로 배수자(2007: 239-240)도 '-고 싶다'는 '희망'의 의미 기능 외에 화자의 의도를 '완곡(婉曲)'하게 표현하는 양태 의미를 지닌다고 하였다. (93

ㄱ)의 문장을 '의도' 표현의 '-겠-'으로 바꾸었을 때와 '-고 싶다'가 활용된 구문이 비슷한 맥락 의미를 실현한다는 점도 의문의 여지가 있으나, (93ㄴ)의 문장 역시 그러하다는 논의는 수용하기가 어렵다. 인지적으로도 (93ㄴ)에서 '강조하고 싶습니다'와 '강조하겠습니다', 혹은 '강조하고자 합니다'의 의미 차이는 명확하기 때문이다. 만약 이를 동일한 의미로 처리한다면 앞서 (91)의 예들과 같이 '-고 싶다'가 활용된 모든 구문이 '의도'의 의미를 지니는 것으로 기술해야 할 것이다.

'완곡'의 의미 역시 '여쭈다', 혹은 '-습니다'와 같은 존대 상황에서 비롯된 것이지 '-고 싶다'에서 비롯되었다고 보기 어렵다. 이는 존대 등급이 제거된 '나는 경제에 관해서 묻고 싶다'에서 '완곡'의 의미가 드러나지 않는다는 점을 통해 확인할 수 있을 것이다. (93)의 예들에서도 '-고 싶다'의 의미는 질문을 하기 바라는, 혹은 강조를 하기 바라는 화자의 심리 상태를 표현하는 것이지, '의도'나 '완곡'의 의미를 나타낸다고 보기 어렵다.

이상의 내용을 종합해 볼 때, '-고 싶다'는 '선행 용언의 행위를 하기 바라는 화자의 심리적 태도'를 양태 의미로 지니는 보조용언으로 파악된다. 다만, '-고 싶다'는 최현배(1961:407)가 '본래 도움그림씨'로 기술한 이래 본용언에 뿌리를 두지 못하고 본래부터 보조용언으로만 쓰이는 형태(호광수, 2003: 269)로 인식되어 왔다. 따라서 독립적으로 활용되는 본용언 '싶다'가 가정되지 않는다면, '-고 싶다'는 본용언에서 의미가 변이되어 문법적 의미를 실현해야 한다는 본고의 보조용언 판별기준에는 부합하지 않는다. 본고는 손세모돌 (1992)과 박선옥(2002)의 논의를 빌려 이른 바 종결형 어미 뒤에 사용되는 '싶다'를 '생각하다', 혹은 '추측하다'의 어휘 의미를 지닌 본용언으로 상정하고,73) 양태 의미를 실현하는 '-고 싶다'는 이러한 본용언 '싶다'의 의미가 변이

된 보조용언의 형태로 본다.

(2) '-고 지다'

최현배(1937, 1961)는 '-고 지다'를 '바람(희망)'의 기능을 하는 보조용언
으로 보았다. '-고 지다'는 '-고 싶다'와 마찬가지로 선행 용언의 행위를 하기
바라는 화자의 심리적 태도를 표현하는 보조용언으로 본 것이다.

> (94) ㄱ. <u>살고 지고</u>, <u>살고 지고</u>, 천년 만년 <u>살고 지고</u>.
>   ㄴ. <u>가고 지고</u>, <u>가고 지다.</u> 우리집에 가고 지다.
>
>   (이상 최현배, 1961: 531)

최현배(1961: 531)는 (94)의 예를 들어 '-고 지다'가 '바람'의 의미를 나타
낸다고 보았다. 그러나 손세모돌(1996: 98)에서 지적한 바와 같이 '살고 지
고', '가고 지다' 등과 같은 구성으로 '희망'과 관련된 의미를 실현하던 '-고
지다'는 성경 등의 일부 종교서 등에서만 확인될 뿐, 현재에 이르러 발화되거
나 문증되지 않는 화석형(化石形)이 되었다. 또한 박선옥(2002: 80)에서 지적
한 바와 같이 '-고 지다'는 '-고 지고'의 형태 외에는 다른 활용이 불가능하며,
선행하는 동사가 대형을 취할 수 없다는 점에서도 보조용언으로 보기 어렵다.
다만 전북 방언에서 '-고 싶다'의 대용(代用)으로 '-고 지다'가 일부 활용되는
모습도 보이기는 하나,74) 이 또한 방언형으로 표준적인 보조용언 목록을 선정

---

73) 종결형 어미 뒤에 사용되는 '싶다'를 본용언으로 상정하는 문제는 4장 '-고 싶다'의 양태 의미
    구성 과정에서 다루었다.

74) 『표준국어대사전』(2008)에서는 '지다'를 '싶다'의 전북 방언형으로 제시하고 있다.

  ㄱ. 느들은 느들 <u>하고 진대로</u> 하고, 어머니 <u>하고 진대로</u> 하라고.

하는 데는 부합하지 않는다. 따라서 본고에서 '-고 지다' 구문은 사어화(死語化) 된 것으로 파악하여 보조용언 목록에서 제외한다.

10) 추정의 보조용언

(1) '-는가/(으)ㄴ가/(으)ㄹ까 보다/싶다'

추정(推定)의 의미를 담당하고 있다고 보는 '-는가/(으)ㄴ가/(으)ㄹ까 보다/싶다'는 이른바 종결어미의 활용 형태가 '보다'나 '싶다'와 결합한 형태를 말한다. 최현배(1937)를 비롯하여 유목상(1980), 고영근·남기심(1993), 서정수(1996) 등은 종결어미와 결합하는 '보다'와 '싶다' 구성을 '추정'의 의미를 나타내는 보조용언으로 설정하였다.

손세모돌(1996: 90-97)은 [종결어미+보조용언('보다, 싶다']의 구조로 이루어진 구문에서 '보다'와 '싶다'는 선행어미가 종결어미이므로 홀로 문장 서술어로 활용될 수 있는 상위문의 본동사로 보아야 한다고 하였다. [종결어미+보조용언('보다, 싶다']의 구조에서 '보다'와 '싶다'는 '하다'로 대용될 수 있는데, '하다'와 대용될 수 있는 것은 보조용언이 아니라는 것이다. 의미 면에서도 [종결어미+보조용언('보다, 싶다']의 구문에서 나타나는 '추측'의 의미는 '보다'와 '싶다'에 의해 실현되는 것이 아니라 선행어미들과의 결합에 의해 실현되는 것으로, '보다'와 '싶다'가 보조용언으로서의 의미 기능을 수행하고 있지 않다고 하였다.

동사 뒤에서 방언형 '-고 지다' 구성으로 쓰여, 앞말이 뜻하는 행동을 하고자 하는 마음이나 욕구를 갖고 있음을 나타내는 말로 표준어인 '-고 싶다' 구문의 대용으로 활용된다고 기술하였다.

이에 대해 호광수(2003: 39)는 보조용언으로 설정하고 있는 모든 용언이 독립적으로 의미를 나타내지 않으며, 본용언과 연결소와의 결합이 선행 조건으로 이루어진 환경에서 보조용언의 의미가 나타나는 것이라며 손세모돌(1996)의 논의를 반박했다. 또한 '보다'는 추측의 시점이 주로 현재로만 제한되는 데 반해, '싶다'나 '하다' 구성의 경우는 현재뿐만 아니라 과거에 추측의 시점이 놓일 수 있다(호광수, 2003: 49)는 점에서 대용 양상이 다르다고 하였다. 아울러 [종결어미+보다] 구문에서 '보다'는 상위문의 서술어로 대용어의 특성이 나타나는 것은 부인할 수 없으나, 본용언의 의미를 대신하는 기능만을 하는 것이 아니라, 여기에 '추정'이라는 또 다른 의미 첨가 기능을 하기 때문에 본용언과는 구별해야 할 필요가 있다고 하였다.[75]

호광수(2003: 39)에서 지적한 바와 같이 보조용언은 독립적으로 의미를 나타내지 않는다. 본용언과 연결소의 결합에 의해 의미를 실현하기 때문에 보조용언 구문에 의해 의미가 실현되는 것이 사실이다. 그러나 [종결어미+보조용언('보다, 싶다']의 구문이 여타의 보조용언과 다른 점은 [종결어미+보조용언('보다, 싶다'] 구문에서는 '보다'와 '싶다'가 의미의 주된 담당 요소가 되는 것이 아니라, 연결소인 종결어미가 의미의 주된 담당 요소가 된다는 것이다.

(95) ㄱ. 시험 공부를 열심히 <u>했나 보죠?</u> (호광수, 2003: 57)

---

75) 이러한 관점에서 호광수(2003: 56)는 보조용언 '보다'의 구성을 '시행'의 의미를 나타내는 구성과 '추측'의 의미를 나타내는 구성으로 구분하였다. 먼저 '시행'의 의미를 나타내는 구성은 '-어 보다', '-고 보다', '-다(가) 보다'로 분류하고, '추측'의 의미를 나타내는 구성은 '-나 보다', '-(으)ㄴ/는가 보다', '-(ㄹ)려나 보다', '-(으)ㄹ까 보다'로 분류하였다. 보조용언 '싶다' 구성도 '희망'의 의미를 나타내는 구성과 '추측'의 의미를 나타내는 구성으로 구분하였다. '희망'의 의미를 나타내는 구성은 '-고 싶다', '-면 싶다'로 분류하고, '추측'의 의미를 나타내는 구성은 '듯 싶다', '성 싶다', '-다 싶다', '-냐 싶다', '-라 싶다', '-랴 싶다', '-지 싶다', '-나 싶다', '-(으)ㄴ/는가 싶다', '-(ㄹ)려나 싶다', '-(으)ㄹ까 싶다'로 분류하였다(호광수, 2003: 269).

ㄴ. 1등은 철수가 <u>했는가 싶다.</u>

ㄷ. 이 일은 내가 <u>할까 싶다.</u>

ㄹ. 나는 이제 그만 <u>갈까 한다.</u> (이상 호광수, 2003: 62)

호광수(2003: 57-62)는 (95)의 예들이 '추측'의 의미를 나타내며, 이러한 구문에서 연결소인 의문형 종결어미가 보조용언의 의미 담장자로서 중요한 역할을 한다고 하였다. '보다'나 '싶다', '하다'가 생략되었을 때도 '추측'의 의미가 그대로 남아 있다는 사실을 근거로 들어 의문형 종결어미가 중요한 의미 담당자의 역할을 하고 있다고 본 것이다. 의문형 종결어미가 중요한 의미 담당자 역할을 한다는 사실은 [종결어미+보조용언('보다, 싶다'] 구문을 보조용언으로 상정할 수 없는 핵심 근거가 된다.

일반적으로 보조용언 구문에서 문법적 의미의 핵심은 보조용언인 후행 용언이 담당하게 된다. 그렇기 때문에 보조용언인 후행 용언을 생략하게 되면 보조용언 구문이 지니는 문법적 의미는 소실된다. 그러나 [종결어미+보조용언('보다, 싶다'] 구문에서 '보다'와 '싶다'가 생략되었을 때도 '추측'의 의미가 그대로 남아 있다는 사실은 [종결어미+보조용언('보다, 싶다'] 구문이 보조용언 구문이 아니라는데 힘을 더 싣는다. '-어 있다', '-고 있다'와 같이 연결소에 따른 의미 분화가 나타나는 보조용언도 존재하기는 하지만, 그럼에도 불구하고 '-어 있다'와 '-고 있다'의 문법적 의미의 핵심은 후행 용언인 '있다'에 있는 것이다.

또한 종결어미와 결합하여 쓰이는 '보다'와 '싶다'는 문법적 의미가 아닌 어휘적 의미를 실현하는 것으로 파악된다. 손세모돌(1992: 9-10)은 '보다'와 '싶다'는 얼핏 전혀 다른 의미의 동사인 듯하지만 둘 다 '생각하다'류의 의미를 가진다고 하였다. '보다'는 눈으로 봄으로써 인지하는 작용까지 의미한다. '싶다'도 통시적인 자료를 통해 볼 때 '생각(想)'의 의미를 갖으며, 현대에도 '주관적 판단'의 의미를 갖는다는 지적이 있는데, 이런 지적은 '싶다'가 '생각하다'의 의미를 가진다는 증거가 될 수 있다고 하였다.

박선옥(2002: 85)에서도 종결형 어미 뒤에 사용되는 '보다'와 '싶다'는 화자와 관계를 맺으며 '생각하다'나 '추측하다'의 의미를 가진 말로서 본동사로 기능하고 있다고 보았다.

(96) ㄱ. 내가 말 안 하기를 잘했나 (싶다/보다).
    ㄴ. 내가 말 안 하기를 잘했나 생각한다.
    ㄷ. 내가 말 안 하기를 잘했다고 생각한다. (이상 박선옥, 2002: 86)

박선옥(2002: 85-86)은 (96)과 같이 '보다'와 '싶다'는 '생각하다', '추측하다' 등의 동사로 대치가 가능하다고 하였다. (96)의 예들처럼 내포문에 대해 느낀 바를 화자의 주관적인 입장에서 표현한 경우에는 '싶다', '보다'가 '-라고 생각한다', '-라고 생각된다' 등과 자연스럽게 대치한다는 것이다. 보조용언에만 결합하는 시제 표시 '-었-'이 선행 용언에 결합되어 있다는 사실도 '보다'와 '싶다'가 선행 용언과 강한 결속력을 가지고 있는 여타의 보조용언들과 다르다는 사실을 시사한다.

지금까지 '싶다'는 보조용언으로만 활용되며 본용언의 형태를 찾을 수 없는 보조용언으로 분류되어 왔다. 그러나 '싶다'는 '바람'의 의미를 나타내는 보조용언 구성 외에도 '-면 싶다', '듯 싶다', '성 싶다', '-다 싶다', '-냐 싶다', '-라 싶다', '-랴 싶다', '-지 싶다', '-나 싶다', '-(으)ㄴ/는가 싶다', '-(ㄹ)려나 싶다', '-(으)ㄹ까 싶다' 등 다양한 구문을 통해 실현된다. '듯'과 '성'과 같은 의존명사를 비롯하여 다양한 종결어미와 결합하는 '싶다'는 '하다'와 대치가 가능하며, 대부분 '생각하다', 혹은 '추측하다'의 어휘 의미를 담당하고 있다.

본고는 명확하게 문법적 의미를 실현하는 보조용언 '-고 싶다' 구문의 '싶다'를 제외하고, 의존명사를 비롯하여 다양한 종결어미와 결합하는 '싶다'는 본용언으로 설정하고자 한다. 종결어미와 결합하는 '싶다'를 본용언으로 설정하게 되면 문법 기술에 다양한 이점이 생기기 때문이다. '-고 싶다' 구문을 본용언을 지닌 보조용언으로 설정하는 근거로 활용할 수 있을 뿐만 아니라, 종결어미의 종류에 따라 보조용언을 양산해 내는 비경제적 문법 기술을 피할 수 있다. 또한 보조용언으로 활용되는 '싶다'의 문법적 의미를 보다 간결하게 기술할 수 있을 것이다. 따라서 본고는 [종결어미+보조용언('보다, 싶다'] 구문에서 '보다', '싶다'는 문법적 의미가 아닌 어휘적 의미를 실현하는 본동사로 보아, '-는가/(으)ㄴ가/(으)ㄹ까 보다/싶다'는 보조용언 목록에서 제외한다.

3. 요약 및 정리

본 장에서는 보조용언의 의미 구성 과정을 살피기 위해 분석의 대상으로 삼을 보조용언 목록과 의미를 선정하였다. 보조용언의 목록을 선정하기 위해서 일차적으로 의미 변화가 수반되지 않는 비확장적 보조용언을 보조용언 범주에 포함시키는 문제를 점검해 보았다. 비확장적 보조용언을 분석의 일차적 대상으로 삼은 까닭은 의미 변화를 수반하지 않는 비확장적 보조용언의 범주 포함 여부가 본고에서 가정한 보조용언의 의미적 특성에 관한 신빙성을 확보해 줄 근거라 여겼기 때문이었다. 낱낱을 분석한 결과 의미 변화를 수반하지 않는 비확장적 보조용언을 보조용언의 범주에 포함하는 범주화 체계는 여러 면에서 합리적이지 못함을 드러내고 있었다. 의미 변화를 수반하지 않는 비확장적 보조용언을 보조용언의 범주에 포함하는 문제가 늘 논란의 중심에 있다는 사실은 문법적 의미 변화를 수반한다는 보조용언의 의미적 특성이 보조용언 구문을 형성하는 데 있어 중요한 요소로 작용함을 뒷받침하는 근거라 할 수 있다. 이를 통해 본용언과의 결합 과정에서 문법적 의미 변화를 수반한다는 보조용언의 의미적 특성은 보조용언을 판별하는 중요한 기준 중의 하나라는 사실을 다시금 확인할 수 있었다.

또한 본 장에서는 의미 변화를 수반하는 확장적 보조용언의 개별 의미를 분석하여, 보조용언 분류 기준에 부합하는 목록을 선정하였다. 그 결과 '-어 나다'는 문법적 의미로의 의미 변화를 수반하지 않고, '어떤 사건이나 상황이 생기다'라는 어휘 의미를 실현하는 것으로 파악되어 보조용언 목록에서 제외하였다. 문법적 의미가 아닌 어휘 의미로 의미 확장이 이루어진 '-어 나다'는 보조용언 구문이 아닌 합성용언을 구성하는 데 활용되는 것으로 파악되기 때문이었다. '-어 드리다'는 '-어 주다'의 존대 등급에 따른 변이 형태로 보아 개별 보조용언 목록에서 제외하였다. 다만 '-어 주다'의 존대 상황에서 '-어 드리다'로 교체되는 경우는 보조용언 '-어 주다' 구문 중 [N에게 V어 주다]와 같은 특정 구문에 한정되는 것으로 파악되었다. '-어 바치다'는 문법적 의미가 아닌 '윗사람에게 어떠한 말을 전하다'라는 확장된 어휘 의미를 실현하는 것으로 보아 보조용언 목록에서 제외하였다. '-어 바치다'는 '고하다, 이르다, 찌르다' 등과 같은 특정 어휘와 결합하여, 유사한 어휘가 중첩되어 결합된 중첩 관계의 합성용언을 구성하는 데 활용되는 것으로 파악하였다.

'-어 쌓다'는 '(행위) 반복'이라는 상 의미와 '반복되는 행위에 대한 부정적 태도'라는 양태 의미를 지니는 것으로 파악되었다. 본용언으로 활용되던 '쌓다'가 상이나 양태와 같은 문법적 의미로 의미가 변화하여 특정한 의미를 더하는 '-어 쌓다'는 보조용언으로 볼만한 근거나 충분하였다. 그러나 '-어 쌓다'는 남부방언권에서만 활용되는 지역방언형으로, 사용되는 지역에 따라 상이한 의미를 실현하고 있었다. 방언 권역에 따라 의미 차이를 보이는 방언형을 표준적인 보조용언 목록에 포함하는 것은 표준적인 보조용언 목록을 선정하고자 하는 본고의 목적에서 벗어나는 것으로 판단되어, '-어 쌓다'는 본고의 보조용언 목록에서 제외하였다.

'-어 가지다'는 '-어 가지다'가 실현되는 구문에서 '가지다'가 실질적인 의미 기능을 담당하고 있지 않을 뿐만 아니라 형태적으로도 '-어 가지고'로 고정되어 용언으로서의 특성을 갖추고 있다고 보기 어려워 보조용언 목록에서 제외하였다. '-어 닥다'도 '-어 다가'로 형태가 고정되어 용언으로서의 특성을 갖추고 있지 못할 뿐만 아니라 의미 변화의 본체인 본용언 '닥다'의 원형을 찾을 수 없다는 점, 그리고 '-어 다가' 구성에서 '다가'가 실질적인 의미 기능을 담당하고 있지 않다는 점을 들어 보조용언 목록에서 제외하였다. '-고 지다'도 '-고 지고'의 형태 외에는 다른 활용이 불가능하다는 점에서 용언으로서의 특성을 갖추고 있지 못할뿐더러 현대어에서는 발화되거나 문증되지 않는 화석형으로 파악되어 보조용언 목록에서 제외하였다.

'-는가/(으)ㄴ가/(으)ㄹ까 보다/싶다'는 '추측'의 의미를 나타내는 보조용언 구문인데, 보조용언인 '보다'나 '싶다'가 생략되어도 동일한 '추측'의 의미가 실현되는 것으로 확인되었다. 보조용언은 의미의 핵이 후행 용언인 보조용언에 있어야 하는데, 보조용언이 생략되어도 동일한 '추측'의 의미가 실현된다는 점에서 '-는가/(으)ㄴ가/(으)ㄹ까 보다/싶다' 구문에서의 '보다', '싶다'는 보조용언으로서의 의미 기능을 수행하지 않는 것으로 파악하였다. 또한 '-는가/(으)ㄴ가/(으)ㄹ까 보다/싶다' 구문에서 '보다'와 '싶다'는 문법적 의미가 아닌 '생각하다', '추측하다' 등의 어휘 의미를 실현하는 것으로 파악되어 보조용언 목록에서 제외하였다.

　이상의 내용을 바탕으로 선정된 보조용언의 목록과 보조용언의 문법적 의미를 정리하면 〈표 10〉과 같다.

보조용언 목록	보조용언의 문법적 의미	
	상 의미	양태 의미
-어 내다	(행위)완료	• 완료된 행위에 대한 동작 주체의 성취감
-어 버리다	(행위)완료	• 완료된 행위에 대한 화자의 심리적 태도 (주로 아쉬움과 같은 부정적 태도나 시원함)
-어 주다		• 수혜적 행위에 대한 화자의 긍정적 태도
-어 보다		• 화자 혹은 동작 주체가 어떠한 행위를 시험적으로 행함을 강조하려는 심리적 태도 • 화자 혹은 동작 주체가 행위에 대한 과거 경험이 있음을 강조하려는 심리적 태도
-어 대다	(행위)반복	• 반복되는 행위의 지나침에 대한 화자의 부정적 태도
-어 놓다	(상태)지속	• 화자 혹은 동작 주체가 선행 동사에 이어질 행위를 보류하고 현 상태를 유지하고자 하는 심리적 태도
-어 두다	(상태)지속	• 화자 혹은 동작 주체가 선행 동사에 이어질 행위를 보류하고 현 상태를 유지하고자 하는 심리적 태도 (장소성 요구)
-어 지다	(상태)변화	
-어 가다	(상태)변화(기준점을 중심으로 멀어지는 상태 변화)	
-어 오다	(상태)변화(기준점을 중심으로 가까워지는 상태 변화)	
-고 있다	(행위)진행	
-어 있다	(상태)지속	
-고 싶다		• 선행 용언의 행위를 하기 바라는 화자의 심리적 태도

제4장

개념적 혼성 기반 보조용언의 의미 구성

개념적 혼성 기반 보조용언의 의미 구성

개별 보조용언의 의미를 파악하고 보조용언의 의미 구성 과정을 살피는 일은 보조용언이라는 범주가 지닌 의미적 특성을 파악할 수 있을 뿐만 아니라, 개별 보조용언의 의미를 명확히 할 수 있다는 점에서 보조용언의 의미 연구에 반드시 수반되어야 하는 과제다. 그러나 기왕의 보조용언 의미에 관한 논의들은 주로 발화 상황에서 표현되는 보조용언의 문법적 의미가 무엇인가에만 초점을 두고 있었지, 보조용언의 문법적 의미가 어떻게 생성되었는가에는 관심을 기울이지 않았다.

보조용언의 의미 구성 과정을 다룬 몇몇 논의들이 있기는 하였다. 이기동(1999)을 비롯하여, 이건환(2002), 육미란(2008), 왕미자(2014), 김용(2015) 등에서 부분적이기는 하지만 보조용언의 의미 구성 과정을 살피고 있다. 개념적 은유와 개념적 환유를 기반으로 하는 다의 동사의 의미 구조에 관한 연구들은 구조주의에서 인정해 온 '핵의미 구조'에서 벗어나 인지주의에서 원형이론을 바탕으로 하는 '의미연쇄 구조', '의미망 구조'를 활용하여 의미 구성 과정을 보였다.

임지룡(1996: 245-246)이 지적한 것처럼 '의미연쇄 구조'에 의한 의미 확

장은 동사나 형용사의 본용언과 보조용언의 용법 분석에 유용한 잣대가 되었
다. 그러나 보조용언의 의미 구성 과정을 분석한 대다수의 논의는 다의적 관점
에서 본용언 동사의 의미 구조를 살피는 일로써, 보조용언이 포함된 동사의
의미 확장 구조를 분석하는 과정이 중심이 되어 보조용언은 다의 의미의 일부
분으로 다루어져 왔다. 보조용언은 본용언에 비해 의미가 약화되거나 추상화
되는데, 본용언의 원형적 용법에서 의미가 연쇄적으로 확장된 끄트머리에 보
조용언이 놓여 있기 때문이었다. '핵의미'와 '의미연쇄'의 장점을 취하고 한계
점을 보완하고자 한 '의미망 구조'에서도 보조용언의 의미는 추상적 층위의
끄트머리에 놓이게 된다. '의미망 구조'에서는 의미가 계층구조를 지닌다는
점에서 '의미연쇄 구조'와 차이를 보이고 있기는 하지만, 결국 보조용언의 의
미는 의미 추상화의 결과라는 관점에는 변화가 없었다.

이처럼 개념적 은유와 환유를 기반으로 하는 보조용언의 의미 구성은 본용
언의 의미가 연쇄적으로 혹은 망 구조에 의해 확장되어 추상화되는 과정으로
설명되어 왔다. 그러나 의미의 추상화는 단어의 의미만큼이나 추상적이다. 인
지적으로 어떠한 의미가 추상적이며, 추상적이지 않은지 구분하기 어려울 뿐
만 아니라, 어떠한 의미가 더 추상적이며, 덜 추상적인지 구분하기 어렵다.

아울러 3장에서 살펴본 바와 같이 보조용언은 상이나 양태와 같은 문법적
의미를 실현한다. 보조용언의 상이나 양태 의미는 화자가 담화 상황에서 의미
를 명확히 하거나 구체화하기 위한, 혹은 주체의 행위에 대한 화자의 감정이나
태도를 실현하기 위한 전략으로 활용된다. 이러한 보조용언의 문법적 의미는
실시간적으로 일어나는 담화 상황에서 생동적이며 역동적으로 의미가 구성된
다. 앞서 보조용언의 실현 의미에 대해 연구자들이 다양한 관점을 취하는 것도
보조용언의 의미가 고정되고 고착된 은유에 의해 구성되는 것이 아니라는 사

실에서 기인한다고 볼 수 있다.

Fauconnier(1997: 1)에 따르면 의미 구성은 우리가 생각하거나 행동하거나 의사소통을 할 때 영역들 내에서 그리고 영역들을 가로질러 적용되는 고차원적이며 복잡한 심적 작용을 가리킨다고 하였다. 의미 구성이 복잡하고 다면적인 인지과정임을 의미하는 것이다. 그렇기 때문에 일방향적으로 사상되는 개념적 은유 기반의 '의미연쇄', '의미망'을 통해서는 상황 맥락에 따라 구성되는 생동적이고 직시적인 보조용언의 문법적 의미를 설명하기 어렵다. 본 장에서는 그간 보조용언 의미 구성 과정의 기반이 되었던 개념적 은유의 특성과 한계를 지적해 보고, 이러한 한계를 극복하고자 하는 과정의 일환으로 개념적 혼성 이론을 기반으로 하여 보조용언의 의미 구성 과정을 분석해 보고자 한다.

1. 개념과 개념적 은유

1) 개념과 개념화

인지의미론(Cognitive Semantics)은 영미 철학 전통에서 가정하는 객관주의 세계관과 형식 언어학 내에서 발전한 진리조건적 의미론(Truth-Conditional Semantics)에 대한 반작용으로 1970년대에 시작되었다. 진리조건적 의미론이 의미를 단어와 세계 사이의 관계로 간주하면서 언어 체계로부터 인지적 조직을 배제한 데 반해, 인지의미론은 언어 의미를 아주 풍부하고 다양한 정신적 표상의 본질과 조직인 개념적 구조의 표명으로 간주하였다.

Langaker(1987, 1999)는 인지의미론에서 언어 의미 본질에 대한 기본 가정을 다음과 같이 제시하였다.

(97) 인지의미론의 기본 가정

    ① 의미는 개념화로 표현된다.

    ② 언어 범주는 전형적으로 복잡하다.

    ③ 의미는 백과사전적이다.

    ④ 개념적 구조는 신체화되어 있다.

의미가 개념화로 표현된다는 가정은 의미가 진리조건과 동일시되는 것이 아니라, 넓은 의미에서 개념화와 동일시된다는 뜻이다. 개념화는 정신적 체험이나 인지 과정을 의미하는 것으로 개념화의 과정이 인지 처리 과정 안에 있음을 의미한다. 의미가 개념화를 통해 구성된다는 생각은 의미가 언어 속에 들어 있다는 전통적인 언어관에 대립된다. 언어 자체가 의미를 구성하는 것이 아니라 의미는 정신적 체험과 같은 인지 과정을 통해 개념적 층위에서 구성된다는 입장을 담고 있는 것이다.

언어 범주가 전형적으로 복잡하다는 가정은 어휘의 다의성에 관한 것으로, 한 낱말의 여러 의미는 별개의 마디가 아닌 전체의 망 조직을 형성한다는 것이다. 원형적인 의미는 정교화 혹은 추상화를 통해 의미가 확장되어 가는데, 이러한 추상적인 도식관계를 개념화하여 의미망 모형76)으로 나타낼 수 있다.

---

76) 의미망 모형은 Langacker(2002: 3)의 논의를 바탕으로 임지룡·정병철(2009: 200)이 구성한 모형을 차용하였다.

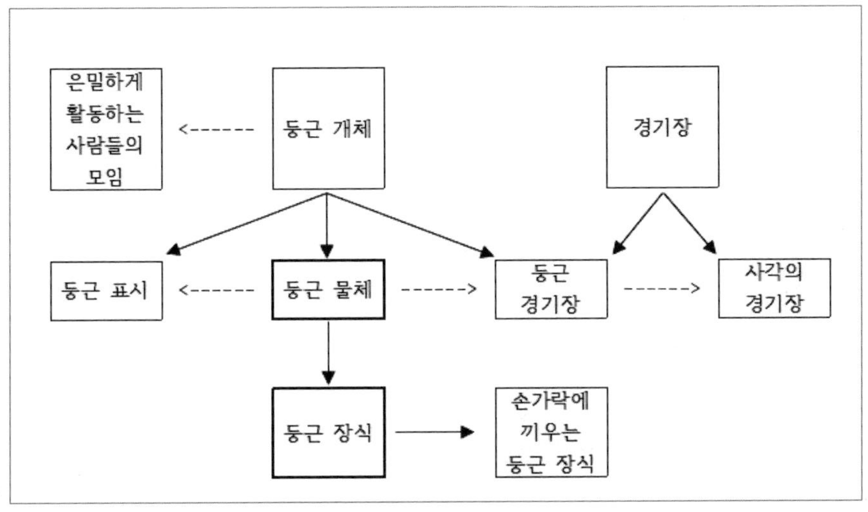

<그림 1> 명사 ring의 의미망(Langacker, 2002: 3)[77]

Langacker(2002: 3)는 명사 ring을 예로 들어 범주화와 개념화를 설명하고 있다. ring의 원형적인 의미는 '둥근 물체'를 의미하며, 유사성을 기반으로 '둥근 경기장'이나 '둥근 표시'로 의미가 확장된다. 유사성을 기반으로 같은 범주로 범주화되는 것이다. 또한 '둥근 물체'는 '둥근 장식'으로 정교화 혹은 실례화(實例化)된다. 이러한 개념들은 '둥근 개체'와 같은 추상적인 도식관계로 개념화되며, 이러한 '둥근 개체' 역시 '은밀하게 활동하는 사람들의 모임(도당)'의 의미로도 확장되어 관습적인 의미의 망을 이루게 된다. 중요한 것은 화자가 어떤 낱말의 관습적 의미에 대해 가지고 있는 지식, 개념화는 단 하나의 원형을 지닌다거나 혹은 최상위 도식을 지니는 단일 구조가 아니라는 점이다. '둥근 물체'는 관습적 의미에 따라 '둥근 장식'과 같은 국부적인 원형이 존재할 수 있으며, 최상위 도식을 중심으로 정교화가 이루어지는 단일 구조가

---

77) 〈그림 1〉에서 실선 화살표는 정교화 관계를, 점선 화살표는 확대 관계를 나타낸다.

아니라 서로 관련된 의미들이 망 조직을 이룬다.

의미가 백과사전적이라는 가정은 한 낱말의 의미는 일반적인 사전적인 정의만으로는 파악될 수 없으며, 대상에 대해 우리가 알고 있는 모든 인지 영역들이 낱말의 의미에 관여한다는 것을 뜻한다. Langacker(1997: 147-150)는 대부분의 개념은 다른 개념들을 전제로 하며, 그것들과 관련짓지 않고는 적절히 묘사될 수 없다고 하였다. 예를 들어 '손톱'이라는 개념은 '손', 더 정확하게는 '손가락'이라는 개념을 전제로 한다. '손가락'이나 '손'의 개념이 부여되어야만 '손톱'의 개념이 명확해지는 것이다. 이는 '손가락'은 '손톱'의 의미를 구성하는 인지 영역의 일부로, 의미 구성 과정에서 주요 개념 요소로 활용됨을 의미한다. '손가락'도 마찬가지로 '손'의 개념이 전제되어야 하며, '손'은 '팔'이, '팔'은 '어깨'가, '어깨'는 '몸'이라는 영역이 전제되어야 한다. 결국 '손톱'이라는 의미를 이해하기 위해서는 '손가락', '손', '팔', '어깨', '몸'과 같은 백과사전적 지식이 바탕이 되어야 한다는 것이다.

개념적 구조가 신체화되어 있다는 가정은 개념적 구조는 신체화된 경험에 의해 발생함을 의미한다. 인간은 태어나면서부터 외부 세계와 다양한 상호작용을 하며 외부 세계를 인식하게 된다. 이러한 인식의 과정을 통해 인간의 인지 구조에는 신체화된 경험들이 형성되는데, 신체화된 경험들이 만들어 내는 인지를 기반으로 동일 속성을 가진 대상들로부터 추상화하여 일반화된 관념이 개념이며, 이를 기호화하여 어휘화된 것이 단어(낱말)다.

개념은 단어(낱말)의 의미를 형성하는 토대라 할 수 있는데, 이현근(1999: 164)은 개념과 단어(낱말)의 관련성을 다음과 같은 도식으로 설명하고 있다.

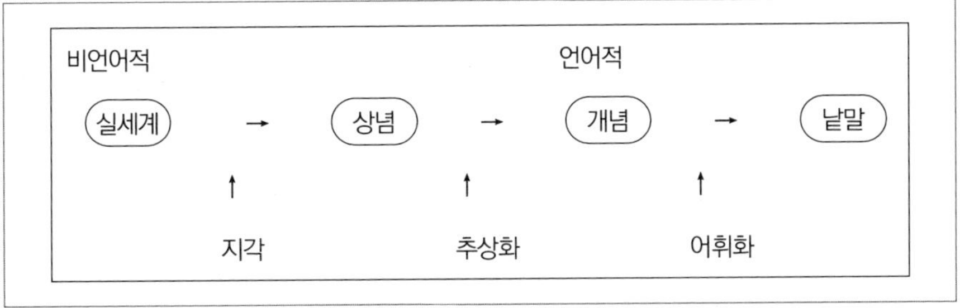

<그림 2> 개념과 낱말의 관계(이현근, 1999: 164)

실세계(實世界)는 비언어적 세계를 말하며 지시물, 대상, 현상과 같은 것이고, 상념(想念)은 특정 대상이나 현상을 보고 인식하는 수준을 말한다. 개념(概念)은 실세계를 반영하는 것이기는 하나 인간의 인지 구조에 존재하는 것으로 실세계와 다를 수 있다. 실세계를 지각하여 구성되는 상념은 주관적인 데 반해, 상념을 추상화하여 형성된 개념은 상대적으로 객관적이라 할 수 있다. 이렇게 객관화된 특정 개념이 어휘화를 거쳐 기호화되면 단어로 활용되는데, 결국 단어의 의미란 동일한 속성을 가진 지시물, 대상들로부터 추상화하여 일반화, 객관화된 관념을 형성하는 의미 구성 과정, 즉 개념화를 통해 형성되는 것이다.

동일한 속성을 지닌 지시물, 대상으로부터 공통된 요소들을 선별하여 추상화하는 개념화는 범주화와 밀접한 관련성을 지닌다. 김용(2015: 24)은 범주화는 다양성 속에서 유사성을 파악하는 능력으로 우리가 경험하는 사물이나 현상을 낱말이라는 언어 단위로 분류하여 이해하는 방식을 뜻한다고 하였다. 인간은 어떤 사물을 보고 추론하거나 어떤 행동을 하고 사건을 경험하는 경우에 범주화를 수행하는데 그 범주화의 결과로 얻어지는 것이 범주라는 것이다. 이는 범주화 역시 의미를 구성하는 과정인 개념화를 기반으로 이루어짐을 뜻한다. 따라서 보조용언의 의미 구성 과정을 분석하는 과정은 보조용언이라는 범주의 의미적 특성을 파악하고, 보조용언의 범주를 설정하고 목록을 설정하는 과정과 맥을 같이 한다 할 수 있다.

2) 개념적 은유의 특징과 한계

(1) 개념적 은유의 정의

하나의 낱말이 하나의 의미만을 표상한다면 우리는 늘 새로운 형태의 낱말로서 새로운 대상이나 개념을 표현해야 할 것이다. 이러한 원리대로라면 새로운 대상이나 개념을 표현하기 위해서는 늘 새로운 형태의 낱말을 만들어 내야 할 것이며, 이를 언중들이 공유하기까지 상상할 수 없을 정도로 많은 시간과 노력이 필요할 것이다. 그러나 인간은 이러한 시간과 노력을 줄이기 위해 인접성과 유사성의 인지 능력을 활용하여 기존 낱말의 의미를 유연하고 창조적으로 확장해 나간다. 여기서 '인접성 인지능력'이란 시간과 공간적으로 인접해 있는 대상을 관련시키는 능력, 곧 환유(metonymy)를 기제로 활용하여 기존 낱말의 대상 범위를 넓히는 일이며, '유사성 인지능력'이란 대상과 대상 간에 유사성을 파악하는 능력, 곧 은유(metaphor)를 기제로 활용하여 기존 낱말의 대상 범위를 넓히는 것을 말한다(임지룡, 1996: 249).

전통적으로 은유는 시적 상상력의 장치로 혹은 수사학적인 화려함을 위한 문체적 장치로 간주하였다. 은유는 일상 언어의 문제라기보다는 시적 언어의 문제였으며, 또한 인간의 사고, 인지의 문제라기보다는 언어 자체의 전형적인 특징으로 간주하였다. 전통적 은유 이론에서 은유는 단어의 특성을 기반으로 하는 문자적 쓰임의 일탈이며, 예술적·수사적 장치로서 단어에 대한 의식적이고 의도적인 사용이기에 언어 연구 영역에서 배제되어야 한다고 생각하였다.

인지언어학에서의 은유는 시적 언어에서는 물론이고 일상 언어와 인간의 사고에 널리 퍼져 있다는 입장을 지닌다. 인간이 사고하고 활동하는 모든 개념적 체계도 본질적으로 은유적이라는 것이다. 인지언어학에서 은유에 대한 본격적인 논의는 Lakoff & Johnson(1980)의 『삶으로서의 은유(Metaphors We Live By)』에서 이루어졌다. Lakoff & Johnson(1980: 5)은 은유의 본질은 한 종류의 것을 다른 종류의 것에 의해 이해하고 경험하는 것이라 하였다. 그렇기 때문에 은유는 일상 언어에 널리 퍼져 있으며, 이러한 일상 언어의 은유는 일관적이며 체계적이라 하였다. Lakoff & Turner(1989: 59)에서는 'A IS B'라는 이름을 가지고 있는 은유는 근원영역 B에 대한 지식 구조의 부분을 목표영역 A에 사상(寫像, mapping)하는 것이라고 정의하였다. 즉, 은유란 근원영역에 대한 우리의 일반적인 지식 구조 중에서 특정 부분을 활용하여 목표영역을 이해하고 경험하는 과정임을 뜻하는 것이다. Lakoff와 Johnson, Turner 등이 제시한 은유에 대한 이러한 접근법을 개념적 은유 이론(Conceptual Metaphor Theory)이라고 한다.

언어 속에는 인간의 다양한 인지적 전략이 투영되어 있다. 인지적 전략이란 화자가 의사소통의 목적상 대상 세계를 의도적이며 주체적으로 개념화해 나가는 인지능력을 가리킨다(임지룡, 2017: 42). 개념적 은유 이론에서 은유는 한 개념적 영역을 또 다른 개념적 영역으로 이해하는 것으로 정의된다. 개념적 은유는 두 개의 개념적 영역으로 구성되어 있는데, 하나는 이해의 대상이 되는 추상적인 목표영역이고, 다른 하나는 비교의 대상이 되는 구체적인 근원영역이다. 추상적인 개념을 목표영역으로 삼고 상대적으로 구체적이고 물리적인 개념을 근원영역으로 삼는 이유는 일반적으로 낯설고 추상적이어서 구조화되지 않은 개념을 독자적으로 이해하는 것보다는 구체적이고 실질적이며, 물리적이고 구조화된 개념을 통해 추상적인 개념을 이해하는 것이 효율적이기 때문이다. 결국 개념적 은유란 우리에게 구체적이고 친숙한 근원영역과의 유사성을 확보하여 추상적이고 낯선 목표영역을 개념화하는 인지적 전략이라 할 수 있다.

(2) 개념적 은유의 유형

개념적 은유는 수행하는 인지적 기능에 따라 구조적 은유, 존재론적 은유, 방향적 은유로 구분된다(Lakoff & Johnson, 1980: 3-21).[78]

구조적 은유(structural metaphor)는 한 개념이 다른 개념에 의해 은유적으로 구조화되는 경우다. 구조적 은유는 구체적인 근원영역이 추상적인 목표영역을 이해할 수 있도록 비교적 풍부한 인지모형을 제공해 준다. 예를 들어 '시간'이라는 추상적인 개념이 '공간'이라는 구체적인 개념에 따라 구조화되는 경우를 볼 수 있다.

(98) ㄱ. 정해진 시간을 다 <u>채워야</u> 월급을 받을 수 있다.

ㄴ. 다음 주 월요일 시간을 <u>비워</u> 놓을게.

ㄷ. 힘든 시간을 <u>달려서</u> 여기까지 왔다.

ㄹ. 아까운 시간을 <u>낭비했다.</u>

---

78) 인지언어학에서는 개념적 은유를 크게 네 가지 방식으로 분류한다. 관습성의 정도에 따라 관습적 은유와 비관습적 은유로, 인지적 기능에 따라 구조적 은유와 존재론적 은유, 방향적 은유로, 본성에 따라 영상 도식 은유와 영상 은유로, 일반성의 층위에 따라 특정적 층위 은유와 총칭적 층위 은유로 분류된다(김동환, 2013: 160-172). 여기서는 인지적 기능에 따른 분류만 살펴보기로 한다.

(98ㄱ)과 (98ㄴ)의 예들을 살펴보면 '시간'을 채우거나 비울 수 있는 공간으로 인지하고 있다. 이는 비교적 관습적인 은유로 추상적인 '시간'의 개념을 다양한 경험과 지식을 지니고 있는 '공간'이라는 개념으로 명확하게 구조화해 주는 것이라 할 수 있다. '시간'은 '공간'뿐만 아니라 (98ㄷ)이나 (98ㄹ)과 같이 '이동'이나 '자원'으로 구조화되기도 한다. '시간'이라는 개념은 상당히 추상적인 영역임에도 불구하고 우리가 '시간'이라는 개념을 별 무리 없이 이해하면서 살아가는 것은 이러한 개념적 은유의 작용에 따른 것이라 할 수 있다.

존재론적 은유(ontological metaphor)는 구조적 은유보다 목표영역을 인지적으로 덜 구조화한다. 존재론적 은유의 인지적 기능은 단순히 추상적인 목표영역에 대하여 사물, 실체, 그릇과 같은 존재론적 위상만을 제공한다. 사물이나 실체, 그릇에 대한 우리의 지식은 다소 제한적이기 때문에 그것이 정확하게 어떤 종류의 것인지는 명확하게 제시되지 않은 채 존재적 가치와 뚜렷한 경계를 부여한다.

(99) ㄱ. 자선단체들은 산불 피해 주민을 돕기 위해 <u>후원을 보냈다.</u>
　　 ㄴ. <u>사랑에 빠지면</u> 아무것도 보이지 않는다.
　　 ㄷ. 이번 선거에서는 <u>마음을 비우는</u> 것이 좋겠다.

존재론적 은유는 주로 '사건, 행동, 상태'와 같이 뚜렷한 윤곽이나 경계가 없는 추상적인 목표영역을 사물이나 실체, 혹은 그릇으로 개념화한다. (99ㄱ)은 '사건'을 '사물'로 개념화하고 있으며, (99ㄴ)은 '사랑'을 '액체'나 '액체가 담긴 그릇'으로, (99ㄷ)은 '마음'을 '그릇'으로 개념화하고 있다. 이러한 존재론적 은유는 우리의 사고 속에 매우 자연스럽게 산재해 있어서 보통 정신 현상에 대한 자명하고 직접적인 기술로 여겨진다. 그렇기 때문에 존재론적 은유에 관한 기술은 종종 결코 은유적이라 생각되지 않는 경우도 있다.

(99ㄴ)과 (99ㄷ)은 존재론적 은유의 한 유형인 그릇 은유다. 존재에 관한 가장 근원적인 경험은 신체에 의한 경험이다. 그릇 은유는 우리의 신체를 바탕으로 한 가장 일차적인 경험을 통해 '안', '경계', '밖'의 구조로 세계를 경험하는 것을 의미한다. 신체를 비롯하여 집, 가정, 학교, 사회, 직장, 나라에 이르기까지 다양한 세계를 안과 밖의 방향성을 지닌 그릇으로 경험하는 것이다. 그릇 은유는 물리적 경계가 있는 대상뿐만 아니라 물리적 경계가 없는 추상적인 개념에도 안과 밖이 존재하는 한정적인 표면을 투사하여 그릇으로 개념화한다. 결국 존재론적 은유는 '사랑'이나 '마음', '사건'과 같이 물리적 경계가 없는 추상적인 개념을 그릇이나 그릇 속에 들어 있는 사물로 개념화하여 이해하려는 인지적 전략이라 할 수 있다.

방향적 은유(orientational metaphor)는 한 개념을 다른 개념으로 구조화하는 구조적 은유와 달리 공간적 방향과 관련하여 전체적인 개념적 체계를 구조화하는 현상을 말한다. 방향적 은유는 존재론적 은유보다 목표영역을 인지적으로 훨씬 덜 구조화한다. 이는 방향적 은유의 인지적 기능이 단지 목표영역의 개념을 우리의 개념적 체계에서 일관성 있게 만들어 주는 것이기 때문이다.

방향적 은유는 대부분 위-아래, 앞-뒤, 오른쪽-왼쪽, 중심-주변 등과 같이 기본적인 공간적 지향성과 연관되기에 지향적 은유로 불리기도 한다. 방향적 은유에서 사용되는 목표영역의 개념은 관습적 경험에 의해 일정하게 개념화되는 경향이 있다.

(100) ㄱ. 작년보다 <u>소득이 올라갔다/내려갔다.</u>

　　　ㄴ. 국민의 의식 <u>수준이 앞서 있다/뒤처져 있다.</u>

　　　ㄷ. 그는 내 <u>오른팔</u>이다./<u>왼팔</u>도 쓸 데가 있다.

(100ㄱ)은 '많음은 위', '적음은 아래'의 방향적 은유가 실현된 예다. 방향적 은유에서 사용되는 공간적 지향성은 일상적 체험이나 관습적 경험에 의해 형성된다. 예컨대, 그릇에 물을 부으면 높이가 올라가고 양이 많아지며, 반대로 그릇의 물을 따라내면 높이가 내려가고 양이 적어진다. 이러한 일상적 체험이 '많음은 위', '적음은 아래'라는 방향적 은유의 기반이 되는 것이다. 일상적 체험과 관습적 경험들에 의해 '위'는 '많음, 좋음, 기쁨' 등 긍정적 성향을 지향하며, '아래'는 '적음, 나쁨, 슬픔' 등 부정적 성향을 지향하게 된다. (100ㄴ)과 (100ㄷ)에서 보는 바와 같이 '앞'과 '뒤', '오른쪽'과 '왼쪽'의 방향성 역시 긍정적 성향과 부정적 성향의 개념 체계를 형성하여, 우리의 개념 체계를 일관성 있게 구조화하고 있다.

(3) 개념적 은유의 특징

개념적 은유 이론에서는 은유를 영역 간 사상(寫像, mapping)이라고 정의한다. 개념적 은유는 근원영역과 목표영역 사이에 체계적인 대응 관계가 형성되는데, 이는 근원영역의 개념 요소가 목표영역의 개념 요소와 대응된다는 것을 뜻한다. 이러한 개념적 대응 관계를 사상이라 한다(김동환, 2013: 145).

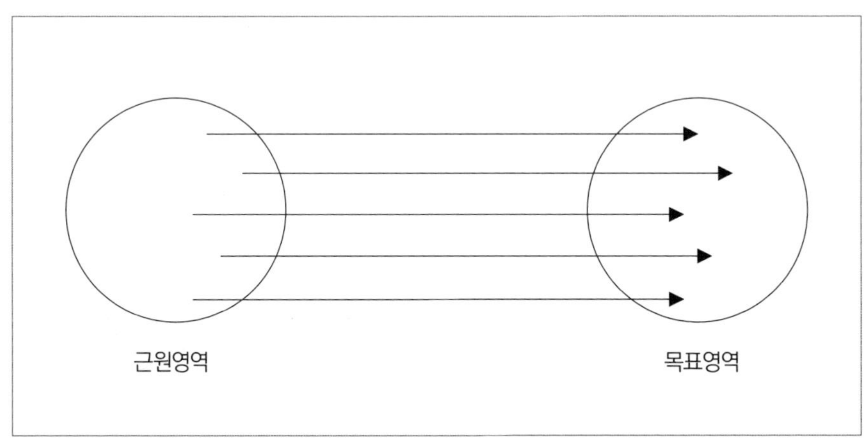

<그림 3> 개념 영역 간의 사상

개념적 은유에서 이루어지는 근원영역과 목표영역 간의 사상은 비대칭적이고, 부분적이며, 일관적인 특징을 지닌다(Lakoff, 1993: 202-251).

첫째, 개념적 은유에서는 은유적 사상이 비대칭성을 나타낸다고 한다. 은유적 사상이 비대칭적이라는 것은 개념 영역 간의 사상이 쌍방향적이 아니라 일방향적이라는 것을 의미한다. 이러한 단일 방향성은 근원영역에서 목표영역으로의 사상은 이루어지지만 반대로 목표영역에서 근원영역으로의 사상은 이루어지지 않음을 이르는 것이다.

(101) ㄱ. 우리의 사랑은 <u>기로에 서 있었다</u>.

　　　ㄴ. 긴 여정을 지나 우리는 결혼이라는 <u>종착역에 다다랐다</u>.

　　　ㄷ. 우리의 사랑은 <u>길을 잃었다</u>.

(101)은 "사랑은 여행이다."라는 개념적 은유가 언어적으로 구현된 것이다. 이러한 개념적 은유가 이해될 수 있는 것은 '여행'이라는 근원영역의 요소가

'사랑'이라는 목표영역의 요소로 사상되어 나타나기 때문이다. 연인은 여행객으로, 사랑의 진척 정도는 여행의 거리로, 결혼은 여행의 종착지로, 사랑의 선택 순간은 갈림길로, 사랑의 난관은 여행의 장애물에 대응하여 인지된다. 이러한 대응 관계를 도식화하며 다음과 같다.

근원영역 : 여행		목표영역 : 사랑
여행객	→	연인
여행 거리	→	사랑의 진척 정도
여행의 종착지	→	결혼
갈림길	→	선택의 순간
여행의 장애물	→	사랑의 난관

<그림 4> "사랑은 여행이다."의 은유적 사상

은유적 사상이 비대칭적이라는 사실은 구체적인 개념인 근원영역을 통해서 추상적인 개념인 목표영역을 이해하는 개념적 은유의 본성에 바탕을 두고 있다. 일반적으로 추상적인 개념인 '사랑'을 목표영역으로 삼고 상대적으로 구체적이고 물리적인 개념인 '여행'을 근원영역으로 삼는 이유는 '사랑'과 같이 낯설고 추상적이어서 구조화되지 않은 개념을 독자적으로 이해하는 것보다는 '여행'과 같이 구체적이고 실질적이며, 물리적이고 구조화된 개념을 통해 이해하는 것이 효율적이기 때문이다. 이러한 개념적 은유가 고착화되고 관습화되면 될수록 비대칭성은 더욱 강하게 작용하게 된다. 예컨대, '두 사람이 결혼했다'는 의미를 전달하기 위해 '두 사람은 사랑의 종착역에 도착했다'고 할 수는 있으나, '두 사람이 여행의 종착지에 도착했다'는 의미를 전달하기 위해 '두 사람이 여행의 결혼을 했다'고 표현할 수는 없는 것은 이러한 개념적 은유의 비대칭적 특성 때문이라 할 수 있다.

둘째, 개념적 은유에서는 은유적 사상이 부분적인 특징을 지닌다고 한다. 은유적 사상이 부분적이라 함은 근원영역의 요소와 목표영역의 요소 간의 대응이 전체적으로 이루어지는 것이 아니라 근원영역의 일부 요소가 목표영역의 일부 요소에 대응한다는 것을 의미한다. 개념적 은유에서의 은유적 사상은 근원영역과 목표영역의 유사성을 바탕으로 하여 마치 전체적으로 이루어지는 것처럼 느껴지지만, 근원영역에 대한 경험과 목표영역에 대한 경험은 다른 종류의 경험이기 때문에 모든 면에서 동일시되는 일은 있을 수 없다.

은유적 사상이 부분적이라는 특징은 초점화(highlighting)와 은폐(hiding)를 수반한다. 목표영역의 한 개념에는 다양한 양상이 존재하고 있는데, 특정한 개념적 은유가 발현되는 시점에서 하나의 양상에 초점을 두게 되면 다른 양상들은 초점을 받지 않고 은폐된다. 예컨대, (101)에서는 "사랑은 여행이다."라는 개념적 은유를 통해 '사랑'의 과정과 역경, 선택과 목표라는 영역을 '여행' 과정에 사상하고 있다. '사랑'의 과정에는 난관이 따르며, 선택적 상황이 늘 제시된다는 '여행'적 양상에 초점을 두고 '전쟁'과 같은 경쟁적 측면은 은폐한 것이다.

(102) ㄱ. 사랑이 싹트다 / 사랑이 자라다 / 사랑이 지다
      ㄴ. 사랑이 타오르다 / 사랑의 불씨가 꺼지다

'사랑'은 난관과 선택이라는 '여행'적 양상뿐만 아니라 다양한 양상이 존재하고 있다. (102ㄱ)은 "사랑은 식물이다."라는 개념적 은유로 '사랑'의 시작에서 끝으로 연결되는 일련의 과정이 비교적 장기간 이루어지는 식물의 성장 과정과 같은 양상임을 초점화하고 있다. 반면에 (102ㄴ)은 '사랑'을 '불'을 통

해 이해하는 "사랑은 불이다."라는 개념적 은유로 사랑의 시작에서 끝으로 연결되는 일련의 과정이 비교적 짧은 기간에 이루어짐을 불의 발화와 소멸 과정에 사상하고 있다. '사랑'의 장기적인 양상과 단기적인 양상은 결코 양립할 수 없는 양상이다. 결국 '사랑'의 은유적 사상은 '사랑'의 장기적 양상이 초점화되면 단기적 양상은 은폐되며, '사랑'의 단기적 양상이 초점화되면 장기적 양상은 은폐되는 부분적 사상이 이루어지는 것이다.

셋째, 개념적 은유에서는 은유적 사상이 일관적인 특징을 지닌다고 한다. 은유적 사상이 일관적이라는 것은 근원영역에서 목표영역으로의 은유적 사상이 근원영역의 영상 도식 구조를 보존한다는 것을 의미한다.

우리는 신체를 중심으로 대상 세계와 상호작용을 하는데, 그 과정에서 반복되는 경험이 쌓여 도식적 구조가 발생하게 되고, 이것이 두뇌 또는 마음속에 표상되는데, 이를 개략적으로 '영상 도식(image schema)'이라고 한다(임지룡, 2017: 86). 임지룡(2017: 105-106)에 의하면 영상 도식은 반복되는 신체적 경험, 즉 지각적 상호작용과 근육운동 프로그램의 반복적이며 동적인 패턴으로서 우리의 경험에 일관성과 구조를 제공해 주는 추상적이며 도식적인 인지 기제다. 이러한 영상 도식은 우리가 이 세상을 이해하는 기본적인 인지능력의 하나로서 수많은 단어 의미의 해석, 비유적 의미 확장 및 새로운 지식의 획득을 가능하게 해 준다.

영상 도식의 일차적 근원은 사람의 몸이다. 우리는 신체를 통하여 '그릇', '연결', '중심-주변', '부분-전체', '균형', '경로', '원근', '방향'을 지각하며,[79] 이 원초적 경험을 바탕으로 긍정과 부정의 가치를 부여한다(임지룡, 2017:

---

79) 임지룡(2017: 90-105)의 논의를 바탕으로 영상 도식의 가치론적 양상을 정리하면 다음과 같이 나타낼 수 있다.

90). 이러한 긍정과 부정의 가치는 반복되는 일상의 신체적 경험을 통해 형성된다. 물론 영상 도식의 가치론적 양상에 영향을 미치는 일차적인 경험은 몸에 기초한다. 그러나 사회, 문화의 관습적 경험이나 추상적이고 심리적인 경험 또한 가치론적 양상에 영향을 미치기도 한다.

개념적 은유에서 은유적 사상이 일관적이라는 것은 근원영역에 존재하는 이러한 영상 도식 구조가 목표영역에도 변하지 않고 적용됨을 말한다. 예컨대, '범주'의 개념은 '그릇' 개념을 통해 은유적으로 이해된다. "범주는 그릇이다." 라는 개념적 은유에서 근원영역인 '그릇'의 '안'과 '밖', '경계'를 목표영역의

목록	구조	경험적 근거	가치론적 양상
그릇 도식	안, 경계, 밖의 구조	그릇으로서의 몸 (호흡과 음식물 섭취)	안 : 긍정적 밖 : 부정적
		그릇 속의 몸 (산모의 자궁 속)	안 : 긍정적 /부정적(속박) 밖 : 부정적 /긍정적(해방)
연결 도식	두 개체의 연결 구조	어머니의 탯줄	연결 : 긍정적 분리 : 부정적
중심-주변 도식	중심과 주변의 구조	사람의 신체 (중심부와 주변부)	중심 : 긍정적 주변 : 부정적
부분-전체 도식	부분과 전체의 구조	신체의 규범적 형태	전체의 구성(결합) : 긍정적 규범적 형태 해체 : 부정적
균형 도식	균형과 불균형의 구조	대칭적 신체	균형 : 긍정적 불균형 : 부정적
경로 도식	출발점-경로-목표의 구조	배밀이 (목표물을 잡는 경험)	목표점 도달 : 긍정적 중단, 경로의 이탈 : 부정적
원근 도식	두 실체 사이의 거리에서 가까움-멂 구조	엄마, 아빠를 비롯한 가족의 경험	가까움 : 긍정적 멂 : 부정적
방향 도식	위-아래의 구조	신체의 규범적 형태	위 : 긍정적 아래 : 부정적
	앞-뒤의 구조	신체 구조	앞 : 긍정적 뒤 : 부정적
	오른쪽-왼쪽의 구조	신체적인 경험	오른쪽 : 긍정적 왼쪽 : 부정적

'안'과 '밖', '경계'에 사상할 수는 있으나, '그릇'의 '안'을 '범주'의 '밖'에 사상하지 않는다. 이는 은유적 사상이 유사한 신체적, 관습적 경험을 바탕으로 이루어지기 때문이다. 신체적 혹은 관습적 경험을 통해 습득된 영상 도식 구조가 유사성을 기반으로 한 근원영역과 목표영역에 동일하게 적용되는 것은 어쩌면 당연한 이치일 것이다.

"시간은 공간이다."라는 개념적 은유도 은유적 사상의 일관성 원리가 타당함을 보여 준다. '공간'의 개념을 통해 '시간'을 이해하는 개념적 은유는 두 가지 유형이 존재하는데, '이동하는 시간' 은유와 '이동하는 관찰자' 은유가 그것이다. '이동하는 시간' 은유에서는 '시간은 공간을 이동하는 물건'이며, 이를 관망하는 관찰자는 정지해 있다. 반면 '이동하는 관찰자' 은유에서는 '시간은 정지해 있는 공간'이며, 관찰자가 그 공간을 이동하게 된다.

(103) ㄱ. 동생은 <u>시간이 가는</u> 줄 모르고 게임을 하고 있다.
　　　 ㄴ. 나의 아버지는 역경의 <u>세월을 헤쳐 왔다.</u>

(103ㄱ)은 '이동하는 시간' 은유가 실현된 예며, (103ㄴ)은 '이동하는 관찰자' 은유가 실현된 예다. (103ㄱ)은 시간의 흐름을 공간의 이동으로 표현하고 있으며, (103ㄴ)은 시간이라는 공간을 관찰자가 이동해 왔음을 은유적으로 표현하고 있다.

(104) ㄱ. <u>앞선 세대</u>들의 노력이 <u>뒷세대들</u>에게 어떤 영향을 줄지 궁금하다.
　　　 ㄴ. <u>뒤돌아보지</u> 말고 <u>앞날만</u> 생각하라.

시간의 선후 관계, 즉 과거와 현재, 미래에 관계는 흔히 위치 관계를 통해 이해된다. (104ㄱ)과 같이 '이동하는 시간' 은유에서는 시간이 다가와 현재의 위치에 있는 관찰자를 지나가는 것으로 개념화되기 때문에, 먼저 도달하는 시간이 앞의 방향성을 부여받고 다음으로 도달하는 시간이 뒤의 방향성을 부여받는다. 이는 공간의 개념과 일치하는데 가까운 공간이 앞으로 인식되며, 상대적으로 먼 공간이 뒤로 인지되는 것과 같은 맥락이라 할 수 있다. 따라서 '이동하는 시간' 은유에서 '미래는 뒤'이고 '과거는 앞'이 된다. 반면에 (104ㄴ)과 같이 '이동하는 관찰자' 은유에서는 시간은 정지해 있는 공간이며 관찰자가 그 공간을 이동하는 것으로 개념화되기 때문에, 다가가는 앞쪽 방향은 미래로 지나온 뒤쪽 방향은 과거로 표현된다. 이와 같이 근원영역인 '공간'의 영상 도식 구조는 목표영역인 '시간'에 일관성 있게 사상됨을 확인할 수 있다.

(4) 개념적 은유의 한계

개념적 은유는 비유에 대한 우리의 자연스럽고 풍부한 경험의 경향성을 유의미하게 규명하여(임지룡, 2017: 279), 신체어를 비롯한 다양한 다의어들의 의미 확장 및 의미 변화 양상을 유용하게 설명할 수 있었다. 그럼에도 불구하고 Grady 외(2000)는 개념적 은유 이론이 두 개념 영역들 사이의 안정되고 체계적인 관계를 분석하고 있기 때문에 우리의 사고 체계에 고착된 은유를 이해하는 데는 유용할지 모르지만, 즉석에서 일어나는 새로운 순간적인 개념화를 설명하기에는 부족함이 따른다고 지적하였다. 김동환(2013: 189) 역시 개념적 은유 이론이 개별적인 언어적 은유의 의미에 관해서는 관심을 기울이지 않는다는 점을 한계로 삼았다.

(105) ㄱ. 이 문제에 관한 내 생각은 여기에서 출발한다.

　　　ㄴ. 긴 회의 끝에 결론에 도달했다.

(105ㄱ)은 "전제는 출발지다."라는 개념적 은유가, (105ㄴ)은 "결론은 목적지다."라는 개념적 은유가 작용한 실례들이다. "전제는 출발지다."와 "결론은 목적지다."에는 더 도식적인 은유 "생각은 위치다."라는 상위 도식이 존재한다. 김동환(2013: 190)은 개념적 은유 이론의 연구 대상은 상위 도식에 해당하는 추상적인 개념적 은유 그 자체이지 개념적 은유에 입각해서 생성되고 이해되는 개별적이고 구체적인 언어적 은유는 아니라는 점을 지적하였다. 또한 다양한 언어적 은유들이 하나의 개념적 은유로 설명되는 것처럼 보이나 실제로는 동일한 개념적 은유에 근거하면서도 언어적 은유들마다 그 의미가 서로 다르고, 생성되고 이해되는 방식 또한 서로 다르다고 하였다. 따라서 개념적 은유 이론의 연구는 목표영역을 이해하는 데 사용할 수 있는 근원영역과 개념적 은유를 제시하는 데 초점을 두고 일반화하려는 목적이 있기 때문에 개별적인 언어적 은유의 생성 및 이해 방식은 무시하고 있다.

개념적 은유 이론의 두 번째 한계는 개념적 은유 이론의 특징인 비대칭성과 관계가 있다. 개념적 은유 이론에서는 은유적 사상이 비대칭적인 특징을 지닌다고 하였다. 은유적 사상의 비대칭성은 개념 영역 간의 사상이 쌍방향적이 아닌 일방향성을 지닌다는 것으로 근원영역에서 목표영역으로의 사상은 이루어지지만 반대로 목표영역에서 근원영역으로의 사상은 이루어지지 않음을 이르는 것이다. 이러한 비대칭적 특성은 우리의 사고 체계에 고착된 은유들을 통해 도출할 수 있을 것이다. 그러나 순간적으로 이루어지는 새로운 은유에서는 쌍방향적 사상이 가능하다.

(106) ㄱ. <u>마음을 다치다</u> / <u>마음에 상처를 입다.</u>
　　　 ㄴ. <u>착한 몸매</u>의 소유자

(106ㄱ)은 "마음은 몸이다."라는 개념적 은유가 실현되는 예다. 일반적으로 추상적인 개념인 '마음'을 목표영역으로 삼고 상대적으로 구체적이고 물리적인 개념인 '몸'을 근원영역으로 삼는 이유는 '마음'과 같이 낯설고 추상적이어서 구조화되지 않은 개념을 독자적으로 이해하는 것보다는 '몸'과 같이 구체적이고 실질적이며, 구조화된 개념을 통해 이해하는 것이 효율적이기 때문이다. (106ㄱ)은 인지 구조에서 비교적 고착된 은유로 다양한 활용이 이루어지고 있다.

개념적 은유 이론에서 취하는 은유적 사상의 비대칭적 특성이 유효하다면 "몸은 마음이다."라는 은유적 사상은 허용되지 않는다. 그러나 (106ㄴ)과 같이 "몸은 마음이다."라는 은유적 사상도 일상적으로 허용되는 것으로 보인다. 마음이 착한 것처럼 '몸(매)이 착하다' 혹은 '얼굴이 착하다'라는 표현을 방송에서 심심치 않게 접할 수 있으며, 이러한 의미가 '몸매가 아름답다', '얼굴이 예쁘다'라는 의미를 은유적으로 표현하고 있음을 쉽사리 인지할 수 있다. 이는 은유적 사상이 근원영역에서 목표영역으로 반드시 일방향적으로 이루어지는 것이 아니라 쌍방향적 사상이 가능함을 방증하는 예라 할 수 있다.

근원영역과 목표영역의 쌍방향적 은유적 사상이 가능하다는 사실은 개념적 은유 이론에서 주장하는 목표영역이 구조화되어 있지 않다는 입장 역시 문제시 삼을 수 있다. 개념적 은유 이론에서는 목표영역이 추상적 개념의 영역이기 때문에 처음부터 구조가 없고 그 구조는 근원영역의 구조를 그대로 계승받는 것으로 간주한다(김동환, 2013: 192). 그러나 김동환(2013: 191)은 목표영역이 근원영역으로부터 이루어지는 사상의 지배를 받기 위해서는 목표영역이

미리 구조화되어 있어야 한다는 점을 지적하였다. 이는 목표영역에 선은유적 구조가 있음을 전제하는 것으로, 목표영역에 선은유적 구조가 있어야 근원영역에 있는 구조 사이의 유사성이 지각되어 영역 사상을 가능하게 할 수 있다는 것이다. 쌍방향적 은유적 사상이 가능하다는 주장과 목표영역에 선은유적 구조가 있다는 주장은 서로의 주장에 힘을 실어주는 상보적 근거가 될 수 있을 것이다.

개념적 은유의 세 번째 한계는 화자가 궁극적으로 표현하고자 하는 은유적 의미가 어떻게 생성되었는가를 설명하기 어렵다는 점이다.

(107) This surgeon is a butcher. (이 외과의사는 도축자다.)

Grady 외(2000)에서는 (107)의 예를 들어 개념적 은유 이론이 지닌 한계를 설명하고 있다. 개념적 은유 이론에 따르면 (107)의 예는 다음과 같은 은유적 사상관계를 지닌다.

근원영역 : 도축자	→	목표영역 : 외과의사
가축	→	사람
상품	→	환자
식칼	→	수술용 칼
도축장	→	수술실
살코기 베기	→	치료
도축	→	수술

<그림 5> '이 외과의사는 도축자다'의 은유적 사상

　(107)은 화자가 목표영역인 외과의사의 무능함을 드러내기 위해 해당 외과의사를 도축자에 빗대어 표현한 은유다. 그러나 〈그림 5〉에서 보는 바와 같이 두 영역 간 사상의 어떤 요소에서도 외과의사의 무능력에 대응되는 요소가 없다. (107)의 예에서 화자가 은유를 통해 표현하고자 하는 의미의 핵심은 외과의사의 무능력인데, 개념적 은유를 통해서는 '이 외과의사가 무능력하다'는 의미가 어떻게 구성되었는지 설명할 수 없다는 것이다. 도축이라는 행위는 수술 못지않게 전문성을 필요로 하는 작업이며, 도축자는 외과의사와 마찬가지로 유능한 도축 기술을 지닌 전문가기 때문이다.

　개념적 은유의 은유적 사상 관계를 통해서 화자가 궁극적으로 표현하고자 하는 은유적 의미를 설명하기 어렵다는 개념적 은유의 한계는 보조용언의 의미 구성 과정에서도 동일하게 적용된다. 보조용언이 주로 실현하는 양태 의미가 어떻게 구성되었는가에 관한 설명이 개념적 은유를 통해서는 명시적으로 설명되지 않는다는 것이다. 보조용언의 양태 의미는 주로 선행 용언의 행위에 대한 화자나 동작 주체의 심리적 태도를 나타내는데, 이러한 보조용언의 양태 의미도 화자의 의도가 담긴 숨은 의미기 때문이다.

　개념적 은유를 기반으로 하는 의미 확장은 대부분 의미 확장의 일반적 양상을 통해 이루어진다. 임지룡(2009: 17-32)에 의하면 인간의 인지 원리는 '사람, 공간, 구체성, 물리적 위치, 일반성, 내용어'를 원형으로 하여 '경험의 확장 양상'을 통해 의미 확장이 이루어지거나 '타당한 확장 경로'를 통해 이루어진다고 한다.

<표 11> 의미 확장의 일반적 양상(임지룡, 2009)

경험의 확장 양상	사람 〉 사물 〉 활동 〉 공간 〉 시간 〉 질
타당한 확장 경로	사람 〉 동물 〉 식물 〉 무생물
	공간 〉 시간 〉 추상
	물리적 위치 〉 사회적 위치 〉 심리적 위치
	문자성 〉 비유성 〉 관용성
	내용어 〉 기능어

다의 의미를 지니는 동사마다 의미 확장의 모습에는 차이가 있으나, 대부분은 의미 확장의 일반적 양상을 따른다. 다만, 하나의 동사가 특정한 하나의 양상을 그대로 따르는 것이 아니라 종합적인 양상을 보이게 되는 것이다. 의미 확장의 과정 속에서 보조용언의 의미는 의미 확장의 끄트머리에 놓여, 구체성을 상실하고 추상성을 획득한 것으로 파악되어 왔다.

그러나 개념적 은유 기반의 의미 확장의 일반적 양상은 다의 동사의 어휘 의미 구성 과정을 밝히는 데는 효과적이나 보조용언의 문법적 의미 구성 과정을 밝히는 데는 한계가 따른다.

(108) 버리다
　　ㄱ. 휴지를 버리다. (가지거나 지니고 있을 필요가 없는 물건을 내던지거나 쏟거나 하다.)
　　ㄴ. 습관을 버리다. (못된 성격이나 버릇 따위를 떼어 없애다.)
　　ㄷ. 가정을 버리다. (가정이나 고향 또는 조국 따위를 떠나 스스로 관계를 끊다.)
　　ㄹ. 직장을 버리다. (종사하던 일정한 직업을 스스로 그만두고 다시는 손을 대지 아니하다.)

ㅁ. 부모를 버리다. (직접 깊은 관계가 있는 사람과의 사이를 끊고 돌보지
　　아니하다.)
ㅂ. 생각을 버리다. (품었던 생각을 스스로 잊다.)
ㅅ. 눈을 버리다. (본바탕을 상하게 하거나 더럽혀 쓰지 못하게 망치다.)

(108)은 본용언 '버리다'의 어휘 의미다. '버리다'의 어휘 의미는 버리는 대상에 따라 의미가 확장되는 양상을 보인다. '휴지(사물), 습관(활동), 가정(사회적 위치), 직장(사회적 위치), 부모(사회적 위치), 생각(심리적 위치), 눈(질)' 등 버리는 대상에 따라 의미가 확장되어 가는 것이다. 이러한 어휘적 의미는 버림의 대상이 "활동은 사물이다.", 혹은 "사회적 위치는 사물이다." 등의 개념적 은유를 기반으로 하는 은유적 사상을 통해 의미 구성 과정을 확인할 수 있다. 반면 보조용언의 양태 의미 구성 과정은 '내용어〉기능어'라는 의미 구성 과정을 통해 확인하기 어렵다. 어휘 의미가 문법적 의미로 추상화된다는 과정을 설명할 수는 있으나, 구체적인 양태 의미 구성 과정은 설명할 수 없다는 것이다.

(109) ㄱ. 오빠가 사과를 버렸다.
　　　ㄴ. 오빠가 사과를 먹어 버렸다.

(109)는 본용언 '버리다'와 보조용언 '-어 버리다'의 기본 의미가 실현된 예다. 본용언 '버리다'의 의미가 은유나 환유를 기제로 하여 '-어 버리다'로 의미가 확장된다고 할 때 "보조용언 [-어 버리다]는 본용언 [버리다]이다."라는 은유적 사상이 실현될 수 있다.

근원영역 : 본용언	→	목표영역 : 보조용언
행위자 : 오빠	→	오빠
대상 : 사과	→	사과
행위 : 버림	→	먹음의 완료
화자 : 여동생	→	여동생

<그림 6> "보조용언 [-어 버리다]는 본용언 [버리다]이다."라는 은유적 사상

앞서 3장에서 제시한 바와 같이 보조용언 '-어 버리다'의 양태 의미는 '완료된 행위에 대한 화자의 심리적 태도'다. (109ㄴ)의 예에서 실현된 '-어 버리다'의 의미는 '주체'인 오빠의 '먹음'이라는 완료된 행위에 대해서 화자인 '여동생'이 부정적인 심리 태도를 나타낸다고 볼 수 있다. 여기서 보조용언 '-어 버리다'의 의미의 핵심은 화자의 부정적인 심리 태도를 표현하는 데 있다는 것이다. 보조용언 '-어 버리다'의 의미가 본용언 '버리다'의 원형의미에서 확장이 이루어졌다고 하지만, 〈그림 6〉에서 보는 바와 같이 개념적 은유를 통해서는 보조용언 '-어 버리다'의 양태 의미가 어떻게 구성되었는지 설명하기 어렵다.

본고는 일방향적으로 사상되는 개념적 은유와 환유에 의한 의미 구성이 화자나 주체의 감정이나 태도를 주로 드러내는 보조용언의 문법적 의미, 특히 양태 의미의 구성 과정을 설명하는 데는 한계가 있다고 본다. 이러한 한계를 극복하기 위하여 둘 이상의 입력공간에서 쌍방향적으로 작용이 가능하며, 입력공간들 간의 부분적 사상과 혼성공간으로 선택적 투사가 가능한 개념적 혼성 이론을 활용하여 보조용언의 의미 구성 과정을 밝혀 보고자 한다.

2. 개념적 혼성의 본질과 구성 원리

1) 정신공간 이론과 개념적 혼성 이론

개념적 혼성 이론은 은유, 환유, 주관화 외의 개념적 혼성(conceptual blending)이라는 인지 과정을 통해 언어의 의미와 의미의 생성 과정을 밝히는 인지언어학의 방법론 중 하나다.

개념적 혼성 이론은 Fauconnier(1994, 1997)의 정신공간 이론(mental space Theory)에 근간을 두고 있다. 논리학자와 형식주의 언어학자들을 곤란하게 하였던 지시적 중의성과 같은 문제를 해결하려는 시도에서 등장한 정신공간 이론은 언어가 의미 구성을 문맥에서 안내하고, 문장은 진행 중인 담화와 별개로는 분석할 수 없다고 주장한다. 즉, 언어의 의미가 낱말이나 문장 안에 있는 것이 아니라, 화자와 청자가 실시간적으로 구성하는 담화 문맥을 통해 창조적으로 구성된다는 것이다.

Fauconnier(1994: 1)는 정신공간이란 언어 구조와 구별되지만, 언어 표현이 제공하는 지령에 따라 임의의 담화에서 설정되는 구성물이라고 하였다. 정신공간은 개념 화자가 말을 듣거나 텍스트를 읽을 때 동적으로 환기되는 잠재적 실재에 대한 정신적 구성물(김동환, 2013: 249)을 뜻하는 것이다. 정신공간 이론의 핵심은 우리가 생각하고 이야기할 때 여러 정신공간이 구축되고 구조화되며, 문맥의 압력에 의해 서로 연결되어 하나의 연결망이나 격자를 형성한다는 것이다.

(110) Gina want to buy a sports car. (지나는 스포츠카를 사고 싶어 한다.)

(110)의 문장은 두 가지 해석이 가능하다는 점에서 지시적 중의성을 가지고 있다. 지나가 주차장에서 발견한 특정한 스포츠카를 보고 구입을 희망한다는 특정 해석과 특정한 대상이 아닌 차량의 종류 중 하나인 스포츠카를 원한다는 불특정 해석이 가능하다. Croft & Cruse(2004: 35)에 따르면 이 두 가지 해석은 문장의 중의성 때문이 아니라 청자가 사용할 수 있는 서로 다른 정신공간의 연결 책략에 따른 것이다. 현실 공간의 스포츠카와 바람 공간의 스포츠카 사이에 지시적 연결이 있는 경우에는 특정 해석을 갖게 되고, 둘 사이에 지시적 연결이 없다면 불특정 해석이 나오게 된다는 것이다.

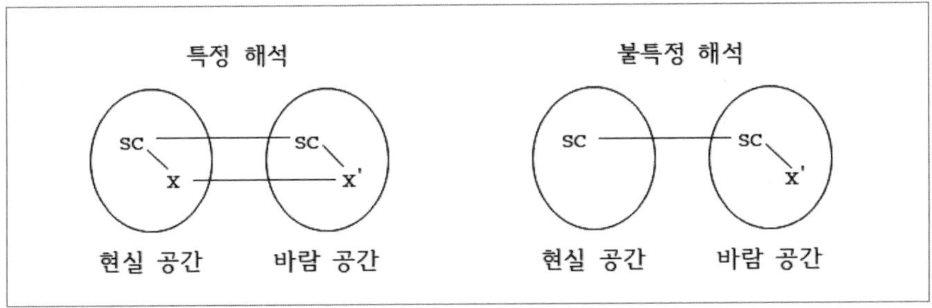

<그림 7> 'Gina wants to buy a sports car'의 특정 해석과 불특정 해석

정신공간 이론은 특정 해석과 불특정 해석의 차이를 명확히 보여 준다. 두 해석은 모두 현실 공간과 바람 공간이라는 두 정신공간 사이에 스포츠카의 역할을 나타내는 'sc'가 지시적으로 연결되어 있다. 그러나 특정 해석은 지나가 주차장에서 본 특정한 스포츠카 x가 바람 공간의 스포츠카 x'와 지시적으로 연결되는 데 반해, 불특정 해석은 현실 공간 속에 바람 공간의 스포츠카 x'와 대응하는 값이 존재하지 않는다. 이처럼 정신공간 이론은 지시적 중의성을 현실 공간과 바람 공간이라는 두 정신공간 간의 지시적 연결을 통해 특정

해석과 불특정 해석의 차이를 명쾌하게 드러내고 있다.

　정신공간 이론은 둘 또는 그 이상의 정신공간을 구축해서 현실 공간만으로 설명할 수 없는 의미적 변칙성, 지시적 중의성, 대명사 지시 문제 등과 같은 문제를 설명할 수 있다는 점에서 진리조건적 의미론은 물론, 개념적 은유 이론이 지닌 한계를 극복하였다. 그러나 김동환(2013: 276)에서 지적한 바와 같이 정신공간 이론은 공간들 간의 단순한 지시 문제에만 집중한다는 점에서 그 설명의 폭이 제한될 수밖에 없다는 한계점을 드러낸다. 바로 이러한 한계점을 극복하기 위해 두 개의 정신공간 사이에서 작용하는 사상 외에, 새로운 개념적 구조를 구축해 주는 투사(投射, projection)라는 과정이 개념적 혼성 이론을 통해 제시된다.

2) 개념적 혼성의 구성 원리

　개념적 혼성 이론은 구조주의 언어학을 비롯한 객관주의 언어학에서 의례 주어진 것이라고 가정하는 동일성, 통합, 상상력80)의 작용을 탐구하는 것이 핵심 주제다(김동환, 2013: 469). 객관주의 언어학에서는 언어 표현의 형태와 의미가 자의적으로 연결되어 있다고 규정하였다. 따라서 객관주의 언어학에서는 논리적으로 정확한 언어 표현의 의미를 분석하는 데만 중점을 두어 왔다. 그러나 개념적 혼성 이론은 입력공간의 구축을 포함해서, 입력공간들 간의 공

---

80) Fauconnier & Turner(2002: 445)는 객관주의 언어학에서 당연하게 간주되는 '동일성', 같음, 등가, A=A에 대한 인식은 사실 복잡하고 상상적이며 무의식적 작업의 위대한 산물이라 하였다. 객관주의 언어학에서 동일성과 대립에 대한 인식은 자연스러운 출발점 역할을 했는데, 동일성과 대립은 정교한 작업 다음에야 인식되는 완성품으로 근본적인 출발점이 아니라고 보았다. 동일성과 대립을 찾는 작업은 한층 더 복잡한 개념적 '통합'이라는 과정의 부분이며, '상상력' 없이 동일성과 통합은 의미와 그 의미의 진행 과정을 결코 설명할 수 없다고 하였다.

간횡단 사상 및 입력공간에서부터 혼성공간으로의 투사를 포함하는 강력한 인지 과정을 통해 다양한 언어 현상81)을 설명할 수 있다는 장점이 있다. 문자적인 표현 외에도 비논리적이거나 의미적 모순, 혹은 의미적 대립이 일어나지만, 일상생활에서 자연스럽게 사용되는 언어 표현의 의미 구성 과정을 모두 다룰 수 있다는 것이다.

Fauconnier & Turner(2002: 445)는 부분적 공간횡단 사상, 혼성공간으로의 선택적 투사, 혼성공간에서 발현구조로의 발전 같은 개념적 혼성의 구조적·동적 원리를 개념적 혼성의 구성 원리(constitutive principle)라고 하였다.

(1) 공간횡단 사상

Fauconnier(1997: 150)는 개념적 혼성이 발생할 때 충족되어야 하는 몇 가지 조건을 제시하였는데, 첫째가 공간횡단 사상(cross-space mapping)이다.

<그림 8> 공간횡단 사상

---

81) 김중현(2000: 5-6)에서는 개념적 혼성 이론을 활용한 연구의 성과를 정리하였는데, 개념적 혼성 이론을 적용한 국외 연구 분야로는 형태론과 통사론, 조건문, 은유, 관용어, 수어, 문학, 음악, 유머, 영화, 수학, 신경생물학 등이 있다 하였다. 한국어를 대상으로 한 연구 분야로는 비유 표현(이종렬, 2002, 2004), 관용 표현(정수진, 2005), 합성어를 비롯한 일상 담화와 광고(정수진, 2012), 신어(오원식, 2019) 등의 의미 구성 과정을 살피는 데 활용되었다.

공간횡단 사상이란 입력공간들 사이의 체계적인 대응을 말한다. 원은 정신공간을 나타내며, 원 안의 점들은 입력공간을 구축하는 요소를 나타낸다. 요소는 크게 실체, 실체의 속성, 실체들 간의 관계로 나눌 수 있다. 입력공간이 이렇게 세 가지 유형의 요소들로 이루어져 있다는 것은 특정한 상황이나 사건을 구조화하여 입력공간이 구축된다는 것을 암시한다. 실선은 일치로 인한 대응요소의 연결을 나타내는데, 대응요소의 연결에는 많은 종류가 있다. 프레임 간의 연결과 프레임 내의 역할들 간의 연결, 동일성, 변형, 표상의 연결, 유추적 연결 등이 있으나 은유적 사상이 가장 대표적이다. 개념적 은유 이론과 달리 개념적 혼성 이론에서 사상은 전체적일 수도 있고 〈그림 8〉과 같이 부분적일 수도 있다. 사상이 전체적이라 함은 입력공간$_1$에 있는 모든 요소가 입력공간$_2$에 있는 모든 대응요소와 일대일로 사상된다는 것을 의미한다. 반면 부분적 사상은 입력공간들 간에 대응되지 않는 요소가 있을 수 있음을 의미한다.

(2) 총칭공간

총칭공간(generic space)은 입력공간들이 공유하는 추상적인 구조와 조직을 반영하는 포괄적인 구조다.

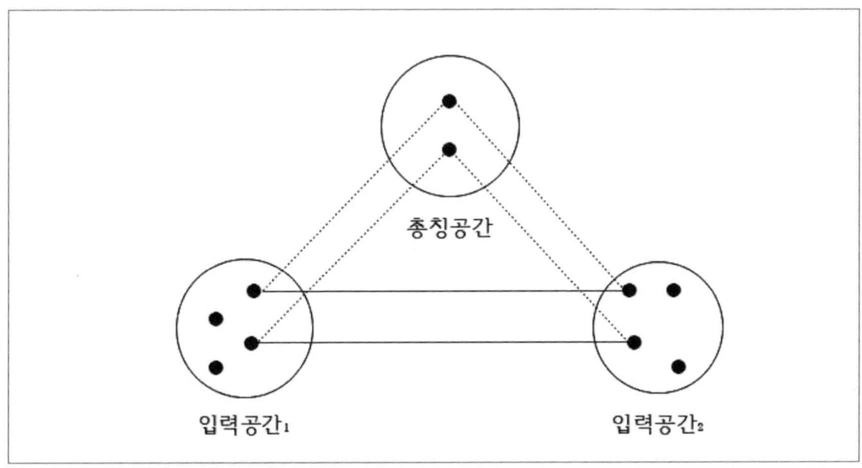

<그림 9> 총칭공간 설정

　총칭공간은 입력공간들이 서로 공유하는 듯 보이는 구조를 포착하여 설정되며, 이는 다시 각각의 입력공간으로 사상된다(Fauconnier & Turner, 2002: 80). 그렇기 때문에 총칭공간에 있는 각 요소는 입력공간들에서 쌍을 이룬 대응요소에 사상되는 것이다. 총칭공간은 입력공간들 사이의 공간횡단 사상을 한정해 주기도 한다. 이는 역시 총칭공간이 각각의 입력공간들의 공통된 요소를 포함하기 때문이다.

(3) 혼성공간

　혼성공간(blended space)은 입력공간₁과 입력공간₂가 선택적으로 투사되어 형성되는 공간이다.

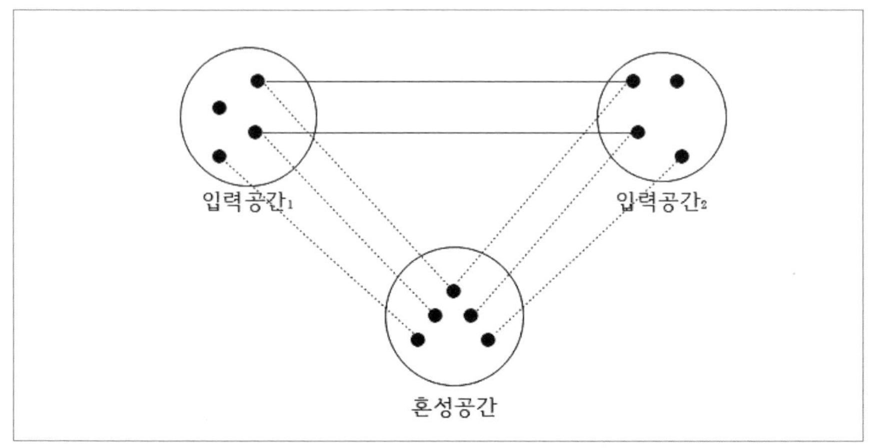

<그림 10> 혼성공간 설정

　두 입력공간에서 나온 구조는 혼성공간이라는 새로운 정신공간으로 투사된다(Fauconnier & Turner, 2002: 80). 그러나 Fauconnier & Turner(2002: 80)는 입력공간의 모든 요소와 관계가 혼성공간으로 투사되지는 않는다고 하였다. <그림 9>와 같이 대응요소 모두가 투사되는가 하면, 대응요소 가운데 하나만 투사되기도 하고, 대응요소가 전혀 투사되지 않기도 한다고 하였다. 또한 종종 혼성공간에서 입력공간의 대응요소들이 융합되지만, 융합되지 않기도 한다고 하였다. 아울러 한 입력공간의 요소가 다른 입력공간의 대응요소가 없더라도 혼성공간에 단독으로 투사되는 경우도 있다고 하였다. Fauconnier & Turner(2002: 80)는 혼성공간은 총칭공간과 연관되어 있다고 하였다. 그러나 혼성공간에는 총칭공간에서 포착되는 총칭적 구조는 물론이고 총칭공간보다 더 특이한 구조(비사실적이거나 현실적으로 불가능한 구조)82)가 포함될 수 있다고 하였다.

---

82) Fauconnier & Turner(2002: 80)는 승려 수수께끼를 통해 이를 설명하고 있다. 개념적 혼성을

(4) 발현구조

Fauconnier & Turner(2002: 81)에 따르면 혼성공간에는 어떤 입력공간에서도 직접 복사되지 않는 발현구조(emergent structure)가 생성된다. 발현구조는 세 가지 방식으로 생성된다고 하였는데, 합성과 완성, 정교화가 그것이다. 개념적 혼성은 입력공간의 요소들을 합성시켜 개별 입력공간에 존재하지 않는 관계를 만들어 낸다고 하였다. 합성이란 각 입력공간의 요소를 혼성공간으로 투사하는 것을 가리키는 것이다. 완성은 기존의 틀에 세부 사항을 첨가하여 새로운 틀을 만드는 작업이라 할 수 있다. 무의식적으로 혼성공간에 옮기는 배경지식과 구조의 범위를 인식하지 못하는 경우가 많은데, 완성은 이러한 배경의미를 혼성공간에서 보충하는 것을 가리킨다. 정교화는 혼성공간을 상상적으로 운용하는 것을 가리킨다. 합성과 완성 과정을 거쳐서 이루어진 구조에 자의적으로 새로운 것을 집어넣기도 하고 빼기도 하는 과정을 의미하는 것이다(김종도, 2002: 349). 정교화는 혼성공간에서 사건에 대해 가정된 다양한 정신적 수행을 되풀이하는 과정으로, 이러한 과정을 통해 목적한 방향으로 혼성공간을 운용할 수도 있으며, 다른 방향으로도 혼성공간을 운용할 수 있다고 하였다(Fauconnier & Turner, 2002: 82).

개념적 혼성 이론에서 가장 두드러진 공간은 발현구조가 창조되는 혼성공간이다. 김동환(2002: 63)은 혼성공간은 두 입력공간에서 몇 가지 요소 및 그 의미들을 계승한다는 점에서 입력공간의 개념적 후손인데, 이것은 마치 아이가 부모의 생물학적, 문화적 후손인 것과 유사하다고 하였다. 아이들이 비록 부모에게서 태어나도 그 자체의 주체성, 혹은 독자성을 가지고 있는 것처럼

통해 산을 오르는 승려와 며칠 뒤 산에서 내려오는 승려가 만나는 접점이 혼성공간을 통해 실현되는데, 이러한 혼성공간은 두 개의 시공간이 통합된 현실적으로는 불가능한 구조다.

혼성공간은 입력공간의 단순한 복사가 아니라 그 자체의 독자성을 가지고 있으며, 이러한 독자성은 발현구조로 실현된다고 하였다.

혼성공간은 입력공간의 요소들 간 선택적 투사에 의해 형성된다. 선택적 투사는 입력공간들 간의 공간횡단 사상에 의해 가능하며, 공간횡단 사상은 총칭공간에 의해 한정된다. 결국 총칭공간이 전제되어야 공간횡단 사상이 가능해지며, 공간횡단 사상이 가능해져야 선택적 투사가 이루어져 혼성공간이 생성되는 것이다. 이처럼 입력공간과 혼성공간, 총칭공간은 밀접하게 연결된 망을 형성하는데, 이를 개념적 통합 연결망(conceptual integration network)이라고 한다(Fauconnier, 1997: 151).

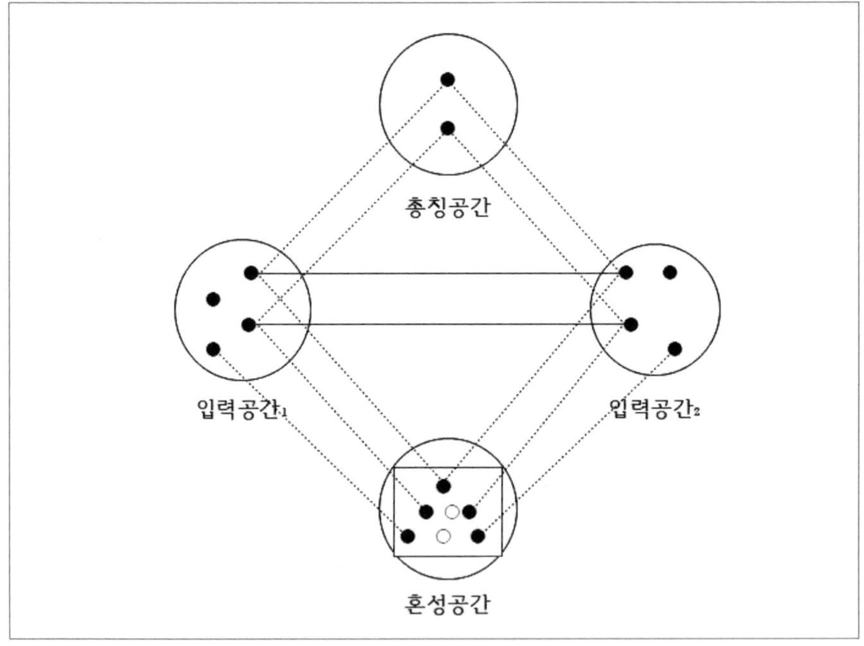

<그림 11> 개념적 통합 연결망

개념적 통합 연결망에서 입력공간₁과 입력공간₂ 사이의 공간횡단 사상은 실선으로 표시된다. 공간횡단 사상에 의해 연결된 요소들은 다시 혼성공간으로 투사되는데, 이러한 투사는 점선으로 표시된다. 입력공간의 요소들 모두가 사상되는 것은 아니라는 점에서 사상은 부분적이며, 입력공간의 요소들 모두가 혼성공간으로 투사되는 것은 아니라는 점에서 투사는 선택적이다. 혼성공간에서는 합성, 완성, 정교화의 과정을 통해 입력공간에서 투사되지 않는 새로운 요소들이 형성되어 발현구조가 창조되는데, 이러한 발현구조는 네모 상자로 표시된다. 네모 상자 안의 흰색 점은 혼성공간에서 창조된 새로운 요소를 표시한다.

개념적 혼성은 결국 발현구조를 만들기 위한 인지적 과정이다. 발현구조는 실현된 의미의 구성을 나타내며, 발현구조를 창조하는 과정은 의미 구성의 과정이라 할 수 있다. 따라서 개념적 혼성 이론에서 의미를 구성하는 방식은 '입력공간의 구축 → 입력공간의 연결 → 혼성공간의 형성 → 발현구조의 창조'와 같은 일련의 과정을 통해 이루어지는 것이라 할 수 있다.

3) 개념적 혼성과 의미 구성

개념적 혼성 이론은 개념적 은유 이론에서 발전해 왔기 때문에 입력공간들 사이의 대응 관계를 두 영역 사이의 사상 관계의 다른 모습으로 보면 개념적 은유 이론과 유사한 점을 발견할 수도 있다. 그러나 앞서 지적한 바와 같이 개념적 은유 이론은 목표영역에 있는 어떤 요소가 근원영역에서 대응요소를 찾지 못하거나, 혹은 그 역으로 사상이 이루어지는 쌍방향적 사상을 설명할 수 없다는 한계를 드러냈다. 개념적 혼성 이론은 이러한 개념적 은유 이론의 한계를 극복하기 위해 두 입력공간 외에 총칭공간과 혼성공간을 설정하고, 혼성공간에서 '개념적 통합이라는 인지 작용'이 일어나는 것으로 가정하여, 부분적 사상의 문제는 물론이고 즉석에서 생성되는 구조까지도 설명할 수 있다고 주장한다(김종도, 2002: 345).

(107)′ This surgeon is a butcher. (이 외과의사는 도축자다.)

앞서 (107)에서 개념적 은유 이론을 통해서는 '이 외과의사는 도축자다'라는 은유가 지닌 의미의 핵심, 즉 '외과의사의 무능함'이라는 의미의 생성 과정을 명시적으로 설명해 내지 못함을 확인했다. 그러나 부분적인 사상과 선택적 투사가 가능한 개념적 혼성 이론은 일방향적 사상만으로 설명하기 어려운 '외과의사의 무능함'이라는 의미의 구성 과정을 보다 명확하게 설명해 줄 수 있다.

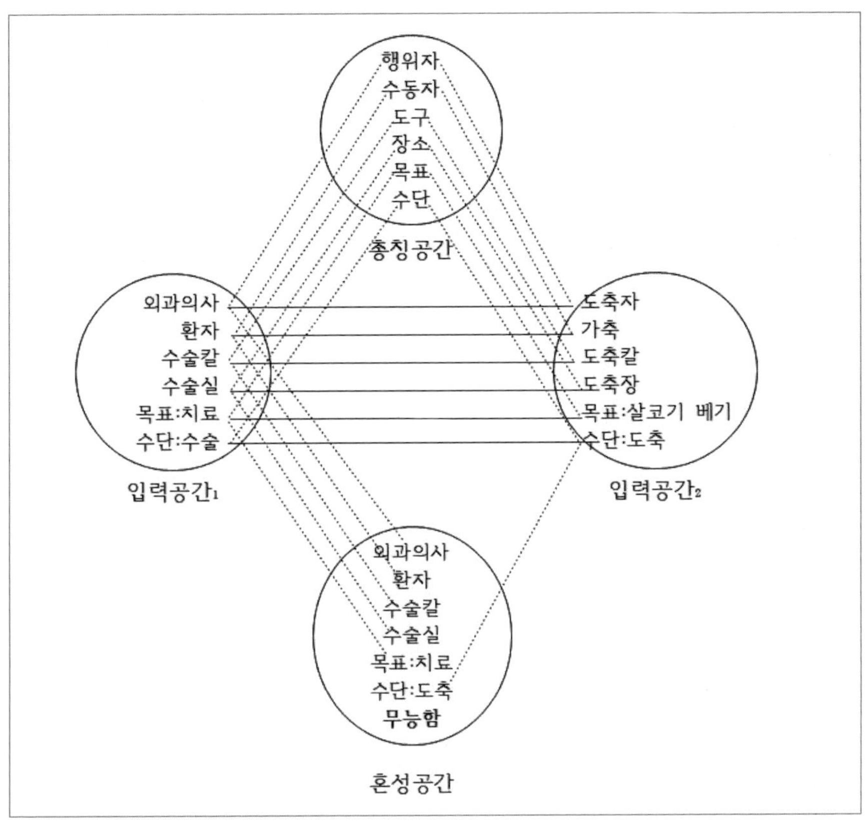

<그림 12> '이 외과의사는 도축자다'의 개념적 통합 연결망

입력공간1에는 외과의사의 수술을 통해 치료를 하는 정신공간이 구축되고, 입력공간2에는 도축자가 도축을 통해 살코기를 베는 정신공간이 구축된다. 입력공간1과 입력공간2의 요소들 사이에는 공간횡단 사상이 이루어져 입력공간들의 요소가 일대일로 대응된다. 이러한 공간횡단 사상은 개념적 은유 이론에서 나타나는 은유적 사상과 일치한다고 할 수 있다. 그러나 개념적 혼성 이론에서 공간횡단 사상은 총칭공간에 의해 한정된다. 또한 혼성공간에는 입력공간의 요소들이 선택적으로 투사된다. 입력공간₁에서는 [수단: 수술]을 제외한 모든 요소가 혼성공간으로 투사되고, 입력공간₂에서는 [수단: 도축]만이 혼성공간으로 투사된다. 이로써 혼성공간에는 '외과의사가 환자를 치료하기 위해서 수술실에서 수술칼로 도축을 하고 있다'는 의미가 구성된다. 혼성공간에서는 두 입력공간에 없는 발현구조가 형성된다. 합성과 완성, 정교화의 과정을 통해 입력공간에서 투사된 정보만으로는 예상할 수 없는 새로운 의미, 신흥구조가 생겨나는 것이다. 일반적인 배경지식에 의하면 어떤 일을 수행하는 경우에는 그 일에 대한 목표가 있고, 그 목표를 달성하기 위한 적절한 수단이 있다. 수단과 목표의 불일치는 그 일이 원만하게 진행되고 있지 않음을 상정한다. 환자를 치료해야 하는 외과의사가 수술을 하지 않고 도축을 하고 있다는 [목표: 치료]와 [수단: 도축] 사이의 불일치는 '외과의사의 무능함'이라는 추론을 이끌어 내는 데 결정적인 역할을 한다. 결국 〈그림 12〉의 개념적 통합 연결망을 통해 (107)′의 예문은 '외과의사는 환자를 치료해야 하는데, 수술실에서 수술칼로 도축을 하고 있는 이 외과의사는 무능하다'라는 의미가 구성됨을 알 수 있다.

개념적 혼성은 유사하거나 동일한 표현에 대해 서로 다른 의미가 구성될 수 있다. 개념적 혼성의 의미 구성 방식인 입력공간의 구축이나 공단횡단 사상이 다르게 작용한다면 유사하거나 동일한 표현도 다른 의미가 구성될 수 있다는 것이다. 개념적 혼성에서는 입력공간이 동일하게 구축되고 사상이 동일하게 작용하여도, 선택적 투사의 차이로 의미 구성이 달라지기도 한다(김동환, 2013: 534).

(111) This butcher is a surgeon (이 도축자는 외과의사다.)

〈그림 12〉는 '이 외과의사는 도축자다'라는 문장의 개념적 통합 연결망으로, 개념적 혼성 과정을 통해 '외과의사는 환자를 치료해야 하는데, 수술실에

서 수술칼로 도축을 하고 있는 이 외과의사는 무능하다'라는 의미가 구성됨을 확인할 수 있었다. (107)′와 동일한 입력공간이 구축되고, 동일한 공간횡단 사상이 이루어지더라도, 선택적 투사를 달리하면 (111)의 핵심 의미라 할 수 있는 '도축자의 무능함'이라는 의미가 구성될 수 있다.

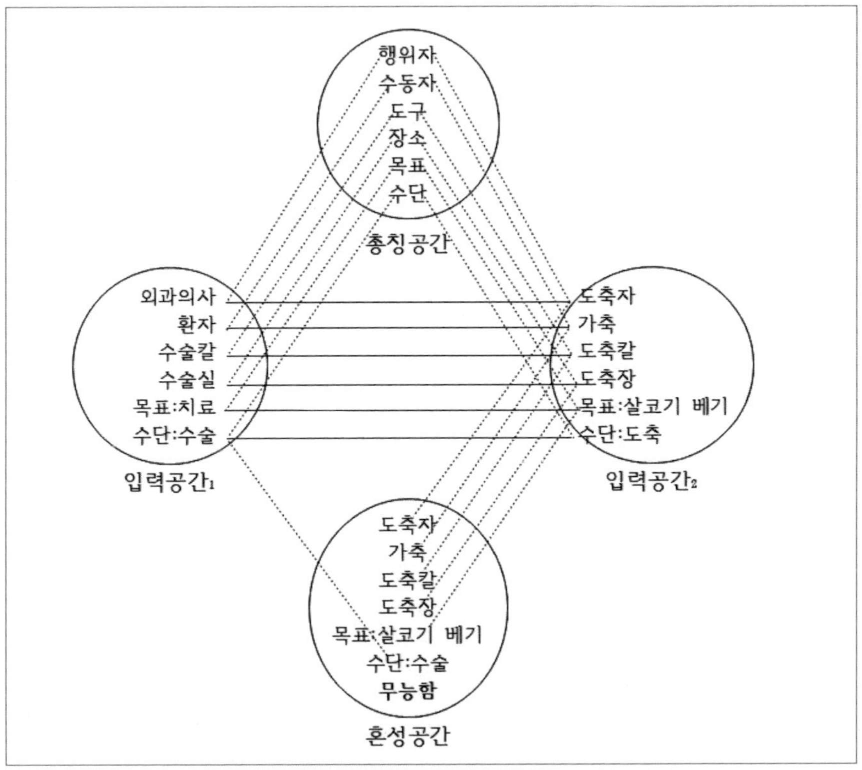

<그림 13> '이 도축자는 외과의사다'의 개념적 통합 연결망

입력공간2에서는 [수단: 도축]을 제외한 모든 요소가 혼성공간으로 투사되고, 입력공간1에서는 [수단: 수술]만이 혼성공간으로 투사된다. 이로써 혼성공간에는 '도축자가 가축의 살코기를 베기 위해서 도축장에서 도축칼로 수술을 하고 있다'는 의미가 구성된다. 여기에서도 중요한 것은 [목표]와 [수단]의 선택적 투사 방식이다. 선택적 투사에 의해 혼성공간에서는 두 입력공간에 없는 발현구조가 형성된다. 합성과 완성, 정교화의 과정을 통해 입력공간에서 투사된 정보만으로는 예상할 수 없는 새로운 의미, 신흥구조가 생겨나는 것이다. 일반적인 배경지식에 의하면 어떤 일을 수행하는 경우에는 그 일에 대한 목표가 있고, 그 목표를 달성하기 위한 적절한 수단이 있는데, 수단과 목표의 불일치는 그 일이 원만하게 진행되고 있지 않음을 상정한다. 가축의 살코기를 베어야 하는 도축자가 도축을 하지 않고 수술을 하고 있다는 [목표: 살코기 베기]와 [수단: 수술] 사이의 불일치는 '도축자의 무능함'이라는 추론을 이끌어 내는 데 부족함이 없다. 결국 〈그림 13〉의 개념적 통합 연결망을 통해 (111)의 예문은 '도축자는 살코기를 베어야 하는데, 도축장에서 도축칼로 수술을 하고 있는 이 도축자는 무능하다'라는 의미가 구성됨을 알 수 있다.

이처럼 개념적 혼성은 개념적 통합 연결망을 구성하는 요소들이 입력공간을 구축하고, 공간횡단 사상을 하며, 선택적으로 투사하는 인지 작용을 통해 새로운 의미를 창조해 내는 의미 구성 과정임을 알 수 있다. Fauconnier(1997: 160)는 문맥에서 문장을 이해하는 것은 의도된 개념적 혼성이 어떤 종류의 것인지를 아는 것이라고 하였다. 결국 개념적 혼성 이론에서 말하는 의미는 언어 표현에 주어진 것이 아니라 개념적 혼성에 의해 구성되는 것이라 할 수 있다.

3. 개념적 혼성 기반 보조용언의 의미 구성

의미 구성 과정은 의미를 실현하는 과정임과 동시에 의미를 해석하는 과정이다. 따라서 보조용언의 의미 구성 과정을 살피는 일은 보조용언의 의미가 실현되는 과정을 밝힘과 동시에 실현된 보조용언의 의미를 파악하는 과정이라 할 수 있다. 사건의 통합이나 의미의 합성 등 다양한 의미 구성에 활용할 수 있는 개념적 혼성 이론은 [V_1(선행 용언)+연결소+V_2(후행 용언)]의 결합에 의해 문법적 의미가 구성되는 보조용언의 의미 구성 과정을 밝히는 데 활용될 수 있다.

Fauconnier & Turner(2002: 542-544)는 사역 구문이라는 형식적 혼성 공간을 창조하기 위해 형태론을 이용하는 히브리어의 사례를 소개한 바 있다.

(112) 지휘관은 병사들을 달리게 했다.

Fauconnier & Turner(2002: 542-544)는 (112)와 같은 사역 구문의 의미 구성 과정을 개념적 통합 연결망을 통해 설명하고 있다. 사역 구문의 개념적 통합 연결망은 타동 구문의 형태론적 패턴을 구조화한 입력공간$_1$과 원인 사건과 결과 사건이 통합된 입력공간$_2$로 구조화되었다. 타동 구문의 형태론적 패턴이 지휘관이 군인들에게 행동하도록 만드는 원인 사건과 그 결과로 군인들이 달리는 결과 사건과 통합하여 사역 구문이라는 형식적 혼성공간을 창조하는 과정을 제시하였는데, 타동 구문이 지닌 형태론적 패턴과 새로운 사건을 접목시켜 사역 구문의 의미 구성 과정을 밝히는 과정을 소개한 것이다.[83]

---

83) 김동환(2002: 154-157)에서도 사역이동 구문의 의미 구성 과정을 확인하기 위해 사역이동

형태론적 패턴을 사용하여 형식적 혼성공간을 창조하는 개념적 혼성의 양상은 개별 보조용언이 지닌 양태 의미의 의미 구성 과정을 밝히는 데도 활용이 가능할 것이다. 개별 보조용언의 양태 의미 구성 과정에는 보편적인 양태 의미의 형식적 구조가 개입될 수 있기 때문이다.[84) 인지적으로 구조화된 양태 의미에 대한 형식 구조는 새로운 사건 구조와 접목하여, 개별 보조용언의 양태 의미 구성 과정에 활용될 것이다. 양태 의미가 지닌 의미적 패턴과 새로운 사건을 접목시켜, Fauconnier & Turner(2002: 542-544)가 개념적 통합 연결망을 통해 사역 구문의 의미 구성 과정을 밝힌 것과 같이 개별 보조용언의 양태 의미 구성 과정 또한 밝혀낼 수 있을 것이다.

개별 보조용언의 양태 의미 구성 과정에 개입하는 정신공간은 두 가지로 구조화할 수 있다. 하나는 양태 의미의 의미 패턴이 형식적으로 구조화된 '양태 의미 구조'에 관한 정신공간이며, 다른 하나는 보조용언 구문이 실현된 '새로운 사건 구조'에 관한 정신공간이다. 새로운 사건 구조에 관한 정신공간은 다시 두 개의 공간으로 분리된다. 하나는 보조용언이 실현되지 않은 사건 구조에 대한 정신공간으로 '일반적인 사건 구조'라 명명한다. 다른 하나는 개별 보조용언의 양태 의미 구성 과정에 개입될 것으로 예상되는 본용언의 의미에 대한 정신공간으로 '본용언의 의미'라 명명한다. '본용언의 의미'는 본용언으로 활용되던 어휘의 다양한 의미 요소 중 하나가 인지적으로 구조화된 배경지식에 의해 추출되어 보조용언의 의미 구성 과정에 활용된다는 사실을 밝히는

구문의 통사구조와 개념구조를 구조화한 개념적 통합망을 활용하였다. 사역이동 구문의 통사구조를 구조화하여 구축한 입력공간₁과 개념구조를 구조화하여 구축한 입력공간₂가 선택적으로 투사되어 혼성공간에서 사역이동의 의미를 생성함을 보이고 있다.

84) Fauconnier & Turner(2002: 558)는 새로운 문법 구문은 기존의 문법 구문으로부터 개념적 혼성을 통해 창조된다고 하였다. 이는 인지적으로 구조화된 양태 의미에 대한 형식 구조가 개별 보조용언의 양태 의미 구성 과정에 작용할 수 있음을 의미한다.

데 활용된다. 본용언의 어휘 의미가 어떠한 과정을 거쳐 보조용언의 문법적 의미로 변화하는가를 가시화한다는 것이다.

양태 의미의 형식 구조 요소들과 새로운 사건 구조 요소들은 공간횡단 사상을 하며, 혼성공간에 선택적으로 투사가 될 것이다. 혼성공간으로 투사된 요소들은 개념적 혼성이라는 인지적 과정을 거치면서 보조용언 구문의 양태 의미를 구성할 것이다. 이때 보조용언 구문의 양태 의미가 구조화된 의미적 패턴은 입력공간₁이 되고, 일반적인 사건 구조와 본용언의 의미가 구조화된 새로운 사건 구조는 입력공간₂가 될 것이다. 양태 의미의 형식 구조를 활용하여 보조용언 구문의 양태 의미를 구성하기 위한 공간횡단 사상을 그림으로 나타내면 〈그림 14〉와 같이 나타낼 수 있을 것이다.

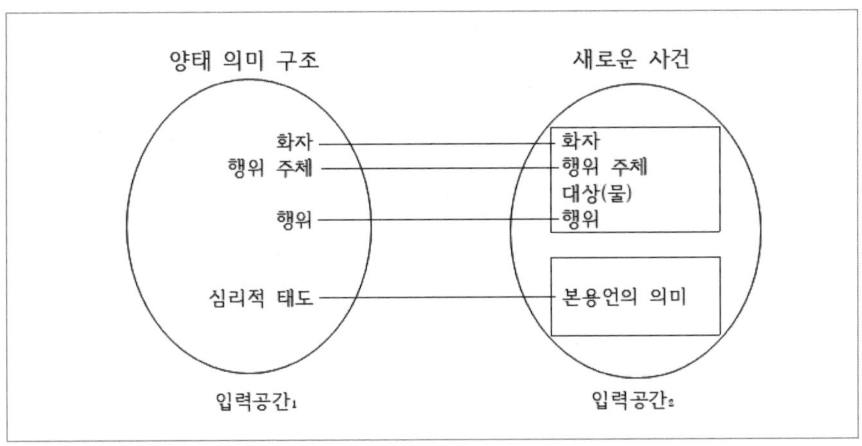

<그림 14> 보조용언 구문의 양태 의미 구성을 위한 공간횡단 사상

입력공간₁에는 보조용언 구문의 양태 의미가 지니는 의미적 패턴을 구조화하였다. 일반적으로 보조용언 구문의 양태 의미는 '화자 혹은 행동 주체의 선행 동작에 따른 심리적 태도'를 나타내기 때문에, 보조용언 구문의 양태 의미는 [화자], [행위 주체], [행위], [심리적 태도]의 요소로 구조화될 수 있을 것이다.

입력공간₂에는 보조용언 구문이 실현된 새로운 사건이 구조화되어 구축된다. 새로운 사건이 구조화되어 구축된 입력공간₂에는 [화자], [행위 주체], [대상(물)], [행위]와 같은 일반적인 사건 구조 요소와 [심리적 태도]에 영향을 미칠 것으로 예상되는 [본용언의 의미] 요소가 구조화되어 있다. 양태 의미를 구조화한 입력공간₁의 사건 요소들은 새로운 사건을 구조화한 입력공간₂의 일반적인 사건 구조 요소와 사상되며, 입력공간₁의 [심리적 태도]는 입력공간₂의 [본용언의 의미]와 사상 관계를 이룬다. 보조용언 구문의 양태 의미가 지니는 의미적 패턴이 구조화되어 구축된 입력공간₁의 요소들과 일반적인 사건 구조와 본용언의 의미가 구조화되어 구축된 입력공간₂의 요소들이 혼성공간으로 선택적으로 투사되어, 합성, 완성, 정교화의 개념적 통합 과정을 거치면 개별 보조용언이 지닌 양태 의미가 구성될 것이다.

본 장에서는 보조용언 구문의 양태 의미가 지니는 의미적 패턴이 구조화된 입력공간₁과 일반적인 사건 구조와 본용언의 의미가 구조화된 입력공간₂가 혼성공간으로 선택적으로 투사되어, 합성, 완성, 정교화라는 개념적 통합의 인지적 과정을 거쳐 개별 보조용언이 지닌 양태 의미가 구성되는 과정을 보이고자 한다. 개별 보조용언이 지닌 양태 의미 구성 과정은 개별 보조용언이 실현된 언어 표현85)을 개념적 통합 연결망으로 구현하는 과정을 통해 확인할 수 있을

---

85) 임지룡(2017: 35)에서는 언어 표현은 의미를 전달하기 위한 실마리이며, 언어 표현과 의미 간에

216

것이다. 본용언의 의미를 분석하여, 양태 의미 구성 과정에 영향을 미치는 본용언 어휘 의미의 핵심 요소를 도출하고, 보조용언 구문의 양태 의미 구성을 위한 공간횡단 사상을 구성하여, 개념적 통합 연결망을 구성할 것이다. 개별 보조용언이 실현된 문장의 개념적 통합 연결망을 분석해 보면, 개별 보조용언의 양태 의미가 구성되는 인지적 과정을 가시화할 수 있을 것으로 예상되기 때문이다.

개념적 통합 연결망을 통한 보조용언의 의미 구성 과정을 분석하는 대상은 보조용언의 문법적 의미 중에서 양태 의미에 한정하고자 한다. 분석의 대상을 양태 의미를 지닌 보조용언에 한정하는 이유는 보조용언의 상 의미는 어휘 의미와 마찬가지로 개념적 은유나 개념적 환유를 통한 의미 확장으로 설명이 가능하다고 보기 때문이다. 김동환(2013: 222-223)에서 지적한 바와 같이 행위 인지모형을 구성하는 부분들에 입각한 환유에는 '행위자, 행동, 도구, 수단, 시간, 사물, 행동의 방식, 결과' 등 다양한 요소들이 포함되어 있고, 이러한 요소 중 하나가 다른 요소를 가리키는 개념적 환유가 가능하다. "행동은 행동의 양상을 대표한다."는 개념적 환유가 가능하다는 것이다. 또한 "행동의 양상은 행동이다."라는 개념적 은유에 의한 의미 확장 과정도 일련의 연구를 통해 분석된 바 있다. 행동의 양상, 혹은 행동에 따른 상태의 양상을 나타내는 보조용언의 상 의미는 개념적 은유나 개념적 환유를 통해 설명이 가능하다고 보아, 본고에서는 상 의미를 지닌 보조용언은 개념적 혼성을 적용하여 의미 구성 과정을 분석하는 대상에서 제외한다.

는 화자와 청자에 의한 해석의 인지 기제가 작용하고 있다고 하였다. 따라서 언어 표현은 '의미 구성'이라는 동적 과정의 '개념화'를 위한 실마리가 될 수 있다 하였다.

1) '-어 내다'의 양태 의미 구성 과정

'완료된 행위에 대한 동작 주체의 성취감'을 양태 의미로 지니는 보조용언 '-어 내다'의 본용언 '내다'는 다음과 같은 어휘 의미를 지닌다.86)

(113) 본용언 '내다'의 어휘 의미
　　① 회비나 세금 따위의 돈을 주거나 바치다. 〈벌금을 내다〉
　　② 서류나 문서를 다른 사람이나 기관에 제출하거나 보내다. 〈신청서를 내다〉
　　③ 어떤 감정이나 기운을 일으켜 생기게 하다. 〈화를 내다〉
　　④ 일의 상태나 결과를 드러나거나 맺어지게 하다. 〈결말을 내다〉
　　⑤ 인쇄물을 만들어 펴다. 〈신문을 내다〉
　　⑥ 다른 사람에게 서신을 만들어 보내다. 〈초청장을 내다〉
　　⑦ 어떤 소리를 생기게 하다. 〈소리를 내다〉
　　⑧ 음식을 대접하려고 사다. 〈회식을 내다〉
　　⑨ 힘이나 속도를 일정한 기준이나 정도보다 더 하게 하다. 〈힘을 내다〉
　　⑩ 다른 사람에게 의견을 말이나 글로 제시하다. 〈안건을 내다〉
　　⑪ 곡식이나 음식물을 다른 사람에게 팔려고 선보이다. 〈곡식을 시장에 내다〉
　　⑫ 가게나 살림을 새로 차리다. 〈가게를 내다〉
　　⑬ 어떤 값을 계산해 구하다. 〈통계를 내다〉
　　⑭ 물건을 바깥으로 옮기어 두다. 〈짐들을 밖으로 내다〉
　　⑮ 불을 일어나게 하다. 〈불을 내다〉

---

86) 분석이 대상이 되는 본용언의 어휘 의미는 『고려대한국어대사전』을 참고하였다. 『고려대한국어대사전』을 의미 분석의 대상으로 삼은 이유는 『고려대한국어대사전』이 형태 중심이 아닌 의미 중심으로 기술되어 있기 때문이다. 『표준국어대사전』이 『고려대한국어대사전』에 비해 다양한 의미를 제시하고 있기는 하지만, 『표준국어대사전』은 형태(문장 형식)에 따른 의미를 기술하고 있어, 형태 구조의 차이에 따라 동일한 의미가 중첩되어 기술되는 경우가 발생한다. 본고는 본용언의 의미를 분석하여, 의미의 중심이 되는 핵심 요소를 도출하는 데 목적이 있다. 따라서 의미 중심의 기술을 통해 중첩되는 의미가 비교적 적게 나타난다고 생각되는 『고려대한국어대사전』을 본용언의 의미 분석에 활용하고자 한다.

⑯ 시간의 여유를 만들다. 〈시간을 내다〉

⑰ 길을 새로 만들다. 〈길을 내다〉

⑱ 어떤 인물을 세상에 배출하다. 〈인재를 내다〉

⑲ 맛을 좋아지게 만들다. 〈맛을 내다〉

⑳ 소문이나 이름을 밖으로 알려지게 드러내다. 〈소문을 내다〉

㉑ 사물에 빛이나 윤기를 환하게 드러나게 하다. 〈윤기를 내다〉

㉒ 신문이나 잡지에 어떤 사실이나 기사를 실리게 하다. 〈광고를 내다〉

㉓ 시험에 평가를 위해 문제를 내놓다. 〈문제를 내다〉

㉔ 맵시나 모양새를 돋보이게 하다. 〈멋을 내다〉

㉕ 어디에 흔적이나 흠을 생기게 하다. 〈구멍을 내다〉

본용언으로 활용되는 '내다'가 지닌 어휘 의미는 크게 세 가지로 정리해 볼 수 있다. 첫째는 '다른 사람에게 무엇을 내어놓다'라는 '제출(提出)/ 제공(提供)'의 의미다. (113 ①, ②, ⑩)은 '돈이나 문건, 의견 등을 다른 사람에게 내어놓다'라는 '제출'의 의미를 지닌다.87) (113 ⑥, ⑧, ㉒)도 (113 ①, ②, ⑩)의 의미와 비슷한 맥락으로 '다른 사람에게 무엇인가를 내어놓다'라는 의미를 지니고 있으나, 단순한 '제출'의 의미에서 그치는 것이 아니라 가지고 있는 것을 내놓거나 대주어 도움이 되게 한다는 의미를 표현하기 때문에 '제공'의 의미를 지니는 것으로 보았다. 둘째는 '없던 대상물을 만들다'라는 '생성(生成)'의 의미다. '생성'의 의미는 본용언 '내다'의 의미 요소 중에서 가장 많은 부문을 차지하고 있다. (113 ③, ④, ⑤, ⑦, ⑨, ⑫, ⑬, ⑮, ⑯, ⑰, ⑱, ⑲, ⑳, ㉑, ㉓, ㉔, ㉕)는 모두 '생성'의 의미를 나타내는데, '감정, 상태, 인쇄물, 소리, 힘, 계산 값, 불, 시간, 길, 맛, 맵시, 흔적' 등, 모두 없던 어떠한 대상물을

---

87) 박선옥(2002: 136)은 본용언 '내다'의 의미를 '장소의 이동'과 '없던 대상물을 만들다'라는 두 가지의 의미로 분류하였는데, 본고에서 '제출'의 의미를 지닌다고 파악한 (113 ①, ②, ⑩)의 의미를 '장소의 이동'으로 보고 있다.

새롭게 만든다는 의미를 지니고 있다. 셋째는 '어떤 대상물을 다른 장소로 이동시키다'라는 '이동(移動)'의 의미다. (113 ⑪)은 '곡식을 시장으로 가져가다'라는 '이동'의 의미를, (113 ⑭)는 '물건을 안에서 밖으로 옮기다'라는 '이동'의 의미를 나타내고 있다. 이상의 내용을 종합해 보면, 본용언 '내다'가 지닌 어휘 의미의 핵심 요소는 '제출(提出)/ 제공(提供)'과 '생성(生成)', 그리고 '이동(移動)'으로 정리할 수 있다.

(114) 철수는 결국 밀린 월급을 <u>받아 냈다.</u>

(114)는 보조용언 '-어 내다'가 실현된 언어 표현으로 보조용언 '-어 내다'의 문법적 의미가 실현된 전형적인 문장이다. (114)의 문장이 어떠한 과정을 거쳐 양태 의미를 구성하는지 개념적 통합 연결망을 통해 양태 의미 구성 과정을 살펴보도록 하겠다.

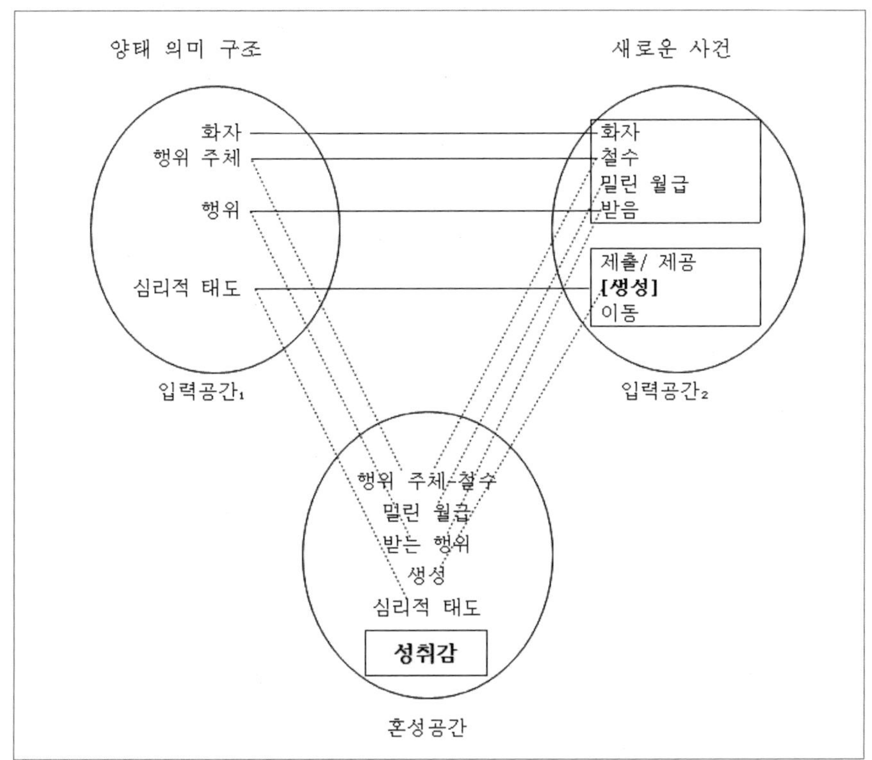

<그림 15> '철수는 결국 밀린 월급을 받아 냈다'의 개념적 통합 연결망

입력공간₁에는 보조용언 구문의 양태 의미가 지니는 의미적 패턴을 구조화하였다. 일반적으로 보조용언 구문의 양태 의미는 '화자 혹은 행동 주체의 선행 동작에 따른 심리적 태도'를 나타내기 때문에, 보조용언 구문의 양태 의미는 [화자], [행위 주체], [행위], [심리적 태도]의 요소로 구조화될 수 있을 것이다.

입력공간₂에는 보조용언 구문이 실현된 새로운 사건이 구조화되어 구축되었다. 새로운 사건이 구조화되어 구축된 입력공간₂에는 [화자]와, [행위 주체]인 철수, [행위 대상(물)]인 밀린 월급, 받음의 [행위]와 같은 일반적인 사건 구조 요소와 [심리적 태도]에 영향을 미칠 것으로 예상되는 본용언 '내다'의 의미 요소가 구조화되었다. 본용언 '내다'가 지닌 어휘 의미의 핵심 요소는 '제출/제공'과 '생성', '이동'이 있는데, 이 중에서 해당 문장에 영향을 미치는 핵심 요소는 '생성'으로 파악된다.

양태 의미를 구조화한 입력공간1의 사건 요소들은 새로운 사건을 구조화한 입력공간2의 일반적인 사건 구조 요소와 사상되며, 입력공간1의 [심리적 태도]는 입력공간2의 [본용언의 의미] 중 '생성'과 사상 관계를 이룬다. 보조용언 구문의 양태 의미가 지니는 의미적 패턴이 구조화되어 구축된 입력공간1의 요소들은 모두 혼성공간에 투사된다. 입력공간2의 일반적인 사건 구조 요소는 모두 혼성공간으로 투사되지만, 본용언의 의미 요소 중에는 '생성'만 혼성공간으로 투사된다.

합성이라는 개념적 통합의 인지적 과정을 통해 혼성공간에는 '행위 주체인 철수가 밀린 월급을 받는 행위를 이룬 것에 대한 심리적 태도'라는 양태 의미가 구성된다. 일반적으로 밀린 월급을 받는 일은 어려움이 따르는 행위로 어려운 행위를 이루었을 때는 '성취감'이라는 감정적 태도가 뒤따르기 마련이다. 어려운 일을 이룬 행위에 대한 심리적 태도인 '성취감'은 완성88)과 정교화의

---

88) Fauconnier & Turner(2002: 81)는 '완성'이란 배경 의미를 보충하는 것이라 하였다.

Fauconnier & Turner(2002: 81-82)는 '완성'의 방식이 지닌 기본적인 보충의 의미를 '패턴 완성'을 통해 설명하고 있는데, '패턴 완성'은 일부를 보고 예상되는 많은 부분을 추론하는 것이라 할 수 있다. 이러한 심리적 현상을 그림을 통해 예증하고 있는데, 위의 그림은 두 개의 직선과 하나의 직사각형으로 볼 수 있으나, '패턴 완성'을 통해 하나의 직선이 직사각형 뒤로 지나간다는 추론이 가능하다. 이처럼 '완성'은 주어진 정보와 인간의 인지적 구조에 내재한 배경지식을 바탕으로 배경 의미를 보충하는 과정이라 할 수 있다.

과정을 통해 발현구조에서 새롭게 생성되는 의미라 할 수 있다. 개념적 혼성의 과정을 통해 (108)의 문장은 '행위 주체인 철수가 밀린 월급을 받는 행위를 이룬 것에 대한 성취감'을 양태 의미로 나타낸다. (114)의 양태 의미를 기반으로 추론해 볼 때, 보조용언 '-어 내다'는 개념적 혼성에 의한 의미 구성 과정에서 '행위를 이룬 것에 대한 행위 주체의 성취감'이라는 양태 의미를 실현한다는 사실을 확인할 수 있다.[89]

2) '-어 버리다'의 양태 의미 구성 과정

'완료된 행위에 대한 화자의 심리적 태도(주로 아쉬움과 같은 부정적 태도나 시원함)'를 양태 의미로 지니는 보조용언 '-어 버리다'의 본용언 '버리다'는 다음과 같은 어휘 의미를 지닌다.

(115) 본용언 '버리다'의 어휘 의미
   ① 무엇을 찾지 않을 요량으로 내던지거나 쏟다. 〈휴지를 버리다〉
   ② 인연을 끊고 등지거나 돌보지 않다. 〈고향을 버리다〉
   ③ 버릇을 떼어 없애다. 〈버릇을 버리다〉
   ④ 생각을 떨쳐 없애다. 〈꿈을 버리다〉
   ⑤ 몸이나 물건 따위의 본바탕을 상하거나 더럽게 하여 망치다. 〈옷을 버리다〉
   ⑥ 일이나 길을 중도에 그만두다. 〈가업을 버리다〉

---

89) Fauconnier & Turner(2002: 113-115)는 모든 연결이 제자리를 잡고 있는 최종적인 통합 연결망만을 보면, 이는 올바른 투사만 선택하는 창조자의 숙달된 능력을 보여 주는 묘기 같을 것이라고 하였다. 최종 연결망에서는 받아들여진 선택만 나타나기 때문이다. 그러나 결과만 본다면 이를 창조하는데 들어간 많은 것을 놓치게 된다고 하였다. 적당한 투사를 찾고자 하는 유사한 시도는 우리의 뇌를 통해 다양하게 이루어지며, 그 발견 과정은 사실 힘겹고 예측할 수 없던 시행착오의 과정을 함의하고 있기 때문이라는 것이다.

⑦ 지위에서 스스로 물러나다. 〈장관직을 버리다〉

⑧ 숫자를 계산에 넣지 않다. 〈소수점 이하의 자릿수를 버리다〉

　본용언으로 활용되는 '버리다'가 지닌 어휘 의미는 크게 세 가지로 분류할 수 있다. 첫째는 '못 쓰게 된 것을 버리다'라는 '폐기(廢棄)'의 의미다.[90] (115 ①)은 '필요가 없는 물건을 내던지거나 쏟거나 하다'라는 '폐기'의 의미를 지닌다. 둘째는 '하던 일을 도중에 그만두거나 권리나 자격 따위를 내던지다'라는 '포기(抛棄)'의 의미다.[91] (115 ⑥)은 '하던 일을 중도에 그만두다'라는 '포기'의 의미를 지니며, (115 ⑦, ⑧)은 '권리나 자격 따위를 내던지다'라는 '포기'의 의미를 지니고 있다. 셋째는 '어떤 것이 완전히 없어지거나 사라지다'라는 '상실(喪失)'의 의미다. (115 ②, ③, ④, ⑤)는 '관계'나 '성격', '생각'이나 본질 등이 '없어지거나 사라지다'라는 '상실'의 의미를 나타내고 있다. 이상의 내용을 종합해 보면, 본용언 '버리다'가 지닌 어휘 의미의 핵심 요소는 '폐기(廢棄)'와 '포기(抛棄)', 그리고 '상실(喪失)'로 정리할 수 있다.

---

90) 박선옥(2002: 132)은 본용언 '버리다'의 어휘 의미를 '장소의 이동'과 '제거'로 분류하였으며, 이건환(2002: 138)은 '이탈'의 의미를 지닌 것으로 보았다.

91) 본용언 '버리다'의 어휘 의미를 '중단'이 아닌 '포기'로 설정한 이유는 더 많은 어휘 의미를 함의하기 위해서다. 본용언 '버리다'의 어휘 의미를 '중단'으로 설정하면 (109 ⑦, ⑧)은 별도의 의미 요소로 분류해야 할 것이다. 따라서 의미 요소를 최소화하기 위해 '중단'의 의미와 '권리나 자격을 내던지다'라는 의미를 포괄할 수 있는 '포기'를 '버리다' 어휘 의미의 핵심 요소로 설정하였다.

(116) ㄱ. 오빠가 내 생일 케이크를 <u>먹어 버렸다.</u>

ㄴ. 쓸모없던 자전거를 <u>팔아 버렸다.</u>

(116ㄱ)과 (116ㄴ)은 보조용언 '-어 버리다'가 실현된 언어 표현으로 보조용언 '-어 버리다'의 문법적 의미를 드러내는 전형적인 문장이다. 앞서 3장에서 살펴본 바와 같이 보조용언 '-어 버리다'는 실현 양상에 따라 화자의 심리적 태도가 달라질 수 있다. 선행 용언의 행위가 완료된 상황을 관망하는 화자의 심리적 판단에 따라 화자는 '아쉬움과 같은 부정적 태도'를 표현하거나, '시원함'과 같은 감정적 태도를 표현한다. 실현 양상에 따라 상이하게 나타나는 양태 의미가 어떠한 과정을 거쳐 구성되는지 개념적 통합 연결망을 통해 보조용언 '-어 버리다'의 양태 의미 구성 과정을 살펴보도록 하겠다.

먼저, (116ㄱ)의 양태 의미 구성에 관한 개념적 통합 연결망을 구조화하면 〈그림 16〉과 같다.

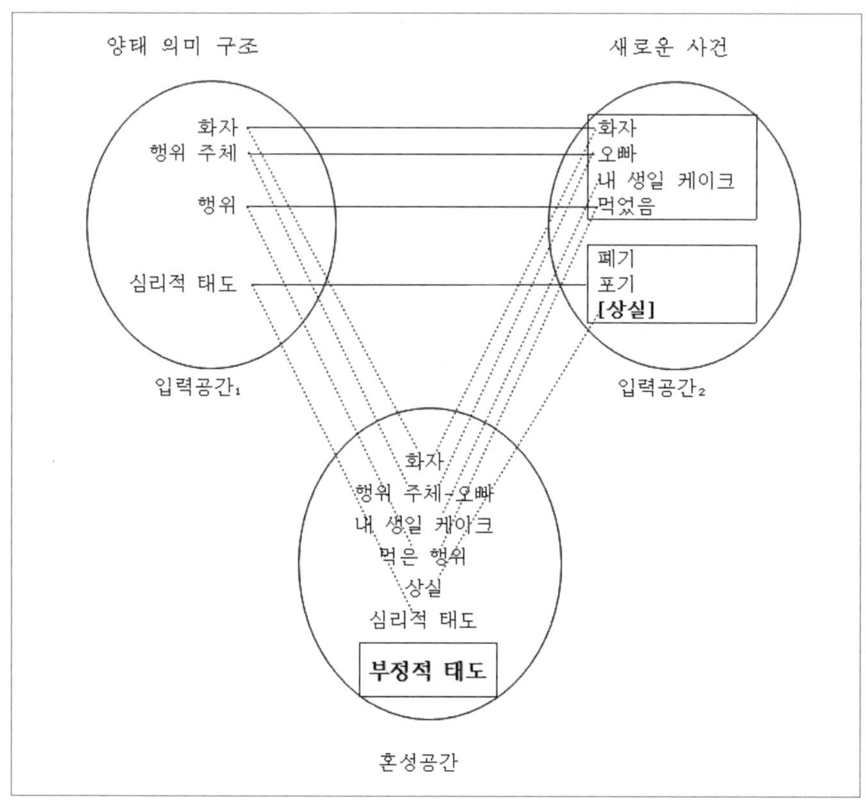

<그림 16> '오빠가 내 생일 케이크를 다 먹어 버렸다'의 개념적 통합 연결망

입력공간₁에는 보조용언 구문의 양태 의미가 지니는 의미적 패턴을 [화자], [행위 주체], [행위], [심리적 태도]의 요소로 구조화하였다. 입력공간₂에는 보조용언 구문이 실현된 새로운 사건이 구조화되어 구축되었다. 새로운 사건이 구조화되어 구축된 입력공간₂에는 [화자]와 [행위 주체]인 오빠, [행위 대상(물)]인 내 생일 케이크, 먹었음의 [행위]와 같은 일반적인 사건 구조 요소와 [심리적 태도]에 영향을 미칠 것으로 예상되는 본용언 '버리다'의 의미 요소가 구조화되었다. 본용언 '버리다'가 지닌 어휘 의미의 핵심 요소는 '폐기'와 '포기', '상실'이 있는데, 해당 문장에 영향을 미치는 의미의 핵심 요소는 '상실'인 것으로 파악된다.

양태 의미를 구조화한 입력공간$_1$의 사건 요소들은 새로운 사건을 구조화한 입력공간$_2$의 사건 구조 요소와 사상되며, 입력공간$_1$의 [심리적 태도]는 입력공간$_2$의 [본용언의 의미] 중 '상실'과 사상 관계를 이룬다. 보조용언 구문의 양태 의미가 지니는 의미적 패턴이 구조화되어 구축된 입력공간$_1$의 요소들은 모두 혼성공간에 투사된다. 입력공간$_2$의 일반적인 사건 구조 요소도 모두 혼성공간으로 투사되지만, 본용언의 의미 요소 중에는 '상실'만 혼성공간으로 투사된다.

합성이라는 인지적 과정을 통해 혼성공간에는 '행위 주체인 오빠가 자신의 생일 케이크를 다 먹은 행위를 상실한 것에 대한 화자의 심리적 태도'라는 양태 의미가 구성된다. 일반적으로 행위가 상실되었다는 것은 행위가 완전히 완료되었음을 의미한다. 또한 자신의 생일 케이크를 다 먹은 오빠의 행위에 대한 심리적 태도는 '부정적'일 수밖에 없다. 행위의 완료에 대한 심리적 태도인 '부정적 태도'는 완성, 정교화의 과정을 통해 발현구조에서 새롭게 생성되는 의미라 할 수 있다. 개념적 혼성의 과정을 통해 (116ㄱ)의 문장은 '행위 주체인 오빠가 자신의 생일 케이크를 먹은 행위를 완료한 것에 대한 화자의 부정적 태도'를 양태 의미로 나타낸다. (116ㄱ)의 양태 의미를 기반으로 추론해 볼 때, '-어 버리다'라는 보조용언은 개념적 혼성에 의한 의미 구성 과정에서 일차적으로 '행위가 완료된 것에 대한 화자의 부정적 태도'를 드러내는 양태 의미를 실현한다고 볼 수 있다.

다음으로 (116ㄴ)의 양태 의미가 구성되는 과정을 개념적 통합 연결망으로 구조화하면 〈그림 17〉과 같이 나타낼 수 있다.

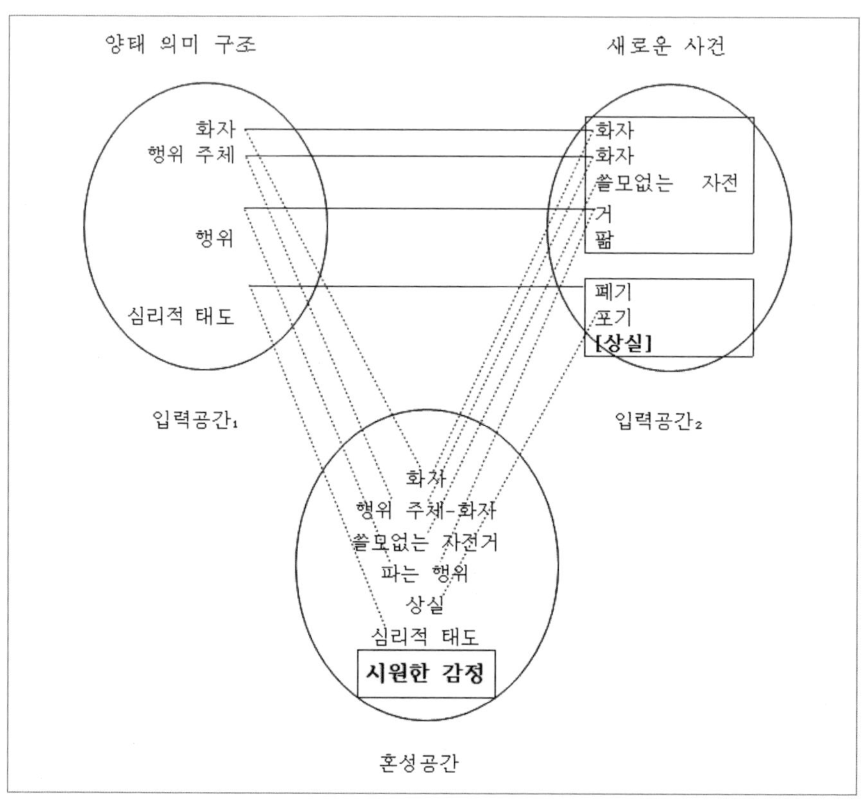

<그림 17> '쓸모없는 자전거를 팔아 버렸다'의 개념적 통합 연결망

입력공간1에는 동일하게 보조용언 구문의 양태 의미가 지니는 의미적 패턴을 [화자], [행위 주체], [행위], [심리적 태도]의 요소로 구조화하였다. 입력공간2에는 보조용언 구문이 실현된 새로운 사건이 구조화되어 구축되었다. 새로운 사건이 구조화되어 구축된 입력공간2에는 [행위 주체]인 [화자]와 [행위 대상(물)]인 쓸모없는 자전거, 팖의 [행위]와 같은 일반적인 사건 구조 요소와 [심리적 태도]에 영향을 미칠 것으로 예상되는 본용언 '버리다'의 의미 요소가 구조화되었다. 본용언 '버리다'가 지닌 어휘 의미의 핵심 요소 중에서 해당

228

문장에 영향을 미치는 의미의 핵심 요소는 역시 '상실'인 것으로 파악된다.

양태 의미를 구조화한 입력공간$_1$의 사건 요소들은 새로운 사건을 구조화한 입력공간$_2$의 일반적인 사건 구조 요소와 사상되며, 입력공간$_1$의 [심리적 태도]는 입력공간$_2$의 [본용언의 의미] 중 '상실'과 사상 관계를 이룬다. 보조용언 구문의 양태 의미가 지니는 의미적 패턴이 구조화되어 구축된 입력공간$_1$의 요소들은 모두 혼성공간에 투사된다. 입력공간$_2$의 일반적인 사건 구조 요소도 모두 혼성공간으로 투사되지만, 본용언의 의미 요소 중에는 '상실'만 혼성공간으로 투사된다.

개념적 통합이라는 인지적 과정을 통해 혼성공간에는 '행위 주체인 화자가 쓸모없던 자전거를 판 행위를 상실한 것에 대한 심리적 태도'라는 양태 의미가 구성된다. 일반적으로 행위가 상실되었다는 것은 행위가 완전히 완료되었음을 의미한다. 또한 애물단지 같던 물건이 더이상 눈에 띄지 않을뿐더러, 자리만 차지하고 있던 쓸모없는 물건을 팔아서 예상치 못한 수입까지 발생한다면 자전거를 판 행위를 완료한 것에 대해 '시원한 감정'이 생성되기 마련이다. 행위의 완료에 대한 심리적 태도인 '시원한 감정'은 완성, 정교화의 과정을 통해 발현구조에서 새롭게 생성되는 의미라 할 수 있다. 개념적 혼성의 과정을 통해 (116ㄴ)의 문장은 '행위 주체인 화자가 쓸모없는 자전거를 판 행위가 완료된 것에 대한 시원한 감정'을 양태 의미로 나타낸다. (116ㄴ)의 양태 의미를 기반으로 추론해 볼 때, '-어 버리다'라는 보조용언은 개념적 혼성에 의한 의미 구성 과정에서 '행위가 완료된 것에 대한 화자의 시원한 감정'을 드러내는 양태 의미도 더불어 실현한다는 사실을 확인할 수 있다.

3) '-어 주다'의 양태 의미 구성 과정

'수혜적 행위에 대한 화자의 긍정적 태도'를 양태 의미로 지니는 보조용언 '-어 주다'의 본용언 '주다'는 다음과 같은 어휘 의미를 지닌다.

> (117) 본용언 '주다'의 어휘 의미
> ① 다른 사람에게 무엇을 가지도록 건네거나 베풀다. 〈선물을 주다〉
> ② 다른 사람에게 어떤 일을 가지도록 하다. 〈과제를 주다〉
> ③ 시선이나 관심을 다른 대상에게 돌려 향하다. 〈시선을 주다〉
> ④ 어떤 일이나 감정을 겪게 하거나 느끼게 하다. 〈피해를 주다〉
> ⑤ 힘이나 속력을 나게 하다. 〈힘을 주다〉
> ⑥ 어떤 일을 할 수 있는 조건을 갖추어 가지게 하다. 〈시간을 주다〉
> ⑦ 상대방이 어떤 내용을 알 수 있게 하다. 〈주의를 주다〉
> ⑧ 마음을 숨기지 않고 터놓거나 베풀다. 〈정을 주다〉
> ⑨ 주사나 침, 또는 못 따위를 사람이나 물체에 꽂히게 만들다. 〈침을 주다〉
> ⑩ 몸을 어떤 방향으로 내밀다. 〈가슴을 앞으로 주다〉
> ⑪ 실이나 줄을 풀리는 쪽으로 더 풀어내다. 〈연줄을 주다〉

본용언으로 활용되는 '주다'가 지닌 어휘 의미는 크게 '전달(傳達)', '제공(提供)', '이동(移動)', '생성(生成)'의 네 가지 의미 요소로 정리해 볼 수 있다.[92] '전달(傳達)'은 '어떠한 대상을 다른 사람이나 어떤 곳에 이르게 하다'라는 의미로, (117 ①, ②, ④)가 여기에 해당된다. '전달'의 대상은 (117 ①, ②)와 같이 구체적인 대상이 될 수 있으며, (117 ④)와 같이 추상적인 대상이 되기도

---

92) 박선옥(2002: 162)은 본용언 '주다'의 의미를 구체적인 대상물에서 추상적인 것까지 '제공'하는 것으로 보았으며, 김용(2015: 76)은 '주다'의 의미를 '전달'로 보아 구체적 대상을 '전달'하는 의미와 추상적 대상을 '전달'하는 의미로 구분하였다. 추상적 대상을 '전달'하는 의미는 다시 '긍정적 대상을 전달'하는 의미와 '부정적 대상을 전달'하는 의미로 구체화하였다.

한다. '제공(提供)'은 '가지고 있는 것을 내놓거나 대주어 도움이 되게 하다'라는 의미로, (117 ⑥, ⑦, ⑧)이 여기에 해당된다. '제공'은 '전달'의 의미를 함의하고 있으나, 수혜자에게 도움이 되게 한다는 점에서 단순한 '전달'의 의미와는 차이를 나타낸다. '이동(移動)'은 '움직여 옮기거나 자리를 바꾸다'라는 의미로, (117 ③, ⑨, ⑩, ⑪)이 여기에 해당된다. (117 ③)은 시선이나 관심이 움직여 '이동'하였음을 의미하며, (117 ⑨)는 주사나 침, 못 따위가 안 쪽으로 '이동'하였음을 의미한다. (117 ⑩)은 몸이 어떤 방향으로 '이동'하였음을, (117 ⑪)은 실이나 줄이 풀리는 방향으로 '이동'하였음을 의미한다. '생성(生成)'은 '이전에 없던 것이 새로 생겨나다'라는 의미로 (117 ⑤)가 여기에 해당된다. (117 ⑤)는 이전에 없던 힘이나 속력이 '생성'됨을 의미한다고 볼 수 있다.

(118) 철수는 매년 독거노인들에게 생필품을 <u>보내 주었다.</u>

(118)는 보조용언 '-어 주다'가 실현된 언어 표현으로 보조용언 '-어 주다'의 문법적 의미가 표현된 전형적인 문장이다. (112)의 문장이 어떠한 과정을 거쳐 양태 의미를 구성하는지 개념적 통합 연결망을 통해 양태 의미 구성 과정을 살펴보도록 하겠다.

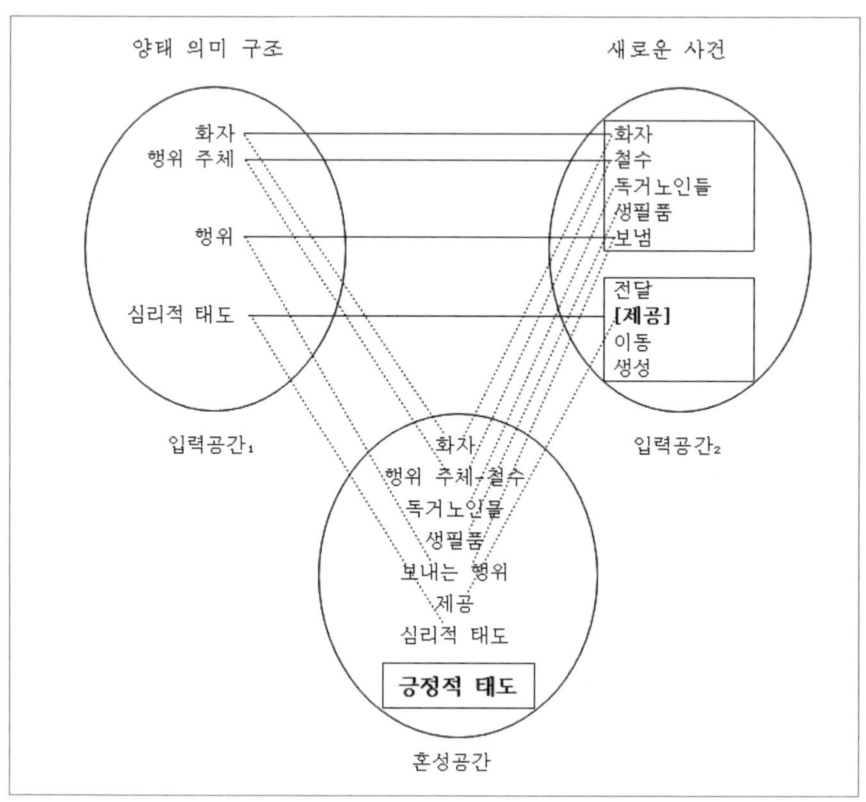

<그림 18> '철수는 매년 독거노인들에게 생필품을 보내 주었다'의 개념적 통합 연결망

입력공간₁에는 보조용언 구문의 양태 의미가 지니는 의미적 패턴을 [화자],
[행위 주체], [행위], [심리적 태도]의 요소로 구조화하였다. 입력공간₂에는 보
조용언 구문이 실현된 새로운 사건이 구조화되어 구축되었다. '주다'가 실현되
는 구문이 갖는 구조적 특징은 행위를 받는 대상인 [행위 대상자]를 필요로
한다는 것이다. 따라서 새로운 사건이 구조화되어 구축된 입력공간₂에는 [화
자]와, [행위 주체]인 철수, [행위 대상자]인 독거노인들, [행위 대상(물)]인 생
필품, 보냄의 [행위]와 같은 일반적인 사건 구조 요소가 구조화된다. [심리적

232

태도]에 영향을 미칠 것으로 예상되는 본용언 '주다'가 지닌 어휘 의미의 핵심 요소는 '전달', '제공', '이동', '생성'이 있는데, 해당 문장에 영향을 미치는 핵심 요소는 '제공'으로 파악된다.

양태 의미를 구조화한 입력공간₁의 사건 요소들은 새로운 사건을 구조화한 입력공간₂의 일반적인 사건 구조 요소와 사상되며, 입력공간₁의 [심리적 태도]는 입력공간₂의 [본용언의 의미] 중 '제공'과 사상 관계를 이룬다. 보조용언 구문의 양태 의미가 지니는 의미적 패턴이 구조화되어 구축된 입력공간₁의 요소들은 모두 혼성공간에 투사된다. 입력공간₂의 일반적인 사건 구조 요소는 모두 혼성공간으로 투사되지만, 본용언의 의미 요소 중에는 '제공'만 혼성공간으로 투사된다.

합성이라는 개념적 통합의 인지적 과정을 통해 혼성공간에는 '행위 주체인 철수가 독거노인들에게 생필품을 보내는 행위를 제공한 것에 대한 화자의 심리적 태도'라는 양태 의미가 구성된다. 앞서 '제공'은 '가지고 있는 것을 내놓거나 대주어 도움이 되게 하다'라는 의미를 지니고 있다고 하였다. 도움이 되는 행위, 즉 수혜(受惠)적 행위를 받았을 때 발생하는 심리적 태도는 당연히 긍정적일 것이다. 물론 수혜적 행위를 받은 수혜자는 독거노인들이다. 화자가 직접 수혜를 받지는 않았으나, 불우한 이웃을 돕는 철수의 행위를 바라보는 화자의 태도도 당연히 긍정적일 수밖에 없다. 수혜적 행위를 제공한 것에 대한 심리적 태도인 '긍정적 태도'는 완성과 정교화의 과정을 통해 발현구조에서 새롭게 생성되는 의미라 할 수 있다. 개념적 혼성의 과정을 통해 (118)의 문장은 '행위 주체인 철수가 독거노인들에게 생필품을 보내는 행위를 제공한 것에 대한 화자의 긍정적 태도'를 양태 의미로 나타낸다. (118)의 양태 의미를 기반으로 추론해 볼 때 보조용언 '-어 주다'는 개념적 혼성에 의한 의미 구성 과정

에서 '수혜적 행위에 대한 화자의 긍정적 태도'를 드러내는 양태 의미를 실현
한다는 사실을 확인할 수 있다.

4) '-어 보다'의 양태 의미 구성 과정

보조용언 '-어 보다'는 '화자 혹은 동작 주체가 어떠한 행위를 시험적으로
행하려는 심리적 태도'와 '화자 혹은 동작 주체가 행위에 대한 과거의 경험이
있음을 강조하려는 심리적 태도'를 양태 의미로 지니고 있다. 보조용언 '-어
보다'는 실현 양상에 따라 양태 의미가 달라지는 것이다. 실현 양상에 따라
양태 의미가 달라지는 보조용언 '-어 보다'의 본용언 '보다'는 다음과 같은
어휘 의미를 지닌다.

    (119) 본용언 '보다'의 어휘 의미93)
        ① 대상의 존재나 모습 따위를 눈으로 인식하다. 〈하늘을 보다〉
        ② 다른 사람이나 어떤 사건을 어떠하다고 생각하거나 평가하다. 〈사건
          을 달리 보다〉
        ③ 책이나 신문 따위를 읽거나 구독하다. 〈신문을 보다〉
        ④ 물건을 사기 위해 잘 살피다. 〈집을 보다〉
        ⑤ 아이나 집 따위를 맡아서 보살피거나 지키다. 〈아이를 보다〉
        ⑥ 무엇을 살피거나 헤아리다. 〈눈치를 보다〉
        ⑦ 공연이나 예술품 따위를 관람하거나 감상하다. 〈영화를 보다〉

---

93) 본용언 '보다'의 의미 중 '조건만 보고 결혼하다'와 같이 특정 형태와 결합하여 쓰이는 의미
요소는 제외하였다. 보조사 등 특정 형태와 결합하여 쓰이는 의미를 제외한 이유는 이러한 특정
요소가 의미 요소에 개입되기 때문에 본용언 '보다'의 본질적 의미를 추출하기 어렵다고 보기
때문이다.

⑧ 어떤 일을 맡아 하거나 처리하다. 〈사회를 보다〉

⑨ 시험을 따위를 겪어 내다. 〈시험을 보다〉

⑩ 어떤 행위가 결과를 이끌어 내다. 〈결실을 보다〉

⑪ 음식상이나 잠자리 따위를 준비하여 갖추다. 〈잔칫상을 보다〉

⑫ 소변이나 대변 따위를 몸밖으로 내보내다. 〈소변을 보다〉94)

⑬ 어떤 사람을 얻거나 맞다. 〈며느리를 보다〉

⑭ 의사가 환자를 진찰하거나 진료하다. 〈환자를 보다〉

⑮ 음식 맛이나 간을 알기 위해 시험 삼아 조금 먹다. 〈맛을 보다〉

⑯ 손해나 이익 따위를 입거나 얻다. 〈손해를 보다〉

⑰ 다른 사람을 만나거나 얼굴을 마주 대하다. 〈친구를 보러 가다〉

⑱ 시장에 들러 물건을 사다. 〈장을 보다〉

본용언으로 활용되는 '보다'가 지닌 어휘 의미는 크게 세 가지로 정리해 볼 수 있다. 첫째는 '눈을 통하여 대상을 인식하여 알다'라는 '지각(知覺)'의 의미다. (119 ①, ②, ③, ④, ⑤, ⑥, ⑦, ⑩, ⑬, ⑭, ⑯, ⑰, ⑱)은 눈이라는 감각 기관을 통해 대상이나 정보에 대한 인식과 이해, 판단과 평가를 나타내는 것으로 '눈을 통해 대상을 인식하여 알다'라는 '지각'의 의미를 내포하고 있다.95) 둘째는 '어떤 일을 실제로 행하다'라는 의미의 '시행(施行)'의 의미다. (119 ⑧, ⑨, ⑪)은 어떤 일이나 시험 등을 실제로 행하거나 음식상이나 잠자리 등을 준비하는 행위를 실제로 한다는 '시행'의 의미를 지닌다. 셋째는 '어떤 일을

---

94) '소변이나 대변 따위를 몸 밖으로 내보내다'라는 의미를 지닌 '보다'는 '누다'의 완곡한 표현으로 본용언 '보다'의 의미 요소에서는 제외하고자 한다.

95) 박선옥(2002: 154)에서는 본용언 '보다'의 의미를 '지각'으로 보고 있다. '보다'의 어휘 의미는 '시각으로 대상의 존재나 모양을 인식하거나, 어떤 대상의 상태나 내용 따위를 관찰하거나 알거나 판단하기 위하여 살피는 것으로 눈의 지각을 통하여 안다'는 것이라 하였다. 한편 이건환(2002: 154)에서도 본용언 '보다'의 의미는 '지각'으로 '감각적 지각'과 '인지와 이해', '판단이나 평가' 순으로 확장의 단계를 거친다고 보았다.

시험 삼아 행하다'라는 '시행(試行)'의 의미다. (119 ⑮)는 일반적으로 음식을 먹는 행위가 아니라 맛이나 간을 확인하기 위해 시험 삼아 먹는 행위를 나타낸다. 이상의 내용을 종합해 보면, 본용언 '보다'가 지닌 어휘 의미의 핵심 요소는 '지각(知覺)'과 '시행(施行)', '시행(試行)'으로 정리할 수 있다.

(120) ㄱ. 새로 산 옷을 한번 <u>입어 봤다.</u>

　　　 ㄴ. 작년에 춘천에서 닭갈비를 <u>먹어 봤다.</u>

(120ㄱ)과 (120ㄴ)은 보조용언 '-어 보다'가 실현된 언어 표현으로 보조용언 '-어 보다'의 의미가 표현된 전형적인 문장이다. 보조용언 '-어 보다'는 실현 양상에 따라 화자나 동작 주체의 심리적 태도가 달라진다. '화자 혹은 동작 주체가 어떠한 행위를 시험적으로 행했음을 강조하려는 심리적 태도'와 '화자 혹은 동작 주체가 행위에 대한 과거의 경험이 있음을 강조하려는 심리적 태도'를 표현하기도 하는데, 실현 양상에 따라 상이한 양태 의미가 어떠한 과정을 거쳐 구성되는지 개념적 통합 연결망을 통해 양태 의미 구성 과정을 살펴보도록 하겠다.

먼저, (114ㄱ)의 양태 의미가 구성되는 과정을 개념적 통합 연결망으로 구조화하면 〈그림 19〉와 같이 나타낼 수 있다.

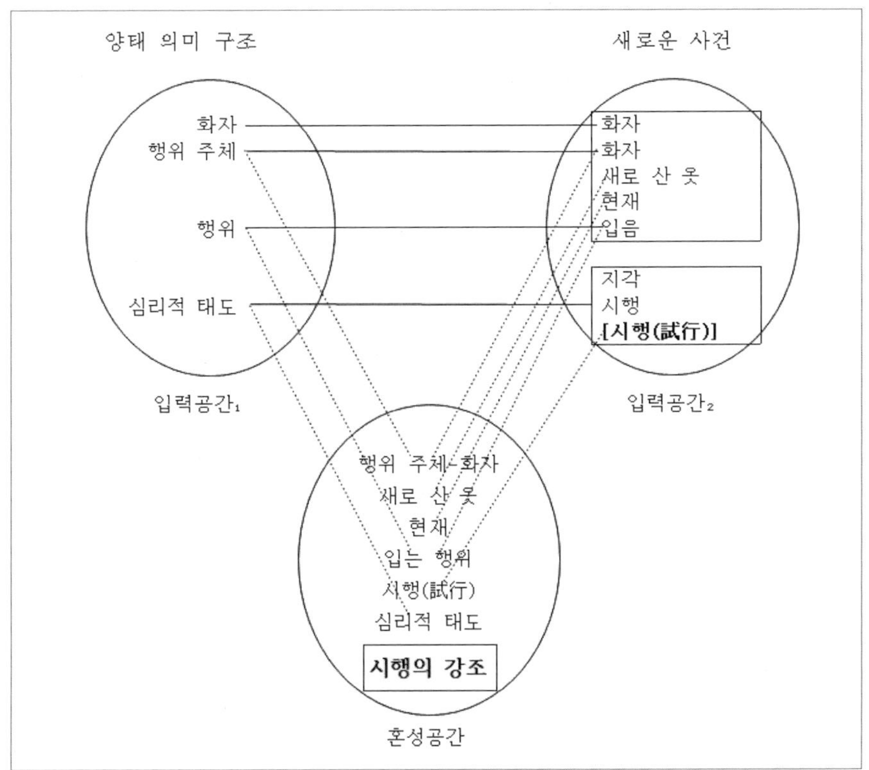

<그림 19> '새로 산 옷을 한번 입어 봤다'의 개념적 통합 연결망

입력공간₁에는 보조용언 구문의 양태 의미가 지니는 의미적 패턴을 [화자], [행위 주체], [행위], [심리적 태도]의 요소로 구조화하였다. '보다'의 양태 의미는 실현 양상에 따라 달라지는데, 이때 양태 의미의 분화에 영향을 미치는 사건 구조는 시간적 요소인 것으로 파악된다. 따라서 새로운 사건이 구조화되어 구축된 입력공간₂에는 [행위 주체]인 [화자]와 [행위 대상(물)]인 새로 산 옷, [행위 시간]인 현재, 입음의 [행위]와 같은 일반적인 사건 구조 요소가 구조화된다. [심리적 태도]에 영향을 미칠 것으로 예상되는 본용언 '보다'가 지닌 어휘 의미의 핵심 요소는 '지각', '시행(施行)', '시행(試行)'이 있는데, 이 중에서 해당 문장에 영향을 미치는 핵심 요소는 시험적으로 행한다는 '시행(試行)'인 것으로 파악된다.

양태 의미를 구조화한 입력공간₁의 사건 요소들은 새로운 사건을 구조화한 입력공간₂의 일반적인 사건 구조 요소와 사상되며, 입력공간₁의 [심리적 태도]는 입력공간₂의 [본용언의 의미] 중 '시행(試行)'과 사상 관계를 이룬다. 보조용언 구문의 양태 의미가 지니는 의미적 패턴이 구조화되어 구축된 입력공간₁의 요소들은 행위 주체가 화자와 일치하기 때문에 [화자]를 제외하고 모두 혼성공간에 투사된다. 입력공간₂의 일반적인 사건 구조 요소도 [화자]를 제외하고는 모두 혼성공간으로 투사되지만, 본용언의 의미 요소 중에는 '시행(試行)'만 혼성공간으로 투사된다.

개념적 통합의 인지적 과정을 통해 혼성공간에는 '행위 주체인 화자가 새로 산 옷을 입는 행위를 시행(試行)하였다는 심리적 태도'로 양태 의미가 구성된다. 일반적으로 어떠한 행위가 단순한 행위임이 아니라 시험적으로 한 행위임을 별도로 이야기하는 심리적 태도는 별도의 의미를 강조하기 위함이라 추론할 수 있다. 따라서 '시행(試行)의 강조'는 완성과 정교화의 과정을 통해 발현구조에서 새롭게 형성되는 의미라 할 수 있다. 개념적 혼성의 과정을 통해 (120ㄱ)의 문장은 '행위 주체인 화자가 새로 산 옷을 입는 행위를 시험적으로 행하였음을 강조하려는 심리적 태도'를 양태 의미로 나타낸다. (120ㄱ)의 양태 의미를 기반으로 추론해 볼 때, 보조용언 '-어 보다'는 개념적 혼성에 의한 의미 구성 과정에서 '화자 혹은 동작 주체가 어떠한 행위를 시험적으로 행하였음을 강조하려는 심리적 태도'를 양태 의미로 실현한다는 사실을 확인할 수 있다.

다음으로, (120ㄴ)의 양태 의미가 구성되는 과정을 개념적 통합 연결망으로 구조화하면 〈그림 20〉과 같이 나타낼 수 있다.

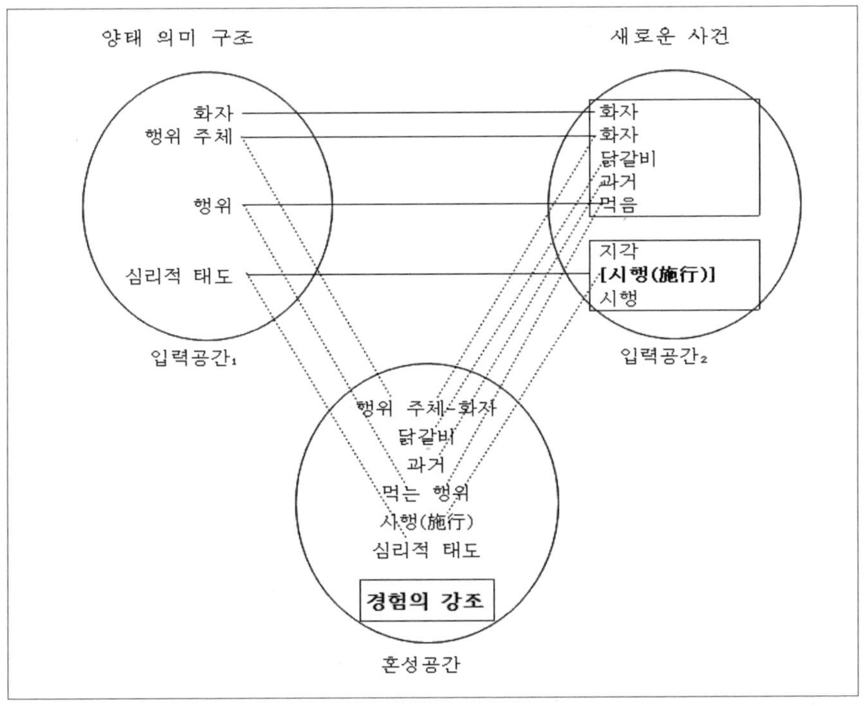

<그림 20> '작년에 춘천에서 닭갈비를 먹어 봤다'의 개념적 통합 연결망

입력공간₁에는 보조용언 구문의 양태 의미가 지니는 의미적 패턴을 [화자], [행위 주체], [행위], [심리적 태도]의 요소로 구조화하였다. 새로운 사건이 구조화되어 구축된 입력공간₂에는 [행위 주체]인 [화자]와 [행위 대상(물)]인 닭갈비, [행위 시간]인 과거, 먹음의 [행위]와 같은 일반적인 사건 구조 요소가 구조화된다. [심리적 태도]에 영향을 미칠 것으로 예상되는 본용언 '보다'가 지닌 어휘 의미의 핵심 요소는 '지각', '시행(施行)', '시행(試行)'이 있는데, 해당 문장에 영향을 미치는 핵심 요소는 실제로 행한다는 의미의 '시행(施行)'으로 파악된다.

양태 의미를 구조화한 입력공간₁의 사건 요소들은 새로운 사건을 구조화한 입력공간₂의 일반적인 사건 구조 요소와 사상되며, 입력공간₁의 [심리적 태도]는 입력공간₂의 [본용언의 의미] 중 '시행(施行)'과 사상 관계를 이룬다. 보조용언 구문의 양태 의미가 지니는 의미적 패턴이 구조화되어 구축된 입력공간₁의 요소들은 행위 주체가 화자와 일치하기 때문에 [화자]를 제외하고 모두 혼성공간에 투사된다. 입력공간₂의 일반적인 사건 구조 요소도 [화자]를 제외하고는 모두 혼성공간으로 투사되지만, 본용언의 의미 요소 중에는 '시행(施行)'만 혼성공간으로 투사된다.

합성이라는 개념적 통합의 인지적 과정을 통해 혼성공간에는 '행위 주체인 화자가 닭갈비를 먹는 행위를 과거에 시행(施行)하였다는 심리적 태도'로 양태 의미가 구성된다. 과거에 어떠한 행위를 실제로 행하였다는 것은 과거에 해당 행위에 대한 '경험'이 있음을 나타낸다. 또한 어떠한 행위를 단순히 했음이 아니라 과거에 경험이 있음을 별도로 이야기하는 심리적 태도는 별도의 의미를 강조하기 위함이라 추론할 수 있다. '경험의 강조'는 완성과 정교화의 과정을 통해 발현구조에서 새롭게 형성되는 의미라 할 수 있다. 개념적 혼성의 과정을 통해 (120ㄴ)의 문장은 '행위 주체인 화자가 닭갈비를 먹는 행위를 과거에 한 경험이 있음을 강조하려는 심리적 태도'를 양태 의미로 나타낸다. (120ㄴ)의 양태 의미를 기반으로 추론해 볼 때, 보조용언 '-어 보다'는 개념적 혼성에 의한 의미 구성 과정에서 '화자 혹은 동작 주체가 과거에 어떠한 행위를 한 경험이 있음을 강조하려는 심리적 태도'도 양태 의미로 실현한다는 사실을 확인할 수 있다.

5) '-어 대다'의 양태 의미 구성 과정

'반복되는 행위의 지나침에 대한 화자의 부정적 태도'를 양태 의미로 지니는 보조용언 '-어 대다'의 본용언 '대다'는 다음과 같은 어휘 의미를 지닌다.

　(121) 본용언 '대다'의 어휘 의미
　　　① 어디에 신체 일부나 물체를 닿게 하다. 〈벽에 등을 대다〉
　　　② 이유나 구실, 증거 따위를 들어 보이다. 〈증거를 대다〉
　　　③ 일정한 장소에 탈 것을 멈추어 서게 하다. 〈부두에 배를 대다〉
　　　④ 무엇에 물건을 덧대거나 뒤에 받치다. 〈책받침을 대다〉
　　　⑤ 어떤 사실을 숨김없이 모두 말하다. 〈이름을 대다〉
　　　⑥ 답이나 암호를 바르게 말하다. 〈암호를 대다〉
　　　⑦ 돈이나 물자를 마련하여 주다. 〈학비를 대다〉
　　　⑧ 총이나 칼 따위의 도구를 겨누거나 가까이 향하게 하다. 〈목에 칼을 대다〉
　　　⑨ 논이나 밭에 물을 끌어와서 넣다. 〈논에 물을 대다〉
　　　⑩ 돈을 노름이나 내기에서 걸다. 〈판돈을 대다〉
　　　⑪ 어떤 물체에 도구를 사용하여 일을 하다. 〈그림에 붓을 대다〉

⑫ 신체의 일부나 물체를 일정한 곳에 놓다. 〈작두에 볏단을 대다〉

⑬ 음식이나 술을 가져다 먹거나 마시다. 〈술을 입에 대다〉

⑭ 다른 사람에게 연줄을 이어 관계를 맺으려 하다. 〈줄을 대다〉

⑮ 어떤 행동을 마구 하다. 〈성화를 대다〉

⑯ 서로 견주어 비교하다. 〈신발의 크기를 대다〉

　　본용언으로 활용되는 '대다'가 지닌 어휘 의미는 크게 '접촉(接觸)', '중복(重複)', '진술(陳述)', '제공(提供)'의 네 가지 의미 요소로 정리해 볼 수 있다.96) '접촉(接觸)'은 '서로 맞닿다'라는 의미로, (121 ①, ③, ⑧, ⑪, ⑬, ⑭, ⑯)이 여기에 해당된다. 신체나 대상물을 비롯하여, 교통수단이 일정한 장소에 접촉하는 의미를 나타내거나, 도구나 먹거리 등이 신체나 특정한 대상물에 접촉한다는 의미는 '대다'의 기본 의미라 할 수 있다. 또한 본용언 '대다'는 관계 형성을 위한 접촉이나, 비교를 위해 두 대상물이 접촉한다는 의미를 나타내기도 한다. '중복(重複)'은 '거듭하거나 겹치다'라는 의미로, (121 ④, ⑮)가 여기에 해당된다. (121 ④)는 어떠한 대상물을 덧대거나 겹쳐 사용한다는 '중복'의 의미를 나타내고, (121 ⑮)는 어떠한 행위를 거듭, 반복한다는 '중복'의 의미를 나타내고 있다. '진술(陳述)'은 '일이나 상황에 대하여 자세하게 이야기하다'라는 의미로, (121 ②, ⑤, ⑥)이 여기에 해당된다. 어떠한 일의 이유나 사실, 답변 등을 바르게 '진술'한다고 볼 수 있다. '제공(提供)'은 '가지고 있는 것을 내놓거나 대주어 도움이 되게 하다'라는 의미로, (121 ⑦, ⑨, ⑩, ⑫)가 여기에 해당된다. (121 ⑦, ⑨, ⑩, ⑫)는 물, 돈, 신체, 대상물 등을 내주어 사용하게 한다는 '제공'의 의미를 나타내고 있다.

---

96) 신현숙(1991: 274-279)에서는 본용언으로 활용되는 '대다'는 '접촉'이라는 핵심의미를 지니며, '말하다', '마주하다', '계속하다' 등의 구체의미가 나타난다고 하였다. 박선옥(2002: 148)에서도 본용언 '대다'의 어휘 의미를 '접속'과 '동작의 반복'으로 보았다.

(122) 아내가 매일 소고기를 <u>먹어 댄다.</u>

(122)는 보조용언 '-어 대다'가 실현된 언어 표현으로 보조용언 '-어 대다'
의 문법적 의미가 드러나는 전형적인 문장이다. (122)의 문장이 어떠한 과정
을 거쳐 양태 의미를 구성하는지 개념적 통합 연결망을 통해 양태 의미 구성
과정을 살펴보도록 하겠다.

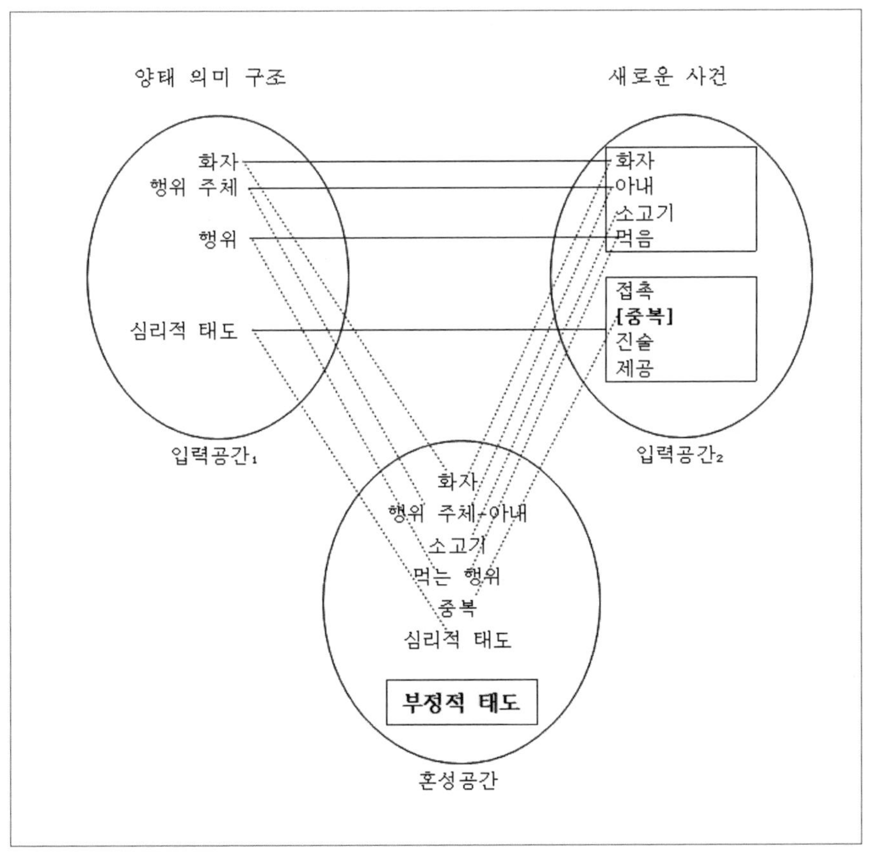

<그림 21> '아내가 매일 소고기를 먹어 댄다'의 개념적 통합 연결망

입력공간₁에는 보조용언 구문의 양태 의미가 지니는 의미적 패턴을 [화자], [행위 주체], [행위], [심리적 태도]의 요소로 구조화하였다. 입력공간₂에는 보조용언 구문이 실현된 새로운 사건이 구조화되어 구축되었다. 새로운 사건이 구조화되어 구축된 입력공간₂에는 [화자]와, [행위 주체]인 아내, [행위 대상(물)]인 소고기, 먹음의 [행위]와 같은 일반적인 사건 구조 요소와 [심리적 태도]에 영향을 미칠 것으로 예상되는 본용언 '대다'의 의미 요소가 구조화되었다. 본용언 '대다'가 지닌 어휘 의미의 핵심 요소는 '접촉', '중복', '진술', '제공' 등이 있는데, 해당 문장에 영향을 미치는 의미의 핵심 요소는 '중복'인 것으로 파악된다.

양태 의미를 구조화한 입력공간₁의 사건 요소들은 새로운 사건을 구조화한 입력공간₂의 일반적인 사건 구조 요소와 사상되며, 입력공간₁의 [심리적 태도]는 입력공간₂의 [본용언의 의미] 중 '중복'과 사상 관계를 이룬다. 보조용언 구문의 양태 의미가 지니는 의미적 패턴이 구조화되어 구축된 입력공간₁의 요소들은 모두 혼성공간에 투사된다. 입력공간₂의 일반적인 사건 구조 요소도 모두 혼성공간으로 투사되지만, 본용언의 의미 요소 중에는 '중복'만 혼성공간으로 투사된다.

합성의 인지적 과정을 통해 혼성공간에는 '행위 주체인 아내가 소고기를 먹는 행위를 중복하는 데 대한 화자의 심리적 태도'라는 양태 의미가 구성된다. 일반적으로 소고기는 가격이 비싼 식자재며, 소고기를 먹는 행위를 반복하게 되면 가계(家計)에 좋지 않은 영향을 미치게 된다. 그렇기 때문에 아내가 소고기를 반복적으로 먹는 행위를 지켜보는 화자(남편)의 심리적 태도는 부정적일 수밖에 없다. 따라서 반복되는 행위에 대해 '부정적'인 심리적 태도가 형성되는데, '부정적 태도'는 완성과 정교화의 과정을 통해 발현구조에서 새롭게 형성되는 의미라 할 수 있다. 개념적 혼성의 과정을 통해 (122)의 문장은 '행위 주체인 아내가 소고기를 먹는 행위를 반복하는 데 대한 화자의 부정적 태도'를 양태 의미로 나타낸다. (122)의 양태 의미를 기반으로 추론해 볼 때, 보조용언 '-어 대다'는 개념적 혼성에 의한 의미 구성 과정에서 '동작 주체의 반복되는 행위에 대한 화자의 부정적 태도'를 양태 의미로 실현한다는 사실을 확인할 수 있다.

6) '-어 놓다'의 양태 의미 구성 과정

'화자 혹은 동작 주체가 선행 동사에 이어질 행위를 보류하고 현 상태를 유지하고자 하는 심리적 태도'를 양태 의미로 지니는 보조용언 '-어 놓다'의 본용언 '놓다'는 다음과 같은 어휘 의미를 지닌다.

> (123) 본용언 '놓다'의 어휘 의미[97)
>   ① 물건을 손으로 잡거나 쥐거나 누르고 있다가 손을 펴서 손에서 떨어지
>   게 하다. 〈숟가락을 놓다〉
>   ② 잡아 둔 사람이나 동물을 자유롭게 풀어 주다. 〈물고기를 놓아 주다〉
>   ③ 물건을 어떤 곳에 있게 두다. 〈사과를 접시에 놓다〉
>   ④ 걱정이나 근심을 마음속에 두지 않거나 잊다. 〈마음을 놓다〉
>   ⑤ 기운이나 정신을 차리고 있지 않다. 〈넋을 놓다〉
>   ⑥ 하던 일을 그만두거나 포기하다. 〈일을 놓다〉

---

97) 본용언 '놓다'의 의미 중에서 '말을 놓다'와 같은 관용적인 표현이나 특정 형태와 결합하여 의미를 생성하는 '앞에 놓고' 등, 또한 의미가 거의 일치하거나 중복되는 것으로 여겨지는 것(예컨대, '어떤 곳에 짐승이나 물고기를 잡기 위하여 기구를 장치하다'라는 의미의 '덫을 놓다'는 (123 ⑩)의 의미와 일치하는 것으로 보인다.) 등은 의미 요소 분석에서 제외하였다.

⑦ 침이나 주사를 치료를 위해 찌르다. 〈침을 놓다〉

⑧ 어떤 일에 방해를 하여 해를 끼치다. 〈훼방을 놓다〉

⑨ 비꼬아 꾸짖거나 위협하기 위하여 말이나 행동을 하다. 〈엄포를 놓다〉

⑩ 어떤 곳에 장치나 구조물 따위를 설치하다. 〈다리를 놓다〉

⑪ 어떤 장소에 불을 지르거나 붙이다. 〈쥐불을 놓다〉

⑫ 어떤 곳에 누에나 과일, 채소 따위를 심어서 기르다. 〈창고에 누에를 놓다〉

⑬ 걸음이나 달음을 빨리 가도록 힘을 더하다. 〈줄행랑을 놓다〉

⑭ 셈할 때 보태다. 〈둘에 셋을 놓으면 다섯이 되다〉

⑮ 무늬나 수를 박거나 새기다. 〈수를 놓다〉

본용언으로 활용되는 '놓다'가 지닌 어휘 의미는 크게 '이탈(離脫)', 방치(放置)', '생성(生成)', '주입(注入)'의 네 가지 의미 요소로 정리해 볼 수 있다.98) '이탈(離脫)'은 '어떤 범위에서 떨어져 나가다'라는 의미로, (123 ①, ②, ④, ⑤, ⑥)이 여기에 해당된다. (123 ①, ②, ④, ⑤, ⑥)은 물건을 비롯하여, 사람이나 동물, 마음, 정신, 일 등이 원래 있던 범위에서 벗어나 떨어져 나갔다는 '이탈'의 의미를 나타낸다. '방치(放置)'는 '그냥 내버려 두다'라는 의미로, (123 ③)이 여기에 해당된다. (123 ③)은 어떠한 대상물을 어떤 장소에 있게 둔다는 의미로 놓은 상태 그대로 더는 아무것도 하지 않는다는 '방치'의 의미를 나타내고 있다. '생성(生成)'은 '이전에 없던 것이 새로 생겨나다'라는 의미로 (123 ⑧, ⑨, ⑩, ⑪, ⑫, ⑬, ⑭, ⑮)가 여기에 해당된다. (123 ⑧, ⑨, ⑩,

---

98) 장영숙(2007: 237-241)에서는 본용언 '놓다'의 원형의미는 '행위자가 대상을 행위자의 영향력에서 벗어나게 하다'라 하였다. 이러한 원형의미는 의미 해석의 초점에 따라 '그만두다'의 의미나 '설치하다, 맞다, 심다, 풀어주다, 가설하다 등으로 의미가 변화한다고 보았다. 박선옥(2002: 126)에서는 본용언 '놓다'의 의미는 '어떤 대상물을 옮기거나 하여 어떤 데에 있게 하다'라고 하였다. 이와 같은 '어느 한 위치에 유지시킴'이라는 구체적인 의미가 '설치하다, 보내다, 문제의 대상으로 삼다'라는 의미 등으로 파생되어 쓰인다고 보았다. 장영숙(2007)은 본용언 '놓다'의 의미 중에서 '이탈'의 의미를 기본 의미로, 박선옥(2002)은 '유지(본고에서는 '방치'로 기술함)'의 의미를 기본 의미로 설정한 것으로 파악된다.

⑪, ⑫, ⑬, ⑭, ⑮)는 방해 요인이나 위협 요인을 만들어 내거나, 장치나 구조물, 불, 누에, 숫자, 무늬 등을 새롭게 만들어 냈다는 생성의 의미를 나타낸다고 볼 수 있다. '주입(注入)'은 '어떤 물체 안에 액체나 기체 따위를 집어넣다'라는 의미로, (123 ⑦)이 여기에 해당된다. (123 ⑦)은 주사나 침 따위를 몸 안에 집어넣는다는 '주입'의 의미를 나타내고 있다.

(124) 영숙이는 창문을 <u>열어 놓았다.</u>

(124)는 보조용언 '-어 놓다'가 실현된 언어 표현으로 보조용언 '-어 놓다'의 문법적 의미가 표현된 전형적인 문장이다. (124)의 문장이 어떠한 과정을 거쳐 양태 의미를 구성하는지 개념적 통합 연결망을 통해 양태 의미 구성 과정을 살펴보도록 하겠다.

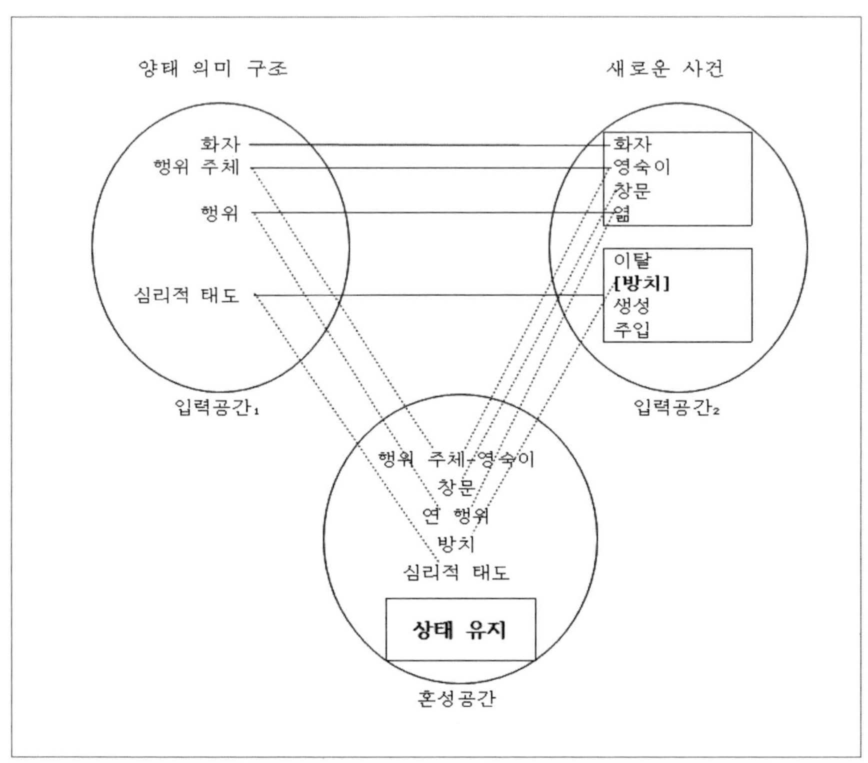

<그림 22> '영숙이는 창문을 열어 놓았다'의 개념적 통합 연결망

입력공간₁에는 보조용언 구문의 양태 의미가 지니는 의미적 패턴을 [화자], [행위 주체], [행위], [심리적 태도]의 요소로 구조화하였다. 입력공간₂에는 보조용언 구문이 실현된 새로운 사건이 구조화되어 구축되었다. 새로운 사건이 구조화되어 구축된 입력공간₂에는 [행위 주체]인 영숙이와 [행위 대상(물)]인 창문, 엶의 [행위]와 같은 일반적인 사건 구조 요소와 [심리적 태도]에 영향을 미칠 것으로 예상되는 본용언 '놓다'의 의미 요소가 구조화되었다. 본용언 '놓다'가 지닌 어휘 의미의 핵심 요소는 '이탈', '방치', '생성', '주입' 등이 있는데, 해당 문장에 영향을 미칠 것으로 예상되는 의미의 핵심 요소는 '방치'인

248

것으로 파악된다.

양태 의미를 구조화한 입력공간₁의 사건 요소들은 새로운 사건을 구조화한 입력공간₂의 일반적인 사건 구조 요소와 사상되며, 입력공간₁의 [심리적 태도]는 입력공간₂의 [본용언의 의미] 중 '방치'와 사상 관계를 이룬다. 보조용언 구문의 양태 의미가 지니는 의미적 패턴이 구조화되어 구축된 입력공간₁의 요소들은 행위 주체가 화자와 일치하기 때문에 [화자]를 제외하고 모두 혼성공간에 투사된다. 입력공간₂의 일반적인 사건 구조 요소도 [화자]를 제외하고는 모두 혼성공간으로 투사되지만, 본용언의 의미 요소 중에는 '방치'만 혼성공간으로 투사된다.

개념적 통합의 인지적 과정을 통해 혼성공간에는 '행위 주체인 영숙이가 창문을 연 행위를 방치하려는 심리적 태도'가 양태 의미로 구성된다. 일반적으로 창문을 연 후에는 창문을 닫아야 한다. 그러나 창문을 연 후에, 행위를 방치한다는 것은 뒤에 이어지는 창문을 닫는 행위를 보류하고 현재의 상태를 유지하고자 함을 나타낸다. 행위, 혹은 상태의 방치에 따른 현재 상태를 유지하고자 하는 심리적 태도가 형성되는데, '상태 유지'는 완성과 정교화 과정을 통해 발현구조에서 새롭게 형성되는 의미라 할 수 있다. 개념적 혼성의 과정을 통해 (124)의 문장은 '행위 주체인 영숙이가 창문을 연 행위에 이어질 행위를 보류하고 현 상태를 유지하고자 하는 심리적 태도'를 양태 의미로 나타낸다. (124) 문장의 양태 의미를 토대로 추론해 볼 때, 보조용언 '-어 놓다'는 개념적 혼성에 의한 의미 구성 과정에서 '화자 혹은 동작 주체가 선행 행위에 이어질 행위를 보류하고 현 상태를 유지하고자 하는 심리적 태도'를 양태 의미로 실현한다는 사실을 확인할 수 있다.

7) '-어 두다'의 양태 의미 구성 과정

보조용언 '-어 두다'는 보조용언 '-어 놓다'와 마찬가지로 '화자 혹은 동작 주체가 선행 동사에 이어질 행위를 보류하고 현 상태를 유지하고자 하는 심리적 태도'를 양태 의미로 지닌다. '-어 놓다'와 동일한 양태 의미를 표현하는 보조용언 '-어 두다'의 본용언 '두다'는 다음과 같은 어휘 의미를 지닌다.

(125) 본용언 '두다'의 어휘 의미
    ① 물건을 어떤 곳에 있도록 놓다. 〈꽃병을 책상 위에 두다〉
    ② 물건이나 음식을 어떤 곳에 간직하거나 보관하다. 〈김치를 독에 두다〉
    ③ 물건이나 사람을 가지고 가거나 데리고 가지 않고 남겨 놓다. 〈아이를 집에 혼자 두다〉
    ④ 자식이나 친인척을 가족으로 가지다. 〈첩을 두다〉
    ⑤ 다른 사람을 특정한 일에 쓰거나 데리고 있다. 〈가정 교사를 두다〉
    ⑥ 무엇을 손대지 않고 그 상태대로 있게 하다. 〈사고현장을 그대로 두다〉
    ⑦ 단체에 조직이나 기구를 딸리게 설치하다. 〈전국에 지사를 두다〉
    ⑧ 가치나 목표, 근거 따위를 설정하거나 부여하다. 〈경험에 기초를 두다〉
    ⑨ 일정한 시간을 사이에 남겨 놓다. 〈시간을 두다〉
    ⑩ 바둑알을 놓거나 장기짝을 써서 바둑이나 장기를 하다. 〈바둑을 두다〉
    ⑪ 무엇에 마음이나 뜻을 부여하거나 가지다. 〈문학에 뜻을 두다〉
    ⑫ 어떤 음식에 다른 재료를 섞어 넣다. 〈쌀밥에 콩을 두다〉
    ⑬ 이부자리나 옷에 솜을 넣다. 〈바지에 솜을 두다〉

본용언으로 활용되는 '두다'가 지닌 어휘 의미는 크게 '방치(放置)', '보관(保管)', '소유(所有)', '부여(附與)'의 네 가지 의미 요소로 정리해 볼 수 있다.[99]

---

[99] 김인경(2005: 39-45)에서는 본용언 '두다'의 기본 의미를 '일정한 곳에 있게 하다'라는 '치(置)'

'방치(放置)'는 '그냥 내버려 두다'라는 의미로, (125 ①, ③, ⑥, ⑩)이 여기에 해당된다. (125 ①, ③, ⑥, ⑩)은 어떠한 대상물을 어떤 장소에 있도록 놓는다는 의미로 놓은 상태 그대로 더는 아무것도 하지 않는다는 '방치'의 의미를 나타내고 있다. (125 ①, ③)은 물건이나 사람을, (119 ⑥)은 일정한 상태를, (125 ⑩)은 바둑알이나 장기짝을 바둑판이나 장기판에 올려 '그냥 내버려 놓다'라는 '방치'의 의미를 나타내고 있다. '보관(保管)'은 '물건을 맡아서 간직하고 관리하다'라는 의미로 (125 ②)가 여기에 해당된다. (125 ④, ⑤, ⑦, ⑨)는 '가지고 있다'라는 '소유(所有)'의 의미를 나타낸다. (125 ④, ⑤, ⑦)은 가족, 또는 특정한 일을 위해 사람을 지니게 되거나, 어떤 단체나 기관이 부속되는 단체나 기관을 '소유'하고 있음을 나타낸다. 또한 (125 ⑨)는 '보류'의 의미를 나타내기도 하지만 일정한 시간을 사이에 가진다는 '소유'의 의미로도 분류할 수 있을 것이다. '부여(附與)'는 '가지거나 지니게 하다'라는 의미로, (125 ⑧, ⑪, ⑫, ⑬)이 여기에 해당된다. (125 ⑧, ⑪)은 무엇에 가치나 목표, 생각이나 뜻을 부여하고 있음을 나타내며, (125 ⑫, ⑬)은 음식에 다른 재료를 넣어 가지게 하거나, 이부자리나 옷에 솜 따위를 넣어 가지게 한다는 '부여'의 의미를 나타내고 있다.

(126) 생활비를 통장에 <u>넣어 두었다.</u>

(126)은 보조용언 '-어 두다'가 실현된 언어 표현으로 보조용언 '-어 두다'의 문법적 의미가 표현된 전형적인 문장이다. (126)의 문장이 어떠한 과정을 거쳐 양태 의미를 구성하는지 개념적 통합 연결망을 통해 양태 의미 구성 과정

로 보고, 파생된 의미로 '빠트림, 보관, 삽입, 가수(加數), 설치, 방향, 소유 등이 있다 하였다.

을 살펴보도록 하겠다.

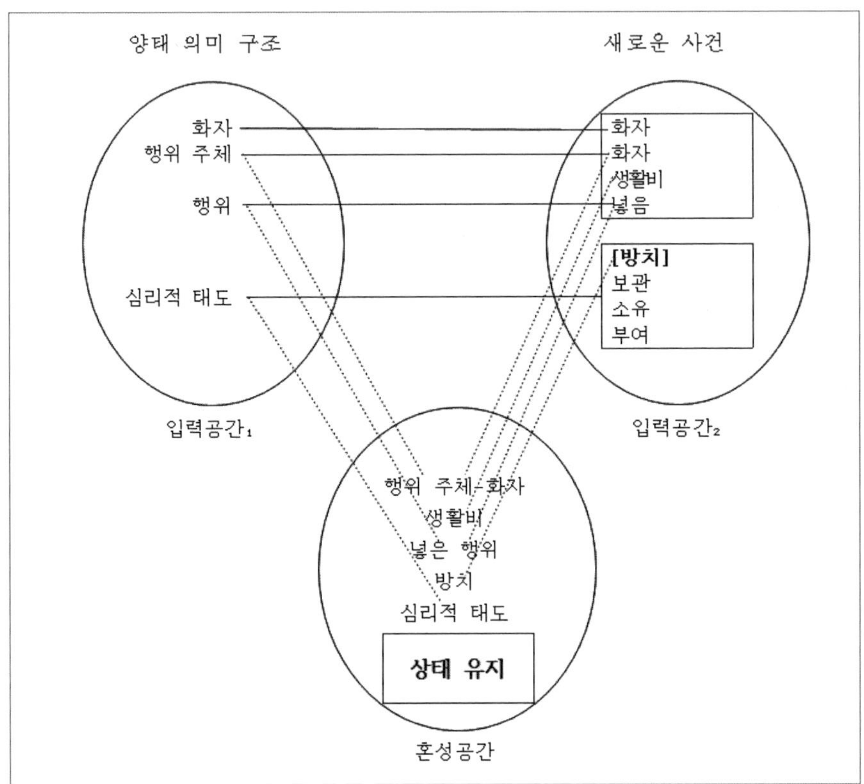

<그림 23> '생활비를 통장에 넣어 두었다'의 개념적 통합 연결망

입력공간₁에는 보조용언 구문의 양태 의미가 지니는 의미적 패턴을 [화자], [행위 주체], [행위], [심리적 태도]의 요소로 구조화하였다. 입력공간₂에는 보조용언 구문이 실현된 새로운 사건이 구조화되어 구축되었다. 새로운 사건이 구조화되어 구축된 입력공간₂에는 [행위 주체]인 [화자]와 [행위 대상(물)]인 생활비, 넣음의 [행위]와 같은 일반적인 사건 구조 요소와 [심리적 태도]에 영

252

향을 미칠 것으로 예상되는 본용언 '두다'의 의미 요소가 구조화되었다. 본용언 '두다'가 지닌 어휘 의미의 핵심 요소는 '방치', '보관', '소유', '부여' 등이 있는데, 이 중에서 해당 문장에 영향을 미칠 것으로 예상되는 의미의 핵심 요소는 '방치'인 것으로 파악된다.

양태 의미를 구조화한 입력공간₁의 사건 요소들은 새로운 사건을 구조화한 입력공간₂의 일반적인 사건 구조 요소와 사상되며, 입력공간₁의 [심리적 태도]는 입력공간₂의 [본용언의 의미] 중 '방치'와 사상 관계를 이룬다. 보조용언 구문의 양태 의미가 지니는 의미적 패턴이 구조화되어 구축된 입력공간₁의 요소들은 행위 주체가 화자와 일치하기 때문에 [화자]를 제외하고 모두 혼성공간에 투사된다. 입력공간₂의 일반적인 사건 구조 요소도 [화자]를 제외하고는 모두 혼성공간으로 투사되지만, 본용언의 의미 요소 중에는 '방치'만 혼성공간으로 투사된다.

개념적 통합의 인지적 과정을 통해 혼성공간에는 '행위 주체인 화자가 생활비를 넣은 행위를 방치하려는 심리적 태도'가 양태 의미로 구성된다. 일반적으로 생활비는 생활에 필요한 돈으로 생필품을 구입하거나 공과금을 납부하는 데 활용되기 마련이다. 그러나 생활비를 통장에 넣은 뒤, 행위를 방치한다는 것은 생활비를 쓰지 않고 통장에 넣은 상태를 유지하고자 하는 의지를 나타낸다. 행위의 방치에 따르는 행위 의지의 상실로 인해 선행 행위 이후에 이어지는 후행 행위를 보류하고 현 상태를 유지하고자 하는 심리적 태도가 형성되는데, '상태 유지'는 완성과 정교화 과정을 통해 발현구조에서 새롭게 형성되는 의미라 할 수 있다. 개념적 혼성의 과정을 통해 (126)의 문장은 '행위 주체인 화자가 생활비를 통장에 넣은 행위 후에 이어질 행위를 보류하고 현 상태를 유지하고자 하는 심리적 태도'를 양태 의미로 나타낸다. (126) 문장의 양태 의미를 기반으로 추론해 볼 때, 보조용언 '-어 두다'는 보조용언 '-어 놓다'와 마찬가지로 개념적 혼성에 의한 의미 구성 과정에서 '화자 혹은 동작 주체가 선행 행위에 이어질 행위를 보류하고 현 상태를 유지하고자 하는 심리적 태도'라는 양태 의미를 실현한다는 사실을 확인할 수 있다.

한편 '-어 두다'는 [장소성]이 부각되는 경우, 본용언 '두다'의 의미 요소 중에서 '보관'의 의미도 혼성공간에 함께 투사될 것으로 보인다. '보관'의 의미 요소가 혼성공간에 투사되면, 선행 행위에 이어질 행위를 보류하고 현 상태를 유지하고자 하는 심리적 태도와 함께 [행위 대상(물)]을 일정한 장소에 '보관'하고자 하는 심리적 태도도 함께 실현될 수 있을 것이다. 따라서 보조용언 '-어 두다'는 '화자 혹은 동작 주체가 선행 행위에 이어질 행위를 보류하고 대상물을 일정 장소에 보관하고자 하는 심리적 태도'도 양태 의미로 지니고 있음을 확인할 수 있다.

8) '-고 싶다'의 양태 의미 구성 과정

보조용언 '-고 싶다'는 '선행 용언의 행위를 하기 바라는 화자의 심리적 태도'를 양태 의미로 지닌다. 보조용언 '-고 싶다'는 최현배(1961: 407)가 '본래 도움그림씨'로 기술한 이래, 사전 기술을 포함한 많은 선행 연구들에서 본용언에 뿌리를 두지 못하고 본래부터 보조용언으로만 쓰이는 형태로 인식되어 왔다. 그러나 본고에서는 앞서 3장에서 손세모돌(1992)과 박선옥(2002)의 논의를 빌어, [종결어미+싶다] 구문에서의 '싶다'의 본용언 가능성을 제시한 바 있다. [종결어미+싶다] 구문에서 연결소인 종결어미가 의미의 주된 담당 요소가 된다는 점과 종결어미와 결합하여 쓰이는 '싶다'가 문법적 의미가 아닌 어휘적 의미로 실현된다는 점, 또한 보조용언에만 결합하는 시제 표시 '-었-'이 선행 용언에 결합된다는 점 등은 종결어미와 결합하는 '싶다'가 보조용언이 아닌 본용언이라는 사실을 방증한다. 아울러 [종결어미+싶다] 구문을 보조용언 구문으로 기술하고 있는 『표준국어대사전』을 비롯한 모든 사전들에서 동일한 의미를 실현하는 [종결어미+하다] 구문의 '하다'는 어휘 의미를 실현하는 본용언으로 기술[100]하고 있다. 따라서 본고에서는 앞서 언급한 바와 같이 '-고 싶다' 구문의 '싶다'를 제외한 다양한 구문으로 실현되는 '싶다'를 본용언으로 상정하여 의미를 기술하고자 한다.

(127) 본용언 '싶다'의 어휘 의미
　　① 그럴 거라고 생각하다. 〈가기를 잘했다 싶다〉
　　② 그럴 거라고 추측하다 〈비가 올 듯 싶다〉
　　③ 그럴 생각이나 마음이 있다. 〈집에 갈까 싶다〉

　본용언으로 활용될 것으로 예상되는 '싶다'가 지닌 어휘 의미는 크게 '사유(思惟)', '추측(推測)', '의도(意圖)'의 세 가지 의미 요소로 정리해 볼 수 있다. '사유(思惟)'는 '대상을 두루 생각하다'라는 의미로, (127 ①)이 여기에 해당된다. '추측(推測)'은 '미루어 생각하여 헤아리다'라는 의미로 (127 ②)가 여기에 해당될 수 있다. 또한 (127 ③)은 '그럴 생각이나 마음이 있다'는 의미로 '의도(意圖)'의 의미를 나타낸다.

---

100) 『표준국어대사전』에서는 본용언 '하다'가 '('-ㄴ가/-ㄹ까/-나, -려니, -려나, -거니' 구성 뒤에 쓰여) 생각하거나 추측하다'라는 의미를 나타낸다고 기술하였으며, 『고려대한국어대사전』에 서도 '의문형 어미 '-ㄴ가', '-ㄹ까', '-나', '-려나' 따위의 뒤에 쓰여, 추측이나 짐작의 뜻을 나타내는 말'이라고 기술하고 있다.

(128) 손흥민처럼 축구를 <u>잘하고 싶다.</u>

(128)은 보조용언 '-고 싶다'가 실현된 언어표현으로 '-고 싶다'의 문법적
의미가 표현된 전형적인 문장이다. (128)의 문장이 어떠한 과정을 거쳐 양태
의미를 구성하는지 개념적 통합 연결망을 통해 양태 의미 구성 과정을 살펴보
도록 하겠다.

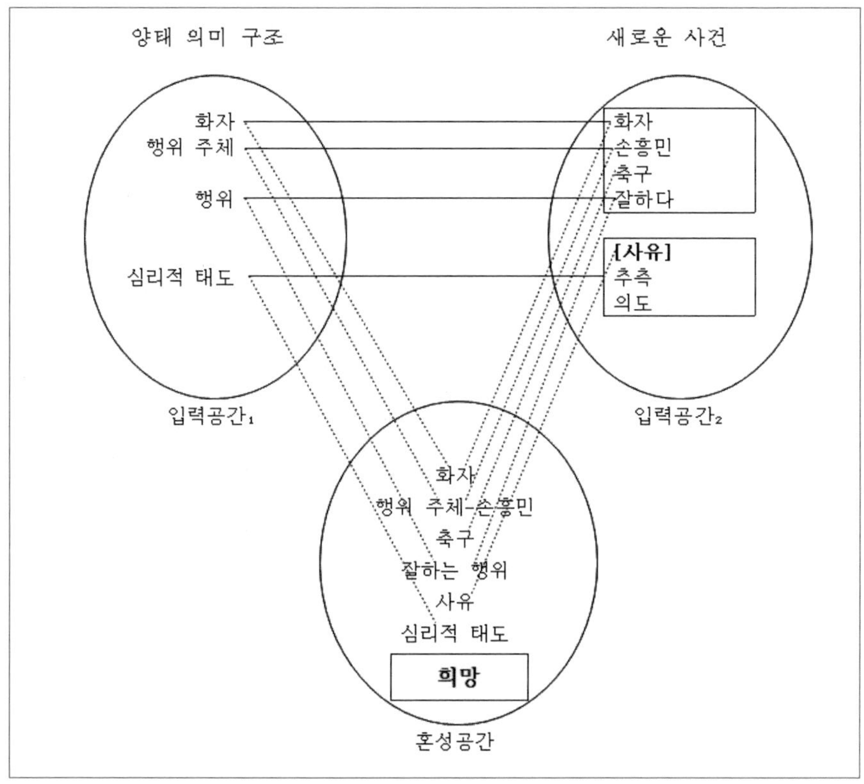

<그림 24> '손흥민처럼 축구를 잘하고 싶다'의 개념적 통합 연결망

입력공간₁에는 보조용언 구문의 양태 의미가 지니는 의미적 패턴을 [화자], [행위 주체], [행위], [심리적 태도]의 요소로 구조화하였다. 입력공간₂에는 보조용언 구문이 실현된 새로운 사건이 구조화되어 구축되었다. 새로운 사건이 구조화되어 구축된 입력공간₂에는 [화자]와 [행위 주체]인 손흥민, [행위 대상(물)]인 축구, 잘함의 [행위]와 같은 일반적인 사건 구조 요소와 [심리적 태도]에 영향을 미칠 것으로 예상되는 본용언 '싶다'의 의미 요소가 구조화되었다. 본용언 '싶다'가 지닌 어휘 의미의 핵심 요소는 '사유', '추측', '의도' 등이 있는데, 해당 문장에 영향을 미칠 것으로 예상되는 의미의 핵심 요소는 '사유'인 것으로 파악된다.

양태 의미를 구조화한 입력공간₁의 사건 요소들은 새로운 사건을 구조화한 입력공간₂의 일반적인 사건 구조 요소와 사상되며, 입력공간₁의 [심리적 태도]는 입력공간₂의 [본용언의 의미] 중 '사유'와 사상 관계를 이룬다. 보조용언 구문의 양태 의미가 지니는 의미적 패턴이 구조화되어 구축된 입력공간₁의 요소들은 모두 혼성공간에 투사된다. 입력공간₂의 일반적인 사건 구조 요소도 모두 혼성공간으로 투사되지만, 본용언의 의미 요소 중에는 '사유'만 혼성공간으로 투사된다.

개념적 통합의 인지적 과정을 통해 혼성공간에는 '행위 주체인 손흥민이 축구를 잘하는 행위를 사유하는 화자의 심리적 태도'가 양태 의미로 구성된다. 다른 사람의 행위를 계속 생각하는 사유의 본질은 자신의 부족함을 인지하고, 그러한 부족함을 채우고자 하는 욕구에서 비롯된다. 축구를 잘하는 손흥민의 행동 패턴을 생각하는 사유의 본질은 손흥민처럼 축구를 잘하기를 바라는 마음에 있는 것이다. 즉, 행위에 대한 욕망에는 자신의 부족함을 채워 자신도 그렇게 되기를 바라는 마음이 내재되어 있다고 추론할 수 있다. 따라서 그렇게 되기를 바라는 마음, 희망의 심리적 태도가 형성되는데, '희망'은 완성과 정교화 과정을 통해 발현구조에서 새롭게 형성되는 의미라 할 수 있다. 개념적 혼성의 과정을 통해 (128)의 문장은 '행위 주체인 손흥민이 축구를 잘하는 행위를 생각하며 화자도 그렇게 되기를 바라는 심리적 태도'를 양태 의미로 나타낸다. (128) 문장의 양태 의미를 토대로 추론해 볼 때, 보조용언 '-고 싶다'는 개념적 혼성에 의한 의미 구성 과정에서 '선행 용언의 행위를 하기 바라는 화자의 심리적 태도'를 양태 의미로 실현한다는 사실을 확인할 수 있다.

제5장

나가기

나가기

인간은 다양한 인지적 전략을 활용하여 언어의 의미를 창조(創造)하고 변용(變容)해 왔다. 유사성을 기반으로 하는 개념적 은유나, 인접성을 기반으로 하는 개념적 환유, 또한 부분적 사상과 선택적 투사, 합성, 완성, 정교화의 과정을 토대로 하는 개념적 혼성은 인간이 의사소통의 목적에 따라 의도적이며 주체적으로 의미를 구성해 나가는 대표적인 인지적 전략이다. 보조용언의 문법적 의미 역시 이러한 인지적 전략의 산물이라 할 수 있다. 본용언의 어휘 의미를 의사소통 목적에 따라 다양한 인지적 전략을 활용하여 개념화한 결과가 보조용언의 문법적 의미기 때문이다.

본고는 보조용언의 양태 의미가 구성되는 과정을 살피는 데 목적을 두었다. 개별 보조용언의 의미를 파악하고 보조용언의 의미 구성 과정을 살피는 일은 보조용언이라는 범주가 지닌 의미적 특성을 파악할 수 있을 뿐만 아니라 개별 보조용언의 의미를 명확히 할 수 있다는 점에서 보조용언의 의미 연구에 반드시 수반되어야 하는 과제라 여겼기 때문이다. 그럼에도 불구하고 보조용언의 문법적 의미가 구성되는 과정을 밝히는 일은 여전히 가정일 수밖에 없다. 의미 구성 과정은 인지 과정의 일환으로, 이러한 인지 과정은 우리의 머릿속에서 진행되는 다양한 인지 작용의 결과이기 때문이다. 우리의 머릿속을 열어 인간의 뇌가 의미를 구성하는 정신적 과정을 밝혀내지 않는 한, 의미 구성 과정은 영원히 가정으로 남을 수밖에 없을 것이다. 그럼에도 불구하고 이제 와 보조용언의 양태 의미 구성 과정을 살피고자 하는 이유는 의미 추상화라는 단편적이고 전능(全能)한 의미 기술에서 벗어나, 보다 구체적이고 세밀하며 가시적으로 구조화된 의미 구성 과정을 밝히고자 함이었다.

본고는 개별 보조용언의 의미를 파악하고 보조용언의 의미 구성 과정을 밝혀, 보조용언이라는 범주가 지닌 의미적 특성과 개별 보조용언의 의미를 명확히 하고, 보조용언의 양태 의미가 구성되는 인지적 과정이 어떻게 구조화되는가를 보였다는 점에서 연구의 의의를 찾을 수 있을 것이다. 그럼에도 불구하고 범주 분석의 대상을 최현배(1937)의 보조용언 목록을 기초로 하다 보니, 여전히 논쟁의 대상이 되고 있는 여타 보조용언으로 파악되는 대상을 논의의 대상으로 삼지 못했다. 또한 보조용언이 지닌 상 의미 구성 과정에 관한 면밀한 고찰이 이루어지지 않았다는 점, 천착한 연구들에서 제기된 상황 맥락에 따라 실현되는 보조용언의 구체적인 화용 의미 구성 과정에 관한 분석이 이루어지지 않았다는 점 등은 한계로 남는다. 이러한 한계와 미흡함은 앞으로 지속되는 연구를 통해 보완하도록 하겠다.

참고문헌

강기진(1985), 「국어 다의어의 의미구조」, 『한국문학연구』8, 동국대학교, 25-41.

강현화(1995), 「동사 연결의 다단계 구조(1): 소위 '결합동사' 구성의 사전적 처리를 위해」, 『연세어문학』27, 연세대학교, 181-247.

강현화(1996), 「동사 연결 유형에 관한 새로운 시각」, 『한글』234, 한글학회, 119-148.

강현화(2000), 「코퍼스를 이용한 부사의 어휘 교육 방안 연구」, 『이중언어학』17, 이중언어학회, 57-75.

강현화(2001), 「빈도를 나타내는 시간부사의 어휘 교육 방안 연구」, 『한국어교육』12, 국제한국어교육학회, 1-17.

강흥구(1999), 「국어 보조동사의 통사·의미론적 연구」, 충남대학교 박사학위논문.

고영근(1970), 「현대 국어의 준자립형식에 대한 연구」, 『어학연구』6-1, 서울대학교, 17-55.

고영근(2004), 『한국어의 시제 서법 동작상』, 태학사.

고영근·남기심(1993), 『표준국어문법론』, 탑출판사.

고영진(1997), 『한국어의 문법화 과정』, 국학자료원.

곽수진(2011), 「형태 집중을 활용한 한국어 문장 구조 교육 연구」, 경희대학교 박사학위논문.

구종남(2001), 「합성형 보조용언에 대하여」, 『국어문학』36, 국어문학회, 141-159.

구종남(2011), 「'-어 오다/가다'의 직시적 의미와 상적 특징」, 『한국언어문학』47, 한국언어문학회, 5-35.

구종남(2013), 『보조용언의 의미와 문법』, 경진.

권도경(2005), 「국어 어휘의 다의성 연구」, 서울대학교 박사학위논문.

권순구(2005), 「국어 보조용언의 연구」, 충남대학교 박사학위논문.

권영환(1991), 「우리말 도움풀이씨 연구」, 부산대학교 석사학위논문.

권재일(1977), 「현대국어의 동사구 내포문 연구」, 서울대학교 석사학위논문.

권재일(1985), 『국어 복합문 구성 연구』, 집문당.

권재일(1986), 「의존 동사의 문법적 성격」, 『언어』13-2, 한국언어학회, 97-120.

권재일(1987), 「의존구문의 역사성」, 『말』12, 연세대학교, 5-24.

김경열(2018), 「보조용언 '주다' 구성의 의미와 통사」, 『우리말글』78, 우리말글학회, 27-49.

김고은(2015), 「보조용언 '쌓다'의 문법화 정도의 방언 분화」, 『관악어문연구』40, 서울대학교 국어국문학과, 65-86.

김기혁(1987), 「국어 보조동사 연구」, 연세대학교 박사학위논문.

김기혁(1991), 「형태·통어적 구성과 중간 범주」, 『동방학지』71, 연세대학교, 233-258.

김기혁(1994), 「문장 접속의 통어적 구성과 합성동사의 생성」, 『국어학』24, 국어학회, 403-465.

김기혁(1996), 「국어 합성동사 생성의 통사·의미학적 해석」, 『국어국문학』116, 국어국문학회, 1-37.

김동환(2002), 「개념적 혼성과 의미구성 양상」, 『언어과학연구』21, 언어과학회, 45-68.

김동환(2004), 「개념적 혼성에 입각한 은유의 의미구성」, 『담화와인지』11, 담화인지언어학회, 31-58.

김동환(2012), 「개념적 통합 연결망의 유형 연구」, 『언어과학연구』60, 언어과학회, 1-24.

김동환(2013), 「개념적 혼성에 입각한 은유적 합성어의 의미구성 탐구」, 『언어과학연구』64, 언어과학회, 1-24.

김동환(2013), 『인지언어학과 개념적 혼성 이론』, 박이정.

김동훈(2007), 「중학교 국어 지식 영역의 위계화 방안 연구」, 강릉대학교 석사학위논문.

김동훈(2021), 「보조용언의 범주와 의미 구성 연구」, 강릉원주대학교 박사학위논문.

김동훈(2023), 「개념적 혼성 기반 보조용언 '-고 말다'의 의미 구성 연구」, 『어문연구』116, 어문연구학회, 5-30.

김동훈(2025), 「'의존명사+하다' 구문의 의미와 사전 기술에 관한 연구-'체하다, 척하다, 양하다'를 중심으로」, 『한말연구』66, 한말연구학회, 1-35.

김명숙(2005), 「다의어의 의미구조와 확장에 관한 연구」, 창원대학교 석사학위논문.

김명희(1984), 「국어 동사구 구성에 나타나는 의미관계 연구: V1+어+V2 구조를 중심으로」, 이화여자대학교 박사학위논문.

김명희(1996), 「문법화의 틀에서 보는 보조동사구문」, 『담화와인지』2, 담화인지언어학회, 129-146.

김묘영(1994), 「다의어의 논리의미적 관계」, 『외국어로서의 한국어교육』19, 연세대학교 한국어학당, 59-81.

김무림(2004), 『국어의 역사』, 한국문화사.

김문기(2008), 『한국어 메인풀이씨 연구』, 제이앤씨.

김미경(1990), 「국어 보조동사 구문의 구조」, 『언어』15, 한국언어학회, 31-48.

김미영(1998), 『국어 용언의 접어화』, 한국문화사.

김민수(1971), 『신국어학』, 일조각.

김석득(1986), 「도움풀이씨의 형태, 통어론적 차원: 도움그림씨의 체계 재설립을 위하여」, 『말』11, 연세대학교, 33-64.

김석득(1992), 『우리말 형태론 : 말본론』, 탑출판사.

김성화(1992), 『현대국어의 상 연구』, 한신문화사.

김수현 외(1993), 「사전 등록 정보를 이용한 용언의 다의어 처리」, 『추계종합학술대회 논문집』16-2, 대한전자공학회, 333-337.

김영태(1995), 「경북 군위 지역어의 보조용언 연구」, 대구대학교 박사학위논문.

김영희(1993), 「의존동사 구문의 통사 표상」, 『국어학』23, 국어학회, 159-190.

김 용(2015), 「개념적 은유 기반의 한국어 동사 의미 교육 연구」, 서울대학교 박사학위논문.

김용경(2002), 「문법화의 단계성에 대한 고찰」, 『한글』256, 한글학회, 45-68.

김용경(2015), 「문법 범주를 활용한 한국어교육 문법 항목 설정-부정법, 피동법을 중심으로-」, 『한말연구』37, 한말연구학회, 41-71.

김용석(1983), 「한국어 보조동사 연구」, 『배달말』8권, 배달말학회, 1-33.

김윤신(2008), 「상 보조용언 구성 '-어 가다', '-어 오다'의 의미, 『언어학』52, 한국언어학회, 57-78.

김윤신(2016), 「상 보조용언의 의미 구조」, 『한국언어학회 학술대회지』, 423-443.

김윤신(2018), 「'-게 되다'의 통사와 의미에 대한 연구」, 『한국언어학회 학술대회지』, 96-102.

김인경(2005), 「국어 동사 '놓다'와 '두다'의 의미 연구」, 경북대학교 석사학위논문.

김정남(2009), 「'-게 되다'의 의미와 분포」, 『한국어의미학』30, 한국어의미학회, 59-88.

김정남(2011), 「보조용언 '놓다'와 '두다'의 양태적 의미」, 『한국어의미학』36, 한국어의미학회, 65-89.

김정대(1990), 「'아, 게, 지, 고'가 명사구 보문소인 몇 가지 증거」, 『주시경학보』5, 주시경연구소, 130-135.

김종도(2002), 『인지문법의 디딤돌』, 박이정.

김주식(2002), 「혼성이론에 근거한 주관적 이동」, 『언어학』10-3, 대한언어학회, 137-155.

김지은(1998), 『우리말 양태 용언 구문 연구』, 한국문화사.

김차균(1990), 『우리말 시제와 상의 연구』, 태학사.

김창섭(1996), 『국어의 단어형성과 단어구조 연구』, 국어학총서21, 태학사.

김창섭(2007), 「부접명사의 설정과 식별」, 『국어학』50, 국어학회, 27-55.

김천학(2007), 「보조동사의 연속과 상」, 『한국어학』,57, 한국어학회, 179-206.

김천학(2015), 「한국어의 순간성 동사에 관한 고찰」, 『형태론』17, 형태론, 22-41.

김홍범(2000), 「국어 사전 의미 정보 기술의 실제와 문제」, 『한말연구』7호, 한말연구학회, 135-147.

김효신(2018), 「한국어 상 보조용언 '가다'와 오다'의 문법화 연구」, 『담화와인지』25, 담화인지언어학회, 31-53.

김해미(2014), 「'달다' 계열 어휘의 의미 확장과 개념화 양상 연구」, 『한국어의미학』44, 한국어의미학회, 29-58.

김해미(2015), 「미각 형용사의 의미 확장 연구」, 전남대학교 박사학위논문.

남경완(2005), 「국어 용언의 의미 분석 연구」, 고려대학교 박사학위논문.

남기심(1995), 「어휘 의미와 문법」, 『동방학지』제88호, 연세대학교 국학연구원, 157-179.

남미정(2010), 「국어의 문법화에 대한 재고」, 『한국어학』49, 한국어학회, 209-233.

남성우(1982), 「국어의 의미변화 연구」, 『언어와 언어학』제8호, 한국외국어대학교 언어연구소, 81-90.

도재학(2014), 「우언적 구성의 개념과 유형에 대하여」, 『국어학』71, 국어학회,

259-304.

류시종(1995), 「국어 보조용언 범주 연구」, 서울대학교 박사학위논문.

류시종(1996), 「보조용언의 원형적 특성」, 『한글』234, 한글학회, 105-132.

목지선(2013), 「보조용언 '쌓다'에 대한 연구: '대다'와의 비교를 중심으로」, 『한말연구』32, 한말연구학회, 35-61.

문금현(2005), 「한국어 다의어 교육의 현황과 전망」, 『새국어교육』71호, 한국국어교육학회, 67-90.

문금현(2006), 「한국어 어휘 교육을 위한 다의어 학습 방안-동사 '보다'를 중심으로-」, 『이중언어학』30호, 이중언어학회, 149-184.

문병열(2006), 「한국어의 보문 구성 양태 표현에 대한 연구」, 서울대학교 석사학위논문.

민현식(1984), 「'-스럽다', -롭다' 접미사에 대하여」, 『국어학』13, 국어학회, 95-118.

민현식(1993), 「현대국어 보조용언 처리의 재검토」, 『어문논집』3, 숙명여자대학교 국어국문학과, 53-98.

민현식(1999), 『국어 문법 연구』, 역락.

민현식(2002), 「국어 지식의 위계화 방안 연구」, 『국어교육』제108호, 한국국어교육연구학회, 71-129.

박기표(2014), 「한국어 보조용언의 형태-통사론적 연구」, 경희대학교 석사학위논문.

박덕유(1998), 『국어의 동사상 연구』, 한국문화사.

박선옥(2002), 「국어 보조동사 연구」, 중앙대학교 박사학위논문.

박선옥(2005), 『국어 보조용언의 통사와 의미 연구』, 역락.

박영순(2000), 「은유의 의미를 통해서 본 생각(idea)의 개념화에 대하여」, 『한국어의 미학』7, 한국어의미학회, 49-66.

박주형(2014), 「보조용언의 문법화와 어휘화」, 동아대학교 석사학위논문.

박진호(2011), 「시제, 상, 양태」, 『국어학』60, 국어학회, 289-322.

배공주(2003), 「한국어 보조 서술 형식에 대하여」, 『한중인문학연구』10, 중한인문과학연구회, 80-104.

배도용(2001), 「우리말 신체어의 의미 확장 연구」, 부산대학교 박사학위논문.

배도용(2002a), 「다의어 '눈'의 의미 확장 연구」, 『담화와 인지』9-1, 담화인지언어학회, 51-76.

배도용(2002b), 「우리말 '귀'의 의미 확장 연구」, 『국어국문학』제32호, 국어국문학회,

63-87.

배도용(2002c), 「우리말 ‘머리’의 의미 확장 연구」, 『국어학』제40호, 국어학회, 269-294.

배도용(2002d), 「우리말 ‘입’의 의미 확장 연구」, 『배달말』제31호, 배달말학회, 79-98.

배도용(2003), 「우리말 “얼굴”의 의미 확장과 개념망」, 『현대문법연구』제1호, 현대문법학회, 137-156.

배수자(2007), 「현대국어 보조용언 연구」, 창원대학교 박사학위논문.

서정수(1971), 「국어 용언 어미 ‘-어(서)’」, 『한글학회 50돌 기념논문집』, 201-228.

서정수(1975), 『동사 ‘하-’의 문법』, 형설출판사.

서정수(1980), 「보조용언에 관한 연구(Ⅰ)」, 『한양어문연구』2, 한국언어문화학회, 63-88.

서정수(1994), 『국어 문법』, 뿌리깊은나무.

서정수(1996), 『현대국어 문법론』, 한양대학교 출판부.

성진영(2019), 「서부경남방언의 보조용언 연구」, 경상대학교 박사학위논문.

손남익(1995), 『국어 부사 연구』, 박이정.

손남익(1999), 「국어 부사어와 공기어 제약」, 『한국어학』9, 한국어학회, 157-179.

손남익(2005), 「국어 원형성 연구」, 『우리어문연구』25, 우리어문학회, 317-340.

손세모돌(1991), 「보조 동사 ‘주다’의 결합 제약과 의미」, 『한국학논집』19, 한양대학교 33-61.

손세모돌(1992), 「국어 보조동사의 특성」, 『한국언어문화』10, 한국언어문화학회, 5-41.

손세모돌(1993), 「국어 보조용언에 대한 연구」, 한양대학교 박사학위논문.

손세모돌(1994), 「보조용언의 의미에 관한 연구-‘두다/놓다, 버리다, 내다’를 중심으로, 『한글』223, 한글학회, 107-130.

손세모돌(1995), 「‘-고 싶다’의 의미 정립 과정」, 『국어학』26, 국어학회, 147-169.

손세모돌(1996), 『국어 보조용언 연구』, 한국문화사.

손혜옥(2012), 「‘가지다’ 구성의 문법화에 대한 공시적 분석」, 『한국어학』55, 한국어학회, 207-238.

손혜옥(2016), 「한국어 양태 범주 연구」, 연세대학교 박사학위논문.

손호민(1976), 「Semantics of Compound Verbs in Korean」, 『언어』1-1, 한국언어학회, 142-150.

손호민(1990), 「Grammaticalization and Semantic Shift」, 『ICKL』7, 425-435.

시정곤(2010), 「'음직하' 구성의 형태·통사적 연구」, 『한국어학』48, 한국어학회, 193-221.

신현숙(1995), 「동사 {앉다/서다/눕다}의 쓰임과 의미 확장」, 『한글』227호, 한글학회, 185-214.

신현숙(1996), 「언어 형식과 의미 확장: {밥}」, 『한국어교육』7, 국제한국어교육학회, 67-85.

신현숙(1998), 『의미 분석의 방법과 실제』, 한국문화사.

신현숙(2009), 「의미망과 개념틀」, 『담화인지언어학회 학술대회 발표논문집』, 담화·인지언어학회, 19-32.

심의린(1935), 『중등학교조선어문법』, 경성 조선어연구회.

심지연(2009), 「국어 관용어 의미에 나타나는 은환유성에 대한 연구」, 『한국어의미학』28, 한국어의미학회, 127-145.

심재기(1982), 『국어어휘론』, 집문당.

안주호(1997), 『한국어 명사의 문법화 현상 연구』, 한국문화사.

양인석(1972), 「한국어의 접속화」, 『어학연구』8-2, 서울대학교, 1-25.

왕미자(2014), 「한국어 다의어 교육을 위한 의미망 구축 연구」, 전남대학교 박사학위논문.

유 림(2014), 「한·중 합성어 의미관계 대조 연구」, 경희대학교 박사학위논문.

유목상(1980), 「국어의 보조서술사에 관한 연구」, 『남광우박사회갑기념논총』, 일조각

유승국(2012), 「합성동사의 다의 형성과정에 대한 고찰: 기본의미와 파생의미 간의 의미관계를 중심으로」, 『어문연구』40-3, 한국어문교육연구회, 33-56.

유혜령(2005), 「학교문법의 보조적 연결어미에 대하여」, 『청람어문교육』30, 청람어문교육학회, 275-304.

육미란(2008), 「이동동사 '가다'의 의미 연구」, 중남대학교 박사학위논문.

이건환(2002), 「현대 국어의 의미 확장 연구」, 전남대학교 박사학위논문.

이기동(1976), 「조동사의 의미 분석」, 『문법연구』3, 문법연구회, 215-235.

이기동(1977), 「동사 '오다', '가다'의 의미 분석」, 『외국어로서의 한국어교육』2, 연세

대학교, 139-159.

이기동(1986), 「낱말의 의미와 범주화」, 『동방학지』제50집, 연세대학교 국학연구소, 289-332.

이기동(1992), 「다의 구분과 순서의 문제」, 『새국어생활』2-1, 국립국어연구원, 55-71.

이기동(1996), 「동사 '-어 가다'의 구조」, 『담화와인지』3, 담화인지언어학회, 83-99.

이기동 편저(2000), 『인지언어학』, 한국문화사.

이상태(1985), 「국어 '보조용언'에 관한 연구」, 『경북대학교논문집』39, 경북대학교, 195-208.

이석주(1989), 『국어형태론』, 한샘.

이선미(2008), 「한국어의 난도별 어휘 학습 방안 연구」, 관동대학교 석사학위논문.

이선웅(1995), 「현대국어의 보조용언 연구」, 서울대학교 석사학위논문.

이성하(1998), 『문법화의 이해』, 한국문화사.

이숭녕(1962), 「國語의 Polyseme에 對하여」, 『문리대학보』16, 서울대학교, 15-21.

이시형(1990), 「한국어의 연결어미 '-어', '-고'에 관한 연구」, 서강대학교 박사학위논문.

이신우(2004), 「개념적 혼성 이론에 의한 환유적 의미 구축」, 수원대학교 박사학위논문.

이신우(2006), 「개념적 혼성이론에 의한 "The three highs cloud the global economic outlook"의 환유적 의미 구축」, 『담화인지언어학회 학술대회 발표 논문집』, 담화인지언어학회, 81-89.

이양혜(2008), 「한국어 신체어를 중심으로 한 어휘 확장 교수학습방안 연구」, 『우리말 연구』23, 우리말학회, 229-250.

이영식(2009), 「신체 관련 다의어의 의미 확장에 관한 연구」, 건국대학교 박사학위논문.

이을환·이용주(1964), 『국어의미론서설』, 현문사.

이정모 외(2008), 『인지심리학』, 한국실험심리학회, 학지사.

이정식(2002), 「국어 다의 발생의 양상과 원인」, 고려대학교 박사학위논문.

이정택(1988), 「'-고'와 공존하는 도움풀이씨 연구」, 『한글』200, 한글학회, 193-222.

이정택(2001), 「'-어(디)-'의 통시적 변천에 관한 연구」, 『국어학』38, 국어학회, 117-134.

이정훈(2010ㄱ), 「보조용언 구문의 구조와 대용 현상」, 『한국어학』49, 한국어학회,

319-344.

이정훈(2010ㄴ), 「보조용언 구문의 논항 실현과 술어-논항 관계」, 『어문논집』45, 중앙어문학회, 175-192.

이종열(2003), 「한국어 비유 표현의 개념적 통합 양상」, 『담화와인지』10-1, 담화·인지언어학회, 167-190.

이종열(2004), 「혼성에 의한 국어의 비유적 의미 해석」, 『국어교육연구』36, 국어교육학회, 191-222.

이주행(1996), 『한국어 문법 연구』, 중앙대학교 출판부.

이지양(2003), 「문법화의 이론과 국어의 문법화」, 『정신문화연구』26-3, 한국학중앙연구원, 211-239.

이창희(1997), 「다의어의 의미확대의 인지론적 분석」, 경북대학교 박사학위논문.

이태영(1988), 『국어 동사의 문법화 연구』, 한신문화사.

이현근(1999), 「개념론적 및 인지론적 어의 연구」, 『담화와인지』6-1, 담화인지언어학회, 159-177.

이호승(1997), 「현대국어의 상황유형 연구」, 서울대학교 석사학위논문.

이호승(2001), 「국어의 상 체계와 보조용언의 상적 의미」, 『국어학』38, 국어학회, 209-239.

이홍배(1970), 『A Study of Korean Syntax』, 범한서적주식회사.

이희승(1955), 『국어학개설』, 민중서관.

임동훈(2006), 「'직하다' 구문의 문법」, 『이병근 선생 퇴임기념 국어학 논총』, 태학사.

임동훈(2008), 「한국어의 서법과 양태 체계」, 『한국어의미학』26, 한국어의미학회, 211-249.

임병민(2009), 「국어 보조용언 연구」, 원광대학교 박사학위논문.

임승연(2002), 「외국인을 위한 한국어 다의어 사전 개발에 관한 연구」, 한양대학교 석사학위논문.

임홍빈(1975), 「부정법 '-어'와 상태진술의 '-고'」, 『논문집』8, 국민대학교, 13-36.

임지룡(1992), 『국어 의미론』, 탑출판사.

임지룡(1996), 「다의어의 인지적 의미 특성」, 『언어학』18, 한국언어학회, 229-259.

임지룡(1997), 『인지의미론』, 탑출판사.

임지룡(1998), 「다의어의 비대칭 양상 연구」, 『언어과학연구』15, 언어과학회,

309-331.

임지룡(2001), 「다의어 ‘사다’, ‘팔다’의 인지의미론적 분석」, 『국어국문학』129, 국어
　　국문학회, 165-190.

임지룡(2009), 「다의어의 판정과 의미 확장의 분류 기준」, 『한국어의미학』28, 한국어
　　의미학회, 193-226.

임지룡(2017), 『한국어 의미 특성의 인지언어학적 연구』, 한국문화사.

임지룡·정병철(2009), 「의미망 분석과 다의성 판정의 원리」, 『담화와 인지』16-3, 담
　　화인지언어학회, 195-216.

장영숙(2007), 「‘놓다’ 구문의 인지언어학적 연구」, 『한국어의미학』24, 한국어의미학
　　회, 219-245.

장영숙(2012), 「유의어의 의미 변별에 대한 연구」, 강릉원주대학교 박사학위논문.

전영철(2008), 「소위 이중피동문에 대하여」, 『언어학』52, 한국언어학회, 79-101.

정병철(2007), 「은유적 보조동사의 구문과 의미」, 『국어교육연구』40, 국어교육학회,
　　273-304.

정병철(2008), 「시뮬레이션 의미론에 기초한 동사의 의미망 연구」, 경북대학교 대학원
　　박사학위논문.

정병철(2017), 「의미 확장 기제로서의 환유」, 『담화와 인지』24-4, 담화인지언어학회,
　　181-212.

정수진(2009), 「한국어 다의어 교육 방안」, 『문학과 언어』31, 문학과언어학회,
　　29-54.

정연주(2017), 『구문의 자리채우미 ‘하다’ 연구』, 태학사.

조남신(1994), 「다의어의 어휘의미 계층과 의미배열」, 『인문과학』69,70합집, 연세대
　　학교 인문과학연구소, 135-165.

조미희(2013), 「문법화의 관점에서 본 국어의 상 보조용언 연구」, 연세대학교 석사학
　　위논문.

진가리(2018), 「한국어 보조용언 연구」, 울산대학교 박사학위논문.

진　주(2017), 「전남 방언의 보조용언 ‘쌓다’에 대하여」, 『호남학』62, 전남대학교 호남
　　학연구원, 395-415.

차현실(1984), 「‘싶다’의 의미와 통사구조」, 『언어』9, 한국언어학회, 305-326.

천시권·김종택(1971), 『국어의미론』, 형설출판사.

최규수(2005), 「'되다'와 '지다'의 피동성에 관하여」, 『한글』269, 한글학회, 101-134.

최동주(1994), 「국어 시상체계의 통시적 변화에 대한 연구」, 서울대학교 박사학위논문.

최수미(1999), 「이른바 '의존명사+하다' 구성에 대하여」, 연세대학교 석사학위논문.

최슬기(2013), 「보조동사의 의미 생성 양상 연구」, 한국교원대학교 석사학위논문.

최승기(2013), 「수사구조이론을 활용한 논증적 텍스트의 구조 분석: 정당논평 텍스트를 중심으로」, 강릉원주대학교 박사학위논문.

최재유(2011), 「로버트 프로스트 시에 나타난 개념적 혼성이론 연구」, 『영어영문학연구』53-4, 한국중앙영어영문학회, 383-403.

최지훈(2007), 「국어 관용구의 은유·환유 연구: 인지의미론적 관점을 중심으로」, 이화여자대학교 박사학위논문.

최현배(1937), 『우리말본』, 연희전문 출판부.

최현배(1961/1971), 『우리말본』, 정음사.

최형용(1997), 「문법화의 한 양상에 대하여」, 『관악어문연구』22, 서울대학교, 469-489.

하화정(2001), 「외국인을 위한 한국어 다의어 교육 연구: 동사'오다, 가다, 보다'를 중심으로」, 경희대학교 석사학위논문.

한정일(1999), 「한국어 어휘 교육 방안: 의미 관계를 중심으로」, 이화여자대학교 석사학위논문.

한영목(2000), 「보조용언 '-번지다', '-쌓다'와 충남 방언」, 『한글』 249, 한글학회, 209-240.

함희진(2008), 「'V1-어+지다'형 합성동사의 형성과 기원」, 『한국어학』41, 한국어학회, 403-429.

함희진(2010), 「국어 합성동사의 형성과 발달: 'V1+어+V2'형 합성동사를 중심으로」, 고려대학교 박사학위논문.

황화상(2002), 「국어 합성 동사의 의미: V+dj+(오다, 가다) 형태의 합성 동사를 중심으로」, 『한국어학』15, 한국어학회, 307-324.

허 용(2008), 「한국어교육에서의 대조언어학과 보편문법의 필요성 연구」, 『이중언어학』제36호, 이중언어학회, 1-24.

허철구(2016), 「보조용언 구문의 화자 선택적 이중 구조」, 『배달말』59, 배달말학회, 42-78.

호광수(1999), 「국어 보조용언 구성 연구」, 조선대학교 박사학위논문.

호광수(2003), 『국어 보조용언 구성 연구』, 역락.

홍사만(2008), 「보조 동사 '내다'와 '버리다'의 양태적 기능 대비」, 『어문학』101, 한국
어문학회, 25-54.

홍운표(1994), 「현대 국어의 후치사 '-가지고'」, 『동양학』14, 단국대학교, 25-40.

홍윤기(2002), 「국어 문장의 상적 의미 연구」, 경희대학교 박사학위논문.

홍종선(1986), 「국어 체언화 구문의 연구」, 고려대학교 박사학위논문.

홍종선(1990), 「체언화 어미 '-어, -게, -고의 의미」, 『어문논집』26, 안암어문학회,
433-453.

황병순(1980), 「국어 부정법의 통시적 고찰」, 『어문학』40, 한국어문학회, 119-138.

황병순(1986), 「국어 복합동사에 대하여」, 『영남어문학』13, 영남대학교, 191-203.

內山政春(1999), 「이동을 나타내는 합성용언과 접속 구성에 대하여」, 『관악어문연구』
24-1, 서울대학교, 183-200.

Abasolo, R.(1977), 'Some Observations on Korean Compound Verbs', 『언어
와 언어학』5, 한국외국어대학교, 81-88.

Abasolo, R.(1978), 'Semantic Trends in Verbal Compounding', *Papers in
Korean Linguistics*, Chin-W Kim, Hornbeam Press, 121-128.

Croft, W. & D. A. Cruse(2004), *Cognitive Linguistics*, Cambridge: Cambridge
University Press.

Fauconnier, G.(1994), *Mental Spaces*, New York: Cambridge University
Press.

Fauconnier, G.(1997), *Mappings in thought and language*, Cambridge:
Cambridge University Press.

Fauconnier, G. and M. Turner.(2002), *The Way We Think: Conceptual
Blending and the Mind's Hidden Complexities*, Basic Book. (김동환, 최
영호 역(2009), 『우리는 어떻게 생각하는가』, 지호출판사.)

Grady, Joseph E. & Todd Oakley & Seana Coulson(2000), *Blending and
Metaphor*, MS.

Hopper, P. & Traugott, E.(1993), *Grammaticaliation*, Cambridge University
Press.

Lakoff, G.(1993), 'The Contemporary Theory of Metaphor', In A. Ortony(ed.), *Metaphor and Thought*, 202-251. Cambridge University Press.

Lakoff, G & M, Johnson(1980), *Metaphors We Live By*, Chicago: University of Chicago Press. (노양진·나익주 옮김(2006), 『삶으로서의 은유』, 서광사.)

Lakoff, G & M, Johnson(1999), *Philosophy in the Flesh: The Embodied Mind and Its Challenge to Western Thought*. New York: Basic Book. (임지룡·윤희수·노양진·나익주 옮김(2002), 『몸의 철학: 신체화된 마음의 서구 사상에 대한 도전』, 박이정).

Lakoff, G & M, Turner(1989), *More than Cool Reason: A Field Guide to Poetic Metaphor*, Chicago: University of Chicago Press. (이기우·양병호 옮김(1996), 『시와 인지: 시적 은유의 현장 안내』, 한국문화사.)

Langacker, R. W.(1987), *Foundations of Cognitive Grammar: Theoretical Prerequisites Vol.1*, Stanford: Stanford University Press. (김종도 역(1999), 『인지문법의 토대: 이론적 선행조건들』, 박이정.)

Langacker, R. W.(1988), 'A View of Linguistic Semantics', In B. Rudzka-Ostyn(ed.), *Topics in Cognitive Linguistics*, 49-90. Amsterdam: John Benjamins.

Langacker, R. W.(1991), *Foundations of Cognitive Grammar: Descriptive Application Vol.2*, Stanford: Stanford University Press. (김종도 역(1999), 『인지문법의 토대: 기술적 적용』, 박이정.)

Langacker, R. W.(1991/2002), *Concept, Image, and Symbol: The Cognitive Basis of Grammar*, Berlin/New York: Mouton de Gruyter. (나익주 옮김(2005), 『개념·영상·상징: 문법의 인지적 토대』, 박이정.)

Lyons, J(1968), *Introduction to Theoretical Linguistics*, Cambridge University Press.

Lyons, J.(1977), *Semantics 2*, Cambridge University Press.

Rosch, E., C. B. Mervis, W. Gray, D. Johnson & P. Boyes-Braem(1976), 'Basic Objects in Natural Categories', *Cognitive Psychology 8*: 382-439.

Smith(1991), 'The Parameter of Aspect', *Studies in Linguistics and Philosophy 43*, Kluwer Academic Publishers, 169-192

Spencer, A.(1991), *Morphological Theory: An Introduction to Word Structure in Generative Grammar*, Blackwell. (전상법·김영석·김진영 공역(1994), 『형태론』, 한신문화사.)

Ullmann, S.(1962), *Semantics: An Introduction to the Science Meaning*, Oxford: Basil Blackwell. (남성우 역(1987), 『의미론: 의미과학입문』, 탑출판사.)

Wittgenstein, L.(1953), *Philosophical Investigations*. New York: Macmillan.

▼ 참고자료

한글학회 저(1992), 『우리말 큰사전』, 어문각.
연세대학교 언어정보개발연구원 편(1998), 『연세한국어사전』, 두산동아.
고려대학교민족문화연구원 편(2009), 『고려대 한국어대사전』, 고려대학교민족문화연구원.
국립국어연구원 편(1999), 『표준국어대사전』, 두산동아.
국립국어연구원 편(2008), 『표준국어대사전』개정판, 두산동아.
사회과학원 언어연구소 편(1992), 『조선말 대사전』, 사회과학출판사.